贵阳地利 2010 年经贵阳市人民政府招商引资香港上市公司中国地利集团（HK.01387）投资修建的一级农产品批发市场，项目总规划建设面积 900 亩，现一期占地面积 480 亩，修建完成各项农产品交易平台及相关配套服务设施达 23 万平方米，设有蔬菜交易区、果品交易区、农副产品交易区、粮油交易区、地产菜交易区、菌类交易区等交易平台，为了加强农产品流通配套服务设施还建设了冷链配送中心、理货配送区、食用农产品检测中心，以及为了更好地服务南来北往的客商还设立金融服务区、商务宾馆、医务室、药店、警务室、微型消防站、住宿公寓楼等其他各类相关配套服务设施。

贵阳地利 2011 年 10 月投入使用后丰富了全市果蔬供应需求，项目建设以前贵阳市果蔬交易流通供应年均总量不足 90 万吨左右，项目投入使用后，以保障各类果蔬保供稳价为责任，保持了交易的量足价稳、购销两旺局面，目前农产品交易量年均达 150 万吨；并且本省农产品年交易量从 2011 年的 5 万吨增长至现在年均 40 万吨；2011 年开业至今累计上缴税收 3 亿余元，每日带动就业人员 6000 余人，每日入场采购客商达 1 万余人，市场年交易额近百亿元。

市场发展定位

定位一 农产品流通集散中心、展销中心

定位二 农产品交易中心、物流配送中心

定位三 农产品价格形成中心、信息中心

"聚主业" "强专业"
北京农产品中央批发市场转型升级再亮相

北京农产品中央批发市场有限责任公司（以下简称"中央市场公司"）位于北京市丰台区新发地168号，注册资本4500万元，为主营农副产品的一级批发市场。中央市场公司占地120亩，建筑面积3.35万平方米，共有5座交易大厅，主要经营精品蔬菜、食用菌、粮油、酒水饮料、包装食品等，所有经营种类都以批发为主，并设有零售专区、便民服务中心，为周边居民生活提供便利。

自1998年建场以来，积极发挥统筹城乡、服务"三农"、保障供应等公益职能，在搞活农产品流通、保障首都市场供给、促进农民增收方面发挥了积极作用。

2020年，中央市场公司立足首都城市战略定位和区域功能定位，在首农食品集团"控两端、带一链、三共享"的供应链体系框架下，立足品牌优势，更好地定位市场功能，稳步做好转型升级，成功打造"一个平台""三个中心"的首都高品质生活服务重要保障区：

"一个平台"即搭建"农产品交易数据服务管理平台"，实现交易的经营信息、仓储信息、物流信息、入场信息翔实记录，确保场内经营的食品来源可溯、去向可追、库存可查，确保场内食品安全，实现农产品交易全流程信息化管理。

"三个中心"即构建"线上线下一体的共配中心"，充分利用交易展示中心功能，逐步形成集采的一站式洽谈、下单、支付交易区，达到全国名优农副产品"一站式采购"。

落实"仓储中心"功能，打造优质农产品存储的保鲜库，主要用于农产品储存周转，以最大限度保存农产品营养。

新设"便民综合服务中心"，完善社区服务补短板功能。采取利用其临街地理位置优越，补充解决周边居民生活"最后一公里"服务保障需求，实现"批零分离"。真正让老百姓得到方便、得到实惠，有更多获得感、幸福感，落实为民服务公益职能。

转型升级后，中央市场公司将继续加大环境整治力度，坚定不移落实落细"疏解整治促提升"工作要求，实现"四减三增"的社会效益，即：减少经营面积、减少人流、减少车流、减少垃圾排放，增加绿地面积、增加道路用地、增加信息流。通过对场内设备设施改造、规范车辆管理、信息化建设、飞线全部入地等，有力提升安防功能、改善经营环境，努力打造安全、高效、整洁的农产品批发市场。

HiGREEN

· 柳州海吉星
全国唯一
国家级螺蛳粉原材料集散中心

"国家级现代农业产业园螺蛳粉原材料集散中心"——柳州海吉星，承接起了螺蛳粉产业链的上、下游，全国超70％的螺蛳粉原材料来源于此，成为螺蛳粉产业链的源头渠道。与此同时，作为螺蛳粉产业链中最主要的销售平台之一，借助深农集团"买全国，卖全国"的网络化资源优势，柳州海吉星将螺蛳粉销量再度推上新的台阶。

目前，国家级螺蛳粉原材料集散中

螺蛳粉原材料

心一、二期共同打造为——全国最大的调料品综合市场，全国最大的螺蛳粉原材料平台。

国家级螺蛳粉原材料集散中心坐拥柳州海吉星商圈核心"C位"，奔涌财富，在此汇聚。云集垂直螺蛳粉原材料领域供应商超500家，涵盖了米粉、花生、腐竹、木耳、调味料、大料、辣椒、酸豆角和酸笋等品类。目前，柳州海吉星螺蛳粉原材料日均交易量超500吨，日均交易额超1000万元。

螺蛳粉供应链龙头企业的入驻，打通了柳州海吉星螺蛳粉原材料的运输、加工、品牌策划、生产、产品包装、店面形象展示、渠道销售、个性化服务等产业链条上的各个环节，带动了产业链条的升级与延伸发展。

推动柳州"打造销售收入超900亿元的柳州螺蛳粉全产业链"目标迅速达成，形成螺蛳粉全球供应链战略的区域布局、重点突破，占据产业链不可取代的核心地位。

柳州海吉星 国家级螺蛳粉原材料集散中心

通河市场概况

　　洛阳通河农副产品物流产业园市场位于河南省洛阳市瀍河区邙岭大道与焦枝铁路的交汇处，交通区位优势得天独厚。市场占地面积556亩，建设面积40万平方米，总投资约12亿元人民币。是集蔬菜、水果、粮油、副食、水产、冻品、调味、干果、肉类、禽蛋等"十大业态"和市场交易、冷链物流、仓储配送、食品加工、电子结算、检验检测、货源追溯、诚信记录、远程商务、物业服务等"十大功能"于一体的豫西地区最大规模的现代化、规范化、信息化农副产品批发集散地。

　　通河市场内设商铺（粮油、副食、调味、干果、禽蛋、肉类）交易区，蔬菜水果交易区，水产、冻品交易区，配套仓库区、冷库区、生活服务区以及综合办公区等"八大运营区域"。开业9年来，入驻商户达2100余家，各种农产品年交易量突破300万吨，交易额突破180亿元，安置就业8700余人。通河市场以汇集的来自全国23个省市自治区的农产品，为洛阳市及周边地区约2000万居民提供70％的农产品供应。同时带动周边地区约20万农民大力发展种植业、养殖业和食品加工业，让农民发家致富。交易范围覆盖整个豫西地区并进入山西、陕西境内，形成了约200公里半径的交易圈。通河公司定向研发的《通河市场"一卡通"电子结算货源追溯系统》实现了电子交易卡对卡无币化结算、手机APP交易记录查询、货源追溯、检验检测结果和商户诚信交易记录一体查询等目标，具备了智慧农批市场电子结算、商户经营风险可控、消费者权益可保的经营管理硬件和软件条件，开创了河南省同行业电子结算和货源追溯机制建立的先河。

　　通河市场连续8年交易额和交易量位居豫西地区同行业榜首，呈现出良好的发展态势。

地利集团
Dili Group
中国食品新流通服务领军者

地利集团（香港上市公司"中国地利集团"，股票代码：HK.01387）创立于2002年，目前在杭州、沈阳、哈尔滨、贵阳、寿光、齐齐哈尔、牡丹江等七大城市拥有10家大型农产品批发市场，并于2019年战略入股"地利生鲜"，运营近400家生鲜连锁超市。集团业务覆盖农产品集采加工、农批市场建设运营、现代仓储物流、生鲜零售服务等全产业链，成为总资产逾300亿元，员工超2万人的大型现代化企业集团。经过多年快速发展，地利集团已成为国内领先的农产品流通服务商之一，集团旗下各农产品物流园已成为区域农产品集散中心、信息中心和价格形成中心。

作为国内农产品流通龙头企业，地利集团积极承担企业社会责任，多年来通过农资捐赠、先进技术引进和培训、养殖种植基地开发、大宗农产品外销、终端渠道推广等产销对接措施，实现产业精准扶贫，助力乡村振兴。

2019年，地利集团发布新流通发展战略，将通过科技与服务赋能，搭建一体化的生鲜流通综合服务体系，致力于提升中国生鲜流通与供应整体效率和效益。

作为中国食品新流通服务领军者，地利集团以"赋能食品流通，畅享品质生活"为企业使命，通过科技与服务赋能，提升中国生鲜流通与供应整体效率和效益，致力于成为最值得信赖的食品流通服务商。

生产端 → 流通端 → 零售端

哈尔滨地利物流园

沈阳地利物流园

寿光地利物流园

杭州地利物流园

贵阳地利物流园

在新战略指引下，地利集团多点布局订单农业、供应链金融、农批市场轻资产管理输出等创新业务并取得了良好实际成效。同时持续在农批市场数字化水平提升方面加大投入，完成电子交易结算、云摊位、食品溯源、场内综合管理等系统研发，并连续获得软件研发CMMI3级认证、ISO/IEC 27001信息安全管理体系和ISO 9001质量管理体系等多项权威认证，研发水平达国际一流标准。

2020年12月，集团上市公司引入京东集团战略投资入股。双方将强强联手，在农业基础设施建设、农产品供应链平台建设、传统农批市场数字化升级等方面相互赋能，共同打造中国最强的生鲜供应链体系，为行业转型升级贡献长期价值。

北京首农东方食品供应链管理集团有限公司

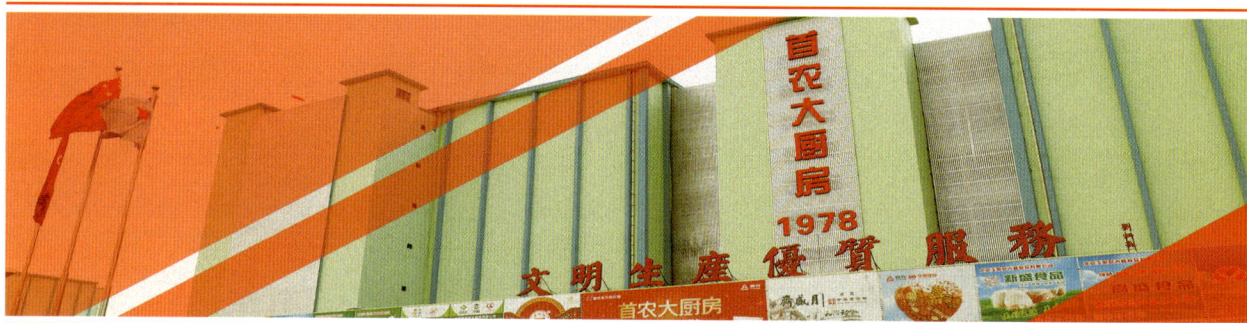

北京首农东方食品供应链管理集团有限公司隶属于北京首农食品集团有限公司，重组后的首农东方供应链所辖企业23家，总资产33亿元，营业规模超百亿元。作为首农食品集团新型供应链子集团，依托于集团食品产业链，赋能市场化运行机制，采用数智化手段，努力实现集团"控两端、带一链、三共享、打造全品类一站式供应链发展战略规划"的光荣使命，推动首农食品集团发展并搭建出全球采买的超大平台，打造出首都的食品供应服务大窗口，建设出满足人民美好生活的大厨房。

·全品类食材供应平台

公司面向经营米面粮油、蔬菜、水果、乳制品、肉类、水产品、禽蛋、中西餐调味料、罐头、饮料等上万种食品。拥有西南郊肉类水产品、四道口水产品等交易市场，是我国北方肉类、水产品、农副产品等商品的重要集散地，拥有经销商1000余户，年交易额达到200亿元。在北京通州、天津、河北、内蒙古、云南等地拥有自建型、订单型、合作型蔬菜基地近10万亩，打造从农田到餐桌的完整食品供应链，提供三品一标蔬菜。同时，公司自有高标准的食品检测中心可以对所供商品实施检测，确保食品安全。

·一站式物流配送平台

公司还拥有雄厚的仓储资源，拥有约44万平方米的仓储库容，冷库与常温库各约22万平方米，坐落于北京市、上海市、天津市、成都市、青岛市、佛山市、河北省、江苏省、吉林省和辽宁省等地。通过WMS仓储信息系统对多温层冷库资源进行标准化管理，高效率地满足客户需求。

公司拥有自有物流车辆近百辆，外协物流车辆700余辆的物流能力，建立起强大的市内配送物流体系和干线运输网络，为京津冀提供全方位的冷链餐饮配送服务以及商超共同配送服务。长途运输线路覆盖北京至上海、哈尔滨、日照、烟台、西安、广州等16个省市的60多个城市，在上海、广州、济南、沈阳等地设有联络处。

通过专业的物流团队、现代化管理系统、完善的服务网络，运用TMS系统及时对实时温度监控的各类运输车辆的调配，打造出安全开放型的供应链体系，为党政企事业机关、大型餐饮客户和连锁企业提供品质服务及整体食材供应解决方案。

·完善的服务保障体系

公司在为消费者提供新鲜营养、安全健康食品的同时，也承担着在京举办的重要会议、重大活动的食品供应服务保障任务及北京市政府储备任务。历次的实践彰显着公司努力践行的政治责任和社会责任，也引领和推动了公司成为城市食品供应的全国示范型新型供应链企业。

江山留胜迹，我辈复登临。公司秉承专业服务市场，不断改革创新的发展理念，誓为客户创造价值。在紧抓供应链产业战略机遇的同时，实施内升外延发展战略，以满足人民日益增长的美好生活需要。食行万里，源于专业！严谨务实，厚德于心！

山东银田农贸集团有限公司

　　山东银田农贸集团有限公司位于山东菏泽，成立于 2013 年 4 月，注册资金 3.47 亿元。投资建设的银田农产品批发市场是鲁苏豫皖四省交界地区农产品集散辐射中心。公司在抓好市场规范化管理的同时，把党建工作与业务管理同安排，同部署，同考核，把银田农贸打造成为鲁西南地区最大的红色"菜篮子"。银田农产品批发市场占地 1300 余亩，建设交易面积 40 万平方米，在建冷链食品港 40 万吨，常驻经营商户 2000 余户，办理进场卡的商户 9000 余户。公司始终以服务为核心理念，以打造鲁苏豫皖四省边界一流的农产品物流集散中心为战略目标，坚持招商、稳商、扶商的原则，扶持各品类经营大户十强。2020 年市场总交易量为 235 万吨，交易额 170 亿元，形成了以蔬菜、果品、肉类批发为龙头，粮油副食、水产海鲜、干货调料、土特产品、冷冻食品、肉食禽蛋、食品加工、年画和综合百货等多种业态综合批发交易的格局。市场代表性产品香蕉、苹果、猪肉、热带精品水果等，通过"市场—经营商户—产地"等产销对接模式，供应菏泽周边并辐射至河南、安徽、江苏等 200 公里左右的地区，是搭建产销结合的大平台。

　　通过 8 年建设发展，银田取得了多项荣誉。未来银田将全面转型升级智慧化农批市场，进一步为促进农产品大流通，稳定产销关系，保障市场供应、丰富和改善人民群众生活发挥更重要的作用。

银田农贸批发市场

电子商务

智慧物流

冷链物流

农业科技

冻品大世界

农品超市

检测中心

上海蔬菜集团

📖 企业介绍

　　上海蔬菜（集团）有限公司是一家拥有 60 多年历史的国有农产品经营流通龙头企业，主营蔬菜、水果、肉类、水产等农产品批发市场经营管理业务，控股和参股上海 10 多家各类批发市场。公司按照上海市委、市政府"确保市场供应、确保食品安全，保持价格基本稳定"要求，始终践行"高效流通为农民，安全诚信为市民"经营宗旨，成为保障上海特大城市主副食品供应的主渠道、主力军。

¥ 交易市场

江桥市场

江杨市场

上海西郊国际农产品交易中心

蔬菜交易量占上海交易量的70%

肉类交易量占上海交易量的60%

水果交易量占上海交易量的50%

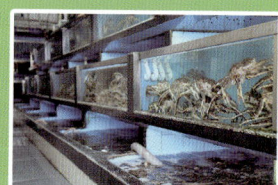

水产交易

功 能

全国范围内对接180多个蔬菜供应基地

集成供应一站式服务

农产品及食品登陆口岸与国际贸易服务

酒店、餐饮、物业管理等配套业态

食品安全

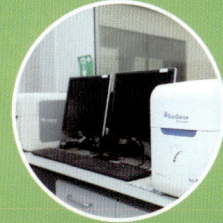

农产品农药残留检测及入境检疫

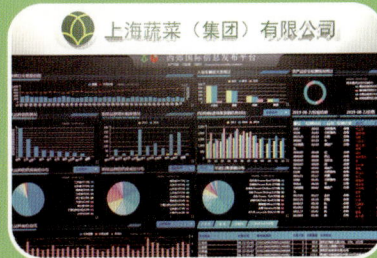

农产品追溯系统

两湖绿谷物流股份有限公司

绿谷小镇规划建设图

两湖绿谷物流股份有限公司于 2001 年 12 月成立，注册资本 10100 万元。公司主要从事农产品现代物流产业、建材家居现代流通产业的投资管理。

两湖市场占地面积 668 亩，总投资 8 亿元，建筑面积 40 万平方米，于 2008 年建成运营，拥有粮油、香蕉、冷冻食品、干货、水果、蔬菜、副食等七大市场和检验检测、电子结算、仓储冷链、物流配送、综合服务等八大功能中心。在促进农业生产商品化、专业化、规模化，形成农产品大流通格局、促进农业结构调整、实现增产增收和保障城镇居民的"菜篮子""米袋子"供应等方面都发挥了重要作用，是服务产区农民的平台和保障城市居民食品供应的有效载体。

2020 年，农产品销售范围覆盖全国 28 个省市区的 400 多个县 (市)，交易量交破 800 万吨，交易额超过 500 亿元，交易量和交易额稳居全国农产品批发市场前列，已成为全国农产品流通体系的枢纽、湖北省农产品促进产销衔接的领导者和服务者。

两湖绿谷未来发展规划是：创新转型、提升业态。突破传统农产品批发市场的运营模式。运用互联网思维，构建"线下市场 + 线上市场 + 大宗农产品现货交易"的新运营模式。聚集产业要素，打造绿谷小镇，将两湖绿谷打造成全国枢纽地位的中国农产品集散地、交易基地、冷链仓储物流基地。

聚集两湖 给养中国 通汇天下

四川鑫锐投资有限公司

着力打造川南行业新标杆

四川鑫锐投资有限公司成立于 2010 年 9 月，注册资本 5000 万元，是农业产业化省级重点龙头企业。公司于 2012 年 7 月投资建成宜宾市翠屏区江北农产品批发市场。

市场占地约 200 亩，总建筑面积 8 万平方米，总投资 2.5 亿元，设有水果交易区、蔬菜交易区、农副产品及南北干货交易区、检验检疫中心吸引餐饮、住宿、茶楼，多家银行入驻。市场开业至今，拥有固定经营商家 1089 户，流动经营户 300 户，解决就业 3000 多人。市场货物日吞吐量达 1 万余吨，货物主要辐射三区七县以及自贡、乐山、内江、遂宁、贵州赤水、昭通、盐津、大关、水富、绥江等周边市州。

经过不断的市场开拓、辛勤培育和规范经营，2020 年被四川省商务厅评为"第一批省级应急保供骨干商贸流通企业"。公司是全国农贸联"常务理事单位"，被全国农贸联多次评为"百强市场""农产品批发市场行业主渠道市场"。

公司着力打造设施先进、功能完善、管理科学、主动承担社会责任的现代化"智慧农批"，重构农批格局，形成多品种、多层次、多模式、全产业链的农批平台，推动传统市场向现代化智慧农批转型，共同实现社会、企业、商户的多方共赢。

北京顺京海商贸有限公司

● 企业简介

　　北京顺京海商贸有限公司是一家从事水果进出口业务的大型综合性国际贸易集团公司，分别在北京、上海、陕西、山东、河南、浙江、湖南、宁夏、四川、重庆、云南、甘肃、河北、香港，以及越南、泰国、澳洲等地成立了多家分公司、子公司和控股公司。

　　公司前身为北京市石门鑫华果品批发部，始于1994年，深耕水果行业二十余年。为顺应时代发展趋势，公司自2011年开始进行行业内转型，将公司转型为以世界各国、各地区优质农产品原产地为源头，建立全球流通渠道，以各国、各地区的大型农产品批发市场为基本依托，以新型科技手段为工具搭建线上、线下相结合的绿色农产品供应链体系，组织培养强大的专业团队，为包括商超在内的全球客户提供优质服务的综合性国际贸易公司。

● 发展战略

国际发展战略

　　以越南火龙果为企业转型升级的敲门砖，在努力做好产品的前提下，在国内和国际市场建设自己的销售框架布局，为实现公司全球战略打下坚实的基础迈出第一步，现已基本实现并稳步进入发展阶段。

　　顺京海是中国最早在东南亚—越南原产地建立加工生产基地的公司之一，同时也是最早提出并引入火龙果品质、品规等级分类标准概念的倡导者和践行者。

　　以榴莲、龙眼、山竹三大水果为主导，并相继开发如香水菠萝、芒果、椰青、秦柑等优质果品，做好泰国各品类水果项目。泰国水果项目自2016年开始启动，目前正在运行当中。

　　目前与巴基斯坦、澳大利亚、西班牙、埃及等国家的业务正在考察和洽谈中。在下一步的战略推进过程中，公司将打破现有的国内西货的经营模式（国际品牌的代理销售），致力于打造我们中国人自己的品牌。

国内发展战略

　　在全球经济下行和新冠肺炎疫情的双重冲击形势下，公司更是把国内发展战略提上重要的发展高度，响应国家提倡的尽快打通生产、分配、流通、消费各个环节，逐步响应以国内大循环为主体、国内国际双循环相互促进的新发展格局的号召，打造国内大循环的供应链体系。

　　公司致力于全国各地优质农产品的开发和挖掘，通过直采、合作、代理等多种运作方式，依托全国各地大型批发市场为销售框架，线上线下同时发展。

华东金华农产品物流中心

华东金华农产品物流中心（又名金华水果批发市场）是浙江省重点建设项目、浙江省411重大产业项目和浙江省服务业重大项目，是金华农产品批发市场转型换代、升级发展的新起点。市场于2019年11月17日盛大开业，总投资额为20亿元，占地面积620亩。主要由商务区、交易区（含车载交易区）、物流区、冷冻区、生活配套区五部分组成。目前进驻经营户有260多家，约1000间营业房投入使用。

市场以精品水果为龙头，抓住"一带一路"政策契机，吸引全国各地的水果和东南亚、美洲、欧洲等进口水果进场，不仅满足了本地市居民90%以上水果消费需求，更将辐射范围延伸至本省中南部，以及周边江西、福建、安徽、上海等省市的水果批发交易网络。多年来遵循"为农户和商户提供优质服务，繁荣农村经济；为市民提供优质农产品，提高市民生活质量"的经营宗旨，立足华东，面向全国。

市场将致力于构建"一级批、全覆盖、现代化、国际化"的农副产品集散枢纽，为农商提供批发交易、展示直销、物流配送、电子商务、信息发布、订单交易等全方位服务。同时，在全面打造全国一流专业水果批发市场的基础上，逐步发展成为集"四大中心"为一体的大型现代化鲜活农产品物流中心，一个现代化国际物流平台，即依托浙江，辐射江西、安徽、福建、上海等周边省市的跨区域农产品集散中心；集交易、运输、配送、加工、储藏等功能于一体的物流中心；联结产销，汇集全国各地市场的信息中心；现货交易、期货交易、电子交易等各种交易方式相融合的交易中心。同时，市场积极探索线上线下融合的网络平台，打通网上平台销售渠道，实现优质农贸产业资源同用户资源的有效对接，加速当地农产品的市场化进程。此外，为加快物流中心建设，进一步扶持经营户与市场共同做大做强，制定了三年扶持计划：一是根据经营户完成的年交易额情况，在开业前三年，给予服务费返还奖励；二是设立市场经营专项奖励基金用于奖励优秀经营户。

冷链、配送中心项目

夜间亮化

南京农副产品物流中心

十年来，南京农副产品物流中心累计实现交易额超过 3300 亿元，交易量突破 8000 万吨，共建设各类交易及配套设施近 150 万平方米。先后荣获国家级荣誉超过 30 项，荣获省市级荣誉超过 100 项，完成冬季保供蔬菜累计超过 20 万吨，累计检测农副产品达到 1000 万批次，累计接待国内外考察团超 2000 批次，品牌价值突破 40 亿元。

"十三五"时期，南京农副产品物流中心在业务规模扩张、基础设施建设、市场运营管理、辐射范围扩展、功能配套完善以及公益保障、食品安全、业态创新、模式创新等方面，都取得了显著成果。现代市场功能布局和运营架构逐渐成熟，区域市场主导地位日益凸显，作为全国农产品流通骨干市场的公益性、先进性、示范性和市场化特征愈发显著。2020 年全年交易额达 655 亿元，交易量超过 1167 万吨，交易规模稳居全国前三，在"搭平台、创标准、扶三农、惠民生"等方面成效显著，成为国内发展势头最强劲农产品流通综合服务平台之一，为"十四五"期间率先成为集"生态化、全覆盖、数字化、国际化"于一体的全国一流的现代农产品流通平台，更广范围、更深领域、更高效率的国际农产品流通"大动脉"和"双循环"的示范引领型农批市场，奠定了坚实基础。

网红街区

美食广场提升改造

物流场站扩建项目

检验检测中心

● 2019年新春年货会实景照

三峡物流园，隶属于稻花香集团，占地1154亩，建筑面积80.8万平方米，总投资18.8亿元，于2013年7月24日正式投入运营。

三峡物流园立足三峡区域，承东接西，服务范围辐射鄂西渝东等周边2000万人口。园区每天车流量超过5万车次，采货车8000辆以上，带动3万人就业，2020年交易总额450亿元，交易量910万吨，是鄂西渝东区域的商品集散中心和价格发布中心。在2020年抗疫保供期间，被商务部认定为保供重点联系农产品批发市场，并获得商务部办公厅的感谢信。荣获"湖北省抗击新冠肺炎疫情先进集体"。

园区设立五大功能区：农贸城、物流中心、冷链仓储中心、电商中心、乡村振兴专区。

农贸城交易面积28.8万平方米，规划有生活物资十三大品类，经营180万种商品，是鄂西渝东区域大型全天候一站式生活品采购中心。

物流中心分为零担专线物流和城乡共配两个部分。零担专线物流拥有500多条物流专线，辐射全国各大中小城市。城乡共配辐射半径达300公里，解决物流"最后一公里"难题。三峡物流园物流中心，借助宜昌作为国家物流枢纽城市的区位优势，内可实现公、铁、水、空联运，外可直通中欧班列，是三峡区域最大物流集散地。

冷链仓储中心分为高低温冷库和常温仓库。高低温冷库库容量5万吨，是鄂西渝东区域的"城市冰箱"。23万平方米标准常温仓库，充分满足了农贸城批发交易和物流中转的配套需求。

电商中心打造"一中心三平台"，即鄂西渝东供应链服务中心，物流信息交易配送平台、仓储批发交易平台、社区供应链平台，共同推动工业品下乡和农产品进城。

乡村振兴专区免费提供展销店铺40间，入驻宜昌市54个贫困村40家扶贫企业。践行了消费扶贫、产业扶贫的政策。

为促进内外贸融合创新发展，三峡物流园于2018年1月开始申报国家市场采购贸易方式试点，并于2020年9月获批，2021年3月23日市场采购贸易联网信息平台顺利通过国家七部委联合验收后，试点正式开始运行。预计2021年至2025年实现市场采购贸易出口30亿元，其中2021年完成2亿元。累计培育进出口龙头企业20家，培育至少3个国际地标品牌。

展望未来，宜昌三峡物流园将继续抢抓国家"一带一路"发展机遇，充分利用宜昌物流优势，构建市场采购贸易国际物流大通道，实现线上链接国内外市场，线下服务实体商贸，推动"宜荆荆恩"区域现代商贸服务与高效物流深度融合，构建多维商贸生态圈，打造区域供应链服务中心。

农贸城ABCD区

物流区

冷库

电商中心

乡村振兴专区

企业介绍

中国—东盟（凭祥）

水果城

目前国内进口东盟热带水果有近 60％ 是从广西凭祥市进口，据统计，广西凭祥市已连续 8 年成为全国水果进出口第一大市。

中国—东盟（凭祥）水果城坐落在广西凭祥市——中国（广西）自由贸易试验区崇左片区核心区域内，距友谊关口岸 3 公里，占地 205 亩，建筑面积 10 万平方米，2017 年 12 月 11 日开业，有车辆驳接区、互市交易区、批零交易区、综合商务区、加工配送区、电商区、保鲜储存区等七大功能区，配套冷库 7000 立方米，500 个大型车辆停车位，主要承接东盟国家进出口一般贸易、边境小额贸易和边民互市贸易的货物进行集散驳接交易，经营业务主要以东盟国家进口的榴莲、西瓜、火龙果、辣椒、芒果、荔枝、山竹、龙眼、波罗蜜、槟榔等农产品及国内出口货物的驳接、仓储、冷藏、物流、电商以及加工包装、批发零售等为主。整个水果城市场具备日吞吐量 6000 吨，年交易量超 150 万吨的吞吐规模。

广西荣顾红星农产品有限公司于 2019 年 7 月 1 日进驻中国—东盟（凭祥）水果城运营管理。两年来，运营管理科学规范，经营状况稳步增长，中国—东盟（凭祥）水果城发展形势喜人。

在此诚挚欢迎全国的商户前来投资经营，共创辉煌！

粤港澳大湾区"菜篮子"产品韶关配送中心
曲江区食用菌省级现代农业产业园
韶关市乡村振兴创业创新基地
亚北农产品冷链仓储物流园

亚北兴
YA BEI XING

广东亚北
农副产品有限公司

　　广东亚北农副产品有限公司成立于2013年1月，是一家专注于农产品冷链物流产业集群的综合类企业。近年来，该公司紧紧围绕农产品加工配送这个核心，不断完善仓储管理、物流配送等设施，加快配备高素质运营团队和专业冷链配送车队，推动农产品产销实现有效衔接。目前，该公司拥有高低温冷藏库44000立方米，运输能力达到50万吨，已通过ISO食品安全管理等十多项体系认证，成为广东省重点农业龙头企业，建设的农产品冷链仓储物流中心获评"全国农产品冷链流通标准化工程"。

粤港澳大湾区『菜篮子』产品韶关配送中心

　　作为粤港澳大湾区"菜篮子"产品韶关配送中心，该公司积极主动服务大湾区，探索构建与粤港澳大湾区对接的农产品产销体系，建成集农产品生产加工、冷链仓储物流、海关检测、中检认证、电子商务、国际贸易、报关报检、溯源管理等多功能于一体的综合服务平台。目前全市有38家生产基地被认定为粤港澳大湾区"菜篮子"生产基地，销往粤港澳大湾区的农副产品主要包括瓜果蔬菜及肉禽蛋奶等，年产量达40万吨，产值20亿元以上。

曲江区食用菌省级现代农业产业园

　　作为曲江区食用菌省级现代农业产业园牵头实施主体，该公司积极推动食用菌全产业链发展，2020年园区菌蔬种植规模达10.5万亩，总产值达到15.6亿元。产业园通过多种稳定的利益联结方式，带动农户7500户以上，已成为全区推进乡村产业兴旺、带动区域经济转型升级的有效平台。通过发挥产业园核心的引擎作用，辐射带动其他产业高质量发展，推动农业产业振兴。

韶关市乡村振兴创业创新基地

　　作为韶关市乡村振兴创业创新基地，该公司充分发挥扶贫产品加工车间、互联网交易平台等功能板块作用，通过广东省政府采购网扶贫馆、全国消费扶贫广东馆，积极帮助农户展示和销售特色扶贫产品，被省扶贫办评为2020年广东省消费扶贫突出贡献单位。做好脱贫攻坚成果同乡村振兴的有效衔接，健全完善防止返贫和新致贫长效机制，带动当地广大农村全面振兴。

福州民天实业
FUZHOU MINTIAN INDUSTRY

福州海峡农副产品物流中心

保供稳价 · 益农惠民 · 服务民生

福州海峡农副产品物流中心由国有控股企业福州民天实业有限公司投资并运营管理。物流中心地处闽侯南通镇，2010年9月建成并投入使用，总投资约13.5亿元人民币，总占地869亩，建筑面积40万平方米，2020年成交总额230亿元。物流中心由蔬菜、果品、副食品、家禽和冻品五大专业批发市场组成，中心配套建有残农检测、质量追溯、信息发布、电子结算、智能监控、冷链物流、垃圾污水处理及物流配送等设施，经营范围包括蔬菜、家禽、果品、副食品、冷冻品、冷鲜肉的批发零售。福州海峡农副产品物流中心是福州市"菜篮子"工程的重要组成部分，同时也是财政部、商务部全国公益性农产品流通骨干市场，农业部首批定点鲜活农产品批发市场、全国"三绿工程"示范市场和"样板市场"，位列全国农产品综合批发市场行业五十强。

佳惠农产品（冷链）物流产业园

佳惠农产品（冷链）物流产业园（简称佳惠物流园）始建于 2009 年，由湖南佳惠集团旗下的湖南惠农物流有限责任公司开发运营。园区位于怀化市鹤城区怀黔路与高堰路交汇处，湘黔、焦柳、渝怀铁路和沪昆高铁、怀邵衡和张吉怀铁路在园区 1 公里范围内呈"米"字型交汇，园区道路与沪昆、包茂、娄怀高速入口处无缝对接。

园区规划用地约 1365 亩，计划总投资 40 亿元，按照"一个中心、多个节点、全面贯通"的发展思路，确立以"农"字为中心的"六区五中心"智慧物流园发展规划，打造运作高效、产品安全、业态齐全、交通便捷、信息化、智能化的大型农副产品冷链物流中心。

目前，园区已建成营运面积 40 余万平方米的农产品交易、冷链物流、城市共同配送、生鲜冷链加工、检疫检测、配套服务及总部大楼等功能区域，入住经营商户达 2200 余个。设有蔬菜、水果、冻品、干调、水产、花卉等专业批发市场。接下来粮油市场、肉类市场以及网红零食市场也即将开业。2020 年实现各类农产品交易及配送额 107 余亿元，辐射武陵山片区六省 44 县（市、区）。

建成为区域公益性农产品批发市场、国家级示范物流园区（商贸服务型）和国家级现代服务业集聚示范区。

红星
全球农批中心
HONG XING
GLOBAL AGRI WHOLESALE

海鲜水产交易区

智慧保鲜库

肉食交易区

分拣加工配送中心

蔬菜交易区

商务配套区

区位优势

长沙承东启西，接南转北，"长株潭"经济一体化为项目提供广阔的发展前景。从地理区位看，项目地处长株潭经济腹地，未来，融城总人口可达1300万，经济总量突破2万亿，作为民生桥头堡，项目将凭借独有的区位优势和巨大的市场规模，迎来全面爆发期。

流通优势

项目二期流通优势显著，呈现"四位一体"交通格局，外部G4京港澳、沪昆、长沙绕城三大高速环绕，黄花机场20分钟高速直达，距长沙高铁站仅6公里；内部"外通干线，内链全场，无缝切换"的路网结构，使交易更加灵活，保证产品新鲜直达。

全业态优势

项目二期"超级菜篮子"与一期"中部果业航母"互联互通，完成了生鲜全品类覆盖。随着"超级菜篮子"的建成，可真正满足长株潭客商一站式采购需求，提升采购效率，节约采购成本。

超级菜篮子 领鲜新红星

超级菜篮子

中部果业航母

国际会展中心

红星全球农批中心项目二期介绍

红星全球农批中心项目二期占地500亩，紧密结合当前生鲜供应链转型发展趋势，坚持"产城融合、绿色发展、集约智能"的规划理念，致力于建设一个集蔬菜、海鲜、水产、肉食、加工配送、智慧冷藏保鲜等全业态于一体的长株潭融城"超级菜篮子"。项目计划于2022年底实现搬迁运营。

湖北供销中和农产品市场集团有限公司

湖北供销中和农产品市场集团有限公司成立于2010年7月，注册资本1.75亿元，建设运营的中国供销江汉平原农产品大市场是湖北省部省合作的重点项目和仙桃市的重大民生工程。大市场位于仙桃市城西，占地面积500亩，建筑面积36万平方米，投资近11亿元，年交易额达126亿元，涵盖水果、蔬菜、粮油、水产、渔需、冻品、禽蛋、肉类、物流、餐饮、仓储、冷链、副食干调、农资、日用百货、建材家居、新能源汽车、农产品电商、汽车修理等十九个业态，是江汉平原规模最大、设施最完善、功能最齐全的现代化农产品批发市场。

2020年中和市场集团荣获"湖北五一劳动奖状"、省商务厅"市场保供突出贡献奖"和全国农贸联"百强市场"称号。

未来，中和市场集团将抓住供销社深化综合改革的历史机遇，秉持为农服务初心，将集团打造成为以农产品批发市场运营为主业，水产品为核心业态，向农产品两端延伸产业链，涵盖农产品种植基地、水产品养殖基地、农产品加工、冷链物流、农产品电子商务为一体的现代农产品全产业链运营服务商。

中众合有限公司
CACCG

现代农产品流通领域专业运营商

肩负使命　不忘初心

——以打造民生工程为初心，立足"三农"，服务"三农"！
在全国建设农产品物流园和农贸市场升级改造项目，为打通农产品流通领域做贡献！

中众合有限公司于2013年11月12日成立于北京，注册资本人民币1亿元。2016年7月总部迁至厦门，是一家专注于现代农产品流通领域的专业运营商，是全国城市农贸中心联合会副会长单位、中国农产品市场协会常务理事单位、中国物流与采购联合会常务理事单位。

主营业务为农产品综合物流园开发建设与运营管理、农贸市场升级改造与运营管理、农产品电子商务。

物流园按"五大功能、七个中心"规划布局：

五大功能： 展示交易区、仓储冷库区、商务服务区、物流配送区
初深加工区

七个中心： 检测中心、信息管理中心、电子结算中心、市场服务
中心、配送中心、电子商务中心、名特优展销中心

安徽黄山农产品综合物流园

黄山农产品物流园总占地面积约455亩，总建筑面积38万平方米。目前，项目一期占地200亩，建筑面积17万平方米，已建成投入运营。黄山农产品物流园整体建成开业后，将容纳商户2000余家，直接带动2万人就业，市场年交易额达50亿元。

山东临邑农产品综合物流园

临邑农产品综合物流园规划总占地面积500亩，总建筑面积43万平方米。一期果蔬交易区已建成投入运营，占地281亩，建筑面积31万平方米。整体建成开业后，将容纳商户1500余家，直接带动1万人就业，市场年交易额达30亿元。

江苏宝应农产品综合物流园

宝应农产品物流园占地面积约113亩，心建筑面积10万平方米，是集"批发交易、初深加工、仓储配送、冷链物流、农产品电商、农产品展销、农业金融"七位一体的现代化农产品交易市场。整体建成开业后，将容纳商户1000余家，直接带动1万人就业，市场年交易额达20亿元。

核心价值观 ●———— 诚实守信，创新务实，敢拼善闯，合作共赢

企业发展战略 ●———— 构建现代农产品全流通体系
打造全国连锁型农产品交易平台
创造农产品全供应链服务，创新农产品流通金融服务
积极参与"一带一路"经济建设

企业精神 ●———— 重信讲义，开放包容，爱拼敢闯，勇于奋进

冠恒实业集团

  冠恒实业集团成立于上海，注册资本金 5 亿元人民币，是一家专业从事现代化智慧农批农贸投资建设和运营管理的民营企业。

  集团遵循"坚持实业、坚守主业、坚定行业"的发展思路，积极争当智慧农批的开拓者和先行者，深耕长三角，一心做农批。计划用 5 年时间，编织出线下线上两张农批网，实现自持物业超百亿、农副产品年交易额超 200 亿元的"冠恒百亿"发展大目标，立志成为中国农业产业创新发展的探索者。

  目前，公司已成功在江苏、浙江、安徽等地开发建筑面积近 70 万平方米的专业农批市场，2 年内运营营业面积超 100 万平方米，总投资超 50 亿元。同时，围绕农批市场，积极延伸产业链和提升附加值，聚焦"农批、农旅、地产"三大业务板块，推动"金融、互联网"两翼发展，立志"做深、做透、做精"农批行业。

江苏滨海农批市场

  江苏滨海农副产品批发市场位于省道 s327 与西湖路交汇处，由上海冠恒实业集团投资开发建设、招商运营，总占地面积 193 亩，总投资额 6.8 亿元。项目分两期投资开发建设，其中一期占地 95 亩，总建筑面积 5.88 万平方米，二期占地 98 亩，总建筑面积 10 万平方米。市场年总交易额预计超过 30 亿元，直接带动就业 5000 人以上。

中央厨房项目

  滨海中央厨房项目由滨海县农旅集团和上海冠恒实业集团共同投资，总投资 2.3 亿元。县农旅集团与冠恒实业集团强强联合，农旅主导建设，冠恒负责运营，以混合所有的形式于 2020 年 9 月成立公司，推进中央厨房加工配送项目。

  安吉中央厨房项目秉持"民以食为天，食以安为先"的宗旨，致力于为各类学校、机关、企事业单位提供安全、快捷的一站式配送服务。拥有 5000 多平方米配送场地，70 位专业配送人员，20 辆专运配送车，和大型冷冻库、冷藏库、专业机械配套设备设施。

浙江安吉农批市场

  浙江安吉农副产品综合批发市场由上海冠恒实业集团打造，总建筑面积 16 万平方米、总投资约 8 亿元，年交易额预计 30 亿元。项目自签约以来，得到安吉县各级政府的高度重视和鼎力支持，2019 年项目列入安吉县政府"十大民生工程"，2020 年纳入湖州"大好高"项目。安吉农批市场是绿水青山就是金山银山理念和乡村振兴战略在农副产品综合批发领域的实践成果，是保障食材安全、平抑物价、增强人民生活幸福感的重点民生工程。

安徽皖东南农批市场

  安徽皖东南农副产品综合批发市场占地面积约 265 亩，总建筑面积约 27 万平方米，总投资约 12 亿元。该项目包含五大区块，包括核心交易区、市场配套区、生活配套区、旅游集散地、茶叶交易专业市场。该项目正在规划中。

中国农产品批发市场年鉴（2021）

全国城市农贸中心联合会　编著

中国言实出版社

图书在版编目（CIP）数据

中国农产品批发市场年鉴. 2021 / 全国城市农贸中
心联合会编著. -- 北京：中国言实出版社，2021.12
ISBN 978-7-5171-3860-0

Ⅰ. ①中… Ⅱ. ①全… Ⅲ. ①农产品市场－批发市场
－中国－2021－年鉴 Ⅳ. ①F323.7-54

中国版本图书馆CIP数据核字（2021）第190492号

中国农产品批发市场年鉴（2021）

责任编辑：史会美
责任校对：王建玲

中国言实出版社出版发行
地址：北京市朝阳区北苑路180号加利大厦5号楼105室（100101）
编辑部：北京市海淀区花园路6号院B座6层（100088）
电话：64924853（总编室）　64924716（发行部）
网址：www.zgyscbs.cn
E-mail：zgyscbs@263.net

经销：新华书店
印刷：北京中科印刷有限公司
版次：2021年12月第1版　　2021年12月第1次印刷
规格：889毫米×1194毫米　1/16　24印张
字数：670千字

定价：360.00元
书号：ISBN 978-7-5171-3860-0

秦　湘　中国地利集团董事会执行董事、副总裁兼首席运营官

董　剑　华东金华农产品物流中心有限公司总经理

编撰人员：　张　娟　夏晓楠　但永红　纪博涵　尚　呈

贾晓方　谭婷婷　王立娟　王　菲　宇文丽

前　言

　　农以立国，商以富国。农产品流通是农业与商业的有机结合，连接农村和城市，事关国计与民生，是国民经济基础性、先导性的产业。发展农产品流通对于推动农产品供给侧结构性改革，扩大有效供给，解决供需错配，促进"三农"事业发展等具有重要意义。

　　改革开放40多年来，我国鲜活农产品流通体系已形成了农户、合作社、经纪人、运销商贩、各类流通企业等多元化主体参与，以批发市场为主导，以农超对接电子商务等新型产销对接模式为补充的城乡互通、国内外互联的格局。其中，农产品批发市场发挥着流通主渠道的作用，供应大中城市80%以上的农产品要经过批发市场渠道流通。而且长期以来，农产品批发市场在带动农业的标准化、规模化和集约化发展，促进农民增收方面功不可没，为推动"三农"发展作出了贡献。当前，农产品批发市场行业正在探索转型升级，努力实现创新发展，将农产品流通推向更高的发展阶段。

　　我们目前处在一个经济社会高速发展，各方面建设日新月异的时代，每年在农产品批发市场领域内都有许多重要事件发生，有大量的创新探索典型树立，有优秀杰出的改革先锋人物涌现。从2017年起，全国城市农贸中心联合会编撰出版年度《中国农产品批发市场年鉴》，翔实、客观记载我国农产品批发市场行业发展历程及重大事件，以"农批行业创新发展"为主线，内容囊括年度报告、政策法规、理论观点、地方农产品流通业发展动态、行业创新与探索典型案例、行业荣誉榜单、行业大事记等，全面展示了农产品批发行业在供给侧结构性改革、公益性市场建设、智慧物流发展、电子商务探索、食品安全追溯等方面的做法，以及与"一带一路"沿线国家开展国际合作的成功的实例，以规范简洁的风格，言简意赅的文字，准确翔实的资料数据和实用的信息，客观记录年度中国农产品批发市场发展状况。

　　《中国农产品批发市场年鉴》是一部包罗农批行业发展方方面面内容的"百科全书"，通过总结行业发展经验和促进经济社会发展的突出作用，分析行业发展趋势和方向，选树行业典型、彰显行业品牌，有资料性强、权威性强、时效性强和检索性强等特点，全国城市农贸中心联合会将把《中国农产品批发市场年鉴》做成精品，为政府部门、行业企业及教育科研机构提供参考，为我国的农产品流通发展作出积极贡献。

《中国农产品批发市场年鉴（2021）》编委会

目　录

第三篇　行业观察 …………………………………………………………… 137

理论观点

第一篇　行业发展综述与行业大事记

2020 年全国农产品批发市场行业综述

一、行业发展基本情况

（一）生产情况

2020 年全国主要生鲜农产品产量 12.14 亿吨，同比增长 3.69%（见图 1）。

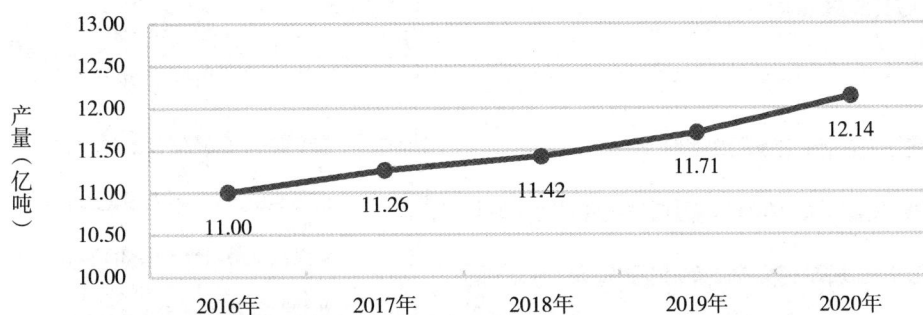

图 1　2016—2020 年全国主要生鲜农产品产量情况

（二）整体规模

2020 年全国农产品批发市场交易总额约 5.44 万亿元，同比降低 4.24%；交易总量约 9.23 亿吨，同比降低 5.11%（见图 2）。

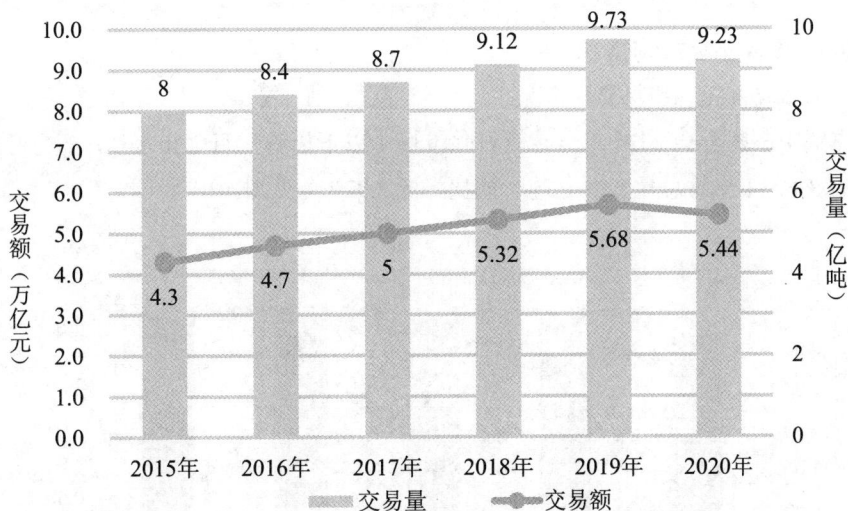

图 2　2015—2020 年全国农产品批发市场交易情况

数据来源：《中国商品交易市场统计年鉴》、全国城市农贸中心联合会调研数据整理分析估算得出

（三）设施及人员

2020 年全国农产品批发市场总摊位数 279.16 万个，同比下降 0.97%，其中固定摊位 179.62 万个，非固定摊位 99.54 万个；总交易面积 17056.67 万平方米，同比下降 1.22%，其中交易厅棚面积 11045.30 万平方米，露天交易面积 6011.37 万平方米；经销商共计 227.81 万个，同比下降 3.48%；从业人员 673.24 万人，同比下降 3.47%（见图 3）。

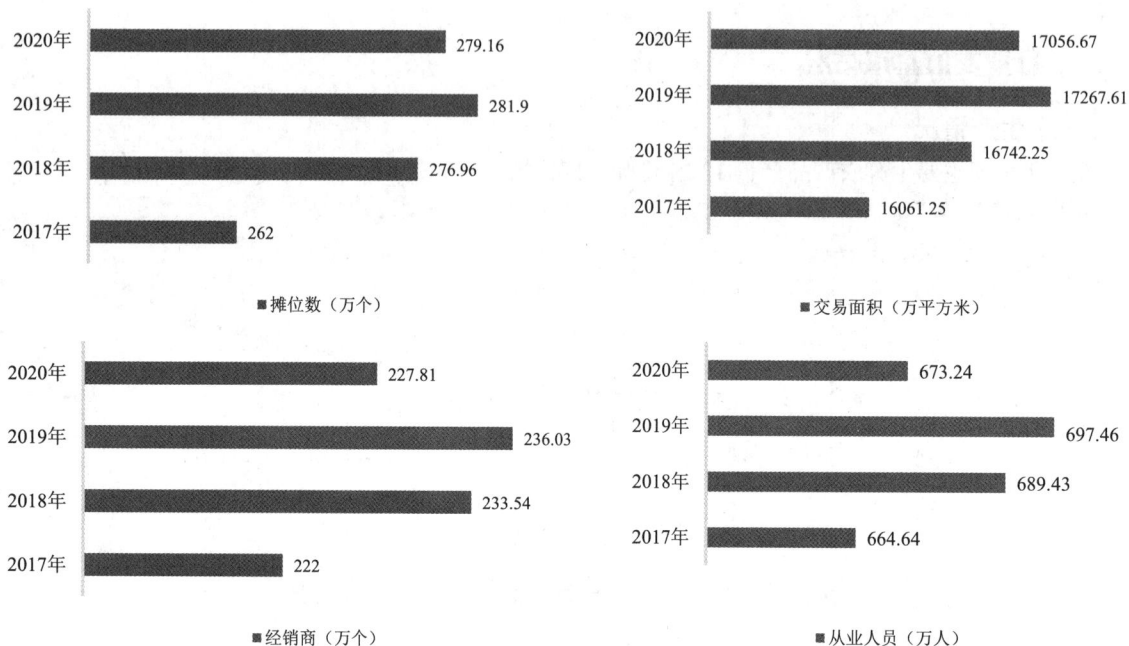

摊位数（万个）

年份	数值
2020年	279.16
2019年	281.9
2018年	276.96
2017年	262

交易面积（万平方米）

年份	数值
2020年	17056.67
2019年	17267.61
2018年	16742.25
2017年	16061.25

经销商（万个）

年份	数值
2020年	227.81
2019年	236.03
2018年	233.54
2017年	222

从业人员（万人）

年份	数值
2020年	673.24
2019年	697.46
2018年	689.43
2017年	664.64

图 3　2017—2020 年全国农产品批发市场设施及人员情况

数据来源：国家统计局、全国城市农贸中心联合会调研数据整理分析估算得出

（四）百强农产品批发市场情况

1 . 2020 年百强农产品批发市场交易情况

全国城市农贸中心联合会 2020 年交易额百强市场（以下简称"百强市场"）年交易总额 2.16 万亿元，同比降低 0.03%；年交易总量 2.97 亿吨，同比降低 3.97%（见图 4）。

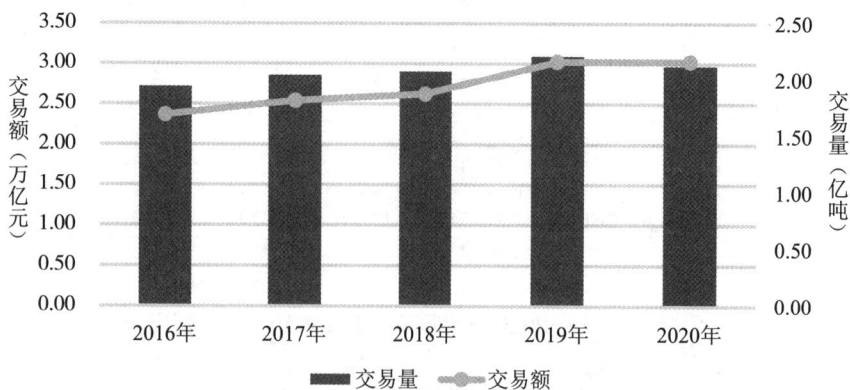

图 4　2016—2020 年百强农产品批发市场交易情况

2.2020 年百强排名前 10 农产品批发市场交易情况

2020 年受新冠肺炎疫情影响，部分农产品批发市场交易规模下降。其中北京新发地农产品批发市场，因疫情影响闭市两个多月，交易规模较 2019 年减少近三分之一。2020 年百强市场排名前 10 的市场年交易总额 6465 亿元，同比降低 4.32%，扣除北京新发地农产品批发市场的交易额，其余 9 家市场年交易总额较 2019 年增长了 0.39%；2020 年百强市场排名前 10 的市场年交易总量 8983 万吨，同比降低 14.37%，扣除北京新发地市场的交易量，其余 9 家市场年交易总量较 2019 年降低了 12.09%。

3.2020 年百强农产品批发市场分布情况

全国城市农贸中心联合会统计显示，2020 年，百强农产品批发市场中，东部地区 51 个，中部地区 27 个，西部地区 22 个。东部地区百强农产品批发市场数量明显高于中、西部地区，但从 2016 年到 2020 年东部地区百强农产品批发市场数量逐年减少，中、西部地区百强农产品批发市场数量呈上升趋势（见图 5）。

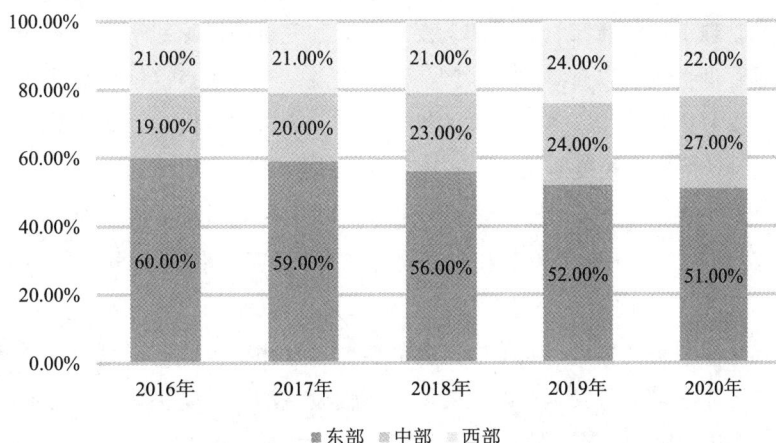

图 5　2016—2020 年百强农产品批发市场分布情况

二、政策法规

（一）疫情防控政策

2020 年 7 月 21 日，国务院应对新型冠状病毒感染肺炎疫情联防联控机制综合组印发了《肉类加工企业新冠肺炎疫情防控指南》，以科学指导肉类加工企业落实好新冠肺炎疫情防控工作。《指南》要求肉类加工企业加强组织领导，围绕关键环节和重点岗位，制订专门的疫情防控工作方案、应急处置预案和工作制度并做好物资保障工作。针对肉类生产重点环节和重点场所的疫情防控，《指南》重点对生鲜、低温的肉类屠宰、分割、存储等工艺过程作出了明确的疫情防控要求。

2020 年 7 月 30 日，国务院应对新型冠状病毒感染肺炎疫情联防联控机制综合组印发了《农贸（集贸）市场新型冠状病毒环境监测技术规范》，为开展农贸（集贸）市场新冠病毒环境监测工作提供科学规范指导。该《规范》分为监测对象、监测内容、样本采样、检测、实验室生物安全等五个技术章程，其中监测内容包括以下八类：市场内重点摊位的设施、用具表面；市场内重点摊位从业人员咽拭子、衣物表面、手部；市场内重点摊位存放食品的冰箱、冷藏柜内部表面；市场内销售的肉、禽类和海鲜水产类食品；市场内排水系统中污水；市场内公共空间中人员接触较多的部位；市场内经常性跨区域移动的工具或物品；市场内工作人员聚集、通风不良的环境。

2020 年 8 月 12 日，国务院应对新型冠状病毒感染肺炎疫情联防联控机制综合组印发了《农贸（集贸）市场新冠肺炎疫情防控技术指南》，以进一步推动农贸（集贸）市场等重点场所在常态化疫情防控下做实做细预防工作。该《指南》强调农贸（集贸）市场要健全环境卫生管理制度、坚持人员健康监测制度、实施分类卫生管理制度、建立产品溯源制度、落实全日制保洁制度、建立卫生宣传制度，并对环境卫生设施、公共区域卫生、销售区卫生、个人健康防护与应急处置提出具体要求。

（二）冷链物流政策

2020 年 11 月 8 日，国务院应对新型冠状病毒感染肺炎疫情联防联控机制综合组印发了《进口冷链食品预防性全面消毒工作方案》。该《方案》提出，要求扎实推进新冠肺炎疫情防控工作，在做好进口冷链食品新冠病毒检测工作的基础上，充分发挥消毒对新冠病毒的杀灭作用，有效防范新冠肺炎疫情通过进口冷链食品（含食用农产品）输入风险，实现"安全、有效、快速、经济"目标，在确保进口冷链食品安全的同时，提升口岸通关效率，避免货物积压滞港，保障产业链供应链稳定。

2020 年 11 月 29 日，国务院应对新型冠状病毒感染肺炎疫情联防联控机制综合组出台了《关于进一步做好冷链食品追溯管理工作的通知》。《通知》要求建立和完善由国家级平台、省级平台和企业级平台组成的冷链食品追溯管理系统，以畜禽肉、水产品等为重点，实现重点冷链食品从海关进口查验到贮存分销、生产加工、批发零售、餐饮服务全链条信息化追溯，完善人物同查、人物共防措施，建立问题产品的快速精准反应机制，严格管控疫情风险，维护公众身体健康。

2020 年 8 月 26 日，交通运输部印发了《关于进一步加强冷链物流渠道新冠肺炎疫情防控工作的通知》，以持续强化"外防输入、内防反弹"和"人物并防"，切实防止新冠病毒通过冷链物流渠道传播。该《通知》重点强调以下五点内容：一是要提高政治站位，深刻认识做好冷链物流渠道疫情防控工作的重要性；二是要强化部门协同联动，防范冷链食品新冠病毒污染风险；三是要加强从业人员防护，切实保障冷链物流一线工作人员自身安全；四是要严格运输装备消毒，坚决防止病毒通过交通运输渠道传播；五是要落实信息登记制度，为冷链物流疫情防控追溯提供有力支撑。

2020 年 11 月 13 日，为切实做好交通运输行业常态化疫情防控工作，科学指导公路、水路进口冷链食品物流相关单位和人员落实好防控主体责任，切实强化"人物并防"，交通运输部印发了《公路、水路进口冷链食品物流新冠病毒防控和消毒技术指南》。该《指南》适用于从出厂到销售始终处于低温状态的进口冷链食品在装卸、运输等公路、水路运输各环节中新冠病毒污染的防控。

（三）信息化建设与电子商务政策

2020 年 9 月 21 日，国务院办公厅印发了《关于以新业态新模式引领新型消费加快发展的意见》。针对新型消费领域发展还存在基础设施不足、服务能力偏弱、监管规范滞后等突出短板和问题，《意见》指出在常态化疫情防控条件下，要着力补齐新型消费短板、以新业态新模式为引领加快新型消费发展：一是要加力推动线上线下消费有机融合；二是要加快新型消费基础设施和服务保障能力建设；三是要优化新型消费发展环境；四是要加大新型消费政策支持力度。

（四）交通运输政策

2020 年 2 月 13 日，国务院应对新型冠状病毒感染肺炎疫情联防联控机制发布了《关于压实"菜篮子"市长负责制 农产品稳产保供工作的通知》。针对保障道路运输通畅相关工作，《通知》重点提出以下四点要求：一是落实好鲜活农产品运输"绿色通道"政策，维护正常市场流通秩序；二是把粮油、蔬菜、肉蛋奶、水产品等农产品纳入疫情防控期间生活必需品保障范围，除必要的对司机快速体温检测外，对运输车辆严格落实不停车、不检查、不收费等优先便捷通行措施，确保区域间快速调运，必要的地方可设立农产品运输"接驳区"；三是畅通农业生产资料物流通道，不得拦截蔬菜种苗、仔畜雏禽及种畜禽、水产种苗、饲料、化肥等农资运输车辆；四是对承运的企业和车主，地方财政可适当给予补助。

2020年3月14日，交通运输部印发的《关于进一步依法加强野生动物运输管理工作的通知》提出以下要求：一是要提升政治站位，高度重视野生动物运输管理工作；二是要全面依法落实运输环节责任，不得运输法律、行政法规等禁止运输的野生动物；三是要做好动物运输环节的疫情防控，患有人畜共患传染病的人员不得直接从事运输活动，不得运输发生动物疫病的动物产品；四是要加强涉及野生动物运输的执法监管，建立健全执法协作机制，坚决取缔和严厉打击非法运输野生动物行为；五是要强化普法宣传教育，进一步增强交通运输从业人员与社会公众的法治意识。

（五）财税金融政策

2020年2月14日，为切实支持做好新冠肺炎疫情防控期间"菜篮子"等农产品稳产保供工作、坚决打赢新冠肺炎疫情防控阻击战，财政部办公厅、农业农村部办公厅联合印发了《关于切实支持做好新冠肺炎疫情防控期间农产品稳产保供工作的通知》。该《通知》主要包括以下六个方面的内容：一是减免农业信贷担保相关费用；充分发挥全国农业信贷担保体系作用，促进解决农业适度规模经营主体融资难、融资贵问题；二是尽快拨付农业生产救灾资金，各相关省份要抓紧将救灾资金拨付到位，及时支持做好农作物重大病虫害防控等农业生产救灾工作，促进当地蔬菜稳产保供；三是加大农产品冷藏保鲜支持力度，各地要重点完善田间地头冷藏保鲜设施，不断增强农产品生产供给的弹性和抗风险能力；四是中央财政农业生产发展等资金向疫情防控重点地区倾斜，适当加大资金支持力度，促进恢复农业生产；五是加大地方财政资金统筹力度，各地要着力支持做好春耕生产和重大动物疫病防控等工作、支持蔬菜规模化生产经营主体提升生产保供能力；六是加强资金使用绩效管理，各地要及时按规定将资金拨付到农户和农民合作社、农业企业等新型农业经营主体。

2020年3月13日，财政部、国家税务总局联合发布了《关于继续实施物流企业大宗商品仓储设施用地城镇土地使用税优惠政策的公告》。该《公告》提出，自2020年1月1日起至2022年12月31日止，对物流企业自有（包括自用和出租）或承租的大宗商品仓储设施用地，减按所属土地等级适用税额标准的50%计征城镇土地使用税。该《公告》明确指出，物流企业的办公、生活区用地及其他非直接用于大宗商品仓储的土地，不属于本公告规定的减税范围，应按规定征收城镇土地使用税；本公告印发之日前已缴纳的应予减征的税款，在纳税人以后应缴税款中抵减或者予以退还。

2020年4月7日，为进一步纾解小微企业困难，国家税务总局办公厅、中国银行保险监督管理委员会办公厅联合印发了《关于发挥"银税互动"作用助力小微企业复工复产的通知》。该《通知》重点作出以下部署：一是实施重点帮扶，各地税务、银保监部门要充分利用"银税互动"联席会议机制和"百行进万企"等平台，帮助银行业金融机构主动对接企业需求、精准提供金融服务；二是创新信贷产品，银行业金融机构要创新"银税互动"信贷产品，及时推出适合小微企业特点的信用信贷产品；三是落实扩围要求，逐步将申请"银税互动"贷款的企业范围扩大至纳税信用C级企业，纳入各省税务机关纳税信用评价试点的个体工商户可参照实行；四是提高服务质效，要确保疫情防控期间"银税互动"平台运行、信息推送、申请受理业务不中断，并在2020年9月底前实现"银税互动"数据直连工作模式。

2020年5月24日，为进一步优化发展环境、解决生鲜农产品流通领域制约企业尤其是民营企业发展的突出问题、促进生鲜农产品流通业健康发展，国家发展改革委等12部门联合印发了《关于进一步优化发展环境促进生鲜农产品流通的实施意见》。针对降低企业经营成本，该《意见》提出要减轻企业价费负担、破解增值税抵扣难题，明确了对各类农业经营主体在农村建设的保鲜仓储设施用电按照农业生产用电价格执行、支持企业远程核定开具作为农产品收购凭证的增值税电子普通发票等相关具体措施；针对加大金融支持力度，该《意见》提出要支持企业设施建设、融资纾困，强化担保增信服务，明确了运用中央预算内投资等积极支持城乡冷链物流基础设施建设、引导商业银行对生鲜农产品运销与加工龙头企业提供差异化信贷支持、鼓励商业银行将包括民营企业在内的各类企业经过流转取得的承包土地的经营权纳入抵质押品目录等相关具体措施。

（六）质量监管政策

2020年3月16日，为加强冷藏冷冻食品在贮存运输过程中的质量安全管理，国家市场监督管理总局印发了《关于加强冷藏冷冻食品质量安全管理的公告》。该《公告》强调，从事冷藏冷冻食品贮存业务的非食品生产经营者，应当自取得营业执照之日起30个工作日内向所在地县级市场监管部门备案；委托方应履行监督义务，审核受托方食品安全保障能力，建立并落实冷藏冷冻食品全程温度记录制度；受托方应当按照相关标准或标签标示要求贮存、运输冷藏冷冻食品，加强贮存、运输过程管理，确保冷藏冷冻食品贮存、运输条件持续符合食品安全的要求，并按照委托方要求定期测定并记录冷藏冷冻食品温度。

2020年11月30日，为进一步规范食用农产品抽样检验和核查处置工作，国家市场监督管理总局印发了《食用农产品抽样检验和核查处置规定》。该《规定》指出：对易腐烂变质的蔬菜、水果等食用农产品样品，需进行均质备份样品的，应当在现场抽样时主动向食用农产品销售者告知确认，可采取拍照或摄像等方式对样品均质备份进行记录；食用农产品销售者收到不合格检验结论后，应当立即对不合格食用农产品依法采取停止销售、召回等措施，并及时通知相关生产经营者和消费者；与不合格食用农产品核查处置有关的行政处罚信息，应当依法归集至国家企业信用信息公示系统。

（七）规范市场秩序政策

2020年1月21日，国家市场监督管理总局、农业农村部、国家林草局联合发布了《关于加强野生动物市场监管积极做好疫情防控工作的紧急通知》。该《通知》要求各地林草、农业农村和市场监管部门要依照《野生动物保护法》规定和职责分工，突出饲养、繁育、运输、出售、购买等环节，加强检验检疫力度，对竹鼠、獾等可能携带新型冠状病毒的野生动物，在其饲养繁育场所实施封控隔离，严禁对外扩散，禁止转运贩卖；对其他未经检疫合格的野生动物，一律严禁进入市场。《通知》强调，要突出农贸市场、超市、餐饮等重点场所以及网站，开展联合检查，加强隐患排查，严厉打击野生动物违法违规交易，涉嫌犯罪的，及时移送司法机关；各地要根据实际情况，及时调整优化需要重点监管的环节和场所。

2020年1月26日，国家市场监督管理总局、农业农村部、国家林草局联合发布了《关于禁止野生动物交易的公告》。《公告》指出，自本公告发布之日起至全国疫情解除期间，禁止野生动物交易活动：一是各地饲养繁育野生动物场所实施隔离，严禁野生动物对外扩散和转运贩卖；二是各地农（集）贸市场、超市、餐饮单位、电商平台等经营场所，严禁任何形式的野生动物交易活动。《公告》要求各地各相关部门加强检查，发现有违反本公告规定的，要依法依规严肃查处，对经营者、经营场所分别予以停业整顿、查封，涉嫌犯罪的，移送公安机关。

2020年2月5日，中共中央、国务院《关于抓好"三农"领域重点工作确保如期实现全面小康的意见》发布。该意见指出，要加强市场监测和调控，做好猪肉保供稳价工作，打击扰乱市场行为，及时启动社会救助和保障标准与物价上涨挂钩联动机制。

2020年2月6日，国家市场监督管理总局、公安部、农业农村部、国家海关总署、国家林草局联合印发了《关于联合开展打击野生动物违规交易专项执法行动的通知》。该《通知》指出，除捕捞水产品外，严禁农（集）贸市场、超市、餐饮单位、电商平台等经营场所开展任何形式的野生动物交易活动，对相关经营者一律停业整顿，经营场所一律查封；违法从事出售、购买、利用、运输、携带、寄递野生动物及制品等交易活动的，依据野生动物保护法、动物防疫法等法律法规从重予以处罚。

（八）产销衔接政策

2020年2月11日，商务部办公厅、财政部办公厅联合印发了《关于疫情防控期间进一步做好农商互联完善农产品供应链体系的紧急通知》。该《通知》要求各地根据本地疫情防控需要，视情增加支持农产品市场保供的方向，中央财政资金在同等条件下，向在疫情防控中承担保供任务的农产品流通企业倾斜，支持做好货源组织、储备和对接调运，确保蔬菜等重要农产品供应链不断链，切实保障市场供应。《通知》明确了农产品市场保供的支持方向，即农产品流通企业在承担保供任务中发生的运费、租金、保供储备、冷链、防疫以及供应链中断恢复过程中发生的相关费用补贴。《通知》强调，对湖北、广东、浙江等保供任务较重的地区发挥突出作用的企业，要严格落实主体责任，建立健全资金管理制度，完善事前、事中和事后全过程监管，在应急需要时及时拨付使用，务必保障财政资金的使用效率和安全。

2020年2月13日，商务部办公厅发布了《关于进一步做好疫情防控期间农产品产销对接工作的通知》，要求各地商务主管部门会同农业农村、发展改革、交通运输、卫生防疫等部门对现阶段本地区农产品生产、销售、收储、加工等情况进行全面摸底排查。《通知》指出，对于受疫情影响出现滞销苗头的农产品，要"制定应急方案，落实保障措施，明确工作责任"；对于存在滞销风险的农产品，要"深入了解生产企业、农民合作社等生产经营现状，提前摸清采收、分拣、包装、运输、销售、商业库存及政府储备等情况，依托大数据等现代信息技术，做好本区域内和跨区域的产销对接，及时提供相关政策引导和服务保障"。

2020年3月18日，国家发展改革委办公厅、农业农村部办公厅联合发布了《关于多措并举促进禽肉水产品扩大生产保障供给的通知》。《通知》指出，家禽业重点要解决好禽肉禽蛋"卖难"、产品积压等问题，对于因防范疫情暂停开展活禽交易的地区，要按照新冠肺炎疫情防控高中低风险等级差异化管理要求，逐步开放活禽交易市场，同时要采取有力有效措施，通过集中屠宰、冷链运输、产销对接等方式，帮助养殖场户协调解决肉禽屠宰上市问题；水产养殖重点要解决好大宗淡水鱼、罗非鱼、对虾、小龙虾等产品压塘问题，协调主产区和大中城市构建销售流通对接关系。

三、发展趋势

（一）批发市场依然是流通主渠道

在政策环境、经济环境、消费需求变化、供需形势等多重因素影响下，农产品流通多种新兴业态涌现，而新兴业态目前尚有货物分散、物流成本高、范围覆盖小等不足，并不足以完全替代线下的大型农批市场。目前我国已形成以批发市场为主导，社区菜市场、生鲜超市、生鲜电商等多种渠道共同发展的农产品流通体系，而随着经济的发展、城市化水平的提高，批发市场份额将逐步减少。

（二）多样化发展

随着经济的发展、城市化水平的提高，农产品流通体系多样化发展。一是农产品流通渠道多样化。生鲜超市、社区便利店等新零售渠道，依靠优化流通环节缩短物流时间，降低损耗等优势在农产品流通中发挥着越来越重要的作用。二是功能多样化。农产品市场功能不只是交易、集散功能，正向着集交易、运输、配送、加工、储藏等为一体的多功能方向发展。

（三）与城市和谐发展

近些年，全国多数城市城市化进程不断加快，城区人口激增、城市框架不断拉大，市区传统老旧农批市场对城市发展的制约越来越凸显，尤其在新冠肺炎疫情形势下，社会对传统老旧农批市场外迁的呼声也越来越高，传统农批市场外迁转型升级已迫在眉睫。绿色、便捷、宜居是城市现代化发展的目标。农产品流通体系建设将根据城市发展重新规划布局，农产品批发市场将逐渐外迁，社区菜店、生鲜超市等零售网点将在市区内实现多点布局，满足"十五分钟生活圈"所需。

（四）数字化转型

我国的数字化建设将以数字化转型为驱动，涵盖数字经济、数字社会、数字政府等方面。在宏观经济层面，数据已经成为生产要素，数字经济已经成为核心经济形态。数字化时代，农产品流通体系数字化转型势在必行，且数字化转型有助于推进行业产业链整合、降本增效、资源要素重组等。

（五）集约化程度提升

短链流通模式能对农产品流通特别是生鲜农产品流通起到积极作用，但小规模生产终究无法与大流通相匹配，发展集约化流通是解决目前国内流通障碍最为有效的路径。冷链基础设施的完善，将进一步推动农产品流通集约化。

（六）国际合作进一步加强

新冠肺炎疫情的发生，造成国际农产品流通严重受阻，特别是"冷链"阳性问题频发，海关对进口冷链食品监管更加严格。全球农产品流通的稳定性已受到更多的关注，各国更加重视农产品供应链的稳定性，这进一步促进了农产品流通的国际合作。我国农产品市场体量巨大，是全球农产品流通的推动力量，在构建"以国内大循环为主体、国内国际双循环相互促进的新发展格局"的背景下，农产品流通领域也将进一步加强国际合作，在开拓国内市场空间、满足内需的同时提升全球农产品的供给能力。

2020 年农产品流通行业十大热点

农产品市场加快向现代化、智慧化升级转型
成为促进消费、振兴乡村更有力抓手

2020 年全社会和各行各业都受到新冠肺炎疫情的影响和冲击。疫情暴发初期，农产品市场交易额、交易量大幅下降，3 月开始随着疫情防控取得阶段性重要成效，国家一系列促进农产品流通政策措施的出台，市场交易快速恢复，居民消费趋于活跃，销售量稳步回升，价格稳步回落，市场交易规模呈"U 字型"变化。据全国城市农贸中心联合会调查统计，2020 年 1—3 月，农产品批发市场交易额下降达 3 成，交易量下滑超 3 成，收益下降近 4 成。农贸市场因人流限制、部分市场暂停营业等疫情防控措施，以及外埠商户无法返回经营等影响，2 月市场交易量下降近 4 成，交易额下降 3 成。随着疫情的缓解，3 月各地市场陆续开业，1 季度农贸市场营业率达到 96%。2 季度市场营业率恢复正常水平。农产品市场交易额、交易量逐步回升。

疫情期间，作为民生事业的农产品流通业充分发挥商贸流通渠道作用，忠于职守，勇担责任，做到农产品不脱销、不断货、不断供、不涨价，有效保障了人民群众的生活必需品供应，在保供稳价、解决受疫情影响农产品滞销卖难等方面都发挥了重要作用。农产品流通行业发展受到更多的重视，农产品市场作为城市核心功能的地位得到越来越强的认识。疫情一定程度上改变了农产品的消费习惯和消费方式，对农产品流通业态模式产生了较大影响。农产品批发市场逐渐向现代化、数字化批发交易平台转型，农贸市场进一步增强服务意识，功能更加包容和趋向多元。农产品市场在实现全面脱贫与乡村振兴无缝衔接、促进农产品国际贸易等方面渠道优势更加凸显，发挥了重要作用。

热点一：农产品流通行业发展备受重视，农产品批发市场发展环境进一步优化，公益功能进一步加强。

农产品批发市场保障生活必需品供应、稳定价格以及解决卖难的突出作用，在疫情期间得到了充分的检验和肯定，而在疫情期间集中暴露的基础设施配套滞后、经营业态低端、管理粗放、信息化水平低等问题也引起了政府部门的高度重视，在此形势下，农产品批发市场是一项准公益性事业，担负着保供稳价、稳农增收的社会责任，特别是在抗击疫情等大型公共事件中发挥着保民生、保供应、保稳定、稳物价等重要公益性作用的定位更加清晰，批发市场在国家农产品储备战略中发挥的作用凸显。政府逐步加强扶持和支持，把农产品批发市场建设作为民生公益事业来抓，发展环境得到进一步改善，企业基础设施建设及公益功能的发挥得到进一步支持，市场的社会责任逐步制度化，行业法律法规建设进程有望加快，更多的支持政策陆续出台。

热点二：农产品市场加快升级改造，线上线下融合，数字化转型、智慧农批成为大势所趋。

疫情期间，传统接触式线下消费受到很大冲击，生鲜电商平台业务爆发式增长，传统农批市场开始积极对接新型消费模式，整体向设施先进、功能完善、管理科学、主动承担社会责任的现代化市场，也就是"智慧农批"发展。包括智慧化（食品溯源和批发商管理）、标准化、品牌化、集约化、冷链化、绿色化。未来"智慧农批"的发展需要系统的数字化管理，涵盖物流系统、进场的信息统计系统、设施设备的管理系统、经销商的管理系统和市场人员的管理系统、资金系统、商品系统、配送系统等方方面面。市场管理手段更加科技化智慧化。智慧市场、大数据、云计算、区块链等融入市场的数字化改造中。加强数字化信息体系建设和数字化支付，统一收银、统一结算，建立农产品质量安全溯源体系，打通田间到餐桌的"产供销"信息渠道，建立供应链可追溯体系，通过探索线上线下融合发展模式，市场的平台作用会更好地发挥，价值也会更高。全国统一的农产品供应链相关大数据平台的建设也将得到加速推进，农产品流通现代化水平将进一步提升。

热点三：农产品批发市场关注人流管理、加强组织化、实现批零分离，改善环境，提升形象，公益功能和诚信渠道建设进一步加强，市场集中度正在迅速提高。

农产品零售市场，作为城市的核心功能设施地位得到越来越多的共识，政府有关部门更加重视。新冠肺炎疫情倒逼传统农产品市场必须在环境卫生和精细化管理上进行改进和提升，绿色环保将成为发展的必然趋势。在当前全球疫情还在蔓延的态势下，农产品批发市场将完善常态化管理防控措施，加强市场环境卫生整治，细化疫情防控责任，形成疫情防控常态化机制，加强废弃物处理，推动垃圾分类处理。通过市场的环境建设，以及公共卫生安全管理工作，实行进入场会员制、加强人员流动和食品的溯源管理、批零分离等举措，降低疫情传染风险，为购销双方创造良好的营销购物环境。农产品零售市场迎来新的提升改造热潮。国务院办公厅印发的《关于以新业态新模式引领新型消费加快发展的意见》明确提出优化百货商场、购物中心、便利店、农贸市场等城乡商业网点布局，引导行业适度集中。完善社区便民消费设施，加快规划建设便民生活服务圈、城市社区邻里中心和农村社区综合性服务网点。农产品市场运营标准化、规范化建设将加快，市场准入标准将提高，小规模、不规范的农产品市场将被逐步取缔或自然淘汰。农产品市场发展与城市建设将更加和谐，成为现代城市必不可少的核心功能，政府在规划、交通、环境、卫生等方面的相关规定将更加科学，更加有利于市场发展和城市建设。

热点四：物流集约化程度大幅提升，冷链物流发展步伐加快，冷链食品安全更受关注。

面对农产品物流企业弱、小、散的现状，疫情期间暴露的物流制约，以及进口冷链环节频繁爆出的输入风险等问题，冷链物流发展、冷冻食品的溯源管理及食品安全，得到了政府和行业企业的高度重视。补齐农产品冷链物流设施短板的需求越来越大，农产品分拨、包装、预冷等集配装备和分拨仓、前置仓等仓储设施加快建设。农产品"生鲜电子商务＋冷链宅配""中央厨房＋食材冷链配送"等服务新模式得到推广。提升物流组织化、集约化以及冷链物流建设的支持和引导政策进一步强化，冷链物流发展步伐加快，农产品物流集约化程度大幅提升，物流秩序和效率将有效改善。《冷链物流分类与基本要求》《冷藏、冷冻食品物流包装、标志、运输和储存》《食品安全国家标准、食品冷链物流卫生规范》等国家标准将加快推动出台。

热点五："流通扶贫""产业扶贫"凸显农产品流通渠道优势，强化农商互联农产品供应链建设，助力乡村振兴，确保脱贫不返贫。

2020 年，全国城市农贸中心联合会组织全国的农批市场积极参与商务部、市场监管总局等部门对口帮扶工作，协助商务部建立了 52 个未摘帽贫困县与 52 家农产品流通企业"结对子"定向帮扶机制，推动广西、四川、贵州、云南、甘肃、宁夏、新疆、青海等深度贫困地区的农产品产销对接。据不完全统计，2019 年，农批行业共销售各类农产品 1 万多万吨，销售额超过 8000 多亿元。疫情期间，农产品批发市场也充分发挥了流通主渠道的重要作用，是解决受疫情严重影响的湖北、新疆等地滞销卖难农产品的生力军，是产业扶贫、消费扶贫的主阵地。随着农业供给侧结构性改革的深入推进，乡村振兴战略的全面实施，农批市场作为乡村和城市的产销连接桥梁，助力乡村振兴的主体地位和作用更加凸显。2020 年 10 月 15 日，国家扶贫日前夕，在中国农产品批发市场行业年会上，全国城市农贸中心联合会发起成立乡村振兴促进中心。乡村振兴促进中心将组织引导农批市场和批发商产业延伸，通过流通带动农业产业化发展，实现乡村的产业振兴，让农民增收，让农民脱贫奔小康，实现全面脱贫与乡村振兴的无缝衔接。

热点六：消费升级刺激进口农产品消费，农产品流通国际交流合作更加密切和深入，批发市场国际化能力提升。

新冠肺炎疫情在全球多地暴发并呈扩散蔓延态势，给世界贸易带来一定冲击，从全球范围看，国际关系更加复杂多变，全球贸易放缓，但保障市场稳定供应是全球农产品市场的共同目标。中国人日益增长的消费力，为中国进口食品市场持续增长提供了坚实的保障，据中国食品土畜进出口商会发布的《中国进口食品行业报告 2020 年》显示，2019 年中国进口食品来源地达 189 个，年度进口额 908.1 亿美元，比 2018 年净增 172.4 亿美元，增速达 23.4%。进口食品的 17 个品类中，排名前三的分别是肉类及制品、水海产品及制品、乳品，进口额均超过 100 亿美元，分别达到 188.9 亿美元、160.5 亿美元、116.4 亿美元，占进口总额的 20.8%、17.7%、12.8%。尽管受疫情影响，进口食品销售受到极大冲击，但消费者对优质进口农产品的市场需求仍然持续存在。2020 年 7 月，为促进中韩农产品合作，丰富我国老百姓的"菜篮子""果盘子"，全国城市农贸中心联合会与韩国农水产流通公社签署了合作谅解备忘录。根据协议，双方将共同推进获准对华出口的葡萄、彩椒、蘑菇等韩国优质农产品进口中国。为更好、更快、更有效地实现中韩企业对接，2020 年 9 月 4 日，全国城市农贸中心联合会还举办了"韩国优质农产品线上推介会"线上活动，进一步加强中韩双方企业的了解和合作。本次会议吸引了国内 60 家农产品批发商、零售商、电商企业代表和 10 多家韩国优质农产品出口企业相聚"云端"，进行云分享，云贸易。2020 年 8 月 6 日，印尼—中国火龙果线上对接会举办。应印度尼西亚共和国驻华兼驻蒙古国公使迪诺阁下邀请，全国城市农贸中心联合会会长、世界批发市场联合会主席马增俊先生出席活动并致辞。2020 年 11 月 30 日，埃及驻华大使馆商务参赞马西塔布·易卜拉欣女士拜访全国城市农贸中心联合会，双方就埃及鲜食农产品在中国的销售情况以及助推埃及农产品在中国的销量问题进行了深入交流。2020 年 12 月 4 日，马增俊主席参加 2020 年世批联理事会时强调，在国际疫情发展的大背景下，推动各地区批发市场间交流和升级至关重要。

热点七：新冠肺炎疫情影响行业活动模式变革，农贸联首次组织行业召开线上新春座谈会。

2020年是全面建成小康社会和"十三五"规划的收官之年。为加快转型升级，推动农产品流通行业高质量发展，总结过去展望未来，2020年3月31日，全国城市农贸中心联合会召开了以"居安思危 高质量发展"为主题的线上新春工作座谈会。与会嘉宾代表围绕疫情期间农产品流通行业应急措施、提升市场现代化运营能力、市场创新发展、乡村振兴等议题从不同角度进行了交流探讨。在新冠肺炎疫情背景下，本次会议是农产品流通行业首次通过互联网技术召开的线上会议，吸引了近千人参与、观看。

热点八：农贸联发布疫情之下农批行业转型升级发展报告，补农批市场疫情防控和管理工作短板弱项。

农产品批发市场是我国农产品流通的主渠道，是城市的核心功能设施。2020年新冠肺炎疫情期间，农产品批发行业充分发挥了有效保障居民生活必需品供应的功能，成为农产品保供稳价、解决卖难的重要渠道。但2020年6月疫情的暴发和反弹，也暴露了农产品批发市场存在的问题。

为了加快推动农产品批发市场转型升级，2020年7月，在商务部等部门指导委托下，与国务院发展研究中心等机构合作，全国城市农贸中心联合会连续组织召开了两场"农产品批发市场发展线上研讨会"，研讨会邀请行业专家和全国各地的农批企业代表，针对疫情防控和管理工作中的短板弱项，围绕农产品批发市场转型发展的主题，就农产品批发市场立法、农产品流通公益功能保障等重点问题、难题，开展了不同角度的交流，并形成发布《疫情之下农产品批发市场转型升级发展报告》。《报告》中对农产品批发市场的地位和作用、疫情之下农产品市场如何转型升级、疫情后市场发展形势判断等议题进行了深度思考和探讨。

热点九：长江禁捕、打非断链，农批行业发出"保护长江，拒购、拒售长江江鲜水产品"的倡议。

长江，中国第一大河，传承着华夏几千年来的悠久文化。根据党中央、国务院关于长江流域禁捕的决策部署和国家市场监管总局"长江禁捕、打非断链"工作安排，严厉打击市场销售长江流域非法捕捞渔获物违法行为。为保护长江流域生态安全，2020年10月15日，在中国农产品批发市场行业年会上，全国城市农贸中心联合会组织宜昌三峡物流园、上海江阳水产品批发交易市场、南京农副产品物流配送中心、武汉白沙洲农副产品大市场、两湖绿谷物流股份有限公司、重庆双福农产品批发市场等长江流域沿岸会员企业代表，向全行业发出"保护长江，拒购、拒售长江江鲜水产品"的倡议。

倡议提出要加强行业自律，自觉抵制收购、加工、销售、利用非法渔获物等行为，拒绝非法渔获物交易。市场应切实履行主体责任，严格落实索证索票和进货查验记录要求，建立健全产品追溯体系。经销商应采购具有合法来源凭证的水产品，特别是捕捞水产品。不采购、不销售来源不明或无法提供合法来源凭证的水产品。积极对消费者宣传引导，拒购长江江鲜水产品。

热点十：农业经理人需求大幅增加，农产品流通行业从业人员素质将有提升。

农业经理人是指在农民专业合作社等农业经济合作组织中，从事农业生产组织、设备作业、技术支持、产品加工与销售等管理服务的人员。2019年，人社部、市场监管总局、国家统计局向社会发布的13个新职业信息，其中就包括农业经理人。他们一般服务于农民专业合作社、农业相关企业，主要工作内容涵盖搜集和分析农产品供求、客户需求数据等信息，编制生产、服务经营方案和作业计划，调度生产、服务人员，安排生产或服务项目，指导生产、服务人员执行作业标准，疏通营销渠道，维护客户关系，组织产品加工、运输、营销；评估生产、服务绩效，争取资金支持等农业生产经营的各个方面。在国家高度重视农业发展，农业产业链创新转型的形势下，对"爱农业、懂技术、善经营"的农业经理人这一专业人才的需求将持续增加。据人社部发布的《农业经理人就业景气现状分析报告》，预计未来5年中国对农业经理人的需求总量将达到150万左右。而处在转型升级中的农产品批发市场管理也将更加职业化，趋向于用现代企业制度的管理模式来管理市场，对农产品经纪人、批发商的要求也会增高，从业人员素质将逐步提升。

全国城市农贸中心联合会 2020 年大事记

1月6日，全国城市农贸中心联合会（简称"农贸联"）携会员单位参加于阿富汗伊斯兰共和国驻华使馆官邸举办的招待会，共同庆祝石榴节，打开中国市场了解阿富汗优质农产品窗口。

1月31日，新冠肺炎疫情来袭，为防止疫情进一步扩散，各级政府不断升级应急措施，全国各地农产品流通企业都积极行动，每一个市场的工作人员奔赴一线，为保障全国尤其是疫情严重地区的各类农产品供应不断货、稳物价、稳民心做出了突出贡献。为此，全国城市农贸中心联合会向农产品流通行业同仁发出《致农产品流通行业同仁的慰问信》。

2月9日，为贯彻落实党中央、国务院关于做好新型冠状病毒感染肺炎疫情防控工作的有关决策部署，防止新型冠状病毒感染肺炎疫情的进一步传播和扩散，帮助农产品市场及农产品经营者平安开展正常经营活动，维持健康市场秩序，稳定市场供应，保障群众健康，全国城市农贸中心联合会制定了《新型冠状病毒传播期间农产品市场经营服务防控指南》。

3月31日，全国城市农贸中心联合会通过线上的形式举办以"居安思危 高质量发展"为主题的2020年全国城市农贸中心联合会线上新春工作座谈会。

5月12日，全国城市农贸中心联合会零售市场专业委员会在线上召开"抗疫保供 砥砺前行"农产品零售市场发展座谈会。

5月20日，全国城市农贸中心联合会收到商务部发来的感谢信，信中充分肯定了全国城市农贸中心联合会作为全国性行业协会在此次新冠肺炎疫情期间所做的工作，感谢全国各大农产品批发市场、经销商在组织货源、对接调运、参与联保联供、保障重要生活物资市场供应、缓解农产品滞销卖难等方面做出的突出贡献。

7月3日，全国城市农贸中心联合会组织召开了"农产品批发市场发展线上研讨会"。

7月10日，全国城市农贸中心联合会受商务部市场体系建设司委托，召开"农产品市场线上座谈会"，座谈会主要围绕疫情防控和管理工作中的短板弱项、农产品批发市场立法、农产品流通公益功能保障3个议题进行讨论。

7月17日，全国城市农贸中心联合会与韩国农水产食品流通公社在京签订合作协议，拓宽韩国农产品在华销售渠道。

7月21日，全国城市农贸中心联合会党支部，获评中商联2019年度党建工作考核优秀党组织。

7月28日，全国城市农贸中心联合会发布《疫情之下农产品批发市场转型升级发展报告》。

8月6日，世界批发市场联合会主席、中国全国城市农贸中心联合会会长马增俊受邀参加"2020印度尼西亚—中国火龙果线上对接会（第一次会议）"并发言，旨在加强印尼出口商与中国火龙果进口商的联系，帮助印尼火龙果进入中国市场，推动中国与印尼双边农产品贸易发展，为推动亚太经济一体化贡献力量。

9月4日，全国城市农贸中心联合会、韩国农水产食品流通公社、韩国可乐洞市场联合主办"韩国优质农产品线上推介会"线上活动，促进中韩农产品合作，丰富我国老百姓的"菜篮子""果盘子"。

9月8日，中国国际经济贸易仲裁委员会海南仲裁中心、中国海事仲裁委员会海南仲裁中心在海口举行揭牌仪式。

9月14日，全国城市农贸中心联合会在甘肃兰州组织召开农产品流通行业综合治理能力主题的行业研讨会。

9月27日，为更好地推动农产品批发市场行业全面数字化转型，全国城市农贸中心联合会在江苏省无锡市召开数字化专业委员会筹备会。

9月28日，全国城市农贸中心联合会主办，江苏无锡朝阳集团股份有限公司承办的"2020年全国城市农贸中心联合会会长扩大会暨数字化转型峰会"在无锡市召开。

10月14日，由全国城市农贸中心联合会主办，宜昌三峡物流园有限公司承办，中国商业联合会、中国农产品市场协会、中国食品土畜进出口商会、宜昌市人民政府等作为支持单位的"2020年中国农产品批发市场行业年会"在湖北宜昌召开。

10月14—16日全国城市农贸中心联合会在湖北宜昌召开以"聚势破局智赢未来——疫情常态下，深化农批行业智慧之路"为主题的"2020年中国农产品批发市场行业年会"。

10月15日，全国城市农贸中心联合会发起成立乡村振兴促进中心。

10月26—28日，由全国城市农贸中心联合会燕窝市场专业委员会和注册认证燕窝诚信联盟主办，中国食品工业协会燕窝及胶原蛋白产业工作委员会，中国医药物资协会燕窝分会，广东省燕窝产业协会等协办，印度尼西亚驻华大使馆，马来西亚驻华大使馆，中国检验检疫科学院等作为支持单位的2020年燕窝行业年会在厦门召开。

11月3—5日，全国城市农贸中心联合会零售市场专业委员会在广西柳州召开以"聚焦农贸智慧创新——农贸市场，一座城市的灵魂"为主题的2020年全国农贸市场行业年会。

11月18日，由全国城市农贸中心联合会主办，山东省金乡县人民政府、山东凯盛农产品物流园有限公司承办，中国商业联合会、中国出入境检验检疫协会、山东省商务厅所作为支持单位的以"应势·协同·智慧链通——疫情防控常态化，农产品供应链智慧化建设"为主题的"第五届中国农产品供应链大会"在山东金乡召开。

12月11日，全国城市农贸中心联合会在四川眉山市组织召开农产品流通行业法治建设调研和专题研讨会。

仲裁委大事记

全国城市农贸中心联合会仲裁专业委员会介绍

为适应我国农业和农产品进出口贸易发展的新形势，充分发挥仲裁在解决经贸纠纷中的作用，农贸联于2016年成立全国城市农贸中心联合会仲裁专业委员会（简称仲裁委），建立起农产品贸易行业仲裁合作的长效机制，为会员单位提供更好的服务。农贸联仲裁委是国内率先成立的专门从事农产品贸易纠纷的法律服务机构，其主要职责是：维护农产品贸易市场主体合法权益，防范和及时化解贸易风险，规范贸易流通秩序，服务国内外农产品贸易市场，为农产品贸易合同全程提供法律咨询，出现纠纷时依法提起仲裁，解决纷争，把仲裁的法律应用在国际、国内农产品贸易全过程中，促进农产品贸易健康发展。

农贸联仲裁委成立后积极开展行业普法，送法入企业，推广格式化合同。联合甘肃、青海、宁夏、新疆、陕西、西藏等省和自治区的农产品流通企业，于2021年7月正式成立西北农产品流通行业自律联盟，推动建立行业公平、公正、公开、诚信自律机制，为新时期行业经营管理能力、规划和应急能力的提升注入新动力，开启西北农产品流通业法治化发展的新篇章。帮助市场和经销商规避法律风险，处理了河北、广东、山东、湖南、福建等全国各地多起纠纷，取得当地市场和经销商的一致好评；并已帮助市场经销商规范了和西班牙、波兰、马来西亚的经济贸易合同；还协助商务部开展了《农产品市场管理条例》的相关立法调研，在源头解决市场和经销商的法律困扰和困难。

仲裁委将逐步进驻全国重点城市的农产品批发市场，在市场设立办事处，本着"集约精简、高效便捷、服务行业"的主旨，顺应"一带一路"政策发展和供给侧结构性改革，与中国国际经济贸易仲裁委员会、全国农产品购销标准化技术委员会、中国标准化研究院、《中国消费者报》、全国打假网、国家商标局等多个权威部门和组织进行合作，为相关企业提供"一站式服务"，满足企业在运行和发展中的切实需求，以达到"信息、管理、协调、监督、维护、帮扶"六位一体。

大事记

2020年，为抗击新冠肺炎疫情，仲裁委为农批市场筹措防疫物资，协助区域卖难农产品对接渠道，扶困助农；筹措15万元价值的防疫物资和药食同源产品慰问广东省湛江市防疫一线的干警和医护人员。

2020年，仲裁委发动并组织陕甘宁农批市场、四川眉山、黑龙江大庆农批市场和经销商户赴甘肃礼县、黑龙江抚远、黑龙江同江、云南文山、四川凉山州等地扶贫调研；组织眉山圣丰、上海蔬菜集团、广州正佳等企业负责人到冕宁县进行产业调研；其间分别在甘肃礼县、云南西畴、黑龙江抚远和同江组织召开扶贫农产品流通座谈会共 4 场。

2020 年，仲裁委联合广东省湛江市政协组织召开《食品安全食品经营者主体责任指南》研讨会和"减贫战略和工作体系转型"座谈会。

2020 年，仲裁委继续开展行业普法工作，为宁夏四季鲜市场、宁波农产品物流中心、青藏高原农产品物流中心、兰州国际高原夏菜采购中心、东莞信立进行普法培训和《民法典》宣贯，从"商户和市场交易流程的规范管理"、"应收账款的管理"、"职业打假的防范和应对"、《民法典》物权篇、婚姻篇等方面为市场商户授课解惑；帮助市场管理团队以及经销商户学习掌握《民法典》与自身工作、生活的关系，指导行业参与者积极地学法和用法。并汇编发布了《关于食品和农产品流通行业全面加强新型冠状病毒感染肺炎疫情防控工作的法律指引》、"微信聊天证据举证指导"、"农产品交易防诈骗风险提示"等普法宣传文章。

2020 年，仲裁委在大庆、哈尔滨、眉山、兰州组织召开农产品流通行业法治建设专题研讨会，邀请全国政协常委、国务院参事甄贞，国家市场监督管理局食品经营司负责人陈谔，黑龙江省市场监督管理局食品安全总监王树海等参加研讨。

2020 年，仲裁委驻湛江办事处对地方资源进行整合，建立湛江地区第三方服务供应商库，筛选区域的律师事务所、保险公司、物流运输、金融服务、广告传媒、信息技术供应商，提升办事处的综合服务能力。

全国零售委大事记

全国城市农贸中心联合会零售市场专业委员会介绍

全国城市农贸中心联合会零售市场专业委员会，简称"全国零售委"，英文名称 Retail Market Committee of China Agricultural Wholesale Market Association，缩写为 RMC。

全国零售委是由从事农产品零售的农贸市场、标准化菜市场、生鲜超市、综合超市、社区菜市场、社区菜店、生鲜专卖店以及为零售市场提供第三方服务的设计公司、网络台秤收银、食安仪器、柜台货架、冷藏保鲜柜等企事业单位、社会团体和个人，依照国家法律、法规的规定，在自愿的基础上组成的非营利性的社团组织，接受全国城市农贸中心联合会的领导和监督。

全国城市农贸中心联合会零售市场专业委员会的宗旨是：从行业实际出发，在行业内发挥服务、自律、协调、监督、维权等作用，以推动农产品零售行业发展为目标，共同探讨农产品零售市场行业现状、发展趋势，规范市场行为，维护市场秩序，促进本行业的健康发展。

全国零售委主要职责构成包括：（一）组织零售市场开展相关工作和规范市场发展，宣传贯彻国家有关农产品零售的方针政策和法律法规；（二）组织收集、整理农产品零售市场发展信息，进行市场分析、预测，开展信息交流活动和咨询服务，为企业的生产和经营提供决策依据；（三）开展调查研究，向政府相关部门提出有关行业发展的政策意见和立法建议；协助政府制定有关行业的方针政策，承办政府部门委托的相关工作；（四）维护会员的合法权益，向政府和有关方面反映会员的合理意见、要求和建议，为企业争取国家在土地、资金、项目等方面的政策支持；（五）开展多种形式的培训和研讨活动，引进和推广先进管理技术和方法，为企业提供有关咨询、规划和市场调查研究等服务；（六）经全国城市农贸中心联合会批准，举办相关的展览会、对接会、论坛，支持和引导企业引进国外先进技术、经营管理方法和资金，促进国内流通企业和服务业企业的现代化；（七）通过会刊、网站及相关书籍的编辑出版，为会员提供信息服务；（八）开展国际交流与合作，带领会员走出去，为会员招商引资牵线搭桥。

大事记

2020年4月8日，零售委组织部分全国农贸行业专家委员会委员及企业负责人参加《农贸市场管理技术规范》国家标准修订工作研讨会。与会人员从硬件建设、软件管理、智慧化建设、垃圾分类等诸多方面提出意见和建议，为《规范》的成文奠定了基础。

2020年5月12日，零售委召开"抗疫保供、砥砺前行"线上视频会议，商务部市场体系建设司、市场监管总局食品经营司等主管部门领导，以及有关商协会、企业代表及关心农产品流通工作的各界人士近400余人参加会议。杭州一鸿、南京盛庄科技、武汉和诚友商贸、无锡朝阳、福建食达康、北京玉泉东、广西米立方等企业负责人及深圳龙华区农贸市场行业协会、南京菜篮子工程促进会等协会领导围绕"后疫情时代农贸市场发展趋势""农贸市场对突发事件的应对措施""疫情期间农贸市场防疫保供情况"等话题发言，新华社、《中国食品报》、《国际商报》等多家媒体关注报道了此次会议。

2020年6月2日，面对国家放开路边市场、提振国内消费的大形势，零售委召开视频专题讨论会，邀请部分城市市场负责人共同商议适应形势、做好本职、强化自身的对策与办法，为农贸行业更好地迎接挑战奠定了基础。

2020年8月4日，零售委专门发文（零售委字〔2020〕3号），配合北京市商务局开展2020年度生鲜农产品零售标准化示范店创建工作。对支持农贸市场、社区菜店、生鲜超市、蔬菜直通车等稳定经营，提高社区商业发展水平和生活必需品保障能力，提升居民生活性服务业品质，更好为会员服务起到了良好的促进作用。

2020年8月19日至21日，零售委在合肥市组织全国农贸市场运营管理培训班，培训班以"以实为基、精研求进"为总基调，既有农贸市场发展趋势和政策解读，农贸市场建设、招商及管理工作讲解，也有现场答疑和参观考察环节，起到了传播优秀农贸市场管理经验，分享农贸市场运营要素，为农贸行业进步发展添砖加瓦的作用，杭州一鸿公司协办。

2020年10月20日至21日，零售委组织农贸市场代表参加《农贸市场管理技术规范》国家标准修订工作第二次研讨会，杭州一鸿、青岛中科英泰、上海蔬菜、江苏大穰、广州华仁、牡丹江地利、浙江致一云、杭州锐阿、宁夏农协、湖北工程学院、沈阳顶峰等标准工作组成员参加本次会议，马增俊会长参会并就工作开展提出具体要求。

2020年11月3日，零售委召开第一届理事会第二次会议，会议通报了全国零售委成立后一年来的工作，理事长吴刚做一届二次理事会议工作报告，审议通过2020年全国生鲜农产品零售行业示范市场名单，审议通过2020年新增理事名单等。马增俊会长总结讲话并对零售委工作提出要求，他要求零售委要理清职责和会员间的关系，充分发挥理事会成员作用，加快设立行业会议制度，加强信息交流和宣传推广，建立工作框架体系；希望各位理事共同做好零售委工作，有效配置资源，推动标准化建设，树立行业的地位，为企业做事，为行业服务，让百姓受益。

2020年11月4日至5日，2020年全国农贸市场行业年会在广西壮族自治区柳州市举行。活动由全国农贸联主办，零售委和米立方公司承办。年会以"聚焦农贸智慧创新——农贸市场，一座城市的灵魂"为主题，来自全国各地的农贸市场行业精英齐聚柳州，分享交流先进做法和经验，助推全国农贸市场在疫情防控常态化形势下更好地发展，共商农产品零售市场行业发展大计。十一届全国政协经济委员会副主任、商务部原副部长张志刚讲话，世界批发市场联合会主席、全国城市农贸中心联合会会长马增俊致辞，世界批发市场联合会零售工作组主席让·保罗·奥古斯特（Jean-Paul Auguste）以视频方式致辞。原国务院参事、全国城市农贸中心联合会高级顾问，农业农村部农村经济研究中心研究员刘志仁分享了关于构建农贸行业发展新格局的观察与思考。年会设主题会议和两场主题论坛，传达政府部门有关市场建设与发展的重要政策，通报行业年度工作，邀请专家对构建农贸行业发展新格局进行解读分析。围绕"聚焦农贸、智慧创新"的主题，广西米立方、南京盛庄、杭州一鸿、无锡朝阳等企业分享了市场发展经验；杭州锐阿、艺康集团、福建思特、长沙国研、深圳深信、浙江致一云等企业从数字信息化、市场设计、废弃物处理、卫生消杀等涉及农贸市场转型升级各个方面向与会代表进行分享；会议还就农贸市场与智慧化数字转型的关系，农贸市场数字化转型的痛点和难点，智慧化能为市场、为商户、为消费者真正带来什么等进行了对话交流，来自全国各地的会员代表300余人参加了大会。

国燕委大事记

全国城市农贸中心联合会燕窝市场专业委员会介绍

国燕委是全国城市农贸中心联合会燕窝市场专业委员会的简称，英文名称：Edible Bird's Nest Market Committee of China Agricultural Wholesale Markets Association，缩写为EBMC。

国燕委成立于2011年，是由从事燕窝产业及相关的生产、加工、流通、检测、科研、教学、消费领域的企事业单位、社会团体和个人，依照国家法律、法规的规定，在自愿的基础上组成的行业性、全国性、非营利性的社团组织。接受全国城市农贸中心联合会的领导和监督，在业务上接受商务部的指导。

全国城市农贸中心联合会燕窝市场专业委员会的宗旨是：在行业内发挥服务、自律、协调、监督、维权等作用，规范市场行为，维护市场秩序，促进本行业的健康发展。

国燕委对燕窝的正规进口，提供了知识、技术等支持；推动了中国燕窝从业者和燕窝原产国之间的行业交流，在国内积极宣传正规溯源燕窝，重塑了消费信心；推动了燕窝行业新的业态和燕窝品类的发展，扩大了燕窝的消费人群。国燕委从成立之初一直在推动燕窝行业的标准化工作，2014年参与制定了《燕窝质量等级》行业标准，2018年向国家市场监管总局提交了《即食燕窝标准》，作为国家市场监管总局规范燕窝制品生产经营行为的重要参考。

全国城市农贸中心联合会燕窝市场专业委员会的主要职能是：组织收集、整理和传递国内外燕窝经济信息和科学技术信息，进行市场分析、预测，开展信息交流活动和咨询服务，为企业的生产和经营提供决策依据；推动质量保障体系和食品卫生安全体系的建设，实施品牌诚信战略；通过展览展示、专题讲座、印发宣传资料普及燕窝基本知识、宣传燕窝产品价值；代表会员向有关部门反映燕窝生产、流通各个环节中的新情况和存在的问题，提出建设性意见；协助政府有关部门撰写行业方针、政策、制度、法规、标准等；协助和承担政府主管部门委托的部分行政管理职能；协调会员之间以及行业内各环节利益主体之间的关系，增进会员之间的横向联系，组织商品交流，拓宽燕窝产品市场，发挥行业的群体优势；加强与国内外同行业的各项交流。

大事记

2020年10月27日至28日，国燕委在福建省厦门市举办2020年燕窝行业年会。本次年会主题为"规范创新，聚力共赢"，海关、税务、检验检疫科学院等政府官员，印马泰驻华使馆负责人，协会商会代表，燕窝方面专家及业界代表和国燕委会员单位企业代表出席了本次年会。

国燕委在2020年燕窝行业年会上发布《2019年燕窝行业白皮书》，并公布了国燕委2021年工作计划，成立"鲜炖燕窝专业委员会"，召开了鲜炖燕窝专业委员会筹备会议。

年会组织领袖论坛，邀请了多位行业内领军人物，共同探讨燕窝品牌打造、平台建设、行业热点等多个主题。主题培训环节，从法律、营销等多角度进行了干货实操培训。

第二篇　政策与法规

中共中央 国务院关于抓好"三农"领域重点工作
确保如期实现全面小康的意见

中发〔2020〕1号

党的十九大以来，党中央围绕打赢脱贫攻坚战、实施乡村振兴战略作出一系列重大部署，出台一系列政策举措。农业农村改革发展的实践证明，党中央制定的方针政策是完全正确的，今后一个时期要继续贯彻执行。

2020年是全面建成小康社会目标实现之年，是全面打赢脱贫攻坚战收官之年。党中央认为，完成上述两大目标任务，脱贫攻坚最后堡垒必须攻克，全面小康"三农"领域突出短板必须补上。小康不小康，关键看老乡。脱贫攻坚质量怎么样、小康成色如何，很大程度上要看"三农"工作成效。全党务必深刻认识做好2020年"三农"工作的特殊重要性，毫不松懈，持续加力，坚决夺取第一个百年奋斗目标的全面胜利。

做好2020年"三农"工作总的要求是，坚持以习近平新时代中国特色社会主义思想为指导，全面贯彻党的十九大和十九届二中、三中、四中全会精神，贯彻落实中央经济工作会议精神，对标对表全面建成小康社会目标，强化举措、狠抓落实，集中力量完成打赢脱贫攻坚战和补上全面小康"三农"领域突出短板两大重点任务，持续抓好农业稳产保供和农民增收，推进农业高质量发展，保持农村社会和谐稳定，提升农民群众获得感、幸福感、安全感，确保脱贫攻坚战圆满收官，确保农村同步全面建成小康社会。

一、坚决打赢脱贫攻坚战

（一）全面完成脱贫任务。脱贫攻坚已经取得决定性成就，绝大多数贫困人口已经脱贫，现在到了攻城拔寨、全面收官的阶段。要坚持精准扶贫，以更加有力的举措、更加精细的工作，在普遍实现"两不愁"基础上，全面解决"三保障"和饮水安全问题，确保剩余贫困人口如期脱贫。进一步聚焦"三区三州"等深度贫困地区，瞄准突出问题和薄弱环节集中发力，狠抓政策落实。对深度贫困地区贫困人口多、贫困发生率高、脱贫难度大的县和行政村，要组织精锐力量强力帮扶、挂牌督战。对特殊贫困群体，要落实落细低保、医保、养老保险、特困人员救助供养、临时救助等综合社会保障政策，实现应保尽保。各级财政要继续增加专项扶贫资金，中央财政新增部分主要用于"三区三州"等深度贫困地区。优化城乡建设用地增减挂钩、扶贫小额信贷等支持政策。深入推进抓党建促脱贫攻坚。

（二）巩固脱贫成果防止返贫。各地要对已脱贫人口开展全面排查，认真查找漏洞缺项，一项一项整改清零，一户一户对账销号。总结推广各地经验做法，健全监测预警机制，加强对不稳定脱贫户、边缘户的动态监测，将返贫人口和新发生贫困人口及时纳入帮扶，为巩固脱贫成果提供制度保障。强化产业扶贫、就业扶贫，深入开展消费扶贫，加大易地扶贫搬迁后续扶持力度。扩大贫困地区退耕还林还草规模。深化扶志扶智，激发贫困人口内生动力。

（三）做好考核验收和宣传工作。严把贫困退出关，严格执行贫困退出标准和程序，坚决杜绝数字脱贫、虚假脱贫，确保脱贫成果经得起历史检验。加强常态化督导，及时发现问题、督促整改。开展脱贫攻坚普查。扎实做好脱贫攻坚宣传工作，全面展现新时代扶贫脱贫壮阔实践，全面宣传扶贫事业历史性成就，深刻揭示脱贫攻坚伟大成就背后的制度优势，向世界讲好中国减贫生动故事。

（四）保持脱贫攻坚政策总体稳定。坚持贫困县摘帽不摘责任、不摘政策、不摘帮扶、不摘监管。强化脱贫攻坚责任落实，继续执行对贫困县的主要扶持政策，进一步加大东西部扶贫协作、对口支援、定点扶贫、社会扶贫力度，稳定扶贫工作队伍，强化基层帮扶力量。持续开展扶贫领域腐败和作风问题专项治理。对已实现稳定脱贫的县，各省（自治区、直辖市）可以根据实际情况统筹安排专项扶贫资金，支持非贫困县、非贫困村贫困人口脱贫。

（五）研究接续推进减贫工作。脱贫攻坚任务完成后，我国贫困状况将发生重大变化，扶贫工作重心转向解决相对贫困，扶贫工作方式由集中作战调整为常态推进。要研究建立解决相对贫困的长效机制，推动减贫战略和工作体系平稳转型。加强解决相对贫困问题顶层设计，纳入实施乡村振兴战略统筹安排。抓紧研究制定脱贫攻坚与实施乡村振兴战略有机衔接的意见。

二、对标全面建成小康社会加快补上农村基础设施和公共服务短板

（六）加大农村公共基础设施建设力度。推动"四好农村路"示范创建提质扩面，启动省域、市域范围内示范创建。在完成具备条件的建制村通硬化路和通客车任务基础上，有序推进较大人口规模自然村（组）等通硬化路建设。支持村内道路建设和改造。加大成品油税费改革转移支付对农村公路养护的支持力度。加快农村公路条例立法进程。加强农村道路交通安全管理。完成"三区三州"和抵边村寨电网升级改造攻坚计划。基本实现行政村光纤网络和第四代移动通信网络普遍覆盖。落实农村公共基础设施管护责任，应由政府承担的管护费用纳入政府预算。做好村庄规划工作。

（七）提高农村供水保障水平。全面完成农村饮水安全巩固提升工程任务。统筹布局农村饮水基础设施建设，在人口相对集中的地区推进规模化供水工程建设。有条件的地区将城市管网向农村延伸，推进城乡供水一体化。中央财政加大支持力度，补助中西部地区、原中央苏区农村饮水安全工程维修养护。加强农村饮用水水源保护，做好水质监测。

（八）扎实搞好农村人居环境整治。分类推进农村厕所革命，东部地区、中西部城市近郊区等有基础有条件的地区要基本完成农村户用厕所无害化改造，其他地区实事求是确定目标任务。各地要选择适宜的技术和改厕模式，先搞试点，证明切实可行后再推开。全面推进农村生活垃圾治理，开展就地分类、源头减量试点。梯次推进农村生活污水治理，优先解决乡镇所在地和中心村生活污水问题。开展农村黑臭水体整治。支持农民群众开展村庄清洁和绿化行动，推进"美丽家园"建设。鼓励有条件的地方对农村人居环境公共设施维修养护进行补助。

（九）提高农村教育质量。加强乡镇寄宿制学校建设，统筹乡村小规模学校布局，改善办学条件，提高教学质量。加强乡村教师队伍建设，全面推行义务教育阶段教师"县管校聘"，有计划安排县城学校教师到乡村支教。落实中小学教师平均工资收入水平不低于或高于当地公务员平均工资收入水平政策，教师职称评聘向乡村学校教师倾斜，符合条件的乡村学校教师纳入当地政府住房保障体系。持续推进农村义务教育控辍保学专项行动，巩固义务教育普及成果。增加学位供给，有效解决农民工随迁子女上学问题。重视农村学前教育，多渠道增加普惠性学前教育资源供给。加强农村特殊教育。大力提升中西部地区乡村教师国家通用语言文字能力，加强贫困地区学前儿童普通话教育。扩大职业教育学校在农村招生规模，提高职业教育质量。

（十）加强农村基层医疗卫生服务。办好县级医院，推进标准化乡镇卫生院建设，改造提升村卫生

室，消除医疗服务空白点。稳步推进紧密型县域医疗卫生共同体建设。加强乡村医生队伍建设，适当简化本科及以上学历医学毕业生或经住院医师规范化培训合格的全科医生招聘程序。对应聘到中西部地区和艰苦边远地区乡村工作的应届高校医学毕业生，给予大学期间学费补偿、国家助学贷款代偿。允许各地盘活用好基层卫生机构现有编制资源，乡镇卫生院可优先聘用符合条件的村医。加强基层疾病预防控制队伍建设，做好重大疾病和传染病防控。将农村适龄妇女宫颈癌和乳腺癌检查纳入基本公共卫生服务范围。

（十一）加强农村社会保障。适当提高城乡居民基本医疗保险财政补助和个人缴费标准。提高城乡居民基本医保、大病保险、医疗救助经办服务水平，地级市域范围内实现"一站式服务、一窗口办理、一单制结算"。加强农村低保对象动态精准管理，合理提高低保等社会救助水平。完善农村留守儿童和妇女、老年人关爱服务体系。发展农村互助式养老，多形式建设日间照料中心，改善失能老年人和重度残疾人护理服务。

（十二）改善乡村公共文化服务。推动基本公共文化服务向乡村延伸，扩大乡村文化惠民工程覆盖面。鼓励城市文艺团体和文艺工作者定期送文化下乡。实施乡村文化人才培养工程，支持乡土文艺团组发展，扶持农村非遗传承人、民间艺人收徒传艺，发展优秀戏曲曲艺、少数民族文化、民间文化。保护好历史文化名镇（村）、传统村落、民族村寨、传统建筑、农业文化遗产、古树名木等。以"庆丰收、迎小康"为主题办好中国农民丰收节。

（十三）治理农村生态环境突出问题。大力推进畜禽粪污资源化利用，基本完成大规模养殖场粪污治理设施建设。深入开展农药化肥减量行动，加强农膜污染治理，推进秸秆综合利用。在长江流域重点水域实行常年禁捕，做好渔民退捕工作。推广黑土地保护有效治理模式，推进侵蚀沟治理，启动实施东北黑土地保护性耕作行动计划。稳步推进农用地土壤污染管控和修复利用。继续实施华北地区地下水超采综合治理。启动农村水系综合整治试点。

三、保障重要农产品有效供给和促进农民持续增收

（十四）稳定粮食生产。确保粮食安全始终是治国理政的头等大事。粮食生产要稳字当头，稳政策、稳面积、稳产量。强化粮食安全省长责任制考核，各省（自治区、直辖市）2020年粮食播种面积和产量要保持基本稳定。进一步完善农业补贴政策。调整完善稻谷、小麦最低收购价政策，稳定农民基本收益。推进稻谷、小麦、玉米完全成本保险和收入保险试点。加大对大豆高产品种和玉米、大豆间作新农艺推广的支持力度。抓好草地贪夜蛾等重大病虫害防控，推广统防统治、代耕代种、土地托管等服务模式。加大对产粮大县的奖励力度，优先安排农产品加工用地指标。支持产粮大县开展高标准农田建设新增耕地指标跨省域调剂使用，调剂收益按规定用于建设高标准农田。深入实施优质粮食工程。以北方农牧交错带为重点扩大粮改饲规模，推广种养结合模式。完善新疆棉花目标价格政策。拓展多元化进口渠道，增加适应国内需求的农产品进口。扩大优势农产品出口。深入开展农产品反走私综合治理专项行动。

（十五）加快恢复生猪生产。生猪稳产保供是当前经济工作的一件大事，要采取综合性措施，确保2020年年底前生猪产能基本恢复到接近正常年份水平。落实"省负总责"，压实"菜篮子"市长负责制，强化县级抓落实责任，保障猪肉供给。坚持补栏增养和疫病防控相结合，推动生猪标准化规模养殖，加强对中小散养户的防疫服务，做好饲料生产保障工作。严格落实扶持生猪生产的各项政策举措，抓紧打通环评、用地、信贷等瓶颈。纠正随意扩大限养禁养区和搞"无猪市"、"无猪县"问题。严格执行非洲猪瘟疫情报告制度和防控措施，加快疫苗研发进程。加强动物防疫体系建设，落实防疫人员和经费保

障，在生猪大县实施乡镇动物防疫特聘计划。引导生猪屠宰加工向养殖集中区转移，逐步减少活猪长距离调运，推进"运猪"向"运肉"转变。加强市场监测和调控，做好猪肉保供稳价工作，打击扰乱市场行为，及时启动社会救助和保障标准与物价上涨挂钩联动机制。支持奶业、禽类、牛羊等生产，引导优化肉类消费结构。推进水产绿色健康养殖，加强渔港建设和管理改革。

（十六）加强现代农业设施建设。提早谋划实施一批现代农业投资重大项目，支持项目及早落地，有效扩大农业投资。以粮食生产功能区和重要农产品生产保护区为重点加快推进高标准农田建设，修编建设规划，合理确定投资标准，完善工程建设、验收、监督检查机制，确保建一块成一块。如期完成大中型灌区续建配套与节水改造，提高防汛抗旱能力，加大农业节水力度。抓紧启动和开工一批重大水利工程和配套设施建设，加快开展南水北调后续工程前期工作，适时推进工程建设。启动农产品仓储保鲜冷链物流设施建设工程。加强农产品冷链物流统筹规划、分级布局和标准制定。安排中央预算内投资，支持建设一批骨干冷链物流基地。国家支持家庭农场、农民合作社、供销合作社、邮政快递企业、产业化龙头企业建设产地分拣包装、冷藏保鲜、仓储运输、初加工等设施，对其在农村建设的保鲜仓储设施用电实行农业生产用电价格。依托现有资源建设农业农村大数据中心，加快物联网、大数据、区块链、人工智能、第五代移动通信网络、智慧气象等现代信息技术在农业领域的应用。开展国家数字乡村试点。

（十七）发展富民乡村产业。支持各地立足资源优势打造各具特色的农业全产业链，建立健全农民分享产业链增值收益机制，形成有竞争力的产业集群，推动农村一二三产业融合发展。加快建设国家、省、市、县现代农业产业园，支持农村产业融合发展示范园建设，办好农村"双创"基地。重点培育家庭农场、农民合作社等新型农业经营主体，培育农业产业化联合体，通过订单农业、入股分红、托管服务等方式，将小农户融入农业产业链。继续调整优化农业结构，加强绿色食品、有机农产品、地理标志农产品认证和管理，打造地方知名农产品品牌，增加优质绿色农产品供给。有效开发农村市场，扩大电子商务进农村覆盖面，支持供销合作社、邮政快递企业等延伸乡村物流服务网络，加强村级电商服务站点建设，推动农产品进城、工业品下乡双向流通。强化全过程农产品质量安全和食品安全监管，建立健全追溯体系，确保人民群众"舌尖上的安全"。引导和鼓励工商资本下乡，切实保护好企业家合法权益。制定农业及相关产业统计分类并加强统计核算，全面准确反映农业生产、加工、物流、营销、服务等全产业链价值。

（十八）稳定农民工就业。落实涉企减税降费等支持政策，加大援企稳岗工作力度，放宽失业保险稳岗返还申领条件，提高农民工技能提升补贴标准。农民工失业后，可在常住地进行失业登记，享受均等化公共就业服务。出台并落实保障农民工工资支付条例。以政府投资项目和工程建设领域为重点，开展农民工工资支付情况排查整顿，执行拖欠农民工工资"黑名单"制度，落实根治欠薪各项举措。实施家政服务、养老护理、医院看护、餐饮烹饪、电子商务等技能培训，打造区域性劳务品牌。鼓励地方设立乡村保洁员、水管员、护路员、生态护林员等公益性岗位。开展新业态从业人员职业伤害保障试点。深入实施农村创新创业带头人培育行动，将符合条件的返乡创业农民工纳入一次性创业补贴范围。

四、加强农村基层治理

（十九）充分发挥党组织领导作用。农村基层党组织是党在农村全部工作和战斗力的基础。要认真落实《中国共产党农村基层组织工作条例》，组织群众发展乡村产业，增强集体经济实力，带领群众共同致富；动员群众参与乡村治理，增强主人翁意识，维护农村和谐稳定；教育引导群众革除陈规陋习，弘扬公序良俗，培育文明乡风；密切联系群众，提高服务群众能力，把群众紧密团结在党的周围，筑牢党在农村的执政基础。全面落实村党组织书记县级党委备案管理制度，建立村"两委"成员县级联审常态化机制，持续整顿软弱涣散村党组织，发挥党组织在农村各种组织中的领导作用。严格村党组织书记监督管理，建立健全党委组织部门牵头协调，民政、农业农村等部门共同参与、加强指导的村务监督机制，全面落实"四议两公开"。加大农村基层巡察工作力度。强化基层纪检监察组织与村务监督委员会的沟通协作、有效衔接，形成监督合力。加大在青年农民中发展党员力度。持续向贫困村、软弱涣散村、集体经济薄弱村派驻第一书记。加强村级组织运转经费保障。健全激励村干部干事创业机制。选优配强乡镇领导班子特别是乡镇党委书记。在乡村开展"听党话、感党恩、跟党走"宣讲活动。

（二十）健全乡村治理工作体系。坚持县乡村联动，推动社会治理和服务重心向基层下移，把更多资源下沉到乡镇和村，提高乡村治理效能。县级是"一线指挥部"，要加强统筹谋划，落实领导责任，强化大抓基层的工作导向，增强群众工作本领。建立县级领导干部和县直部门主要负责人包村制度。乡镇是为农服务中心，要加强管理服务，整合审批、服务、执法等方面力量，建立健全统一管理服务平台，实现一站式办理。充实农村人居环境整治、宅基地管理、集体资产管理、民生保障、社会服务等工作力量。行政村是基本治理单元，要强化自我管理、自我服务、自我教育、自我监督，健全基层民主制度，完善村规民约，推进村民自治制度化、规范化、程序化。扎实开展自治、法治、德治相结合的乡村治理体系建设试点示范，推广乡村治理创新性典型案例经验。注重发挥家庭家教家风在乡村治理中的重要作用。

（二十一）调处化解乡村矛盾纠纷。坚持和发展新时代"枫桥经验"，进一步加强人民调解工作，做到小事不出村、大事不出乡、矛盾不上交。畅通农民群众诉求表达渠道，及时妥善处理农民群众合理诉求。持续整治侵害农民利益行为，妥善化解土地承包、征地拆迁、农民工工资、环境污染等方面矛盾。推行领导干部特别是市县领导干部定期下基层接访制度，积极化解信访积案。组织开展"一村一法律顾问"等形式多样的法律服务。对直接关系农民切身利益、容易引发社会稳定风险的重大决策事项，要先进行风险评估。

（二十二）深入推进平安乡村建设。推动扫黑除恶专项斗争向纵深推进，严厉打击非法侵占农村集体资产、扶贫惠农资金和侵犯农村妇女儿童人身权利等违法犯罪行为，推进反腐败斗争和基层"拍蝇"，建立防范和整治"村霸"长效机制。依法管理农村宗教事务，制止非法宗教活动，防范邪教向农村渗透，防止封建迷信蔓延。加强农村社会治安工作，推行网格化管理和服务。开展农村假冒伪劣食品治理行动。打击制售假劣农资违法违规行为。加强农村防灾减灾能力建设。全面排查整治农村各类安全隐患。

五、强化农村补短板保障措施

（二十三）优先保障"三农"投入。加大中央和地方财政"三农"投入力度，中央预算内投资继续向农业农村倾斜，确保财政投入与补上全面小康"三农"领域突出短板相适应。地方政府要在一般债券支出中安排一定规模支持符合条件的易地扶贫搬迁和乡村振兴项目建设。各地应有序扩大用于支持乡村振兴的专项债券发行规模。中央和省级各部门要根据补短板的需要优化涉农资金使用结构。按照"取之于农、主要用之于农"要求，抓紧出台调整完善土地出让收入使用范围进一步提高农业农村投入比例的意见。调整完善农机购置补贴范围，赋予省级更大自主权。研究本轮草原生态保护补奖政策到期后的政策。强化对"三农"信贷的货币、财税、监管政策正向激励，给予低成本资金支持，提高风险容忍度，优化精准奖补措施。对机构法人在县域、业务在县域的金融机构，适度扩大支农支小再贷款额度。深化农村信用社改革，坚持县域法人地位。加强考核引导，合理提升资金外流严重县的存贷比。鼓励商业银行发行"三农"、小微企业等专项金融债券。落实农户小额贷款税收优惠政策。符合条件的家庭农场等新型农业经营主体可按规定享受现行小微企业相关贷款税收减免政策。合理设置农业贷款期限，使其与农业生产周期相匹配。发挥全国农业信贷担保体系作用，做大面向新型农业经营主体的担保业务。推动温室大棚、养殖圈舍、大型农机、土地经营权依法合规抵押融资。稳妥扩大农村普惠金融改革试点，鼓励地方政府开展县域农户、中小企业信用等级评价，加快构建线上线下相结合、"银保担"风险共担的普惠金融服务体系，推出更多免抵押、免担保、低利率、可持续的普惠金融产品。抓好农业保险保费补贴政策落实，督促保险机构及时足额理赔。优化"保险＋期货"试点模式，继续推进农产品期货期权品种上市。

（二十四）破解乡村发展用地难题。坚守耕地和永久基本农田保护红线。完善乡村产业发展用地政策体系，明确用地类型和供地方式，实行分类管理。将农业种植养殖配建的保鲜冷藏、晾晒存贮、农机库房、分拣包装、废弃物处理、管理看护房等辅助设施用地纳入农用地管理，根据生产实际合理确定辅助设施用地规模上限。农业设施用地可以使用耕地。强化农业设施用地监管，严禁以农业设施用地为名从事非农建设。开展乡村全域土地综合整治试点，优化农村生产、生活、生态空间布局。在符合国土空间规划前提下，通过村庄整治、土地整理等方式节余的农村集体建设用地优先用于发展乡村产业项目。新编县乡级国土空间规划应安排不少于10%的建设用地指标，重点保障乡村产业发展用地。省级制定土地利用年度计划时，应安排至少5%新增建设用地指标保障乡村重点产业和项目用地。农村集体建设用地可以通过入股、租用等方式直接用于发展乡村产业。按照"放管服"改革要求，对农村集体建设用地审批进行全面梳理，简化审批审核程序，下放审批权限。推进乡村建设审批"多审合一、多证合一"改革。抓紧出台支持农村一二三产业融合发展用地的政策意见。

（二十五）推动人才下乡。培养更多知农爱农、扎根乡村的人才，推动更多科技成果应用到田间地头。畅通各类人才下乡渠道，支持大学生、退役军人、企业家等到农村干事创业。整合利用农业广播学校、农业科研院所、涉农院校、农业龙头企业等各类资源，加快构建高素质农民教育培训体系。落实县域内人才统筹培养使用制度。有组织地动员城市科研人员、工程师、规划师、建筑师、教师、医生下乡服务。城市中小学教师、医生晋升高级职称前，原则上要有1年以上农村基层工作服务经历。优化涉农学科专业设置，探索对急需紧缺涉农专业实行"提前批次"录取。抓紧出台推进乡村人才振兴的意见。

（二十六）强化科技支撑作用。加强农业关键核心技术攻关，部署一批重大科技项目，抢占科技制高点。加强农业生物技术研发，大力实施种业自主创新工程，实施国家农业种质资源保护利用工程，推进南繁科研育种基地建设。加快大中型、智能化、复合型农业机械研发和应用，支持丘陵山区农田宜机化改造。深入实施科技特派员制度，进一步发展壮大科技特派员队伍。采取长期稳定的支持方式，加强现代农业产业技术体系建设，扩大对特色优势农产品覆盖范围，面向农业全产业链配置科技资源。加强农业产业科技创新中心建设。加强国家农业高新技术产业示范区、国家农业科技园区等创新平台基地建设。加快现代气象为农服务体系建设。

（二十七）抓好农村重点改革任务。完善农村基本经营制度，开展第二轮土地承包到期后再延长30年试点，在试点基础上研究制定延包的具体办法。鼓励发展多种形式适度规模经营，健全面向小农户的农业社会化服务体系。制定农村集体经营性建设用地入市配套制度。严格农村宅基地管理，加强对乡镇审批宅基地监管，防止土地占用失控。扎实推进宅基地使用权确权登记颁证。以探索宅基地所有权、资格权、使用权"三权分置"为重点，进一步深化农村宅基地制度改革试点。全面推开农村集体产权制度改革试点，有序开展集体成员身份确认、集体资产折股量化、股份合作制改革、集体经济组织登记赋码等工作。探索拓宽农村集体经济发展路径，强化集体资产管理。继续深化供销合作社综合改革，提高为农服务能力。加快推进农垦、国有林区林场、集体林权制度、草原承包经营制度、农业水价等改革。深化农业综合行政执法改革，完善执法体系，提高执法能力。

做好"三农"工作，关键在党。各级党委和政府要深入学习贯彻习近平总书记关于"三农"工作的重要论述，全面贯彻党的十九届四中全会精神，把制度建设和治理能力建设摆在"三农"工作更加突出位置，稳定农村基本政策，完善新时代"三农"工作制度框架和政策体系。认真落实《中国共产党农村工作条例》，加强党对"三农"工作的全面领导，坚持农业农村优先发展，强化五级书记抓乡村振兴责任，落实县委书记主要精力抓"三农"工作要求，加强党委农村工作机构建设，大力培养懂农业、爱农村、爱农民的"三农"工作队伍，提高农村干部待遇。坚持从农村实际出发，因地制宜，尊重农民意愿，尽力而为、量力而行，把当务之急的事一件一件解决好，力戒形式主义、官僚主义，防止政策执行简单化和"一刀切"。把党的十九大以来"三农"政策贯彻落实情况作为中央巡视重要内容。

让我们更加紧密地团结在以习近平同志为核心的党中央周围，坚定信心、锐意进取，埋头苦干、扎实工作，坚决打赢脱贫攻坚战，加快补上全面小康"三农"领域突出短板，为决胜全面建成小康社会、实现第一个百年奋斗目标作出应有的贡献！

国务院办公厅关于切实做好长江流域禁捕
有关工作的通知

国办发明电〔2020〕21号

各省、自治区、直辖市人民政府，国务院各部委、各直属机构：

长江流域禁捕是贯彻落实习近平总书记关于"共抓大保护、不搞大开发"的重要指示精神，保护长江母亲河和加强生态文明建设的重要举措，是为全局计、为子孙谋，功在当代、利在千秋的重要决策。习近平总书记多次作出重要指示批示，李克强总理提出明确要求。为贯彻落实党中央、国务院决策部署，如期完成长江流域禁捕目标任务，农业农村部、公安部、市场监管总局分别牵头制订了《进一步加强长江流域重点水域禁捕和退捕渔民安置保障工作实施方案》、《打击长江流域非法捕捞专项整治行动方案》、《打击市场销售长江流域非法捕捞渔获物专项行动方案》，经国务院同意，现转发给你们，并就贯彻执行有关要求通知如下：

一、提高政治站位，压实各方责任

沿江各省（直辖市）人民政府和各有关部门要增强"四个意识"、坚定"四个自信"、做到"两个维护"，深入学习领会、坚决贯彻落实习近平总书记重要指示批示精神，把长江流域重点水域禁捕和退捕渔民安置保障工作作为当前重大政治任务，进一步落实责任，细化完善各项政策措施，全面抓好落实。要坚持中央统筹、省负总责、市县抓落实的工作体制，各有关省、市、县三级政府要成立由主要负责同志任组长的领导小组，逐级建立工作专班，细化制定实施方案，做到领导到位、责任到位、工作到位。农业农村部要落实牵头抓总责任，在长江流域禁捕工作协调机制基础上，组建工作专班进行集中攻坚。国家发展改革委、公安部、财政部、人力资源社会保障部、交通运输部、水利部、市场监管总局、国家林草局等部门要各司其责、密切配合，共同做好长江流域禁捕相关工作。

二、强化转产安置，保障退捕渔民生计

沿江各省（直辖市）要抓紧完成退捕渔船渔民建档立卡"回头看"工作，查漏补缺，切实摸清底数，做到精准识别和管理，作为落实补偿资金、转产安置、社会保障、后续帮扶、验收考核等工作的依据。要切实维护退捕渔民的社会保障权益，将符合条件的退捕渔民按规定纳入相应的社会保障制度，做到应保尽保。要根据渔民年龄结构、受教育程度、技能水平等情况，制定有针对性的转产转业安置方案，实行分类施策、精准帮扶，通过发展产业、务工就业、支持创业、公益岗位等多种方式促进渔民转产转业。

三、加大投入力度，落实相关补助资金

沿江各省（直辖市）要在中央补助资金统一核算、切块到省的基础上，加大地方财政资金投入，统筹兜底保障禁捕退捕资金需求。地方可统筹使用渔业油价补贴、资源养护等相关资金，加大对退捕工作

的支持力度。要合理确定本省（直辖市）补助标准，做到省域内基本平衡，避免引起渔民攀比。在加强中央层面长江流域禁捕执法能力建设同时，沿江各省（直辖市）也要加快配备禁捕执法装备设施，提升执法能力。

四、开展专项整治行动，严厉打击非法捕捞行为

针对长江流域重点水域非法捕捞屡禁不止等问题，开展为期一年的专项打击整治行动。沿江各省（直辖市）要成立由公安机关、农业农村（渔政）部门牵头，发展改革、交通运输、水利、市场监管、网信、林草等部门和单位参加的联合指挥部，制定实施方案，统筹推进各项执法任务，确保取得实效。对重大案件挂牌督办，加强行政执法与刑事司法衔接，公布一批典型案件，形成强大威慑。

五、加大市场清查力度，斩断非法地下产业链

各地要聚焦水产品交易市场、餐饮场所等市场主体，依法依规严厉打击收购、加工、销售、利用非法渔获物等行为。加强禁捕水域周边区域管理，禁止非法渔获物上市交易。加强水产品交易市场、餐饮行业管理，对以"长江野生鱼"、"野生江鲜"等为噱头的宣传营销行为，要追溯渔获物来源渠道，不能提供合法来源证明或涉嫌虚假宣传、过度营销、诱导欺诈消费者的，要依法追究法律责任。

六、加强考核检查，确保各项任务按时完成

沿江各省（直辖市）人民政府要把长江流域禁捕工作作为落实"共抓大保护、不搞大开发"的约束性任务，纳入地方政府绩效考核和河长制、湖长制等目标任务考核体系。要建立定期通报和约谈制度，对工作推进不力、责任落实不到位、弄虚作假的地区、单位和个人依法依规问责追责。农业农村部、公安部、市场监管总局要对所牵头的相关工作方案落实情况进行督促检查，确保长江流域禁捕各项政策措施落实到位，并适时向国务院报告有关情况。

国务院办公厅

2020 年 7 月 4 日

国务院应对新型冠状病毒感染肺炎疫情联防联控机制综合组关于印发肉类加工企业新冠肺炎疫情防控指南的通知

联防联控机制综发〔2020〕216号

各省、自治区、直辖市及新疆生产建设兵团应对新型冠状病毒肺炎疫情联防联控机制（领导小组、指挥部）：

为进一步加强肉类加工企业新冠肺炎疫情防控工作，我们组织制定了《肉类加工企业新冠肺炎疫情防控指南》。现印发给你们，请参照执行。

国务院应对新型冠状病毒肺炎疫情联防联控机制综合组

2020 年 7 月 21 日

附件：

肉类加工企业新冠肺炎疫情防控指南

为科学指导肉类加工企业落实好新冠肺炎疫情防控工作要求，特制定本指南。本指南重点对存在生鲜、低温的肉类屠宰、分割、存储等工艺过程作出疫情防控要求，肉类加工企业的其他工艺过程可参照《关于依法科学精准做好新冠肺炎疫情防控工作的通知》（联防联控机制发〔2020〕28 号）中《工业企业和建筑施工企业新冠肺炎防控技术方案》相关要求开展防疫工作。

一、组织保障和制度要求

（一）加强组织领导。肉类加工企业应当成立由主要负责人牵头的新冠肺炎疫情防控工作领导小组，全面领导疫情防控工作，确保各项措施落实。

（二）落实企业主体责任。肉类加工企业应当围绕关键环节和重点岗位，制订专门的疫情防控工作方案、应急处置预案和工作制度，包括组织领导体系、责任分工、排查制度、日常管控、后勤保障、应急处置等，并按要求严格落实。

（三）做好物资保障工作。肉类加工企业应当设立企业测温点和临时隔离点，结合应急方案储备足够数量的疫情防控物资，包括口罩、手套、消毒设备及用品、非接触式体温计等。

二、人员管控要求

（一）建立上岗员工健康卡制度。企业要做好新进员工近期行程及健康状况登记，建立上岗员工健康卡，切实掌握企业员工流动及健康情况。鼓励新进员工上岗前自愿接受核酸检测。

（二）加强日常健康监测。肉类加工企业应当加强人员出入管理和健康监测，建立全体员工健康状况台账和风险接触信息报告制度，设置测温点，落实登记、测温、消毒、查验健康码等防控措施，实行"绿码"上岗制。

（三）加强外来人员登记与管理。尽可能减少不必要的外来人员进入，确需进入厂区的，需询问单位、健康状况、接触疫情发生地区人员等情况，通过登记、测温、消毒、查验健康码等措施并佩戴口罩后方可入厂。车辆进出时，门卫值班员、工作人员和司机应当避免不必要的接触。

（四）加强防控知识宣传。开展多种形式的健康宣教，引导员工掌握新冠肺炎和其他呼吸道传染病防治相关知识和技能，养成良好卫生习惯，加强自我防护意识。

三、重点环节和重点场所防控要求

（一）源头管控。肉类加工企业应当把好禽畜肉类来源的"追溯关""自查关""检测关""贮存关"，建立健全全程追溯机制，严禁加工不符合动物检疫规定或不符合食品安全标准的畜禽肉。除了索票索证和进货查验记录外，进口畜禽肉类食品应当具备《核酸检测合格证明》方可入厂生产。做好畜禽肉类食品转运存放区域、运输工具、货物外包装及其他相关用品用具的清洁和消毒。

（二）通风换气。普通厂房优先选择自然通风，如条件不具备可辅以机械通风。密闭厂房应当保持室内空气流通和空调系统供风安全，采用全新风模式，关闭回风系统，确保人均新风量 ≥ 30m³/h。空调通风系统应当定期进行检查、清洗、消毒，确保运行清洁安全。

（三）生产过程防护。

1. 饲养车间。

（1）作业人员进入饲养车间需更换工作衣、鞋，走过消毒池，用消毒液洗手后入场。

（2）动物运输车辆进厂应当使用 500 ~ 1000mg/L 的含氯消毒液进行充分喷洒消毒，消毒作用 30 分钟。动物卸车台应当进行清洗消毒；卸车完毕，车辆经冲洗、喷雾消毒后方可离场。

（3）圈舍的通道、地面、墙面应当定期用 1000mg/L 的含氯消毒剂充分喷洒或擦拭消毒，消毒作用 30 分钟，后用清水冲洗干净。圈舍附近应有粪便集中储存设施，并及时清除。

（4）生病畜禽的运送应当备有不渗水密闭的专用运输工具，车间进出口处应有消毒池，排出的污水应当加入消毒药物处理。

2. 屠宰车间。

（1）供宰动物应来自非疫区，并具有动物检疫合格证明和运载工具消毒证明，按国家有关规定、程序和标准进行宰前检验。

（2）作业人员进入屠宰车间需更换工作衣、鞋，走过消毒池，用消毒液洗手后入场。

（3）动物宰杀后放血处应当装有冷、热水刀具消毒器和洗手池，进行刀具消毒并洗手。

（4）屠宰车间每天屠宰完毕清洗后，用无腐蚀性的消毒剂对作业环境和设备进行消毒。

（5）兽医卫检员专用刀（钩）具，生产前后必须用 500 ~ 1000mg/L 的含氯消毒剂充分喷洒或擦拭消毒。

3. 分割肉车间。

（1）作业人员进入分割肉车间需更换工作衣、鞋，走过消毒池，用消毒液洗手后入场。

（2）每班工作结束后必须彻底清洗加工场地的地面、墙壁、排水沟，然后使用 1000mg/L 的含氯消毒剂充分喷洒或擦拭消毒，再用清水冲洗干净。

（3）分割肉车间内的设备、工器具、操作台等物体表面应当每班 1000mg/L 的含氯消毒剂充分喷洒或擦拭消毒，消毒作用 30 分钟。可移动的设备，如工作台、砧板，清洗时要将表面的肉屑用钢刷清除；不可移动的设备，如绞肉机、切片机、搅拌机、包装机、锯骨机等要将表面的肉屑清除干净；然后用消毒液喷洒消毒，再彻底洗净。

4. 包装车间。

（1）作业人员进入包装车间需更换工作衣、鞋，走过消毒池，用消毒液洗手后入场。

（2）包装车间每天工作完毕后，用无腐蚀性的消毒剂对作业环境进行消毒。

5. 冷库。

冷冻产品必须堆放在清洁平滑的垫板上，垫板应当经常清洗消毒。冷冻分割肉应当采用托盘式货架堆垛，人工进入冷库堆放时要穿库房用鞋，穿防寒服。

6. 化验室。

（1）化验室应当有防潮、防蝇、防尘的设备。墙面、地面应当定期清扫消毒。

（2）化验室的空调应当定期进行检查、清洗、消毒，确保运行清洁安全。

（四）公共区域防控。

1. 会议管理。应当控制会议频次、规模、时间，提倡采取网络视频、电话等线上方式召开会议和培训，确需开展现场活动的，需按规定向企业相关部门申请。参会人员需做好个人防护。会议过程中至少每小时进行一次开窗通风，确保人员之间的间隔在 1 米以上并按要求佩戴口罩。

2. 就餐管理。员工食堂应当设置洗手设施和配备消毒用品，采取错峰用餐、分散就餐等措施，减少人员聚集，用餐时避免面对面就座，避免与人交谈。

3. 宿舍管理。员工集体宿舍应当严控入住人数，原则上每间不超过6人。宿舍应当设置可开启窗户，定时通风，每日至少开窗通风2次，每次不少于30分钟。对通风不畅的宿舍应当安装排风扇等机械通风设备。盥洗室配设洗手池和消毒用品，定时清洁。

4. 公共区域消毒。安排专人对办公区域、会议场所、宿舍及其他人员活动场所和相关物品定时清洁消毒，如门把手、楼梯扶手、电梯按键等频繁接触部位应适当增加消毒次数。用500mg/L含氯消毒液进行喷洒或擦拭消毒，对不耐腐蚀的表面和用品用具用清水冲洗干净。

（五）环境定期监测。加强重点场所风险排查，开展环境中核酸的定期监测工作，建立环境定期核酸监测档案。中风险和高风险地区肉类加工企业应当每天在屠宰车间、分割肉车间、包装车间采集各5份环境标本进行核酸监测。低风险地区肉类加工企业应当每周至少进行一次采样监测。

四、个体防护

从业人员在岗时应当根据岗位需要正确佩戴口罩、手套等，做好个人防护。

（一）检验检疫人员。检验检疫人员上岗前应当穿戴好工作服、手套、一次性使用医用口罩或一次性医用外科口罩、防护镜、胶靴等。

（二）待宰区工作人员。待宰区工作人员上岗前应当穿戴好工作服、手套、一次性使用医用口罩或一次性医用外科口罩、面屏或护目镜、胶靴等。工作过程中应当避免直接接触动物的血液和体液。参与急宰的工作人员完成急宰工作后应当彻底洗手、消毒。工作结束后，应当做好衣服和器械的清洗、消毒。

（三）屠宰工作人员。屠宰工作人员进入屠宰车间前应当穿戴好工作帽、一次性使用医用口罩或一次性医用外科口罩、面屏、手套、工作服、胶靴等防护用品。放血工人和与水接触较多的工人应当穿防水的衣裤。屠宰技术人员不得徒手操作。工作结束后，人员应当采用有效浓度的消毒液对设备、工器具、场地等进行消毒。工衣统一收集、清洗、消毒。

（四）分割加工人员。分割加工人员进入车间前应当穿戴工作帽、一次性使用医用口罩或一次性医用外科口罩、面屏、手套、工作服和胶靴，根据岗位需求穿戴相应的围裙和雨衣。生产结束后，人员应当采用有效浓度的消毒液对设备、工器具、场地等进行清洗、消毒；人员应当洗澡后离开车间。分割车间员工工衣应当和其他区域员工工衣分开清洗、消毒。

（五）包装和副产品处理人员。包装和副产品处理人员进入车间应当穿戴工作帽、一次性使用医用口罩或一次性医用外科口罩、面屏、手套、工作服、防水围裙、防水套袖和防潮防滑的胶靴。进入车间和生产结束均需按照流程进行洗手消毒和鞋靴的清洗、消毒，生产结束后洗澡离开车间。

（六）低温环境工作人员的防护。低温环境工作人员进入车间前应当穿戴工作帽、一次性使用医用口罩或一次性医用外科口罩、面屏、手套、工作服和胶靴，根据岗位需求穿戴相应的围裙和雨衣。冷冻、冷藏车间的人员进入工作区时应当穿戴有防护耳朵的棉帽、棉服和棉鞋，并佩戴手套。

（七）外围工作人员的防护。维修、制冷、配电、污水处理及无害化处理等岗位工作人员进入工作岗位前应当穿戴适宜的工作服、工帽、工鞋及其他要求佩戴的个体防护用品，并保持佩戴一次性使用医用口罩或一次性医用外科口罩。

（八）减少员工的密切接触。合理安排员工的作业班次，降低加工车间分割、切片、挑拣、清洗、包装等作业工序的员工密度，2名员工之间应当保持至少1米的安全距离。

五、异常情况处置与报告

（一）核酸检测阳性样品的处置措施。一旦接到当地疾病预防控制机构通知有新冠病毒核酸检测阳性的样品，企业应当根据当地要求对相关物品和环境采取及时应急处置，迅速启动本单位应急预案，在专业人员指导下采取对相关物品临时封存、工作场所进行消毒处理和对可能接触人员及时开展核酸检测和健康筛查等措施。相关物品按照医疗废弃物集中转运处理，应当使用双层黄色垃圾袋盛装，封口严密，避免运输过程溢洒或泄露。参与相关物品清运工作的人员应当做好个人防护，建议穿戴工作服、一次性工作帽、一次性手套、防护服、医用防护口罩、护目镜或防护面屏、工作鞋或胶靴、防水靴套等。

（二）员工出现异常状况的应急处置。

1. 企业应当设立隔离观察区域，员工出现可疑症状或排查发现为密切接触者时，企业应当及时报告当地疾病预防控制机构，配合实施集中隔离医学观察或居家医学观察，并按要求封闭其所在工作场所以及员工宿舍等生活场所，严禁无关人员进入，同时在专业人员指导下对其活动场所及使用物品进行消毒。

2. 企业一旦发现病例，必须实施内防扩散、外防输出的防控措施，配合有关部门开展流行病学调查、密切接触者追踪管理、疫点消毒等工作，并对该员工作业的工作场所及其加工的禽肉类进行采样和核酸检测。根据疫情严重程度，暂时关闭工作场所，待疫情得到控制后再恢复生产。

国务院应对新型冠状病毒感染肺炎疫情联防联控机制
综合组关于印发农贸（集贸）市场新型冠状病毒
环境监测技术规范的通知

联防联控机制综发〔2020〕221号

各省、自治区、直辖市及新疆生产建设兵团应对新冠肺炎疫情联防联控机制（领导小组、指挥部）：

为科学规范指导开展农贸（集贸）市场新冠病毒环境监测工作，深入开展病毒溯源和疫情防控，我们组织编制了《农贸（集贸）市场新型冠状病毒环境监测技术规范》。现印发给你们，请参照执行。

国务院应对新型冠状病毒肺炎疫情联防联控机制综合组

2020 年 7 月 30 日

附件：

农贸（集贸）市场新型冠状病毒环境监测技术规范

农贸（集贸）市场是新冠肺炎疫情防控的重点场所，加强对农贸（集贸）市场新冠病毒环境监测，对于深入开展病毒溯源和疫情防控意义重大。为科学规范指导开展农贸（集贸）市场新冠病毒环境监测工作，特制定本技术规范。

一、监测对象

监测重点为具备区域辐射能力的大型农贸（集贸）市场，特别是包括冷冻、冷藏功能的肉类和海鲜水产交易摊位，或者存在潮湿、密闭空间的市场。

二、监测内容

（一）市场内重点摊位的设施、用具表面病毒检测。重点对摊位台面、面板、地面、把手，以及各种制作和使用器具等表面，包括脱毛或切割机械、刀具等，采集拭子样本。

（二）市场内重点摊位从业人员咽拭子、衣物表面、手部病毒检测。对处于工作状态的从业人员手部表面，采集拭子样本。

（三）市场内重点摊位存放食品的冰箱、冷藏柜内部表面病毒检测。对储藏食物过程中经常触及的冰箱、冷藏柜内表面，采集拭子样本。

（四）市场内销售的肉、禽类和海鲜水产类食品的病毒检测。对市场内销售的食品应当按照无包装食品和有包装食品加以区分，其中有包装类食品重点是需要冷藏运输的肉、禽类和海鲜水产类食品，采集拭子样本。

（五）市场内排水系统中污水的病毒检测。重点包括市场内海鲜水产、肉禽类产品摊位来源的污水，采集拭子样本或污水样本。

（六）市场内公共空间中人员接触较多的部位，包括主要进出口的电梯按钮、楼梯扶手、门把手表面，茶水间、卫生间等公用设备设施表面，潮湿的公共通道和卫生间地面、墩布池等采集拭子样本。

（七）市场内经常性跨区域移动的工具或物品，包括垃圾车、垃圾桶、墩布等清洁工具，转运物品的拖车等，采集拭子样本。

（八）市场内工作人员聚集、通风不良的环境，包括办公室、工具间、休息间、局部交易环境等环境拭子及气溶胶样本。

三、样本采样

（一）样本要求。

1. 从业人员咽拭子、手部、衣物和其他物体表面拭子样本：要求用病毒采样管中的病毒保存液，充分浸润采样棉签后，对拟采集的手部或物体（包括公共通道的地面）的表面重复涂抹、涮洗 3 次以上。同时要满足对采样对象表面，进行多点分布式采样。

2. 食品表面拭子样本：食品样本不可直接进行采集，应当首先将拟采集的食品小心分离，并存放于洁净采样袋后，再进行拭子样本的采集。要求用病毒采样管中的病毒保存液，充分浸润采样棉签后，对拟采集食物样本的表面重复涂抹、涮洗 3 次以上。同时要满足对样本表面，进行多点分布式采样。

3. 污水样本：按照市场内排水系统分布情况，选取 2—3 处污水采样位置，重点为内部管网汇集处、水流方向的下游或与市政管网的连接处。采集拭子样本要求，用采样棉签浸入污水中，使其吸附污水并在采样管中对涮洗 3 次以上。采集污水样本要求，用聚乙烯塑料瓶收集 30—500mL 污水水样；大于 500mL 体积的污水采集可以使用聚乙烯塑料桶或现场水样专用富集设备。同时要满足对污水采样位置，进行多点分布式采样。

4. 动物样本：对于活体动物，可分别用采样棉签采集其体表拭子、口咽拭子和肛拭子，也可以采集其排泄物或分泌物样本，并在记录单上进行相应记录。对于以经过剥皮等处理的动物样本，分别用棉签采集其体表和体腔拭子样本，要求用病毒采样管中的病毒保存液，充分浸润采样棉签后，对拟采集食物样本的表面重复涂抹、涮洗 3 次以上。同时要满足对样本表面，进行多点分布式采样。

5. 其他器具：笼具或鱼缸等装运、养殖动物的容器，需首先观察或了解该容器具体存放、养殖过的动物类型，采集容器内壁拭子样本或内容物液体样本。

6. 人员聚集、通风不良的局部交易区域、办公室、休息间等环境采集气溶胶样本。

（二）采样方法。

1. 采样周期：对重点大型集贸市场（特别是销售生鲜类产品的市场）按照 1 次 / 周，对其余需要监测的集贸市场按照 1 次 / 月的频次进行病毒监测。

2. 采样实施：现场采样由两名以上的工作人员参与完成，采样时应当穿戴防护服、防护口罩、鞋套和医用一次性手套。采样过程需开启现场采样视频记录设备。

3. 采样装备：病毒采样箱、病毒采样管、气溶胶采集器、样品记录单、手消设备、洁净采样袋、冰袋、高危险生物样本转运箱和生物安全垃圾袋等。

4. 采样记录：样本信息应当包括样本采集的采样时间、地点、集贸市场名称、摊位编号、采样类型、样本编号以及采样人等信息。

5. 采样操作：采样开始前，要求穿戴防护服、口罩、鞋套和手套等个人防护用品进入采样现场，并使用手消进行手部消毒。拭子样本采样过程中，采样棉签只能接触当前采集的样本，避免触碰到其他物体。污水样本采集前，先充分搅匀，然后取样。污水分三层以上，不能搅匀时，可按各层量的多少的比例分层取样。气溶胶样本采集使用气溶胶采集器，设定采集高度、空气通量和采集时间，进行气溶胶采集，将采集后的吸收液或滤膜放置在特定的低温容器进行转运。采样结束后，清理废弃物后离场。

6. 样品转运：采集样品连同采样记录单应当在 24 小时内运送至当地指定的病毒监测机构进行检测，样本建议冷藏存放于高危险生物样本转运箱中，并由专人、专车进行转运。

四、检测

（一）样本分装和保存。

1. 样本分装：标本采集后应当在生物安全二级实验室生物安全柜内分装，但个人防护装备参照生物安全三级实验室的防护要求。所有采集对环境标本应当分装到大小适合的带螺旋盖内有垫圈、耐冷冻的样本采集管里，按照 1000ul/ 管进行分装。容器（采集管）外注明样本编号、种类及采样日期。用于后续核酸提取和病毒分离等实验室检测工作。

2. 样本保存：用于病毒分离和核酸检测的标本应当尽快进行检测，能在 24 小时内检测的标本可置于4℃保存；24小时内无法检测的标本则应当置于−70℃或以下保存（如无−70℃保存条件，则于−20℃冰箱暂存）。

（二）污水水样前期处理。使用离心技术去除污水中杂质。先打开低温离心机，待温度降至4℃左右，建议4654离心力离心30分钟，取上清。再使用膜吸附技术或超滤技术进行上清液的浓缩。

（三）核酸提取。新型冠状病毒的常规检测方法是通过实时荧光RT-PCR鉴定。任何新型冠状病毒的检测都必须由经过相关生物安全及技能培训的人员进行操作。对已经灭活的样本，应当在生物安全二级（BSL-2）实验室内，使用自动化核酸提取仪，配套核酸提取试剂盒进行病毒核酸的提取。核酸提取后，应当将核酸产物进行分装，用于后续核酸实时荧光定量（RT-PCR）及深度测序。核酸提取操作参考相关厂家试剂盒说明书开展。

（四）实时荧光定量PCR。在BSL-2实验室中对所有已提取的核酸样本，应当用经CFDA批准的RT-PCR诊断试剂进行新型冠状病毒核酸检测，以保证实验结果的正确可靠。RT-PCR反应体系和操作参考相关厂家试剂盒说明。每一次RT-PCR反应均应当设置阴性对照、阳性对照和无模板空白对照，以确保扩增体系工作正常。

五、实验室生物安全

实验室安全级别参照最新版《新型冠状病毒实验室生物安全指南（第二版）》的相关内容进行管理。采集的环境样本属于未经培养的感染性材料，在采用可靠的方法灭活前进行的病毒抗原检测、血清学检测、核酸提取、生化分析，以及临床样本的灭活等操作，应当在生物安全二级实验室进行，同时采用生物安全三级实验室的个人防护。环境样本在采用可靠的方法灭活后进行的核酸检测、抗原检测、血清学检测、生化分析等操作应当在生物安全二级实验室进行。

附表：

新型冠状病毒环境检测标本送检表

市场名称：　　　　送样单位（盖章）：　　　　送样日期：　　年　月　日　　　　送样人：

序号	采样日期	样本编号		采样类型	样本名称备注	检测日期	实时荧光 RT-PCR			备注
		摊位号	样本名称（拼音首字母）				试剂厂家	靶基因1	靶基因2	

样本名称：可以用拼音首字母表示，如冰箱用BX表示；样本类型包括：物体表面、手部表面、食品样本；样本名称备注：对拼音首字母进行注释说明，如BX备注为冰箱

国务院应对新型冠状病毒感染肺炎疫情联防联控机制综合组关于印发农贸（集贸）市场新冠肺炎疫情防控技术指南的通知

联防联控机制综发〔2020〕223号

各省、自治区、直辖市及新疆生产建设兵团应对新型冠状病毒肺炎疫情联防联控机制（领导小组、指挥部）：

为进一步推动农贸（集贸）市场等重点场所在常态化疫情防控下做实做细预防工作，指导市场开办者、经营者以及顾客全方位开展防控与防护，达到切断病毒传播途径、保护易感人群的目的，我们在前期发布的相关重点场所防控指南的基础上，组织制定了《农贸（集贸）市场新冠肺炎疫情防控技术指南》。有关重点措施和要求如下：

一、全面落实日常预防性措施

坚持"预防为主，重在日常"。健全市场日常卫生管理制度，优化完善市场整体卫生环境，完善公厕、垃圾收集、给排水、洗手等卫生设施配备，重点加强公共区域电梯、扶梯、门把手等高频接触物体表面清洁消毒，推动经营者落实日常保洁制度，维护摊位内环境卫生，将精细化的防护措施落实到最小单元，营造文明、健康的经营购物环境。

二、全方位做好人员健康防护

注重"群防群控，宣教引导"。要加强指导与科普宣传，把倡导戴口罩、戴手套、保持手卫生和社交距离等防护措施，作为"市场文化"在市场内推广开来、坚持下去。要倡导文明健康绿色环保的生活方式，推广文明健康生活习惯，引导从业人员和顾客注意个人防护，最大限度地降低暴露和感染风险。要广泛开展防疫技术培训，指导从业人员精准防护，保证防控效果。

三、加强风险排查力度

各地要加大市场疫情防控工作推进力度，加强统筹调度，开展农贸集贸市场可能存在的风险大排查。重点选择辖区内具备区域辐射能力的大型农贸市场、农产品批发市场（海鲜市场），定期开展冷冻冷藏肉品、储存设施设备、冷库管理、食品储存追溯、环境等风险排查和监测，针对发现的卫生问题和薄弱环节及时整改、处置，确保市场防疫工作全方位、全链条、无死角。

四、认真做好组织实施

各地要在本地区联防联控机制的统筹指导下，压实属地责任、部门责任和市场主体责任。农业农村部门要督促指导食用农产品生产者开具食用农产品合格证；商务部门要指导市场做好设施改造，提升改善经营和消费环境；卫生健康部门要加强市场疫情防控的技术指导；市场监管部门要加强市场商品交易行为的综合监管执法，督促市场开办者和经营者依法落实食品安全主体责任。各相关部门要加强协作配合，强化监督检查，督促市场主体落实疫情防控责任，将各项措施切实落实落细落到位。

国务院应对新型冠状病毒肺炎疫情联防联控机制综合组

2020 年 8 月 8 日

附件：

农贸（集贸）市场新冠肺炎疫情防控技术指南

一、日常卫生管理制度

1. 健全环境卫生管理制度。市场开办者要建立市场环境卫生和保洁工作制度，配备充足保洁人员，落实环境清洁、消毒、通风等常态化疫情防控措施，做好口罩、洗手液、消毒剂等防疫防护物资储备。

2. 坚持人员健康监测制度。市场开办者和场内经营者每日对从业人员健康状况进行登记，发现从业人员出现发热、咳嗽等可疑症状，应当督促及时就医。

3. 实施分类卫生管理制度。市场内实行分区经营，生熟分开、干湿分开。对存在活禽宰杀的乡村露天集市，加强环境卫生整治。中高风险地区暂停活禽交易。

4. 建立产品溯源制度。市场开办者要督促场内经营者落实进货查验和溯源管理制度。完善肉类产品质量全链条追溯体系，采购、销售肉类产品，务必查验动物检疫合格证明、肉品品质检验合格证明。禁止采购、销售来源不明、无合格证明材料的食品，确保食品质量安全。

5. 落实全日制保洁制度。市场开办者和场内经营者作为环境卫生和秩序维护责任人，共同维护环境整洁，市场统一组织各门面、铺面、摊位经营者每日做好环境卫生清洁和消毒工作。每个摊位每日进行彻底卫生清理，及时清除卫生死角，并做好清洁消毒记录。

6. 建立卫生宣传制度。充分利用市场内广播、电子屏和宣传栏等，宣传传染病疫情防控和健康防护知识，确保每个市场环境卫生制度上墙。倡导咳嗽、打喷嚏时遮掩口鼻，不随地吐痰、不乱扔垃圾、勤洗手、戴口罩等卫生行为和习惯，共同营造文明、健康的经营购物环境。

二、环境卫生设施要求

7. 室内空气流通。在温度适宜时，尽量采用自然通风，或使用排气扇加强空气流通。如使用集中空调，应当以最大新风量运行，定期对送风口和回风口等设备和部件进行清洗、消毒或更换。

8. 厕所卫生管理。加强厕所通风换气，保持空气流通，有条件的安装机械排风装置（排风扇）。蹲位设置应当满足人员流量需要，避免排队等候聚集。设置专人保洁，增加地面及卫生洁具的清洁消毒频次，对外溢污物及时清理，保证排污管道畅通。保持卫生间地漏有效水封，防止有害气体或气溶胶溢出。厕所内严禁吸烟。配备足够的洗手设施，有条件时可配备洗手液。对于非水冲式厕所，及时清运粪便，并做好无害化处理。

9. 垃圾收集清理。市场内应当配备果壳箱、垃圾桶等卫生设施，保持清洁，定期消毒。配备专用加盖的废弃口罩收集筒（箱）。市场应当设立集中、规范的密闭垃圾站（房），垃圾全部实行袋装化、桶装化，做到"日产日清"。清运过程中应当采用密闭化运输，不污染道路和周围环境。

10. 给排水设施。应当有完善的下水道，并保持畅通。具备条件的，应当接入城市污水管网，进行污水集中统一排放，不具备条件的，应当集中设置污水处理设施，污水排放标准应当符合相关环境评价报告要求。地面和下水明沟无污水积水、无淤积物。应当配备地面冲洗水龙头和消毒设施，用于污水的冲洗消毒，污水排放应当符合相关规定。

11. 病媒生物防制。安装防蚊防蝇装置，堵洞抹缝、处理管井防鼠，及时清理积水、垃圾、杂物，对垃圾堆放地、污染物处理场所进行灭蟑灭鼠。

12. 手卫生设施和用品。市场出入口处应当配备速干手消毒剂，张贴明显洗手提示，有条件时可配备感应式手消毒设备，或配备洗手设施，确保设施正常运行。

三、公共区域卫生要求

13. 公共区域环境。各类公共设施和区域有明确、完整的名称标识。地面硬化、干燥、防滑、易于冲洗、排水通畅。市场的人流、物流、车流应当畅通有序，安全通道不应堆放杂物。

14. 公共物体表面。门把手、电梯按键、扶梯把手、称量工具等高频接触物体表面，每天定期清洁消毒。地面和可能被污染的墙壁等表面可用含氯消毒剂喷洒或擦拭消毒。中高风险地区应当增加清洁消毒频次。拖布和抹布等保洁用品应当专区专用，避免交叉感染，使用后及时清洗干净，定期消毒处理。

15. 货物运输环节。掌握货物运输流程，从业人员做好手卫生，运输工具保持清洁。运输工具在转运后及时清洁消毒，可用有效氯500mg/L的含氯消毒剂喷洒或擦拭消毒，作用时间30分钟后，用清水冲洗干净。

16. 重点区域卫生。禽畜肉区、水产区、熟食区应当有自来水龙头，有洗槽、排水沟和下水道，地面平整，全面硬化。经销活禽的应当有固定金属笼架和水冲式设施。活鱼交易与宰杀分离，水产品交易区与分割加工区分离，均实施物理隔离。每批宰杀结束后，应当冲洗场地一次，保持卫生整洁，产生的垃圾应当及时处理。水池内无污物积存、残留，水龙头保持清洁。

四、销售区卫生要求

17. 摊位、档口保洁。摊位经营者应当履行"一日一清洁"等要求。市场开办者对批发档口进行集中统一清洁消毒。维护好门前公共设施的完好整洁。场内经营者在专业人士指导和保证食品安全的前提下，每天营业后进行全面清洁消毒，并做好记录，做到地面无污物、无污水等，下水道畅通，定时冲洗，排水沟内清洁，无积存淤泥、污物。中高风险地区，应当适当增加消毒频率。

18. 物品分类管理。摊位内鲜、活、生、熟、干、湿商品相对集中，分开陈列销售；直接入口食品有防蝇、防尘橱（罩）和专用柜台，生熟分开，货款分开。

19. 加工工具清洁消毒。砧板、刀、剪刀、刮鳞器、绞肉机、锯（切）骨机等、称量工具及盛装容器等，保持清洁卫生。每次使用后用清水冲洗干净，晾干备用。必要时进行全面消毒。

20. 冰箱（柜）卫生。保持冰箱（柜）外表面清洁，定期清理冰箱（柜）内部。清理时将冰箱（柜）内物品清空、断电、恢复至室温，冰箱内表面可用医用酒精或2000mg/L季铵盐类消毒剂擦拭消毒，作用30分钟后，用清水擦净。

五、个人健康防护要求

（一）从业人员

21. 每日进行自我健康监测。上岗前确保身体状况良好，并向市场开办者报告健康状况信息，主动接受市场的体温检测，若出现发热、咳嗽等症状，立即报告，并及时就医。

22. 做好个人防护。从业人员工作期间佩戴口罩、手套和着工作服上岗。禽畜肉类和熟食区还应当佩戴工作帽。口罩或手套弄湿或弄脏后，及时更换。工作服保持干净整洁，定期清洗，必要时消毒。生鲜宰杀等特殊摊位的经营者除工作服外，按防护要求需穿戴防水围裙、橡胶手套等。

23. 注意个人卫生。打喷嚏、咳嗽时用纸巾遮住口鼻或采用肘臂遮挡等。不随地吐痰，擤鼻涕时注意卫生。尽量避免用手触摸口、眼、鼻。与顾客保持 1 米以上间距，减少与顾客的交谈时间。

24. 加强手卫生。在处理和摆放水产品、肉类、熟食品、果蔬等货品时，或双手触碰过货架、扶手等公用物体等情况下，要及时用洗手液或肥皂在流动水下洗手，或用速干手消毒剂揉搓双手。

（二）顾客

25. 做好健康监测。在市场入口处主动接受体温检测，体温正常者方可进入。若出现发热等可疑症状，应当及时就医。

26. 做好个人防护。在低风险地区农集贸市场内应当随身携带口罩，在人多的摊位和难以保持 1 米以上间距的摊位购物时，应当佩戴口罩。中高风险地区顾客进入市场应当全程佩戴口罩，挑选商品时建议佩戴手套。优先采用扫码付费方式结账。

27. 加强个人卫生。避免用手触摸口、眼、鼻，打喷嚏、咳嗽时用纸巾遮住口鼻或采用肘臂遮挡等。尽量减少触碰门把手、货架、摊位等公共物品表面，触摸后需及时进行手卫生。离开市场后应当及时进行手卫生。有条件时，可随身携带速干手消毒剂。

六、应急处置

28. 污染物处置。市场内有呕吐物、排泄物及分泌物等污染物时，可用一次性吸水材料（如纱布、抹布等）沾取 5000mg/L ～ 10000mg/L 含氯消毒剂小心移除。地面用 1000mg/L 含氯消毒剂擦拭被污染表面及其周围可能污染的表面。处理污染物时应当佩戴手套和口罩，处理完毕后及时进行手卫生。

29. 出现病例后的处置。当出现新冠肺炎疑似病例或确诊病例，市场开办者、场内经营者应当配合相关部门做好密切接触者的追踪和流行病学调查，并在当地疾病预防控制机构的指导下对市场进行终末消毒，如有空调通风系统，则同时对其进行清洗和消毒处理，经评价合格后方可重新启用。

30. 关闭市场后的处置。如因疫情原因关闭市场的，应当在疾病预防控制机构等专业指导下，封存市场内被污染的食品、用品等物品，对市场环境进行消毒，对相关物品进行无害化处理。物品在未处理前，应当保持市场内冰箱、冰柜等冷冻冷藏设备正常运行，以防止物品腐败变质及可能的污染物扩散。

国务院办公厅关于以新业态新模式
引领新型消费加快发展的意见

国办发〔2020〕32 号

各省、自治区、直辖市人民政府，国务院各部委、各直属机构：

近年来，我国以网络购物、移动支付、线上线下融合等新业态新模式为特征的新型消费迅速发展，特别是今年新冠肺炎疫情发生以来，传统接触式线下消费受到影响，新型消费发挥了重要作用，有效保障了居民日常生活需要，推动了国内消费恢复，促进了经济企稳回升。但也要看到，新型消费领域发展还存在基础设施不足、服务能力偏弱、监管规范滞后等突出短板和问题。在常态化疫情防控条件下，为着力补齐新型消费短板、以新业态新模式为引领加快新型消费发展，经国务院同意，现提出以下意见。

一、总体要求

（一）指导思想。

在以习近平同志为核心的党中央坚强领导下，以习近平新时代中国特色社会主义思想为指导，全面贯彻党的十九大和十九届二中、三中、四中全会精神，坚持稳中求进工作总基调，坚持新发展理念，坚持以供给侧结构性改革为主线，坚持以改革开放为动力推动高质量发展，扎实做好"六稳"工作，全面落实"六保"任务，坚定实施扩大内需战略，以新业态新模式为引领，加快推动新型消费扩容提质，坚持问题导向和目标导向，补齐基础设施和服务能力短板，规范创新监管方式，持续激发消费活力，促进线上线下消费深度融合，努力实现新型消费加快发展，推动形成以国内大循环为主体、国内国际双循环相互促进的新发展格局。

（二）基本原则。

坚持创新驱动、融合发展。深入实施创新驱动发展战略，推动技术、管理、商业模式等各类创新，加快培育新业态新模式，推动互联网和各类消费业态紧密融合，加快线上线下消费双向深度融合，促进新型消费蓬勃发展。

坚持问题导向、补齐短板。针对新型消费基础设施不足、服务能力偏弱等问题，充分调动中央和地方两个积极性，进一步加大软硬件建设力度，加强新装备新设备生产应用，优化新型消费网络节点布局，加快补齐发展短板。

坚持深化改革、优化环境。以深化"放管服"改革、优化营商环境推动新型消费加快发展，打破制约发展的体制机制障碍，顺应新型消费发展规律创新经济治理模式，系统性优化制度体系和发展环境，最大限度激发市场活力。

坚持市场主导、政府促进。使市场在资源配置中起决定性作用，以市场需求为导向，顺应居民消费升级趋势，培育壮大各类新型消费市场主体，提升新型消费竞争力。更好发挥政府作用，为新型消费发展提供全方位制度和政策支撑。

（三）主要目标。

经过3—5年努力，促进新型消费发展的体制机制和政策体系更加完善，通过进一步优化新业态新模式引领新型消费发展的环境、进一步提升新型消费产品的供给质量、进一步增强新型消费对扩内需稳就业的支撑，到2025年，培育形成一批新型消费示范城市和领先企业，实物商品网上零售额占社会消费品零售总额比重显著提高，"互联网＋服务"等消费新业态新模式得到普及并趋于成熟。

二、加力推动线上线下消费有机融合

（四）进一步培育壮大各类消费新业态新模式。建立健全"互联网＋服务"、电子商务公共服务平台，加快社会服务在线对接、线上线下深度融合。有序发展在线教育，推广大规模在线开放课程等网络学习模式，推动各类数字教育资源共建共享。积极发展互联网健康医疗服务，大力推进分时段预约诊疗、互联网诊疗、电子处方流转、药品网络销售等服务。深入发展在线文娱，鼓励传统线下文化娱乐业态线上化，支持互联网企业打造数字精品内容创作和新兴数字资源传播平台。鼓励发展智慧旅游，提升旅游消费智能化、便利化水平。大力发展智能体育，培育在线健身等体育消费新业态。进一步支持依托互联网的外卖配送、网约车、即时递送、住宿共享等新业态发展。加快智慧广电生态体系建设，培育打造5G条件下更高技术格式、更新应用场景、更美视听体验的高新视频新业态，形成多元化的商业模式。创新无接触式消费模式，探索发展智慧超市、智慧商店、智慧餐厅等新零售业态。推广电子合同、电子文件等无纸化在线应用。（国家发展改革委、教育部、工业和信息化部、交通运输部、商务部、文化和旅游部、国家卫生健康委、广电总局、体育总局、国家邮政局、国家药监局等部门按职责分工负责）

（五）推动线上线下融合消费双向提速。支持互联网平台企业向线下延伸拓展，加快传统线下业态数字化改造和转型升级，发展个性化定制、柔性化生产，推动线上线下消费高效融合、大中小企业协同联动、上下游全链条一体发展。引导实体企业更多开发数字化产品和服务，鼓励实体商业通过直播电子商务、社交营销开启"云逛街"等新模式。加快推广农产品"生鲜电子商务＋冷链宅配"、"中央厨房＋食材冷链配送"等服务新模式。组织开展形式多样的网络促销活动，促进品牌消费、品质消费。（国家发展改革委、工业和信息化部、住房城乡建设部、农业农村部、商务部、国家邮政局等部门按职责分工负责）

（六）鼓励企业依托新型消费拓展国际市场。推动电子商务、数字服务等企业"走出去"，加快建设国际寄递物流服务体系，统筹推进国际物流供应链建设，开拓国际市场特别是"一带一路"沿线业务，培育一批具有全球资源配置能力的国际一流平台企业和物流供应链企业。充分依托新型消费带动传统商品市场拓展对外贸易、促进区域产业集聚。持续提高通关便利化水平，优化申报流程。探索新型消费贸易流通项下逐步推广人民币结算。鼓励企业以多种形式实现境外本土化经营，降低物流成本，构建营销渠道。（国家发展改革委、交通运输部、商务部、人民银行、海关总署、税务总局、国家邮政局、国家外汇局等部门按职责分工负责）

三、加快新型消费基础设施和服务保障能力建设

（七）加强信息网络基础设施建设。进一步加大5G网络、数据中心、工业互联网、物联网等新型基础设施建设力度，优先覆盖核心商圈、重点产业园区、重要交通枢纽、主要应用场景等。打造低时延、高可靠、广覆盖的新一代通信网络。加快建设千兆城市。推动车联网部署应用。推动城市信息模型（CIM）基础平台建设，支持城市规划建设管理多场景应用，促进城市基础设施数字化和城市建设数据汇

聚。加大相关设施安全保障力度。（国家发展改革委、工业和信息化部、自然资源部、住房城乡建设部等部门按职责分工负责）

（八）完善商贸流通基础设施网络。建立健全数字化商品流通体系，在新兴城市、重点乡镇和中西部地区加快布局数字化消费网络，降低物流综合成本。提升电商、快递进农村综合水平，推动农村商贸流通转型升级。补齐农产品冷链物流设施短板，加快农产品分拨、包装、预冷等集配装备和分拨仓、前置仓等仓储设施建设。推进快递服务站、智能快件箱（信包箱）、无人售货机、智能垃圾回收机等智能终端设施建设和资源共享。推进供应链创新应用，开展农商互联农产品供应链建设，提升农产品流通现代化水平。鼓励传统流通企业向供应链服务企业转型。（国家发展改革委、住房城乡建设部、交通运输部、农业农村部、商务部、国家邮政局等部门按职责分工负责）

（九）大力推动智能化技术集成创新应用。在有效防控风险的前提下，推进大数据、云计算、人工智能、区块链等技术发展融合，加快区块链在商品溯源、跨境汇款、供应链金融和电子票据等数字化场景应用，推动更多企业"上云上平台"。积极开展消费服务领域人工智能应用，丰富5G技术应用场景，加快研发可穿戴设备、移动智能终端、智能家居、超高清及高新视频终端、智能教学助手、智能学伴、医疗电子、医疗机器人等智能化产品，增强新型消费技术支撑。（国家发展改革委、工业和信息化部、人民银行、广电总局、银保监会等部门按职责分工负责）

（十）安全有序推进数据商用。在健全安全保障体系的基础上，依法加强信息数据资源服务和监管。加大整合开发力度，探索数据流通规则制度，有效破除数据壁垒和"孤岛"，打通传输应用堵点，提升消费信息数据共享商用水平，更好为企业提供算力资源支持和优惠服务。探索发展消费大数据服务。（国家发展改革委、工业和信息化部、国家统计局等部门按职责分工负责）

（十一）规划建设新型消费网络节点。围绕国家重大区域发展战略打造新型消费增长极，培育建设国际消费中心城市，着力建设辐射带动能力强、资源整合有优势的区域消费中心，加强中小型消费城市梯队建设。规划建设城乡融合新型消费网络节点，积极发展"智慧街区"、"智慧商圈"。深化步行街改造提升工作，鼓励有条件的街区加快数字化改造，提供全方位数字生活新服务。优化百货商场、购物中心、便利店、农贸市场等城乡商业网点布局，引导行业适度集中。完善社区便民消费设施，加快规划建设便民生活服务圈、城市社区邻里中心和农村社区综合性服务网点。（国家发展改革委、工业和信息化部、自然资源部、住房城乡建设部、农业农村部、商务部等部门按职责分工负责）

四、优化新型消费发展环境

（十二）加强相关法规制度建设。出台互联网上网服务管理政策，规范行业发展。顺应新型消费发展规律，加快出台电子商务、共享经济等领域相关配套规章制度，研究制定分行业分领域的管理办法，有序做好与其他相关政策法规的衔接。推动及时调整不适应新型消费发展的法律法规与政策规定。（国家发展改革委、工业和信息化部、司法部、商务部、市场监管总局等部门按职责分工负责）

（十三）深化包容审慎和协同监管。按照包容审慎和协同监管原则，为新型消费营造规范适度的发展环境。强化消费信用体系建设，构建以信用为基础的新型监管机制。完善跨部门协同监管机制，实现线上线下协调互补、市场监管与行业监管联接互动，加大对销售假冒伪劣商品、侵犯知识产权、虚假宣传、价格欺诈、泄露隐私等行为的打击力度，着力营造安全放心诚信消费环境，促进新型消费健康发展。（国家发展改革委、工业和信息化部、商务部、市场监管总局等部门按职责分工负责）

（十四）健全服务标准体系。推进新型消费标准化建设，支持和鼓励平台企业、行业组织、研究机构等研究制定支撑新型消费的服务标准，健全市场监测、用户权益保护、重要产品追溯等机制，提升

行业发展质量和水平。（国家发展改革委、工业和信息化部、商务部、市场监管总局等部门按职责分工负责）

（十五）简化优化证照办理。进一步优化零售新业态新模式营商环境，探索实行"一照多址"。各地对新申请食品经营（仅限从事预包装食品销售）的，可试点推行告知承诺制。各地可结合实际，在保障食品安全的前提下，扩大推行告知承诺制的范围。（市场监管总局牵头，国家发展改革委等部门按职责分工负责）

五、加大新型消费政策支持力度

（十六）强化财政支持。各级财政通过现有资金渠道、按照市场化方式支持新型消费发展，促进相关综合服务和配套基础设施建设。研究进一步对新型消费领域企业优化税收征管措施，更好发挥减税降费政策效应。（国家发展改革委、工业和信息化部、财政部、人力资源社会保障部、税务总局等部门按职责分工负责）

（十七）优化金融服务。深化政银企合作，拓展新型消费领域投融资渠道。鼓励金融机构按照市场化原则，在风险可控前提下，结合新型消费领域相关企业经营特点，积极开发金融产品和服务。优化与新型消费相关的支付环境，鼓励银行等各类型支付清算服务主体降低手续费用，降低商家、消费者支付成本，推动银行卡、移动支付在便民消费领域广泛应用。完善跨境支付监管制度，稳妥推进跨境移动支付应用，提升境外人员境内支付规范化便利化水平。支持符合条件的企业通过发行新股、发行公司债券、"新三板"挂牌等方式融资。发展股权投资基金，推动生产要素向更具前景、更具活力的新型消费领域转移和集聚。（国家发展改革委、财政部、人民银行、银保监会、证监会等部门按职责分工负责）

（十八）完善劳动保障政策。鼓励发展新就业形态，支持灵活就业，加快完善相关劳动保障制度。指导企业规范开展用工余缺调剂，帮助有"共享用工"需求的企业精准、高效匹配人力资源。促进新业态新模式从业人员参加社会保险，提高参保率。坚持失业保险基金优先保生活，通过发放失业保险金、一次性生活补助等多措并举，加快构建城乡参保失业人员应发尽发、应保尽保长效机制。（国家发展改革委、财政部、人力资源社会保障部、国家医保局等部门按职责分工负责）

六、强化组织保障

（十九）加强组织领导。充分发挥完善促进消费体制机制部际联席会议制度作用，加强组织领导和统筹协调，国家发展改革委牵头组织实施，强化部门协同和上下联动，加快研究制定以新业态新模式引领新型消费加快发展的具体实施方案和配套措施，明确责任主体、时间表和路线图，形成政策合力。（国家发展改革委等各有关部门按职责分工负责）

（二十）强化监测评估。加强新型消费统计监测，聚合各类平台企业消费数据，强化传统数据与大数据比对分析，及时反映消费现状和发展趋势，提高政策调控的前瞻性和有效性。完善政策实施评估体系，综合运用第三方评估、社会监督评价等多种方式，科学评估实施效果，确保各项举措落到实处。（国家发展改革委、商务部、市场监管总局、国家统计局等部门按职责分工负责）

（二十一）注重宣传引导。创新宣传方式，丰富宣传手段，加强支持新型消费发展相关政策宣传解读和经验推广，倡导健康、智慧、便捷、共享的消费理念，营造有利于新型消费良性发展的舆论氛围。（国家发展改革委、商务部、市场监管总局、广电总局、国务院新闻办等部门按职责分工负责）

各地区、各有关部门要以习近平新时代中国特色社会主义思想为指导，增强"四个意识"、坚定

"四个自信"、做到"两个维护"，坚决贯彻党中央、国务院决策部署，充分认识培育壮大新业态新模式、加快发展新型消费的重要意义，认真落实本意见各项要求，细化实化政策措施，优化制度环境，强化要素保障，持续扩大国内需求，扩大最终消费，为居民消费升级创造条件。

国务院办公厅

2020 年 9 月 16 日

国务院应对新型冠状病毒感染肺炎疫情联防联控机制综合组关于印发冷链食品生产经营新冠病毒防控技术指南和冷链食品生产经营过程新冠病毒防控消毒技术指南的通知

联防联控机制综发〔2020〕245 号

各省、自治区、直辖市及新疆生产建设兵团应对新冠肺炎疫情联防联控机制（领导小组、指挥部）：

为贯彻落实"外防输入、内防反弹"疫情防控策略，科学指导食品生产经营相关单位和个人规范落实好防控主体责任，切实加强"人防"与"物防"工作，针对新冠肺炎疫情防控常态化形势，组织制定了《冷链食品生产经营新冠病毒防控技术指南》、《冷链食品生产经营过程新冠病毒防控消毒技术指南》。现印发给你们，供各地在工作中使用。

附件：

1. 冷链食品生产经营新冠病毒防控技术指南
2. 冷链食品生产经营过程新冠病毒防控消毒技术指南

国务院应对新型冠状病毒肺炎疫情联防联控机制综合组

2020 年 10 月 16 日

附件1：

冷链食品生产经营新冠病毒防控技术指南

1. 依据和适用范围

为规范指导新冠肺炎疫情防控常态化期间正常运营的冷链食品相关单位和从业人员落实好生产经营防控主体责任，参照国务院应对新冠肺炎疫情联防联控机制印发的《肉类加工企业新冠肺炎疫情防控指南》（联防联控机制综发〔2020〕216号）、《农贸（集贸）市场新冠肺炎疫情防控技术指南》（联防联控机制综发〔2020〕223号）、《新型冠状病毒肺炎防控方案（第七版）》（联防联控机制综发〔2020〕229号），以及相关的食品安全国家标准和联合国粮食及农业组织／世界卫生组织发布的《新冠肺炎与食品安全：对食品企业指导》（2020年4月）等文件，针对冷链食品生产经营者和生产经营重点环节，制定本指南。

本指南适用于采用冷冻、冷藏等方式加工，产品从出厂到销售始终处于低温状态的冷链食品在生产、装卸、运输、贮存及销售等各环节中新冠病毒污染的防控。

本指南以预防冷链食品从业和相关人员受到新冠病毒感染为主线，突出装卸储运等重点环节防控，注重加强冷链食品包装的清洁消毒。生产经营者严格遵守法律法规及相关食品安全国家标准要求，执行当地主管部门对新冠肺炎疫情防控规定，是应用本指南的前提。

2. 从业人员新冠病毒防控健康管理

从业人员的健康是预防新冠病毒污染冷链食品的根本。涉及冷链食品生产、装卸、运输、贮存、销售和餐饮服务的生产经营者应当根据新冠肺炎疫情防控要求，调整和更新从业人员健康管理制度，增加新冠病毒防控的管理措施。

2.1 建立上岗员工健康登记制度

冷链食品生产经营者要做好员工（含新进人员和临时参加工作人员）14日内行程及健康状况登记，建立上岗员工健康卡，掌握员工流动及健康情况。鼓励新员工上岗前自愿接受核酸检测。

2.2 员工日常健康监测

冷链食品生产经营者应当加强人员出入管理和健康监测，建立全体员工健康状况台账和风险接触信息报告制度，设置食品生产经营区域入口测温点，落实登记、测温、消毒、查验健康码等防控措施，实行"绿码"上岗制。

2.3 外来人员登记与管理

尽可能减少外来人员进入生产经营区域，确需进入的，需询问所在单位、健康状况、接触疫情发生地区人员等情况，通过登记、测温等措施并按照要求做好个人防护（如佩戴口罩等），方可进入。车辆进出时，门卫值班员、工作人员和司机应当避免不必要的接触。

2.4 从业人员卫生要求

2.4.1 健康上岗。上岗前确保身体状况良好，并向生产经营者报告健康状况信息，主动接受生产经营者的体温检测，若出现发热、干咳、乏力等症状，立即主动报告，并及时就医。

2.4.2 做好个人防护。从业人员工作期间正确佩戴口罩、手套和着工作服上岗。工作服保持干净整洁，定期清洗，必要时消毒。特殊岗位（生鲜宰杀、分割车间等）的从业人员除工作服外，按防护要求穿戴防水围裙、橡胶手套等。推荐食品从业者佩戴一次性手套，但必须经常更换，且在更换间隙以及未戴手套时洗手。避免防护用品的二次污染，在进行非食品相关活动（如用手打开/关闭门和清空垃圾箱）后，必须更换手套。

2.4.3 注意个人卫生。打喷嚏、咳嗽时用纸巾遮住口鼻或采用肘臂遮挡。不随地吐痰，擤鼻涕时注意卫生。尽量避免用手触摸口、眼、鼻。

2.4.4 加强手卫生。在处理货品时，或双手触碰过货架、扶手等公用物体时，要及时用洗手液或肥皂在流动水下洗手，或用速干手消毒剂揉搓双手。

2.5 建立健康异常报告程序

员工一旦发现自身以及共同生活人员出现发热、干咳、乏力等疑似症状，应当及时上报生产经营者的最高管理者，可视情况采用逐级上报或直报的方式。生产经营者一旦发现员工出现上述健康异常症状，无论其呈现出的健康状况如何，均应当采取有效措施将其及与其密切接触的员工迅速排除在食品工作环境之外。新冠肺炎传播风险高的地区，建议根据当地主管部门防控规定，要求健康员工进行"零"报告。

2.6 从业人员返岗程序

根据生产经营区域上岗人员登记和健康档案，及时追踪健康异常、身体不适、疑似或者感染了新冠病毒（患者或无症状感染者）的员工的治疗和康复状况，在其康复后科学评定是否符合返岗条件。新冠肺炎确诊病例的症状消退，并且间隔至少 24 小时的两次 PCR 核酸检测均呈阴性的，可解除隔离；针对无法进行检测的情况，在症状消退 14 天后，患者可解除隔离返岗。对属于新冠肺炎患者密切接触者的从业人员返岗前也应当符合上述控制要求。

2.7 加强防控知识宣传

开展多种形式的健康宣教，引导从业人员掌握新冠肺炎和其他呼吸道传染病防治相关知识和技能，养成良好卫生习惯，加强自我防护意识。

3. 装卸储运过程防控要求

3.1 装卸工人卫生要求

除做好个人一般卫生要求外，搬运货物前应当穿戴工作衣帽，一次性使用医用口罩或一次性医用外科口罩、手套等，必要时佩戴护目镜和面屏，避免货物表面频繁接触体表。

特别是装卸来自于有疫情发生地区的进口冷链食品时，码头搬运工人等，在搬运货物过程中要全程规范戴好口罩，避免货物紧贴面部、手触摸口鼻，防止接触到可能被新冠病毒污染的冷冻水产品等。如果搬运过程中发生口罩破损，应当立即更换。

3.2 运输司机卫生要求

除做好从业人员卫生要求外，运输冷链食品的人员（司机和随从人员）在运输过程中不得擅自开箱，不能随意打开冷链食品包装直接接触冷链食品。车辆进出时，司机和随从人员应当避免与门卫值班员、工作人员有不必要的接触。

3.3 货物源头卫生管理

对于进口冷链食品，进口商或货主应当配合相关部门对食品及其包装进行采样检测。对于外埠食品，经销商应当主动向供应商索取相关食品安全和防疫检测信息。对于本地肉类屠宰、加工、经营企业，应当严格执行冷链食品的相关质量管理和操作规范，加强环境卫生管理。进口商或货主如委托第三方物流公司提供运输、仓储等服务，在货物交付第三方物流公司时，应当主动将相关食品安全和防疫需要的检测信息提供给第三方物流公司。

在冷链物流过程中，物流包装内如需加装支撑物或衬垫，应当符合相关食品安全卫生要求。物流包装上应当注明冷链食品储运的温度条件。加强对货物装卸搬运等操作管理，不能使货物直接接触地面，不能随意打开冷链食品包装。应当保障在运输、贮存、分拣等过程中冷链食品的温度始终处于允许波动范围内。做好各交接货环节的时间、温度等信息记录并留存。

3.4 车辆的卫生管理

应当确保车辆厢体内部清洁、无毒、无害、无异味、无污染，定期进行预防性消毒。具体消毒措施参见《低温冷链食品生产经营过程新冠病毒防控消毒技术指南》。

3.5 贮存设施的卫生管理

仓库装卸货区宜配备封闭式月台，并配有与冷藏运输车辆对接的密封装置。加强入库检验，除查验冷链食品的外观、数量外，还应当查验冷链食品的中心温度。加强库内存放管理，冷链食品堆码应当按规定置于托盘或货架上。冷链食品应当按照特性分库或分库位码放，对温湿度要求差异大、容易交叉污染的冷链食品不应混放。应当定期检测库内的温度和湿度，库内温度和湿度应当满足冷链食品的贮存要求并保持稳定。定期对仓库内部环境、货架、作业工具等进行清洁消毒，具体清洁消毒措施参见《冷链食品生产经营过程新冠病毒防控消毒技术指南》。

4. 生产加工过程防控要求

4.1 人员卫生要求

按照 2.4 要求进行。

4.2 保持安全距离

员工间至少保持 1 米的距离。在食品加工环境中保持距离的可行措施包括：采取只在生产线一侧设置工作台、错位生产或者在生产线中间装配挡板等方式，防止员工出现面对面的情况；严格限制食品制备区的员工数量，排除一切非必要人员；将员工分成工作组或团队，同时减少工作组之间的交流和相互影响。

4.3 进货防护和查验

4.3.1 装卸防护。需要直接接触冷链食品货物的装卸工人，搬运货物前应当穿戴工作衣帽、一次性使用医用口罩或一次性医用外科口罩、手套等，必要时佩戴护目镜和面屏，避免货物表面频繁接触体表。

4.3.2 源头管控。冷链食品企业应当做好供应商合规性检查和评估，认真做好每批食品进货查证验货，依法如实记录并保存食品及原料进货查验、出厂检验、食品销售等信息，保证食品可追溯。记录和凭证保存期限不少于产品保质期满后 6 个月，没有明确保质期限的，保存期限不少于 2 年。

4.3.3 检验证明。对于进口冷链食品，进口商或货主应当配合相关部门对食品及其包装进行采样检测。对于外埠食品，经销商应当主动向供应商索取相关食品安全和防疫检测信息。

4.4 清洁和消毒

参见《冷链食品生产经营过程新冠病毒防控消毒技术指南》。

4.5 其他防护措施

4.5.1 通风要求。普通厂区优先选择自然通风，如条件不具备可辅以机械通风。密闭厂区应当保持室内空气流通和空调系统供风安全。空调通风系统应当定期进行检查、清洗、消毒，确保运行清洁安全。

4.5.2 给排水设施。应当有完善的下水道，并保持畅通。应当配备地面冲洗水龙头和消毒设施，用于污水的冲洗消毒。污水排放应当符合相关规定。

5. 销售经营过程防控要求

冷链食品集中交易市场（农产品批发市场、农贸市场、社区菜市场）、超市、便利店、餐饮、自营电商等食品经营者应当具备相应的冷藏冷冻设施。

5.1 人员卫生要求

按照 2.4 要求进行。生鲜宰杀等特殊摊位的食品经营者除工作服外，还需穿戴防水围裙、橡胶手套等。

5.2 保持安全距离

合理控制进入冷链食品销售区域的顾客数量，避免聚集和拥挤，人与人之间的距离至少保持 1 米以上，密闭空间还应当适度增加。可使用地面标记引导和管理顾客有序排队等措施，便于顾客保持距离，特别是在拥挤的区域，例如服务台和收银台。

5.3 清洁和消毒

参见《冷链食品生产经营过程新冠病毒防控消毒技术指南》。

5.4 警示告知

5.4.1 在入口处设置标志，要求顾客在健康异常、身体不适或有新冠病毒疑似症状时不得入店。

5.4.2 定期在冷链食品零售区域（商店、卖场、超市）广播或张贴告示，提醒顾客注意保持距离，并注意及时清洁双手。消费者自带购物袋的，建议盛装冷链食品后应当注意清洗后再使用。

5.5 其他防护措施

在收银台和柜台设置玻璃屏障，鼓励使用非接触式支付，以减少接触。应当考虑不在自助柜台公开展示或出售未包装的冷链食品。

6. 餐饮加工过程防控要求

为了防控涉及冷链食品餐饮服务环节的新冠病毒污染，餐饮服务经营者应注意以下防控要点。

6.1 人员卫生要求

按照 2.4 要求进行。

6.2 保持安全距离

6.2.1 使用适当的措施防止人员过于密集，食品从业人员之间至少保持 1 米的距离。

6.2.2 堂食座位安排应当达到安全的社交距离。

6.2.3 在店内使用地面标记便于顾客保持距离，特别是在拥挤的区域，例如服务台和收银台。

6.3 清洁和消毒

参见《冷链食品生产经营过程新冠病毒防控消毒技术指南》。

6.4 其他防护措施

6.4.1 提供清洁消毒液。为员工和进出餐饮区域的消费者提供洗手液或免洗消毒液。

6.4.2 防止交叉污染。生熟食品分开加工和存放，处理未熟制食品的工器具应当经过充分消毒后才可盛放或加工熟食。

6.4.3 避免非必要的身体接触。鼓励移动非接触支付、非接触派送等。

6.4.4 保持空气流通，室内应当经常开窗通风。

6.4.5 尽量提供熟食。疫情期间，食品要充分加热。

6.4.6 餐饮服务应当提倡采用分餐方式，不能分餐的应当提供公勺公筷。

7. 相关区域的应急处置措施

冷链食品生产经营者应当制定新冠肺炎疫情应急处置方案，用以及时处置和报告疫情情况，有效预防新冠病毒的传播。

7.1 出现健康状况异常人员的应急处置

冷链食品生产经营相关区域一旦发现病例或疑似新冠肺炎的异常状况人员，必须实施内防扩散、外防输出的防控措施，配合有关部门开展流行病学调查、密切接触者追踪管理、疫点消毒等工作，并对该人员作业和出现的区域及其加工的冷链食品进行采样和核酸检测。如有空调通风系统，则同时对其进行清洗和消毒处理，经评价合格后方可重新启用。根据疫情严重程度，暂时关闭工作区域，待疫情得到控制后再恢复生产。

按照新冠肺炎疫情防控要求，做好切断传播途径、隔离密切接触者等措施，同时按规定处置污染物。

7.2 发现样品核酸检测阳性的应急处置

一旦接到有新冠病毒核酸检测阳性样品的通知，冷链食品生产经营者应当迅速启动本单位应急预案，根据当地要求在专业人员指导下，及时对相关物品和环境采取应急处置。对相关物品临时封存、无害化处理，对工作区域进行消毒处理，对可能接触人员及时开展核酸检测和健康筛查等措施。物品在未处理前，应当保持冰箱、冰柜、冷库等冷冻冷藏设备正常运行，以防止物品腐败变质及可能的污染物扩散。相关物品处理时避免运输过程溢洒或泄露。参与相关物品清运工作的人员应当做好个人防护。

对于核酸阳性产品，应当按照当地主管部门要求进行处置。

附件 2

冷链食品生产经营过程新冠病毒防控消毒技术指南

1. 依据和适用范围

为规范指导冷链食品生产经营过程新冠病毒防控消毒工作，防止食品、食品包装材料被新冠病毒污染，参照国务院应对新冠肺炎疫情联防联控机制印发的《肉类加工企业新冠肺炎疫情防控指南》（联防联控机制综发〔2020〕216号）、《关于加强冷链食品新冠病毒核酸检测等工作的紧急通知》（联防联控机制综发〔2020〕220号）、《农贸（集贸）市场新冠肺炎疫情防控技术指南》（联防联控机制综发〔2020〕223号）、《新型冠状病毒肺炎防控方案（第七版）》（联防联控机制综发〔2020〕229号），以及相关的食品安全国家标准和联合国粮食及农业组织/世界卫生组织发布的《新冠肺炎与食品安全：对食品企业指导》（2020年4月）等文件，制定本指南。

本指南适用于采用冷冻、冷藏等方式加工，产品从出厂到销售始终处于低温状态的冷链食品，用于指导新冠肺炎疫情防控常态化期间，正常运营的食品生产经营单位和个人，在生产、装卸、运输、贮存及销售等过程中对来自国内外新冠肺炎疫情高风险区冷链食品的消毒。

食品生产经营相关单位和个人严格遵守法律法规及相关食品安全国家标准要求，执行当地主管部门对新冠肺炎疫情防控规定，是应用本指南的前提。

2. 生产加工过程清洁消毒

冷链食品生产加工过程中，应当根据食品原料和产品特性、生产加工工艺特点，针对加工人员、生产环境及相关设备和设施制定有效的清洁消毒制度，并定期对消毒措施的执行情况和效果进行评价。

2.1 食品生产加工人员

进入作业区域的食品生产加工人员，应确认身体健康，个人防护满足相关要求，定时用含酒精的免洗消毒剂进行手部消毒。

2.2 原料及半成品外包装

2.2.1 对来自新冠肺炎疫情高风险地区（国家）的冷链食品原料和半成品进入企业或者入库前，应当对其外包装进行严格、有效消毒。

2.2.2 用于搬运冷链食品原料或半成品的工器具（如转运箱、勺子、钳子等），每次使用完毕后应当及时清洗和消毒。

2.2.3 对来自国外疫区经检测受到新冠病毒污染的食品原料、半成品，应当按照《关于加强冷链食品新冠病毒核酸检测等工作的紧急通知》（联防联控机制综发〔2020〕220号）中的新冠病毒核酸阳性食品处置指南处理。

2.3 生产加工设备及环境

2.3.1 设备及器具。生产加工前、加工后使用的器具应当分开放置并妥善保管，避免交叉污染。对生产加工后（或生产加工过程必要时）的所有设备和器具应当进行有效的清洗和消毒，并确保选用的清洁消毒程序和消毒剂能够有效杀灭新冠病毒。

2.3.2 环境。加大对冷链食品原料加工处理各环节生产车间环境、即食和熟食食品各生产环节车间环境、储存冷库等高风险区域的消毒频次，生产加工过程、生产完毕后需对环境进行彻底清洁和消毒，特别应当加强对生产加工过程中人接触的各种操作台面、接触面/点（如门把手、开关、器具把手、电话、厕所等）、人流密集环境的清洁和消毒频次。

2.3.3 对于各种肉类、水产品、蛋制品等富含蛋白质和脂肪的食品，由于易在接触物体表面形成污垢不易清除，且其生产加工环境通常温度低、湿度大，为提高消毒效果，最大限度减少消毒剂的使用量，缩短消毒剂与物体表面的作用时间，所有肉类、水产品、蛋制品等富含蛋白质及脂肪的食品所接触的容器具、设备或环境物体表面必须进行彻底清洁之后方可消毒。

2.3.3.1 清洗剂的选择

常用食品加工设备及环境用清洗剂包括碱性溶液、盐溶液（例如磷酸盐、碳酸盐、硅酸盐）、酸（例如柠檬酸、磷酸）溶液及合成洗涤剂（例如阴离子、阳离子、非离子碱洗涤剂）等。其中碱性溶液是肉类、水产品、蛋制品加工环境最常用的清洁溶液。目前肉类加工企业最常用的清洁剂是1.5%的氢氧化钠溶液，该溶液可使脂肪皂化并水解蛋白沉积物。此外，各种合成洗涤剂也可有效去除肉类沉积物、脂肪和污垢，使用时应当在适当的温度下使其与待清洗表面充分接触并保持一定时间后方可用水冲洗。另一种可使脂肪皂化便于清洗的方法是将能分解蛋白质的蛋白酶用低浓度碱溶液配成蛋白酶溶液。由于酶在高pH、高温下会失活，因此所配置的酶溶液温度和pH值适中，可大大降低对待清洗表面的腐蚀。

2.3.3.2 清洁程序

（1）为节省清洁剂和水，先用物理方法将表面的污物清除。

（2）用水进一步冲洗掉污物，为减少气溶胶的产生，尽可能不使用高压水。

（3）将温度为50—55℃的碱性溶液或合成洗涤剂/酶溶液施于待清洗的表面，接触6—12分钟后，清理、擦拭待清洁的表面。为使清洁剂与待清洁表面充分接触，垂直表面的清洁最好使用发泡洗涤剂。

（4）用清水冲洗掉碱溶液或清洁剂。

（5）碱溶液不能清除水垢或锈斑，可使用酸（例如磷酸、盐酸或有机酸如柠檬酸、葡萄糖酸）清除水垢或锈斑。

2.3.3.3 消毒

（1）为提高消毒效果，防止消毒剂与物体表面接触不充分而降低其活性，所有待消毒的设备或环境表面必须按照以上程序进行彻底清洁后方可进行消毒。通常使用的消毒剂包括含氯、碘的消毒剂或季铵盐溶液。

（2）消毒后的表面是否需要清洗取决于所使用的消毒剂。季铵盐类消毒剂可在设备上残留较长时间，因此季铵盐类和含碘消毒剂均需在使用后用水彻底冲洗去除。

（3）如果消毒后设备表面发生腐蚀，可在被腐蚀区域涂油保护。若涂抹用油是食品级产品则无需去除，若为非食品级油，则在下一加工班次开始之前应当将油清除干净。

（4）使用原位清洗方法对运动中的传送带和生产加工设备其他部件进行连续清洗。

3. 运输和配送过程清洁消毒

3.1 人员

冷链食品配送过程中，司机及运输随从人员应当保持个人手部卫生，车内应当配备酒精类洗手液、消毒剂和纸巾，以确保在无清洁水洗手的条件下，对手进行定期消毒。

3.2 物体表面

司机在向企业员工传输、递交配送文件前应当洗手或消毒，为避免清洗返还物，文件最好置于一次性容器和包装材料中。对于重复使用的容器，应当进行定期、适宜的卫生清洁和消毒。

人手频繁接触的方向盘、车门把手、移动设备等最有可能被病毒污染的表面，均要定期消毒。

3.3 交通工具

为避免冷链食品被污染，司机需确保运输车辆、搬运工具及容器的清洁和定期消毒。货物混载时，装载车辆时尽可能将食品与会造成污染的其他货物分开。车辆运载一批货物之前和之后，均要对车内人手可能接触的部位、特别是车厢内外进行彻底消毒。

4. 销售经营过程清洁消毒

4.1 冷链食品销售经营区域从业人员应当保持良好的卫生操作，勤用洗手液洗手消毒以保持个人手部的清洁卫生。

4.2 对人手频繁接触的各种表面、把手（如门把手、冷藏设备把手、盛放器具把手、推车把手等）、按钮（如计算器、电子称量器具按钮等）等及时清洁并消毒。每天经营完毕后，应当对经营区域进行全面消毒。

4.3 方便顾客洗手消毒。应当确保店内洗手设施运行正常，并配备速干手消毒剂；有条件时可配备感应式手消毒设施。

5. 餐饮加工过程清洁消毒

5.1 餐饮业应当对所有冷链食品接触面、外包装和用具进行经常清洗和消毒，并加强餐（饮）具、调味品容器的清洁消毒。

5.2 做好高频接触物体表面消毒，对各种设备、区域、接触面/高频接触点（如台面/夹子/服务用具/开放式自助展示台/门把）、垃圾桶、卫生洁具等进行更高频率的清洁和消毒。同时加大对工作人员工作服的清洁消毒频次。

5.3 确保店内洗手设施运行正常，并配备速干手消毒剂；有条件时可配备感应式手消毒设施。

6. 生产经营常用消毒剂及使用方法

冷链食品生产、运输、销售等生产经营过程中常用的消毒剂及使用方法见附表。

附表

冷链食品生产经营常用消毒剂及使用方法

消毒剂种类	有效成分	应用范围	使用方法	注意事项
醇类消毒剂	乙醇含量为70%—80%（v/v），含醇手消毒剂＞60%（v/v），复配产品可依据产品说明书。	主要用于手和皮肤消毒，较小物体表面的消毒。	卫生手消毒：均匀喷雾手部或涂擦搓手部1—2遍，作用1min。擦拭物体表面2遍，作用3min。	1. 易燃，远离火源。2. 不适用于大面积物体表面的消毒使用。
含氯消毒剂	以有效氯计，含量以mg/L或%表示，漂白粉≥20%，二氯异氰尿酸钠≥55%，84消毒液依据产品说明书，常见为2%—5%。	适用于物体表面、果蔬和食饮具的消毒。次氯酸消毒剂还可用于空气、手、皮肤和黏膜的消毒。	1. 物体表面消毒时：使用浓度500mg/L；疫源地消毒时，物体表面使用浓度1000 mg/L，有明显污染物时，使用浓度10000mg/L；空气等其他消毒，依据产品说明书。2. 低温冷藏物体表面消毒：使用浓度1000mg/L；有明显污染物时，使用浓度2000mg/L。3. 冷冻物体表面消毒时，应采用降低冰点的方法，确保消毒剂不结冰，且须进行消毒效果确认。	1. 对金属有腐蚀作用，对织物有漂白、褪色作用，因此金属和有色织物慎用。2. 强氧化剂，不得与易燃物接触，应当远离火源。
过氧化物类消毒剂	过氧化氢消毒剂：过氧化氢（以H_2O_2计）质量分数3%—6%。过氧乙酸消毒剂：过氧乙酸（以$C_2H_4O_3$计）质量分数15%—21%。	适用于物体表面、空气的消毒。	1. 物体表面：0.1%～0.2%过氧乙酸或3%过氧化氢，喷洒或浸泡消毒，消毒后用清水冲洗去除残留消毒剂。2. 空气消毒：0.2%过氧乙酸或3%过氧化氢，用气溶胶喷雾方法，用量按10mL/m³计，消毒作用60min后通风换气；也可使用15%过氧乙酸加热熏蒸，用量按7mL/m³计，熏蒸作用1h—2h后通风换气。3. 低温冷藏物体表面消毒：0.2%～0.4%过氧乙酸或6%过氧化氢，喷洒或浸泡消毒作用时间30min，然后用清水冲洗去除残留消毒剂。4. 冷冻物体表面消毒：应采用降低冰点的方法，确保消毒剂不结冰，且须进行消毒效果确认。	1. 易燃易爆品，遇高热会引起燃烧爆炸。2. 与还原剂接触，或遇金属粉末，均有燃烧爆炸危险。
季铵盐类消毒剂	依据产品说明书。	适用于物体表面的消毒。	1. 物体表面消毒：无明显污染物时，使用浓度1000mg/L；有明显污染物时，使用浓度2000mg/L。2. 低温冷藏物体表面消毒：无明显污染物时，使用浓度2000mg/L；有明显污染物时，使用浓度4000mg/L。3. 冷冻物体表面消毒：应采用降低冰点的方法，确保消毒剂不结冰，且须进行消毒效果确认。	不能与肥皂或其他阴离子洗涤剂同用，也不能与碘或过氧化物（如高锰酸钾、过氧化氢、碘胺粉等）同用。

国务院办公厅关于推进对外贸易创新发展的实施意见

国办发〔2020〕40号

各省、自治区、直辖市人民政府，国务院各部委、各直属机构：

对外贸易是我国开放型经济的重要组成部分和国民经济发展的重要推动力量。为深入贯彻党中央、国务院关于推进贸易高质量发展的决策部署，经国务院同意，现就推进对外贸易创新发展提出如下意见：

一、总体要求

以习近平新时代中国特色社会主义思想为指导，全面贯彻党的十九大和十九届二中、三中、四中、五中全会精神，坚持新发展理念，坚持以供给侧结构性改革为主线，坚定不移扩大对外开放，稳住外贸外资基本盘，稳定产业链供应链，进一步深化科技创新、制度创新、模式和业态创新。围绕构建以国内大循环为主体、国内国际双循环相互促进的新发展格局，加快推进国际市场布局、国内区域布局、经营主体、商品结构、贸易方式等"五个优化"和外贸转型升级基地、贸易促进平台、国际营销体系等"三项建设"，培育新形势下参与国际合作和竞争新优势，实现外贸创新发展。

二、创新开拓方式，优化国际市场布局

优化国际经贸环境。坚定维护以世界贸易组织为核心的多边贸易体制，坚决反对单边主义和保护主义，支持世界贸易组织必要改革，积极参与国际贸易规则制定。推动《区域全面经济伙伴关系协定》（RCEP）尽早签署。加快推进中日韩自由贸易协定、中国—海合会自由贸易协定谈判，积极商签更多高标准自由贸易协定和区域贸易协定。

推进贸易畅通工作机制建设。落实好已签署的共建"一带一路"合作文件，大力推动与重点市场国家特别是共建"一带一路"国家商建贸易畅通工作组、电子商务合作机制、贸易救济合作机制，推动解决双边贸易领域突出问题。

利用新技术新渠道开拓国际市场。充分运用第五代移动通信（5G）、虚拟现实（VR）、增强现实（AR）、大数据等现代信息技术，支持企业利用线上展会、电商平台等渠道开展线上推介、在线洽谈和线上签约等。推进展会模式创新，探索线上线下同步互动、有机融合的办展新模式。

提升公共服务水平。加大对重点市场宣传推介力度，及时发布政策和市场信息。加强国别贸易投资法律政策研究。建设跨境贸易投资综合法律支援平台。做好企业境外商务投诉服务。提升商事法律、标准体系建设等方面服务水平。

三、发挥比较优势，优化国内区域布局

提高东部地区贸易质量。加强京津冀协同发展，围绕雄安新区建设开放发展先行区的定位，全面对标国际高标准贸易规则。以长江三角洲区域一体化发展战略为依托，打造高水平开放平台。以上海自由贸易试验区临港新片区为载体，进一步提升浦东新区开放水平，打造更具国际竞争力的特殊经济功能

区。以广州南沙、深圳前海、珠海横琴等重大合作平台为重点，加强贸易领域规则衔接、制度对接，推进粤港澳市场一体化发展。

提升中西部地区贸易占比。支持中西部地区深度融入共建"一带一路"大格局，构筑内陆地区效率高、成本低、服务优的国际贸易通道。加快边境经济合作区和跨境经济合作区建设，扩大与周边国家经贸往来。实施黄河流域生态保护和高质量发展战略，推动成渝地区双城经济圈建设，打造内陆开放战略高地。积极推进中西部地区承接产业转移示范区建设。培育和建设新一批加工贸易梯度转移重点承接地和示范地。

扩大东北地区对外开放。支持东北地区开展大宗资源性商品进出口贸易，探索设立大宗资源性商品交易平台。发挥装备制造业基础优势，积极参与承揽大型成套设备出口项目。落实好中俄远东合作规划，稳步推进能源资源、农林开发等领域合作项目，加强毗邻地区贸易和产业合作，发挥大图们倡议等合作机制作用，提升面向东北亚合作水平。

创新区域间外贸合作机制。以国家级新区、承接产业转移示范区为重点，建立产业转移承接结对合作机制。鼓励中西部和东北重点地区承接产业转移平台建设，完善基础设施，建设公共服务平台，提升承接产业转移能力。完善东中西加工贸易产业长效对接机制，深化中国加工贸易产品博览会等平台功能，加强投资信息共享，举办梯度转移对接交流活动。

四、加强分类指导，优化经营主体

培育具有全球竞争力的龙头企业。在通信、电力、工程机械、轨道交通等领域，以市场为导向，培育一批具有较强创新能力和国际竞争力的龙头企业。引导企业创新对外合作方式，优化资源、品牌和营销渠道。构建畅通的国际物流运输体系、资金结算支付体系和海外服务网络。

增强中小企业贸易竞争力。开展中小外贸企业成长行动计划。推进中小企业"抱团出海"行动。鼓励"专精特新"中小企业走国际化道路，在元器件、基础件、工具、模具、服装、鞋帽等行业，鼓励形成一批竞争力强的"小巨人"企业。

提升协同发展水平。发挥行业龙头企业引领作用，探索组建企业进出口联盟，促进中小企业深度融入供应链。支持龙头企业搭建资源和能力共享平台。引导企业与境外产业链上下游企业加强供需保障的互利合作。稳存量，促增量，充分发挥外资对外贸创新发展的带动作用。

主动服务企业。建立和完善重点外贸外资企业联系服务机制。发挥贸促机构、行业商协会作用，共同推动解决企业遇到的困难和问题。

五、创新要素投入，优化商品结构

保护和发展产业链供应链。保障在全球产业链中有重要影响的企业和关键产品生产出口，维护国际供应链稳定。拓展重点市场产业链供应链，实现物流、商流、资金流、信息流等互联互通。推进供应链数字化和智能化发展。搭建应急供应链综合保障平台。提升全球产业链供应链风险防控能力。积极参与和推动国际产业链供应链保障合作。

推动产业转型升级。实施新一轮技术改造升级工程。开展先进制造业集群培育试点示范，创建一批国家制造业高质量发展试验区。加快推进战略性新兴产业集群建设。鼓励企业实施绿色化、智能化、服务化改造。提高农业产业竞争力，建设一批农产品贸易高质量发展基地。

优化出口产品结构。积极推动电力、轨道交通、通信设备、船舶及海洋工程、工程机械、航空航天等装备类大型成套设备开拓国际市场。提高生物技术、节能环保、新一代信息技术、新能源、机器人等新兴产业的国际竞争力。推动纺织、服装、箱包、鞋帽等劳动密集型产品高端化、精细化发展。提升农产品精深加工能力和特色发展水平，扩大高附加值农产品出口。

提高出口产品质量。加强全面质量管理，严把供应链质量关。加强质量安全风险预警和快速反应监管体系建设。建设一批重点出口产品质量检测公共服务平台。加快推进与重点出口市场认证证书和检测结果互认。鼓励企业使用国际标准和国外先进标准，充分利用国际认可的产品检测和认证体系，按照国际标准开展生产和质量检验。

优化进口结构。适时调整部分产品关税。发挥《鼓励进口技术和产品目录》引导作用，扩大先进技术、重要装备和关键零部件进口。支持能源资源产品进口。鼓励优质消费品进口。加强对外农业产业链供应链建设，增加国内紧缺和满足消费升级需求的农产品进口。扩大咨询、研发设计、节能环保、环境服务等知识技术密集型服务进口和旅游进口。

六、创新发展模式，优化贸易方式

做强一般贸易。扩大一般贸易规模，提升产品附加值，增强谈判、议价能力。鼓励企业加强研发、品牌培育、渠道建设，增强关键技术、核心零部件生产和供给能力。在有条件的地区、行业和企业建立品牌推广中心，鼓励形成区域性、行业性品牌。

提升加工贸易。加大对加工贸易转型升级示范区和试点城市的支持力度，培育认定新一批试点城市，支持探索创新发展新举措。提升加工贸易技术含量和附加值，延长产业链，由加工组装向技术、品牌、营销环节延伸。支持保税维修等新业态发展。动态调整加工贸易禁止类商品目录。

发展其他贸易。落实促进边境贸易创新发展政策，修订《边民互市贸易管理办法》。制订边民互市进口商品负面清单，开展边民互市进口商品落地加工试点。培育发展边境贸易商品市场和商贸中心。支持边境地区发展电子商务。探索发展新型贸易方式。支持在自由贸易港、自由贸易试验区探索促进新型国际贸易发展。

促进内外贸一体化。优化市场流通环境，便利企业统筹用好国际国内两个市场，降低出口产品内销成本。鼓励出口企业与国内大型商贸流通企业对接，多渠道搭建内销平台，扩大内外销产品"同线同标同质"实施范围。加强宣传推广和公共服务，推动内销规模化、品牌化。

七、创新运营方式，推进国家外贸转型升级基地建设

健全组织管理。依托各类产业集聚区，加快基地建设，做大做强主导产业链，完善配套支撑产业链，增强供给能力。建立多种形式的基地管理服务机构。

建设公共服务平台。依托研究院所、大专院校、贸促机构、行业商协会、专业服务机构和龙头企业，搭建研发、检测、营销、信息、物流等方面的公共服务平台。

八、创新服务模式，推进贸易促进平台建设

办好进博会、广交会等一批综合展会。对标国际一流展会，丰富完善中国国际进口博览会功能，着力提升国际化、专业化水平，增强吸引力和国际影响力，确保"越办越好"。研究推行中国进出口商品交易会线上线下融合办展新模式。拓展中国国际服务贸易交易会、中国国际高新技术成果交易会等展会功能。优化现有展会，培育若干知名度高、影响力大的国际展会。

培育进口贸易促进创新示范区。充分发挥示范区在促进进口、服务产业、提升消费等方面的示范引领作用。提升监管水平，加强服务创新。研究建立追踪问效、评估和退出机制。

九、创新服务渠道，推进国际营销体系建设

加快建立国际营销体系。鼓励企业以合作、自建等方式，完善营销和服务保障体系，开展仓储、展示、批发、销售、接单签约及售后服务。推进售后云服务模式和远端诊断、维修。重点推动汽车、机床等行业品牌企业建设国际营销服务网点。

推进国际营销公共平台建设。充分发挥平台带动和示范作用，助力企业开拓国际市场。研究建立评估及退出机制。建设国际营销公共服务平台网络，共享平台资源。

十、创新业态模式，培育外贸新动能

促进跨境电商等新业态发展。积极推进跨境电商综合试验区建设，不断探索好经验好做法，研究建立综合试验区评估考核机制。支持建设一批海外仓。扩大跨境电商零售进口试点。推广跨境电商应用，促进企业对企业（B2B）业务发展。研究筹建跨境电商行业联盟。推进市场采购贸易方式试点建设，总结经验并完善配套服务。促进外贸综合服务企业发展，研究完善配套监管政策。

积极推进二手车出口。建立健全二手车出口管理与促进体系，扩大二手车出口业务，完善质量检测标准，实行全国统一的出口检测规范。强化二手车境外售后服务体系建设，鼓励有条件的企业在重点市场建立公共备品备件库，提高售后服务质量。培育和支持二手车出口行业组织发展。

加快发展新兴服务贸易。加快发展对外文化贸易，加大对国家文化出口重点企业和重点项目的支持，加强国家文化出口基地建设。加快服务外包转型升级，开展服务外包示范城市动态调整，大力发展高端生产性服务外包。加强国家中医药服务出口基地建设，扩大中医药服务出口。

加快贸易数字化发展。大力发展数字贸易，推进国家数字服务出口基地建设，鼓励企业向数字服务和综合服务提供商转型。支持企业不断提升贸易数字化和智能化管理能力。建设贸易数字化公共服务平台，服务企业数字化转型。

十一、优化发展环境，完善保障体系

发挥自由贸易试验区、自由贸易港制度创新作用。扩大开放领域，推动外向型经济主体及业务在自由贸易试验区汇聚。推动出台海南自由贸易港法。以贸易自由化便利化为重点，突出制度集成创新，研究优化贸易方案，扎实推进海南自由贸易港建设，制定海南自由贸易港禁止、限制进出口的货物、物品清单，清单外货物、物品自由进出；出台海南自由贸易港跨境服务贸易负面清单，进一步规范影响服务贸易自由便利的国内规制，为适时向更大范围推广积累经验。

不断提升贸易便利化水平。进一步简化通关作业流程，精简单证及证明材料。创新海关核查模式，推进"网上核查"改革。进一步完善国际贸易"单一窗口"功能，推进全流程作业无纸化。建立更加集约、高效、运行通畅的船舶便利通关查验新模式，加快推进"单一窗口"功能覆盖海运和贸易全链条。

优化进出口管理和服务。完善大宗商品进出口管理。有序推动重点商品进出口管理体制改革。加强口岸收费管理，严格执行口岸收费目录清单制度，持续清理规范进出口环节涉企收费。降低港口收费，进一步减并港口收费项目，降低政府定价的港口经营服务性项目收费标准。积极推动扩大出口退税无纸化申报范围，持续加快出口退税办理进度。扩大贸易外汇收支便利化试点，便利跨境电商外汇结算。

强化政策支持。在符合世界贸易组织规则前提下，加大财政金融支持力度。用好外经贸发展专项资金，推动外贸稳中提质、创新发展。落实再贷款、再贴现等金融支持政策，加快贷款投放进度，引导金融机构增加外贸信贷投放，落实好贷款阶段性延期还本付息等政策，加大对中小微外贸企业支持。充分

发挥进出口信贷和出口信用保险作用，进一步扩大出口信用保险覆盖面，根据市场化原则适度降低保险费率。

加强国际物流保障。确保国际海运保障有力，提升国际航空货运能力，促进国际道路货运便利化。提升中欧班列等货运通道能力，加强集结中心示范工程建设，以市场化为原则，鼓励运营企业完善境外物流网络，增强境外物流节点的联运、转运和集散能力，拓展回程货源，提高国际化运营竞争力。鼓励港航企业与铁路企业加强合作，积极发展集装箱铁水联运。

提升风险防范能力。统筹发展和安全，切实防范、规避重大风险。坚持底线思维，保障粮食、能源和资源安全。努力构建现代化出口管制体系。严格实施出口管制法。优化出口管制许可和执法体系，推动出口管制合规和国际合作体系建设。完善对外贸易调查制度，丰富调查工具。健全预警和法律服务机制，构建主体多元、形式多样的工作体系。健全贸易救济调查工作体系，提升运用规则的能力和水平。完善贸易摩擦应对机制，推动形成多主体协同应对的工作格局。研究设立贸易调整援助制度。

加强组织实施。加强党对外贸工作的全面领导。充分发挥国务院推进贸易高质量发展部际联席会议制度作用，整体推进外贸创新发展。商务部要会同有关部门加强协调指导，各地方要抓好贯彻落实。重大情况及时向党中央、国务院报告。

国务院办公厅

2020 年 10 月 25 日

国务院应对新型冠状病毒感染肺炎疫情联防联控机制综合组关于印发进口冷链食品预防性全面消毒工作方案的通知

联防联控机制综发〔2020〕255号

各省、自治区、直辖市及新疆生产建设兵团应对新冠肺炎疫情联防联控机制（领导小组、指挥部）：

为切实加强常态化疫情防控工作，有效防范新冠肺炎疫情通过进口冷链食品输入风险，海关总署会同交通运输部、卫生健康委、市场监管总局等部门研究制定了《进口冷链食品预防性全面消毒工作方案》，已经国务院应对新型冠状病毒肺炎疫情联防联控机制同意。现印发给你们，请认真贯彻执行。

国务院应对新型冠状病毒肺炎疫情联防联控机制综合组

2020 年 11 月 8 日

附件

进口冷链食品预防性全面消毒工作方案

一、目标和原则

（一）工作目标

扎实推进新冠肺炎疫情防控工作，在做好进口冷链食品新冠病毒检测工作的基础上，充分发挥消毒对新冠病毒的杀灭作用，有效防范新冠肺炎疫情通过进口冷链食品（含食用农产品，下同）输入风险，实现"安全、有效、快速、经济"目标，在确保进口冷链食品安全的同时，提升口岸通关效率，避免货物积压滞港，保障产业链供应链稳定。

（二）实施依据

《中华人民共和国传染病防治法》及其实施办法、《中华人民共和国国境卫生检疫法》及其实施细则、《中华人民共和国食品安全法》及其实施条例等法律法规，国务院联防联控机制综合组《关于全面精准开展环境卫生和消毒工作的通知》（联防联控机制综发〔2020〕195号）、《关于加强冷链食品新冠病毒核酸检测等工作的紧急通知》（联防联控机制综发〔2020〕220号）、《关于印发新型冠状病毒肺炎防控方案（第七版）的通知》（联防联控机制综发〔2020〕229号）、《关于印发冷链食品生产经营新冠病毒防控技术指南和冷链食品生产经营过程新冠病毒防控消毒技术指南的通知》（联防联控机制综发〔2020〕245号）等有关规定及技术规范。

（三）消毒范围

本方案适用于进口冷链食品的装载运输工具、产品内外包装的消毒。

（四）有关原则

全面消杀，严防输入；政府牵头，部门协作；依法依规，各司其职；科学规范，安全有效；节约成本，快速经济。

二、工作分工

国务院相关部门按职责分工加强进口冷链食品预防性全面消毒工作的指导监督和协作配合，地方人民政府负责组织实施本地区预防性全面消毒工作，实现全流程闭环管控可追溯，最大程度降低新冠病毒通过进口冷链食品输入风险。

（一）海关部门

负责按规定开展进口冷链食品新冠病毒监测检测，组织指导进口冷链食品进口商、海关查验场所经营单位做好口岸环节被抽中的进口冷链食品集装箱内壁和货物外包装的预防性全面消毒处理工作。

（二）交通运输部门

负责督促指导进口冷链食品承运单位落实运输环节的主体责任并实施相应消毒处理措施，在国内运输段严格查验进口冷链食品海关通关单证，落实进口冷链食品运输工具消毒、一线工作人员个人防护等措施，配合检查进口冷链食品倒箱过车（从进口集装箱换装至国内运输车辆）过程中的消毒处理措施的落实情况。

（三）卫生健康部门

负责汇总分析进口冷链食品新冠病毒核酸检测结果，对进口冷链食品新冠病毒传播风险进行研判，开展对预防性全面消毒措施的指导评估和检查。

（四）市场监管部门

负责做好现场检查和索票索证工作，督促市场开办者、食品生产经营者索取消毒单位出具的进口冷链食品货物业经消毒的证明，凡是不能提供消毒证明的，一律不能上市销售。强化对食品生产经营企业进口冷链食品的追溯管理，对来源不明的进口冷链食品依法进行查处。与有关部门共同监督市场经营单位做好市场环境消毒工作。

（五）地方人民政府

负责落实本地区进口冷链食品新冠病毒检测和预防性全面消毒工作属地责任，根据本地区实际情况，组织相关部门和企业采取切实有效措施做好预防性全面消毒工作，明确相关部门职责分工，加强督促检查，确保进口冷链食品消毒工作责任和措施落实到位。

（六）相关生产经营单位

生产、加工、储存、销售等生产经营单位组织或委托有资质的消毒单位实施消毒。承运单位负责组织或委托有资质的消毒单位，对装运前后的进口冷链食品装载运输工具组织实施消毒。消毒单位按照有关消毒技术规范开展具体的消毒作业，确保消毒效果。进口企业负责如实申报进口产品信息，配合各生产经营单位开展消毒工作，并做好进口冷链食品的销售记录和流向记录。

三、工作内容

（一）基本要求

总结进口冷链食品新冠病毒检测、消毒处理工作好的经验和做法，在不改变各地现有总体防控安排的前提下，根据进口冷链食品的物流特点，在按要求完成新冠病毒检测采样工作后，分别在口岸查验、交通运输、掏箱入库、批发零售等环节，在进口冷链食品首次与我境内人员接触前实施预防性全面消毒处理。加强部门协同配合，对进口冷链食品装载运输工具和包装原则上只进行一次预防性全面消毒，避免重复消毒，防止专为消毒作业实施掏箱、装箱，避免增加不必要的作业环节和成本，影响物流和市场供应。消毒实施单位应详细记录消毒工作情况，包括消毒日期、人员、地点、消毒对象、消毒剂名称、浓度及作用时间等内容，相关资料和记录应至少留存2年。

（二）工作流程

1. 口岸环节。进口企业如实申报进口冷链食品的相关信息，海关部门根据制定的风险监测计划，加强对进口冷链食品的检测工作。检测结果为阳性的，按规定作退运或销毁处理。检测结果为阴性的，海关部门组织指导督促查验场地经营者或进口企业，对进口冷链食品的集装箱内壁、货物外包装实施消毒。消毒完成后，消毒单位出具该批货物业经消毒的证明。未在口岸环节消毒的进口冷链食品按规定放行后，在后续环节予以消毒。

2. 冷链运输和出入库环节。进口冷链食品在从集装箱卸货换装至国内运输工具时，货主或其代理人对货物包装实施消毒。进口冷链食品运输过程中，承运企业不得开箱，在国内运输段交通运输管理部门要督促指导冷链物流企业严格查验海关通关单证，落实运输车辆船舶等装载运输装备消毒、一线工作人员个人防护等措施。冷库接受进口冷链食品时，应如实记录并核对集装箱号及铅封号，做好货物的出入库记录，相关资料和记录应至少留存2年。

3. 流通环节。对从口岸放行的进口冷链食品，在社会冷库或企业冷库倒箱过车、入库存储前，相关生产经营单位查验货物所附的消毒证明，如未消毒，则在掏箱卸货时，对该批货物的集装箱内壁、货物外包装实施消毒。消毒完成后，消毒单位出具该批货物业经消毒的证明。生产经营单位对需打开外包装的货物的内包装实施消毒。

4. 市场环节。进口冷链食品销售市场要加强管理，规范市场卫生环境，做好销售场所的日常消毒工作。要严格落实防控要求，加强进口冷链食品是否消毒的相关证明查验工作，防止未经过预防性全面消毒处理的进口冷链食品进入市场。进一步完善追溯管理，做到所有进入市场的进口冷链食品来源可查、去向可追。

四、消毒方式

进口冷链食品的口岸消毒方式方法由海关确定，进口冷链食品入境后的消毒方式方法由地方人民政府按照《冷链食品生产经营过程新冠病毒防控消毒技术指南》及有关规定确定。

国务院应对新型冠状病毒感染肺炎疫情联防联控机制综合组关于进一步做好冷链食品追溯管理工作的通知

联防联控机制综发〔2020〕263号

各省、自治区、直辖市及新疆生产建设兵团应对新型冠状病毒肺炎疫情联防联控机制（领导小组、指挥部）：

为做好"外防输入、内防反弹"常态化疫情防控工作，突出加强关键环节、重点领域防控措施，严防新冠肺炎疫情输入风险，按照国务院联防联控机制部署，市场监管总局会同海关总署制定了进一步做好冷链食品追溯管理工作措施。现就有关事项通知如下：

一、工作目标

建立和完善由国家级平台、省级平台和企业级平台组成的冷链食品追溯管理系统，以畜禽肉、水产品等为重点，实现重点冷链食品从海关进口查验到贮存分销、生产加工、批发零售、餐饮服务全链条信息化追溯，完善人物同查、人物共防措施，建立问题产品的快速精准反应机制，严格管控疫情风险，维护公众身体健康。

二、工作任务

（一）加快追溯平台建设

1. 建设国家指挥平台。由市场监管总局开发建设，定位为指挥预警。通过"异构识别"机制，依据各地现有工作基础，在不统一制定标准、不统一编码赋码、不改变各地系统的情况下，实现追溯信息省际互认互通。力争在2020年11月底建成上线。

2. 优化完善省级平台。省级平台定位为追溯信息管理和公共服务，帮助重点冷链食品生产经营者实现信息化追溯和数据对接。由各省（区、市）市场监管部门负责建设或在原有追溯信息化系统基础上进行优化改造，并按照统一数据对接规程接入国家级平台。北京、天津、辽宁、上海、江苏、浙江、福建、山东、广东、重庆等有条件的省份应当于2020年12月中旬完成建设改造和试运行，12月底前实现与国家平台对接。

3. 实现企业数据对接。按照属地管理原则，各省（区、市）市场监管部门应当会同有关部门制定发布省级平台接口标准规范，指导督促重点冷链食品供应链各个企业与省级平台对接追溯关键信息。

（二）广泛推广应用

4. 全面摸清底数。各地要对重点冷链食品进口商、生产经营企业、第三方冷库、食用农产品批发市场入场销售者、商场超市、生鲜电商和餐饮企业等进行排摸，全面掌握底数和实际情况。

5. 明确主体责任。重点冷链食品生产经营者应当按照《食品安全法》以及《食品药品监管总局关于发布食品生产经营企业建立食品安全追溯体系若干规定的公告》（2017年第39号）、《市场监管总局关于加强冷藏冷冻食品质量安全管理的公告》（2020年第10号）等要求，严格执行进货查验、出厂销售记录等制度，建立食品安全追溯体系。生产经营企业应当及时、准确记录每批次重点冷链食品的检验检疫信息、核酸检测结果、业经消毒的证明、货物来源去向和数量、位置等关键数据。

6. 加强培训指导。各地要加强对重点冷链食品生产经营者的培训指导，引导重点冷链食品生产经营企业进行自我承诺，落实专人联络。

（三）强化信息通报和应急处置

7. 强化信息管理。各地要重点核查重点冷链食品生产经营企业进出库台账记录、索证索票情况，指导相关生产经营者准确填写、记录数据信息，及时报告发现的问题。各地海关要与市场监管部门对接重点冷链食品进口相关信息，实现信息共享和校验，具体实现方式由海关总署和市场监管总局研究确定。

8. 实现追踪溯源。各地市场监管部门接到重点冷链食品新冠病毒检测阳性通报后，应当立即利用省级平台对同批次食品的流向进行溯源倒查和精准定位，并利用国家平台上报食品关键信息，迅速组织力量按相关规定开展排查核实。对于流向外省（区、市）的同批次食品，根据追溯清查情况，原则上由省级市场监管部门及时提请当地联防联控机制向涉疫食品流出地及流入地省级联防联控机制通报涉疫食品及相关生产经营者情况，包括涉疫食品名称、批号、数量、销售日期、销售者及联系方式等。

三、工作要求

（一）快速精准追溯。鼓励企业采用信息化手段自动识别产品信息，实时反映重点冷链食品关键信息，实现正向可追踪，逆向可溯源，发生问题时产品可处置、原因可查清、风险可管控。

（二）严格信息发布。各省级市场监管部门要加强信息审核，确保数据真实准确。未经省级市场监管部门许可不得擅自发布冷链食品追溯相关信息。针对突发情况及人民群众关注度较高的新闻事件和舆情热点，会同相关部门通过公告、召开新闻发布会等形式及时回应。

（三）确保信息安全。按照"必要性"、"需要时"和"最小限度"原则访问和获取企业追溯信息数据，科学设置访问权限，保护企业商业秘密，进行必要的脱敏处理。

（四）加强组织领导。各省（区、市）联防联控机制要落实疫情防控属地责任，强化进口冷链食品输入风险防控措施，建立相关部门协作机制。按照国务院联防联控机制有关文件要求，加大投入保障和工作力度，组织精干力量集中攻坚、专班推进追溯平台建设。有关工作情况将纳入食品安全工作评议考核。

请于11月30日前将各省（区、市）市场监管部门业务联系人和技术联系人名单报送市场监管总局。

国务院应对新型冠状病毒肺炎疫情联防联控机制综合组

2020 年 11 月 27 日

商务部等 8 部门关于复制推广供应链创新与应用试点第一批典型经验做法的通知

商建函〔2020〕110 号

各省、自治区、直辖市、计划单列市及新疆生产建设兵团商务、工业和信息化、生态环境、农业农村、市场监管部门，中国人民银行各分行、营业管理部、各省会（首府）中心支行、各副省级城市中心支行，各银保监局，中国物流与采购联合会各分支机构：

根据党中央、国务院决策部署，2018 年以来，商务部会同工业和信息化部等 7 部门组织 55 个城市和 266 家企业开展供应链创新与应用试点。各地高度重视、因地制宜优化供应链发展环境，各企业积极应用新技术、探索新模式、培育新业态，取得了明显成效，形成了一批典型经验和做法。现就复制推广试点典型经验做法有关事项通知如下：

一、复制推广主要内容

（一）探索政府公共服务和治理新模式方面。主要包括完善试点工作推进机制、推动供应链跨区域协同、构建供应链工作新载体、完善供应链公共服务，以及优化政策支持等方面的做法和经验。

（二）提升供应链管理和协同水平方面。主要包括建设和完善各类供应链平台，提供供应链一体化、专业化服务等方面的做法和经验。

（三）加强供应链技术和模式创新方面。主要包括推动供应链与现代信息技术深度融合、创新供应链发展新模式、积极布局全球供应链、推动绿色供应链发展，以及提升供应链金融服务科技水平等方面的做法和经验。

二、复制推广工作要求

借鉴学习和复制推广上述典型经验和做法，对于促进供应链创新与应用，探索经济新发展方式具有重要意义。各地要以习近平新时代中国特色社会主义思想为指导，全面贯彻党的十九大精神，将复制推广典型经验和做法作为应对新冠肺炎疫情、推进供应链创新与应用的重要举措。要加强组织领导，做好部门协同，创新体制机制和政策举措，积极探索新技术、新模式、新业态，加快推进供应链创新与应用试点，确保试点任务如期完成。我们将继续总结推广试点工作经验，组织典型案例宣传和成果展示。

商务部 工业和信息化部 生态环境部

农业农村部 人民银行 市场监管总局

银保监会 中国物流与采购联合会

附件：

供应链创新与应用试点第一批典型经验做法

创新领域	典型经验	主要做法及成效	试点主体
一、积极探索政府公共服务和治理新模式	（一）完善试点工作推进机制	浙江省政府主要领导亲自主抓试点工作，省商务厅会同经信、生态环境、农业农村、财政、人行等部门建立"1+N"工作协调机制，并开展省级供应链试点，形成点面结合、纵深协同的国省两级试点梯度培育体系；江苏省建立由24个部门组成的供应链创新与应用部门联席会议制度，启动省级供应链创新与应用156家重点企业与18条重点产业链条培育工作，建立省级专家库和江苏省现代供应链协会，编印发布《供应链创新与应用白皮书》，支持高等院校设立供应链研究机构。	浙江省、江苏省
	（二）推动供应链跨区域协同	上海市、江苏省、浙江省、安徽省4省市建立供应链跨区域治理机制，通过建设基础设施数据库，公开发布基础设施白皮书等多种方式，强化供应链互联互通，共同推动长三角地区供应链资源优化配置。	上海市、江苏省、浙江省、安徽省
	（三）构建供应链工作新载体	上海市依托平台资源集聚能力强、辐射带动范围广的特点，鼓励平台建立完善的准入制度、交易规则、质量与安全保障、风险控制、信用评价机制等制度规则，引导供应链上下游规范有序发展；青岛市建立全球供应链产业创新联盟和研究合作机构，引导企业强化与高等院校、科研院所、中间组织等合作，推动供应链技术、服务、模式和标准等多方面的协同创新，构建供应链自主创新立体体系，全面提升企业创新能力；中国（福建）自贸试验区厦门片区成立中国（厦门）供应链科创中心，为供应链创新与应用提供智力支持、行业咨询等，支持重点企业建设创新与应用实验室，密切政、产、学、研协作。	上海市、青岛市、中国（福建）自贸试验区厦门片区
	（四）完善供应链公共服务	张家港市构建涵盖政府公共服务、征信公示、大数据资源共享和供应链资源展示等功能的供应链公共服务信息平台，通过与政府公共服务中心信息对接和整合，打通交易、通关、仓储、物流等数据接口，以政府公共数据资源整合共享赋能产业供应链协同优化；东莞市推动中小企业融资平台与广东"数字政府"平台深度对接，利用平台积累的科技、市场监管、社保、海关、司法以及水电气等数据信息，为中小企业和金融机构提供信息采集、信用评级、信息共享、融资对接、风险补偿等全方位的公共服务；武汉市支持企业建立"云上多联"平台，与有关部门统一数据接口标准，推动铁路、港口、水运、公路、关贸等多式联运信息的实时对接，实现运载工具、单证、结算、货物等信息的标准统一、互换共享，有效降低供应链综合成本；太原市编制标准体系框架图及标准明细表，推动制定供应链管理团体标准，建立起一套由供应链基础标准、作业标准、服务标准、管理标准、信息化标准、安全标准等构成的、相对完整的标准体系；泸州市立足区域特色优势，以酒业为重点，以农业产业龙头企业为带动，完善园区研发、交易、信息等综合服务功能，构建"纵向成链、横向成群"的供应链生态，吸引252家企业入驻，形成以白酒生产加工为主，涵盖原粮种植、包材印务、仓储物流、金融会展等完整产业链的白酒产业集群。	张家港市、东莞市、武汉市、太原市、泸州市

创新领域	典型经验	主要做法及成效	试点主体
	（五）优化政策支持	鞍山市贯穿"供应链＋传统产业"主线，选择钢铁、菱镁、服装、农产品等地区特色产业发展方向作为重点领域，编制本地《供应链创新与应用发展规划（2019—2023年）》，发挥供应链创新与应用促进地区经济发展的重要作用；西安市整合国家、省级预算内投资等各项资金，引导社会资本设立供应链创新产业投资基金，完善包括基金运作、项目投资、投后管理及股权退出的全链条运作体系，精准投向新模式、新技术、新业态的供应链创新发展项目；成都市出台《精准支持现代供应链体系发展政策措施》，每年由市级财政给予3000万元固定经费，重点支持供应链平台建设、供应链物流发展、供应链金融发展等7方面；石家庄市依托国家"千人计划"、河北省"外专百人计划"，石家庄市"人才绿卡"等人才培养、引进政策，在落户、住房、科研经费、职称评定、社会保障、个人所得税、子女教育、医疗和出入境等方面为优秀供应链管理人才提供便利条件。	鞍山市、西安市、成都市、石家庄市
二、提升供应链管理和协同水平	（六）建设和完善各类供应链平台	欧冶云商构建由交易服务平台、专业服务平台和区域服务平台组成的平台集群，各子平台紧密配合，共同为供应链上下游客户提供线上交易、支付、仓储、运输、加工、数据、技术、资讯等一站式服务，迅速集聚海量上下游用户资源，产生规模效应；九州通医药通过供应链协同平台，连接上游医药生产厂商和下游医院、诊所及连锁药店，基于终端订单信息开展需求分析、预测，引导上游生产厂商科学制定生产计划，并通过对上游采购、仓储、配送等进行统一管理，提高供应链快速响应能力。	欧冶云商、九州通医药
	（七）提供供应链一体化、专业化服务	厦门建发基于物流、信息、商务等供应链运营基础服务，围绕"整合资源""规划方案""运营服务"三大核心工作，创新性提炼出"LIFT供应链服务"体系，为客户提供"4→n"的个性化定制运营服务，促进企业降本增效；物产中大围绕中小实体企业的需求和痛点，打造大型流通企业、当地政府、地方龙头生产企业、区域中小企业合作共建的集成服务平台，提供集中采购、仓储中心、物流配送、生产智能监控、出口整合等服务，开辟了一条线下业务向线上服务、传统贸易向数据服务的转型路径，并向产业集群特征明显的区域进行复制推广；浙商中拓聚焦各类基建和制造业客户的物料和资金等供应链需求痛点，融合中拓全国线下网络和电商平台，数字化协同整合社会仓储、运输及加工资源，为客户打造端到端的产销衔接、库存管理、物流配送、半成品加工、套期保值等全链条集成化管理和一站式服务；怡亚通整合全国各地流通资源，打造供应链综合服务平台，为客户提供集商贸交易、仓储服务、流通加工、干线运输、城市配送、产品产销中心、智慧托管等于一体的流通服务，打造更智慧、更迅捷、更高效的流通供应链新业态；传化智联构建线上与线下结合、自有资源与社会资源结合的智能物流服务网络，应用智能技术，创新平台模式，为货主企业和物流企业提供智能信息服务、"仓运配"物流供应链服务、智能公路港服务、金融信息服务等各类服务，让企业物流实现一键发货、一单到底、全程智能化管理和在线支付；江苏物润船联运用互联网先进技术，将"线上"与"线下"融合，通过灵效大数据系统、运输管理系统、智能智配系统整合货运需求和运力，实时掌握12万＋船舶大数据及500万辆货车运营轨迹，提高供需双方智能匹配效率，优化供应链流通运作流程。	厦门建发、物产中大、浙商中拓、怡亚通、传化智联、江苏物润船联

续表

创新领域	典型经验	主要做法及成效	试点主体
三、加强供应链技术和模式创新	（八）推动供应链与现代信息技术深度融合	联想集团积极引入区块链技术，打造区块链与供应链"双链融合"模式，促进代工厂、企业及供应商三方实时信息共享，增强整体流程的透明度，实现业务流程自动化运转；中国移动自主研发大数据平台，汇集需求、寻源、订单、供应商等信息，开发需求预测、采购寻源、需求/订单监控、交付分析、质量管控等功能，实现供应链全流程可视、多维度数据挖掘和全业务智能输出；菜鸟供应链应用无人仓、无人车以及人工智能等各类物流技术产品设备，实现重体力、重复性劳动岗位的机械化换人、自动化减人。利用信息化系统连接供应商、经销商、物流服务商，实时采集和反馈货物的物流信息，引导供应链各环节加强协同，减少货物积压、提高周转率；盒马鲜生通过大数据深度分析，构建大数据驱动的智慧供应链平台，根据消费端的反馈调整供给能力，实现面向供应商的自动订货，并通过开展消费者分析，帮助供应商进行分析决策，极大提高供需匹配的精准性，便利供应商提前备货，减少无效库存，降低企业资金占用成本。	联想集团、中国移动、菜鸟供应链、盒马鲜生
	（九）创新供应链发展新模式	国家电网以智能采购、数字物流、全景质控三大业务链为支撑，围绕产品技术要求、应用场景、设备选型、采购策略等一整套采购流程制定精准采购标准并在集团内统一推广应用。构建设备运转应用智慧物联网系统，并向上游延伸至供应商生产端，以生产装备智慧物联实现从采购需求提报到设备报废处置的供应链全流程智能化管控和业务数据化管理；海尔集团打造供需高效对接的供应链协同平台，将用户需求和整个智能制造体系连接起来，使用户全流程参与产品设计研发、生产制造、物流配送、迭代升级等环节，以用户需求驱动企业不断创新；浙江吉利将汽车制造业的互联网、车联网、自动驾驶技术、新能源科技，以及吉利、沃尔沃遍布全球的加盟商网络优势，创新应用于共享出行领域，并将运营数据与研发系统互联互通，反哺新产品开发，快速提升新能源汽车技术。	国家电网、海尔集团、浙江吉利
	（十）积极布局全球供应链	青岛双星打造"创客网"资源整合平台，整合全球研发、交互、设计、实验室、试车场等优质资源，迅速响应客户个性化、多样化需求，运用自身较强的生产制造能力，为客户提供高质量的轮胎定制服务；酷特智能支持"人人都是创业者"，通过建设跨境电商定制直销平台，一端对接国内诸多小微服装创业公司，一端面向国外定制店及消费者，提供定制产品和服务，同时与自身强大的大规模定制化智能工厂互联，助推中国服装自主品牌发展壮大；云南云天化依托遍布全球的终端销售渠道，与全球主要大宗农产品生产基地建立紧密联系，深度参与大豆、大米等战略物资生产过程，强化对源头资源的控制，筑牢农产品供应链安全防线。	青岛双星、酷特智能、云南云天化

创新领域	典型经验	主要做法及成效	试点主体
	（十一）推动绿色供应链发展	超威电源以二维码溯源技术、大数据、智能设备、智慧物流、绿色可回收原材料替代等手段为支撑，结合销售与回收渠道网络共用、物流配送与逆向回收运输同步、电池产品与废旧电池仓储共用等方式，构建全生命周期绿色产业链闭环体系，实现电池生命周期可追溯、产品可回收、制造绿色智能化、物流智慧化；苏宁易购积极推进绿色流通，加强对物流车辆、在途货物等运输环节的管理，制定并严格执行百公里低油耗指标，通过定人定车、GPS监控、人员节能意识和技巧培训等，实现"最后一公里"的低碳运营，并与各地包装协会合作，对产品包装材料进行合规、环境影响、资源节约、化学物质管理等多方面综合设计和评价，推出绿色共享快递盒。	超威电源、苏宁易购
	（十二）提升供应链金融服务科技水平	招商银行积极搭建开放的产融数字化平台，该平台基于区块链，微服务形式部署在公有云，打通产业端系统，实现产业链与金融服务方的数字化协同；提供网银等多渠道，为客户提供在线签署协议、在线发起融资申请、在线放款等服务，实现供应链融资的全线上化操作。	招商银行

商务部等 8 部门关于进一步做好供应链
创新与应用试点工作的通知

商建函〔2020〕111 号

各省、自治区、直辖市、计划单列市及新疆生产建设兵团商务、工业和信息化、生态环境、农业农村、市场监管部门，中国人民银行各分行、营业管理部、各省会（首府）中心支行、各副省级城市中心支行，各银保监局，中国物流与采购联合会各分支机构：

为深入贯彻落实习近平总书记关于统筹推进新冠肺炎疫情防控和经济社会发展的系列重要讲话精神，发挥供应链创新与应用试点工作在推动复工复产、稳定全球供应链、助力脱贫攻坚等方面的重要作用，进一步充实试点内容，加快工作进度，现就有关事项通知如下：

一、推动供应链协同复工复产

供应链畅通是推动大中小企业整体配套协同复工复产、促进产供销有机衔接和内外贸有效贯通的重要前提，也是实现"六稳"工作的重要基础。各地要密切关注和把握国际国内疫情形势和经济形势变化，指导试点城市和试点企业及时研判供应链运行过程中的问题，因地制宜、因时制宜调整工作着力点和应对举措，围绕用工、资金、原材料供应等关键问题，精准施策，打通"堵点"、补上"断点"，千方百计创造有利于复工复产的条件，提高复工复产效率，畅通产业循环、市场循环和经济社会循环。

试点城市要落实分区分级精准防控和精准复工复产要求，加快推动和帮助供应链龙头企业和在全球供应链中有重要影响的企业复工复产。针对本地重点产业情况和特点，梳理供应链关键流程、关键环节，及时疏通解决制约企业复工复产的物流运输、人员流动、资金融通、原材料供应等问题，特别要做好跨区域政府间协同对接。

试点企业要勇担社会责任，充分发挥龙头带动作用，加强与供应链上下游企业协同，协助配套企业解决技术、设备、资金、原辅料等实际困难。通过保障原材料供应、加快重点项目实施进度、加大预付款比例、及时结算支付等多种方式，缓解上下游中小企业经营和资金压力。发挥各类供应链平台资源集聚、供需对接和信息服务等功能优势，积极接入各方信息系统，为企业复工复产提供交易、物流、金融、信用、资讯等综合服务，促进供应链尽快恢复和重建，实现资源要素的高效整合和精准匹配。

二、完成好新形势下试点各项工作任务

在应对新冠肺炎疫情过程中，试点城市和试点企业充分利用供应链资源整合和高效协同优势，在支持疫情防控、保障市场供应、推动复工复产等方面发挥了重要作用，但也反映出供应链安全性和协同性方面存在一些短板弱项。同时市场新需求、新业态、新模式加快发展也给供应链创新与应用工作提出了新的要求。今年，试点工作要在原有试点任务基础上，重点加强以下五个方面工作。

（一）加强供应链安全建设

试点城市要将供应链安全建设作为试点工作的重要内容，加强对重点产业供应链的分析与评估，厘清供应链关键节点、重要设施和主要一、二级供应商等情况及地域分布，排查供应链风险点，优化产业供应链布局。探索建立跨区域、跨部门、跨产业的信息沟通、设施联通、物流畅通、资金融通、人员流通、政务联动等协同机制，研究建立基于事件的产业供应链预警体系和应急处置预案，加强对重点产业和区域的风险预警管理。

试点企业要增强供应链风险防范意识，针对疫情防控过程中出现的安全问题，举一反三，研究制定供应链安全防控措施。把供应链安全作为企业发展战略的重要组成部分，建立供应链风险预警系统，制定和实施供应链多元化发展战略，着力在网络布局、流程管控、物流保障、应急储备、技术和人员管理等方面增强供应链弹性，提升风险防范和抵御能力，促进供应链全链条安全、稳定、可持续发展。

（二）加快推进供应链数字化和智能化发展

试点城市要加大以信息技术为核心的新型基础设施投入，积极应用区块链、大数据等现代供应链管理技术和模式，加快数字化供应链公共服务平台建设，推动政府治理能力和治理体系现代化。加快推动智慧物流园区、智能仓储、智能货柜和供应链技术创新平台的科学规划与布局，补齐供应链硬件设施短板。

试点企业要主动适应新冠肺炎疫情带来的生产、流通、消费模式变化，加快物联网、大数据、边缘计算、区块链、5G、人工智能、增强现实/虚拟现实等新兴技术在供应链领域的集成应用，加强数据标准统一和资源线上对接，推广应用在线采购、车货匹配、云仓储等新业态、新模式、新场景，促进企业数字化转型，实现供应链即时、可视、可感知，提高供应链整体应变能力和协同能力。鼓励有条件的企业搭建技术水平高、集成能力强、行业应用广的数字化平台，开放共享供应链智能化技术与应用，积极推广云制造、云服务平台，赋能中小企业。

（三）促进稳定全球供应链

试点城市要积极促进产供销有机衔接、内外贸有效贯通，支持外贸、外资、商贸流通和电子商务企业，加强与贸易伙伴的沟通协调，着力保订单、保履约、保市场，全力支持外贸重点企业、重点项目和重要订单，促进全球供应链开放、稳定、安全。创新和优化招商引资、展会服务模式，持续推进投资促进和招商工作，保障各类经贸活动正常开展。

试点企业要努力克服困难，加快重点工程建设，按时按约、保质保量完成各项订单。积极参与"百城千业万企"对标达标提升专项行动，瞄准国际先进标准，提高产品质量和服务水平。加强在重大项目中的协同与合作，共同开拓第三方市场。探索建立高效安全的物流枢纽和通道，优化、整合境外分销和服务网络资源。稳妥有序推进共建"一带一路"，优化国别产业布局，加强重大项目建设，更好带动装备、技术、标准和服务走出去，进一步提高我供应链全球化能力和水平。

（四）助力决战决胜脱贫攻坚

今年是脱贫攻坚决战决胜之年，各地要认真贯彻落实打赢脱贫攻坚战、全面建成小康社会重大战略部署，推动产业供应链向贫困地区延伸，因地制宜支援贫困地区优势产业发展，带动贫困地区就业，促进贫困地区资源优势转化为经济优势。聚焦重点帮扶领域、优势特色产业供应链薄弱环节，着力加大对"三区三州"深度贫困地区的政策、资金支持力度。

试点企业要积极推动资源、项目、用工等积极向贫困地区倾斜，发挥技术、渠道、市场等优势，加大贫困地区农产品、中药材、矿产、生态等资源市场开发力度，带动贫困地区相关配套产业发展和就业增长，增强贫困地区经济"造血"功能。涉农相关企业要大力发展农产品集采配送、分拣包装、冷藏保鲜、仓储运输、初加工等设施设备，促进与农户（贫困户）、新型农业经营主体的全面、深入、精准对接。加快构建集智慧农业、电商平台、智慧物流为一体的农产品供应链体系，提升农产品商品化、规模化、标准化、品牌化水平，提高农产品附加值。

（五）充分利用供应链金融服务实体企业

支持试点企业基于真实交易场景，根据需要开展应收账款、仓单和存货质押和预付款融资。提高企业应收账款的透明度和标准化，持票企业可通过贴现、标准化票据融资。

银行业金融机构要加强与供应链核心企业合作，支持核心企业通过信贷、债券等方式融资，用于向中小企业支付现金，降低中小企业流动性压力和融资成本。鼓励有条件的银行业金融机构应用金融科技，加强与供应链核心企业、政府部门相关系统对接，推动供应链上的资金、信息、物流等数字化和可控化，为链条上的客户提供方便快捷的供应链融资服务。

金融机构要创新供应链风险识别和风险管理机制，建立基于核心企业、真实交易行为、上下游企业一体化的风险评估体系，提升金融供给能力，快速响应企业的结算、融资和财务管理需求。

金融机构规范开展供应链相关的资产证券化、提供资管产品等表外融资服务，应强化信息披露和投资者适当性管理，加强投资者保护，警惕虚增、虚构应收账款行为。非金融机构不得借供应链之名违规从事金融业务和规避宏观调控管理。

三、工作要求

（一）扎实推进试点工作

试点城市和试点企业要结合试点中期评估反馈意见和今年重点工作方向，制定针对性的整改落实措施，进一步完善工作思路和具体实施方案。对照工作方案和台账，认真检查完成情况，对标对表，抓紧抓实，加快试点工作进度，按要求及时填报季报和年度总结报告，确保试点工作各项任务目标按期高质量完成，取得实际效果。试点中期评估结果，可登录商务部业务统一平台供应链信息管理应用查询。

根据试点动态调整机制，对存在违法违规行为或重大风险隐患的、未按照台账推进试点或者进展缓慢的城市和企业，将取消其试点资格。

（二）加强业务协同指导

各级商务、工业和信息化、生态环境、农业农村、人民银行、市场监管和银行保险监管部门要加大复工复产政策落实力度，加强对困难行业和中小微企业扶持，积极落实援企稳岗、复工复产等疫情应对政策，精准扎实有序推动供应链全面复工复产。对符合条件的重点商贸流通企业、物流与供应链服务企业，支持金融机构落实复工复产金融支持政策。

要发挥供应链创新与应用试点工作协调机制作用，加强日常检查监督，及时了解、掌握试点进展。坚持问题导向，及时研究解决供应链创新与应用过程中的突出问题，力争在体制机制、政策促进和制度标准建设等方面有所突破。

指导各地加强供应链领域"政产研学用"有机融合，积极研究供应链发展的新趋势、新技术和新模式。支持相关行业组织加强行业研究、数据统计、标准制修订和国际交流，提供供应链咨询、人才培训、职业资格认定等服务，推动建设供应链公共服务平台。

（三）加快复制推广典型经验

各地要立足本地实际，做好试点经验的复制推广工作，总结试点城市和试点企业在应对新冠肺炎疫情、推动供应链协同复工复产，特别是创新推进试点工作好的做法和经验，及时报商务部（市场建设司。我们将总结推广试点工作经验，组织典型案例宣传和成果展示。

商务部 工业和信息化部 生态环境部

农业农村部 人民银行 市场监管总局

银保监会 中国物流与采购联合会

2020 年 4 月 10 日

市场监管总局 农业农村部 国家林草局
关于禁止野生动物交易的公告

2020 年第 4 号

为严防新型冠状病毒感染的肺炎疫情，阻断可能的传染源和传播途径，市场监管总局、农业农村部、国家林草局决定，自本公告发布之日起至全国疫情解除期间，禁止野生动物交易活动。

一、各地饲养繁育野生动物场所实施隔离，严禁野生动物对外扩散和转运贩卖。

二、各地农（集）贸市场、超市、餐饮单位、电商平台等经营场所，严禁任何形式的野生动物交易活动。

三、社会各界发现违法违规交易野生动物的，可通过 12315 热线或平台举报。

四、各地各相关部门要加强检查，发现有违反本公告规定的，要依法依规严肃查处，对经营者、经营场所分别予以停业整顿、查封，涉嫌犯罪的，移送公安机关。

五、消费者要充分认识食用野生动物的健康风险，远离"野味"，健康饮食。

市场监管总局 农业农村部 国家林草局

2020 年 1 月 26 日

市场监管总局关于新型冠状病毒感染肺炎疫情防控期间查处哄抬价格违法行为的指导意见

国市监竞争〔2020〕21号

各省、自治区、直辖市及新疆生产建设兵团市场监督管理局（厅、委）：

为确保新型冠状病毒感染肺炎疫情（以下简称疫情）防控期间口罩、抗病毒药品、消毒杀菌用品、相关医疗器械等防疫用品以及与群众日常生活相关的粮油肉蛋菜奶等基本民生商品市场价格秩序稳定，强化和规范各级市场监管部门查处哄抬价格违法行为，依照《价格法》《价格违法行为行政处罚规定》等法律法规，现提出如下指导意见：

一、经营者不得捏造、散布防疫用品、民生商品涨价信息。

经营者有捏造或者散布的任意一项行为，即可认定构成《价格违法行为行政处罚规定》第六条第（一）项所规定的哄抬价格违法行为。

二、经营者存在以下情形的，可以认定为捏造涨价信息。

（一）虚构购进成本的；

（二）虚构本地区货源紧张或者市场需求激增的；

（三）虚构其他经营者已经或者准备提价的；

（四）虚构可能推高防疫用品、民生商品价格预期的其他信息的。

三、经营者存在以下情形的，可以认定为散布涨价信息。

（一）散布捏造的涨价信息的；

（二）散布的信息虽不属于捏造信息，但使用"严重缺货""即将全线提价"等紧迫性用语或者诱导性用语，推高价格预期的；

（三）散布言论，号召或者诱导其他经营者提高价格的；

（四）散布可能推高防疫用品、民生商品价格预期的其他信息的。

四、经营者有以下情形之一，可以认定构成《价格违法行为行政处罚规定》第六条第（二）项所规定的哄抬价格违法行为。

（一）生产防疫用品及防疫用品原材料的经营者，不及时将已生产的产品投放市场，经市场监管部门告诫仍继续囤积的；

（二）批发环节经营者，不及时将防疫用品、民生商品流转至消费终端，经市场监管部门告诫仍继续囤积的；

（三）零售环节经营者除为保持经营连续性保留必要库存外，不及时将相关商品对外销售，经市场监管部门告诫仍继续囤积的。

生产环节、批发环节经营者能够证明其出现本条第（一）项、第（二）项情形，属于按照政府或者政府有关部门要求，为防疫需要进行物资储备或者计划调拨的，不构成哄抬价格违法行为。

对于零售领域经营者，市场监管部门已经通过公告、发放提醒告诫书等形式，统一向经营者告诫不得非法囤积的，视为已依法履行告诫程序，可以不再进行告诫，直接认定具有囤积行为的经营者构成哄抬价格违法行为。

五、经营者出现下列情形之一，可以认定构成《价格违法行为行政处罚规定》第六条第（三）项所规定的哄抬价格违法行为。

（一）在销售防疫用品过程中，强制搭售其他商品，变相提高防疫用品价格的；

（二）未提高防疫用品或者民生商品价格，但大幅度提高配送费用或者收取其他费用的；

（三）经营者销售同品种商品，超过 1 月 19 日前（含当日，下同）最后一次实际交易的进销差价率的；

（四）疫情发生前未实际销售，或者 1 月 19 日前实际交易情况无法查证的，经营者在购进成本基础上大幅提高价格对外销售，经市场监管部门告诫，仍不立即改正的。

经营者有本条第（三）项情形，未造成实际危害后果，经市场监管部门告诫立即改正的，可以依法从轻、减轻或者免予处罚。

本条第（四）项"大幅度提高"，由市场监管部门综合考虑经营者的实际经营状况、主观恶性和违法行为社会危害程度等因素，在案件查办过程中结合实际具体认定。

六、出现下列情形，对于哄抬价格违法行为，市场监管部门可以按无违法所得论处。

（一）无合法销售或者收费票据的；

（二）隐匿、销毁销售或者收费票据的；

（三）隐瞒销售或收费票据数量、账簿与票据金额不符导致计算违法所得金额无依据的；

（四）实际成交金额过低但违法行为情节恶劣的；

（五）其他违法所得无法准确核定的情形。

七、出现下列情形，对于无违法所得或者视为无违法所得的哄抬价格违法行为，市场监管部门应当依据《价格违法行为行政处罚规定》第六条规定的情节较重或者情节严重的罚则进行处罚；经营者违法所得能够明确计算的，应当依法从重处罚。

（一）捏造或者散布疫情扩散、防治方面的虚假信息，引发群众恐慌，进而推高价格预期的；

（二）同时使用多种手段哄抬价格的；

（三）哄抬价格行为持续时间长、影响范围广的；

（四）哄抬价格之外还有其他价格违法行为的；

（五）疫情防控期间，有两次以上哄抬价格违法行为的；

（六）隐匿、毁损相关证据材料或者提供虚假资料的；

（七）拒不配合依法开展的价格监督检查的；

（八）其他应当被认定为情节较重或者情节严重的情形。

八、经营者违反省级人民政府依法实施的价格干预措施关于限定差价率、利润率或者限价相关规定的，构成不执行价格干预措施的违法行为，不按哄抬价格违法行为进行查处。

九、市场监管部门发现经营者哄抬价格违法行为构成犯罪的，应当依法移送公安机关。

十、各省、自治区、直辖市市场监管部门可根据本意见，报经省级人民政府同意，出台认定哄抬价格违法行为的具体标准以及依法简化相关执法程序的细化措施，并向市场监管总局（价监竞争局）备案。在本意见出台前，省级市场监管部门或者其他有关部门经省级人民政府同意，已经就认定哄抬价格违法行为作出具体规定的，继续执行。

十一、国家有关部门宣布疫情结束之日起，本意见自动停止实施。

市场监管总局

2020 年 2 月 1 日

市场监管总局 公安部 农业农村部 海关总署 国家林草局关于联合开展打击野生动物违规交易专项执法行动的通知

国市监稽〔2020〕28号

各省、自治区、直辖市及新疆生产建设兵团市场监管局（厅、委）、公安厅（局）、农业农村厅（局）、林草主管部门、渔业主管部门，各直属海关：

《市场监管总局 农业农村部 国家林草局关于禁止野生动物交易的公告》（2020年第4号）下发以来，各地各部门迅速行动，查办了一批野生动物违规交易案件，取得了初步成效。为深入贯彻落实党中央、国务院领导重要批示精神和要求，坚决取缔和严厉打击疫情期间野生动物违规交易行为，市场监管总局、公安部、农业农村部、海关总署、国家林草局决定自即日起联合开展打击野生动物违规交易专项执法行动。现将有关事项通知如下：

一、严格隔离饲养繁育野生动物场所。对野生动物饲养繁育场所实施封控隔离，场所周边应当设置隔离警示标识。严禁任何野生动物及制品运进或运出场所。严格落实野生动物交易市场关闭措施，严禁野生动物对外扩散和转运贩卖。违反公告规定的，要依法依规严肃查处，对经营者、经营场所分别予以停业整顿、查封，涉嫌犯罪的，移送公安机关。

二、除捕捞水产品外，严禁农（集）贸市场、超市、餐饮单位、电商平台等经营场所开展任何形式的野生动物交易活动，对相关经营者一律停业整顿，经营场所一律查封。违法从事出售、购买、利用、运输、携带、寄递野生动物及制品等交易活动的，依据野生动物保护法、动物防疫法等法律法规从重予以处罚。涉嫌犯罪的，移送公安机关。

三、强化执法联动，突出案件查办。各地各部门要充分发挥打击野生动植物非法贸易部门联席会议等协调机制作用，强化协调配合，切实形成执法合力。要充分发挥投诉举报平台作用，及时受理对违规经营野生动物及其制品的投诉举报，快查快办，严查严办。对查获的大案要案及时予以曝光，对违法分子形成震慑，加强公众宣传教育，为专项执法行动开展营造良好氛围。各省、自治区、直辖市及新疆生产建设兵团市场监管、公安、农业农村、林草、渔业主管部门，各直属海关自2月10日起，每周一上午10时前分别向市场监管总局、公安部、农业农村部、海关总署、国家林草局报送专项执法行动阶段性工作情况及情况统计表。工作中的重大情况，及时报告当地政府和上级主管部门。

市场监管总局 公安部 农业农村部

海关总署 国家林草局

2020年2月6日

市场监管总局 发展改革委 财政部 人力资源社会保障部 商务部 人民银行关于应对疫情影响 加大对个体工商户 扶持力度的指导意见

国市监注〔2020〕38 号

各省、自治区、直辖市人民政府，新疆生产建设兵团：

个体工商户在繁荣市场经济、扩大社会就业、方便群众生活、维护社会和谐稳定等方面发挥着重要作用。为认真贯彻落实习近平总书记关于统筹推进新冠肺炎疫情防控和经济社会发展工作的重要指示精神，按照党中央、国务院决策部署，帮助个体工商户应对疫情影响、尽快有序复工复产、稳定扩大就业，经国务院同意，现提出如下指导意见：

一、帮助个体工商户尽快有序复工复产

（一）分类有序推动复工复产。各地要严格落实分区分级精准复工复产要求，分业态分形式有序推动个体工商户复工复产。对于实体批发零售类、餐饮类、居民服务类、交通运输类等涉及群众基本生活保障行业的个体工商户，要结合本地疫情防控实际，有序解除复工复产禁止性规定。涉及人员聚集的文化娱乐、教育培训等行业，应结合实际，适时明确复工复产时间。符合各地复工复产规定的个体工商户，无需批准即可依法依规开展经营活动。

（二）保障用工和物流需求。各地要认真落实国务院应对新型冠状病毒感染肺炎疫情联防联控机制印发的《企事业单位复工复产疫情防控措施指南》，保证符合复工复产防疫安全标准规定的人员及时上岗。要采取措施，尽快完善灵活就业政策，促进快递等行业尽快复工复产，稳定快递末端网点，保障物流畅通。要发挥电子商务类平台企业作用，为线上线下个体工商户特别是生鲜类经营者提供供需对接信息资源服务。

二、降低个体工商户经营成本

（三）加大资金支持力度。各地要加强与金融机构的对接，对受疫情影响严重、到期还款困难以及暂时失去收入来源的个体工商户，灵活调整还款安排，合理延长贷款期限，不得盲目抽贷、断贷、压贷。引导金融机构增加 3000 亿元低息贷款，定向支持个体工商户。

（四）减免社保费用。有雇工的个体工商户以单位方式参加企业职工养老保险、失业保险、工伤保险的，参照《人力资源社会保障部 财政部 税务总局关于阶段性减免企业社会保险费的通知》（人社部发〔2020〕11 号）中的企业办法享受单位缴费减免和缓缴政策。个体工商户以个人身份自愿参加企业职工基本养老保险或居民养老保险的，可在年内按规定自主选择缴费基数（档次）和缴费时间。对受疫情影响无法按时办理参保登记的个体工商户，允许其在疫情结束后补办登记，不影响参保人员待遇。

（五）实行税费减免。在继续执行公共交通运输服务、生活服务以及为居民提供必需生活物资快递收派服务收入免征增值税政策的同时，自 2020 年 3 月 1 日至 5 月 31 日，免征湖北省境内增值税小规模

纳税人（含个体工商户和小微企业，下同）增值税，其他地区小规模纳税人征收率由 3% 降为 1%。对疫情期间为个体工商户减免租金的大型商务楼宇、商场、市场和产业园区等出租方，当年缴纳房产税、城镇土地使用税确有困难的，可申请困难减免。政府机关所属事业单位、国有企业法人性质的产品质量检验检测机构、认证认可机构，减免个体工商户疫情期间的相关检验检测和认证认可费用。

（六）减免个体工商户房租。对承租行政事业单位房屋资产、政府创办创业园、孵化园、商品交易市场、创业基地和国有企业出租的经营用房的个体工商户，鼓励各地结合实际情况进行租金减免。承租其他经营用房或摊位的，各地可以结合实际出台相关优惠、奖励和补贴政策，鼓励业主为租户减免租金。

三、方便个体工商户进入市场

（七）为个体工商户提供便捷高效的服务。全面推广个体工商户全程网上办理登记服务，简化登记流程。对于从事餐饮、零售等行业的个体工商户，要做好营业执照登记与许可审批的衔接，帮助经营者尽快开展经营活动。个体工商户可将年报时间延长至 2020 年年底前。

（八）进一步释放经营场所资源。各地要统筹考虑城乡综合管理需要和个体工商户创业就业的现实需求，尽快建立完善个体工商户经营场所负面清单管理制度，及时向社会公布本地区禁止登记经营的场所区域和限制性条件清单。

（九）依法对个体经营者豁免登记。对销售农副产品、日常生活用品或者个人利用自己的技能从事依法无须取得许可的便民劳务活动的个体经营者，特别是在疫情期间从事群众基本生活保障的零售业个体经营者，各地要进一步拓宽其活动的场所和时间，依法予以豁免登记。

四、加大对个体工商户的服务力度

（十）保障个体工商户电气供应。2020 年上半年，对受疫情影响无力足额缴纳电、气费用的个体工商户，实行"欠费不停供"措施。商贸流通、餐饮食品、旅游住宿、交通运输等行业个体工商户用电、用气价格按照相关部门出台的阶段性降低用电、用气成本的政策执行。

（十一）发挥工商联以及个体劳动者协会等社团组织作用。充分发挥工商联以及个体劳动者协会等各类社团组织的桥梁纽带作用，通过开展维权保障、宣传教育、培训学习、经贸交流、困难帮扶、公益活动等举措为个体工商户提供服务、排忧解难。

（十二）鼓励互联网平台发挥作用。鼓励互联网平台对个体工商户放宽入驻条件、降低平台服务费、支持线上经营。帮助个体工商户运用移动支付、应用软件等服务，拓展运营新模式。发挥平台机构信用信息优势作用，联合互联网银行、中小银行，帮助个体工商户拓展融资渠道，提供定期免息或低息贷款。地方政府可对帮扶效果好的电子商务类平台企业予以财政资金支持。

市场监管总局　发展改革委　财政部
人力资源社会保障部　商务部　人民银行
2020 年 2 月 28 日

市场监管总局关于加强冷藏冷冻食品质量安全管理的公告

2020 年第 10 号

为落实《食品安全法实施条例》有关规定，加强冷藏冷冻食品在贮存运输过程中质量安全管理，现就有关事项公告如下：

一、贮存业务及时备案

从事冷藏冷冻食品贮存业务的非食品生产经营者，应当自取得营业执照之日起 30 个工作日内向所在地县级市场监管部门备案，备案信息包括冷藏冷冻库名称、地址、贮存能力以及法定代表人或者负责人姓名、统一社会信用代码、联系方式等信息。市场监管部门应当及时将相关备案信息在政府网站公布。

二、委托方履行监督义务

食品生产经营者委托贮存、运输冷藏冷冻食品的（简称委托方），应当选择具有合法资质的贮存、运输服务提供者（简称受托方），查验并留存贮存受托方的备案信息、运输受托方的统一社会信用代码等资质证明文件，建立受托方档案。审核受托方食品安全保障能力，监督受托方按照保证食品安全的要求贮存、运输冷藏冷冻食品。建立并落实冷藏冷冻食品全程温度记录制度。

三、受托方负责贮存运输质量安全管理

受托方应当按照相关标准或标签标示要求贮存、运输冷藏冷冻食品，加强贮存、运输过程管理，确保冷藏冷冻食品贮存、运输条件持续符合食品安全的要求，并按照委托方要求定期测定并记录冷藏冷冻食品温度。受托方应当留存委托方的食品生产经营许可证复印件、统一社会信用代码等合法资质证明文件，如实记录委托方的名称、地址、联系方式以及委托贮存、运输的冷藏冷冻食品名称、数量、时间等内容；运输受托方还应当如实记录收货方的名称、地址、联系方式、运输时间等内容。相关记录和凭证保存期限不得少于贮存、运输结束后 2 年。

四、发现问题及时报告

受托方在接受食品贮存、运输委托时，发现存在以下情形的，应当及时向所在地市场监管部门报告：

（一）委托方无合法资质的；

（二）腐败变质或者感官性状异常的食品；

（三）病死、毒死、死因不明或者来源不明的畜、禽、兽、水产动物肉类及其制品；

（四）无标签的预包装食品；

（五）国家为防病等特殊需要明令禁止生产经营的动物肉类及其制品；

（六）其他不符合法律法规或者食品安全标准的食品。

五、加大违法违规行为打击力度

各级市场监管部门要加强冷藏冷冻食品安全监督检查，发现违法违规行为的，要依法严肃查处，同时追查冷藏冷冻食品来源和流向，涉及种植养殖、进出口、运输环节的，及时将违法违规情况通报农业农村、海关、交通运输等相关部门。涉嫌犯罪的，按规定将线索移交公安机关。

本公告自发布之日起实施。

市场监管总局

2020 年 3 月 16 日

市场监管总局关于打击市场销售长江流域
非法捕捞渔获物专项行动方案

市监稽〔2020〕75 号

为认真贯彻习近平总书记重要指示批示精神，落实党中央、国务院决策部署，彻底斩断市场销售长江流域非法捕捞渔获物产业链，依据市场监管工作职责，特制定如下方案。

一、总体要求

以习近平新时代中国特色社会主义思想为指导，全面贯彻党的十九大和十九届二中、三中、四中全会精神，增强"四个意识"、坚定"四个自信"、做到"两个维护"，按照党中央、国务院关于长江流域禁捕工作的决策部署，加强市场监管执法，严厉查处市场销售长江流域非法捕捞渔获物行为，打击销售网络，斩断违法链条，维护长江流域生态环境安全。

二、主要措施

各地市场监管部门要依据《全国人民代表大会常务委员会关于全面禁止非法野生动物交易、革除滥食野生动物陋习、切实保障人民群众生命健康安全的决定》、野生动物保护法、食品安全法、反不正当竞争法、广告法、水生野生动物保护实施条例等法律法规，切实加强监管，严厉查处相关违法行为。

（一）加强生产企业监管

要以水产制品生产企业为重点，加大日常监督检查力度，督促企业严格落实进货查验记录制度，不得采购、加工非法捕捞渔获物。

（二）加强市场销售监管

在全国范围内开展水产品专项市场排查。以农产品批发市场、农贸市场、商超、餐饮单位为重点，加大市场排查和监督检查力度，重点检查水产品经营者是否严格落实进货查验记录要求，采购的水产品特别是捕捞水产品是否具有合法来源凭证等文件，是否存在采购、经营来源不明或者无法提供合法来源凭证水产品的违法违规行为。对检查中发现采购、经营无合法来源水产品的违法违规行为，要监督水产品经营者立即停止经营，并依法依规从重查处。

（三）加强网络交易监管

加强对电商平台售卖"长江野生鱼"、"野生江鲜"等行为的监管。各地市场监管部门要督促属地电商平台进一步完善平台治理规则，将相关主管部门提供的禁限售目录纳入平台禁限售商品服务名录，并指导平台企业加强内部管理，落实主体责任，对相关违法行为及时采取下架（删除、屏蔽）信息、终止提供平台服务等必要处置措施，并及时向有关部门报告处理情况。发挥全国网络交易监测平台作用，对各电商平台下架（删除、屏蔽）信息情况进行监测，及时将监测发现的违法违规信息移交平台所在地市场监管部门处理。各地市场监管部门要按照相关主管部门提供的禁限售目录，完善监测关键词库和违法违规模型库，加强网络交易信息监测，及时发现相关违法违规信息并依法依规处理。

（四）加强广告监管

加大广告监管力度，凡属于依法禁止出售、购买、利用的野生动物及其制品，一律禁止发布广告；凡属于依法禁止使用的猎捕工具，一律禁止发布广告。对监测中发现涉及非法水生野生动物交易的虚假违法广告线索，第一时间交属地市场监管部门依法核实、严厉查处。

（五）严厉查处违法行为

对监管中发现的经营者以"长江野生鱼"、"野生江鲜"等为噱头营销利用，对商品的来源、质量做虚假或者引人误解的商业宣传，欺骗、误导消费者，构成虚假宣传不正当竞争行为的，依法予以查处。对未经批准、未取得专用标识或者未按照规定使用专用标识，出售、购买长江流域珍贵、濒危水生野生动物及其制品等违法行为，一经发现，依法从重予以查处。

（六）畅通投诉举报渠道

各地市场监管部门要充分发挥全国"12315"平台、"12315"电话作用，畅通投诉举报渠道。鼓励社会公众积极举报相关违法线索，并根据各地实际予以奖励，充分发挥社会监督作用。

三、行动安排

（一）行动时间

2020 年 7 月 1 日—2021 年 6 月 30 日，行动时间为 1 年。

（二）阶段安排

第一阶段：动员排查。2020 年 7 月 1 日—12 月 31 日，全面宣传动员和排查，深入摸排违法线索，组织开展对网络交易的监测和对食品生产企业、农产品批发市场、农贸市场、餐饮单位的监督检查，重点打击市场销售已实施禁捕水域非法捕捞渔获物违法行为。

第二阶段：集中打击。2021 年 1 月 1 日—4 月 30 日，全面打击市场销售长江流域非法捕捞渔获物违法行为，有效斩断地下产业链。

第三阶段：总结规范。2021 年 5 月 1 日—6 月 30 日，组织开展专项行动"回头看"，完善规章制度，健全长效机制。

四、工作要求

（一）提高政治站位

各地市场监管部门要充分认识本次专项行动的重要性和紧迫性，切实提高政治站位，加强组织领导。要开展专题研究，制定实施方案，细化工作措施，分解工作责任，确保各项部署落实到位。

（二）狠抓案件查办

要采取明查与暗访相结合的形式，深入摸排一批案件线索，深挖违法链条和网络，集中力量查办一批大案要案。涉嫌犯罪的，移送公安机关依法查处，切实加大打击力度，有力震慑违法犯罪分子。

（三）加强督导检查

加强对专项行动的督导检查，抓好工作落实。对检查中发现的问题要及时督促整改，对大案要案要挂牌督办。对工作要求不落实、行动开展不迅速、工作成效不明显的要通报批评，问题严重的依纪依法追究责任。

（四）加强部门协作

加强部门间线索通报和案件移送，对市场监管过程中发现涉嫌购买、经营长江流域非法捕捞渔获物的，要及时移送属地渔政部门查处；涉嫌犯罪的，移送公安机关依法查处。地方各有关部门要加强协调配合，开展联合行动，切实形成执法合力。

（五）加强宣传引导

要充分利用报刊、广播、电视、网络、公众号等媒介，宣传报道专项行动开展情况，曝光典型案例，强化警示教育，引导经营者认真落实主体责任，营造全社会保护长江流域生态环境的良好氛围。

市场监管总局关于开展"长江禁捕 打非断链"专项行动的公告

2020 年 31 号

为贯彻落实党中央、国务院关于长江流域禁捕的决策部署，严厉打击市场销售长江流域非法捕捞渔获物违法行为，斩断市场销售产业链，保护长江流域生态安全，市场监管总局决定开展"长江禁捕 打非断链"专项行动。2020 年 12 月 31 日前，禁止交易来自已经实施禁捕的 332 个自然保护区和水产种质资源保护区非法捕捞渔获物；2021 年 1 月 1 日起，全面禁止交易来自长江干流和岷江、沱江、赤水河、嘉陵江、乌江、汉江、大渡河等重要支流，以及鄱阳湖、洞庭湖等大型通江湖泊非法捕捞渔获物。现将有关事项公告如下：

一、严禁采购、销售和加工来自禁捕水域的非法捕捞渔获物。

二、严禁采购、销售和加工无法提供合法来源凭证的水产品。

三、严禁对水产制品标注"长江野生鱼""长江野生江鲜"等字样。

四、严禁餐饮单位经营"长江野生鱼""长江野生江鲜"等相关菜品。

五、严禁出售、购买、食用长江流域珍贵、濒危水生野生动物及其制品。

六、严禁以"长江野生鱼""长江野生江鲜"为噱头进行宣传。

七、严禁为出售、购买、利用长江流域非法捕捞渔获物及其制品或者禁止使用的捕捞工具发布广告。

八、严禁为违法出售、购买、利用长江流域非法捕捞渔获物及其制品或者禁止使用的捕捞工具提供交易服务。

各地市场监管部门要加强检查，发现有违反本公告规定的，要依法依规严肃查处；涉嫌犯罪的，移送公安机关。广大消费者要爱护长江"母亲河"，自觉抵制长江"野味"，文明理性消费。社会各界发现上述禁止行为的，可通过 12315 热线或全国 12315 平台举报。

本公告自发布之日起实施。

市场监管总局

2020 年 7 月 15 日

市场监管总局关于贯彻落实《国务院办公厅关于支持出口产品转内销的实施意见》的公告

2020 年第 39 号

为贯彻落实《国务院办公厅关于支持出口产品转内销的实施意见》（国办发〔2020〕16 号），支持出口产品开拓国内市场，帮助外贸企业纾困，向外贸企业提供优质便利服务，现就有关落实举措公告如下：

一、加快转内销市场准入

（一）2020 年年底前，允许企业以自我声明符合强制性国家标准的方式进行销售。转内销产品应当符合强制性国家标准。相关企业可通过企业标准信息公共服务平台，或以产品说明书、出厂合格证、产品包装等形式对产品符合强制性国家标准作出声明，法律法规另有规定的从其规定。市场监管总局将及时公开强制性国家标准全文，加强重点行业领域强制性国家标准及相关配套标准解读，开展网络宣贯培训。

（二）开通国内生产销售审批快速通道。优化工业产品生产许可、特种设备生产单位许可准入制度管理的出口转内销产品审批服务，精简流程，压缩时限。

（三）精简优化转内销产品强制性产品认证程序。强制性产品认证（CCC 认证）指定机构应当采取开辟绿色快速通道、积极接受和承认已有合格评定结果、拓展在线服务等措施，缩短认证证书办理时间，合理减免出口转内销产品 CCC 认证费用，全面做好认证服务及技术支持，为出口转内销企业提供政策和技术培训。

二、全面实施出口企业内外销产品"同线同标同质"

（一）发挥政府引导和指导作用，支持企业发展"同线同标同质"（以下称"三同"）产品，扩大"三同"适用范围至一般消费品、工业品领域。即：在同一生产线上按照相同标准、相同质量要求生产既能出口又可内销的产品，帮助企业降低成本、实现内外销转型。在食品、农产品、一般消费品、工业品领域，支持适销对路的出口产品开拓国内市场，全面促进"三同"发展。

（二）发挥市场机制的作用，市场监管总局不再对"三同"的技术要求、评定方式和标识作出行政性规定，也不再公布"三同"企业和产品信息。企业可按照关于供方符合性声明相关国家标准要求，对其产品作出符合我国和进口国（地区）相关标准要求的自我声明或委托第三方机构进行相关质量评价，主动接受社会监督和市场监管部门的监管。

（三）发挥行业组织管理和服务作用，加快完善"三同"公共信息服务平台。将认监委搭建的出口食品企业内外销"三同"信息公共服务平台，移交至相关社会组织。充分发挥出口产品内外销"同线同标同质"促进联盟（认监委支持并指导中国出入境检验检疫协会会同相关单位发起）作用，不断完善联盟的公共服务功能，做好"三同"信息公共服务平台运行维护工作，完善"三同"企业和产品信息公示、对接各商务平台、公众查询等功能，指导消费并接受社会监督，让更多的出口企业为社会提供各类"三同"产品。

（四）开展"三同"产品宣传推广活动。发挥社会各方力量，帮助出口企业搭建内销宣传推广平台，精准对接消费需求。组织开展"三同"产品的宣传推广活动。

自本公告发布之日起，《质检总局关于进一步规范和促进出口食品农产品企业内外销"同线同标同质"的公告》（2017 年第 15 号）同时废止。

市场监管总局

2020 年 9 月 4 日

市场监管总局关于印发《食用农产品抽样检验和核查处置规定》的通知

国市监食检〔2020〕184号

各省、自治区、直辖市及新疆生产建设兵团市场监管局（厅、委）：

为进一步规范食用农产品抽样检验和核查处置工作，依据《中华人民共和国食品安全法》等法律、法规和规章，制定行政规范性文件《食用农产品抽样检验和核查处置规定》。现印发给你们，请认真遵照执行。

市场监管总局
2020年11月30日

食用农产品抽样检验和核查处置规定

为进一步规范市场监管部门食用农产品抽样检验和核查处置工作，依据《中华人民共和国食品安全法》《食品安全抽样检验管理办法》《食用农产品市场销售质量安全监督管理办法》等法律、法规和规章，现就食用农产品抽样检验和核查处置作出以下规定：

第一条　市场监管部门可以自行抽样或委托承检机构抽样。委托抽样的，应当不少于2名监管人员参与现场抽样。

第二条　现场抽样时，应检查食用农产品销售者是否有进货查验记录、合法进货凭证等。食用农产品销售者无法提供进货查验记录、合法进货凭证或产品真实合法来源的，市场监管部门应当依法予以查处。

第三条　对易腐烂变质的蔬菜、水果等食用农产品样品，需进行均质备份样品的，应当在现场抽样时主动向食用农产品销售者告知确认，可采取拍照或摄像等方式对样品均质备份进行记录。

第四条　现场封样时，抽样人员应按规定要求采取有效防拆封措施。抽样人员（含监管人员）、食用农产品销售者，应当在样品封条上共同签字或者盖章确认。

第五条　抽样人员应当使用规范的抽样文书，详细记录被抽样食用农产品销售者的名称或者姓名、社会信用代码或者身份证号码、联系电话、住所，食用农产品名称（有俗称的应标明俗称）、产地（或生产者名称和地址）、是否具有合格证明文件，供货者名称和地址、进货日期，抽样批次等。在集中交易市场抽样的，应当记录销售者的摊位号码等信息。

现场抽样时，抽样人员（含监管人员）、食用农产品销售者，应当在抽样文书上共同签字或盖章。

第六条　带包装或附加标签的食用农产品，以标识的生产者、产品名称、生产日期等内容一致的产品为一个抽样批次；简易包装或散装的食用农产品，以同一产地、生产者或进货商，同一生产日期或进货日期的同一种产品为一个抽样批次。

第七条 检验机构在接收样品时，应当核对样品与抽样文书信息。对记录信息不完整、不规范的样品应当拒绝接收，并书面说明理由，及时向组织或者实施抽样检验的市场监管部门报告。

第八条 承检机构应按规范采取冷冻或冷藏等方式妥善保存备份样品。自检验结论作出之日起，合格样品的备份样品应继续保存3个月，不合格样品的备份样品应继续保存6个月。

第九条 食用农产品销售者对监督抽检结果有异议的，可按照规定申请复检。

第十条 食用农产品销售者收到不合格检验结论后，应当立即对不合格食用农产品依法采取停止销售、召回等措施，并及时通知相关生产经营者和消费者；对停止销售、召回的不合格食用农产品应依照有关法律规定要求采取处置措施，并及时向市场监管部门报告。

复检和异议期间，食用农产品销售者不得停止履行上述义务。未履行前款义务的，市场监管部门应当依法责令其履行。

第十一条 抽检发现的不合格食用农产品涉及种植、养殖环节的，由组织抽检的市场监管部门及时向产地同级农业农村部门通报；涉及进口环节的，及时向进口地海关通报。

第十二条 对食用农产品销售者、集中交易市场开办者经营不合格食用农产品等违法行为，市场监管部门应当依法予以查处，并开展跟踪抽检。

第十三条 市场监管部门应当依法依规、及时公布食用农产品监督抽检结果、核查处置信息。与不合格食用农产品核查处置有关的行政处罚信息，应当依法归集至国家企业信用信息公示系统。

第十四条 各级市场监管部门应当按要求将食用农产品抽样、检验和核查处置等信息，及时录入国家食品安全抽样检验信息系统。

第十五条 市场监管部门在集中交易市场、商场、超市、便利店、网络食品交易第三方平台等食用农产品销售场所开展抽样检验和核查处置工作，适用本规定。

第十六条 省级市场监管部门应当加强对食用农产品抽样检验和核查处置的指导，可结合地方实际制定本地区食用农产品抽样检验和核查处置实施细则。

交通运输部关于进一步依法加强野生动物运输管理工作的通知

交法规〔2020〕3号

各省、自治区、直辖市、新疆生产建设兵团交通运输厅（局、委），部属各单位，部内各司局：

为深入贯彻落实《全国人民代表大会常务委员会关于全面禁止非法野生动物交易、革除滥食野生动物陋习、切实保障人民群众生命健康安全的决定》（以下简称《决定》），现就进一步依法加强野生动物运输管理工作通知如下：

一、提升政治站位，高度重视野生动物运输管理工作

各级交通运输主管部门要深入学习贯彻习近平总书记关于新冠肺炎疫情防控重要指示精神，切实增强"四个意识"、坚定"四个自信"、做到"两个维护"，把思想和行动统一到党中央、国务院的决策部署上来。全面禁止非法野生动物交易和运输、革除滥食野生动物陋习涉及保障人民群众人身健康安全，影响重大公共卫生风险防控治理体系构建，要严格落实《决定》，全面禁止以食用为目的的运输在野外环境自然生长繁殖的陆生野生动物。对于以其他目的需要运输的野生动物，应当依照《决定》、野生动物保护法和其他有关法律规定执行。

二、全面依法落实运输环节责任

道路水路运输经营者要按照野生动物保护法、动物防疫法、道路运输条例、国内水路运输管理规定等相关要求，不得运输法律、行政法规等禁止运输的野生动物。在运输法律、行政法规等规定凭证运输的野生动物时，应当依照野生动物保护法、动物防疫法等法律规定，持有或者附有野生动物保护主管部门、动物卫生监督机构等部门开具的合法来源证明、特许猎捕证以及检疫证明等，未依法取得上述证明证件的，承运人一律不得承运。

道路货运经营者要严格落实零担货物受理抽检抽查制度，做好托运人身份查验和登记，按照《零担货物道路运输服务规范》根据受理货物票数相应要求的3%、5%、8%比例进行抽检抽查，并做好相关信息记录。道路客运经营者要按照《客运班车行李舱载货运输规范》等要求，实施托运物品实名登记、开封验视和安全检查制度，严防通过客运班车行李舱运输野生动物。

水路运输经营者要按照《国内水路运输管理规定》要求认真落实货运实名制规定，与托运人订立运输合同，对托运人身份信息进行查验，对托运人身份信息、托运货物信息进行登记并保存至运输合同履行完毕后6个月。水路运输经营者收到实名举报或者相关证据证明托运人涉嫌非法运输及谎报瞒报野生动物及其制品的，应当对相关货物进行检查。发现非法托运野生动物或者拒绝接受检查的，应当拒绝运输。

道路水路运输经营者在检查查验中发现违禁运输野生动物的，应当依照野生动物保护法、动物防疫法、陆生野生动物保护实施条例、水生野生动物保护实施条例、重大动物疫情应急条例等规定及时报告

野生动物保护主管部门、动物卫生监督机构等部门处理。

三、做好动物运输环节的疫情防控

动物疫病预防控制机构依法对动物疫病的发生、流行等情况进行监测时，道路水路运输经营者不得拒绝或者阻碍。道路水路运输经营者应当做好免疫、消毒等动物疫病预防工作。患有人畜共患传染病的人员不得直接从事运输活动。不得运输发生动物疫病的动物产品。

四、加强涉及野生动物运输的执法监管

当前，各级交通运输主管部门及其执法机构要把野生动物运输环节管理作为贯彻落实《决定》的一项重要工作抓好抓紧抓实抓细。积极配合相关部门健全完善野生动物保护监管执法管理体制，加强联合执法和协调配合，建立健全执法协作机制，坚决取缔和严厉打击非法运输野生动物行为。特别是在疫情防控期间，要加大执法力度，督促道路水路运输经营者严格按照相关规范要求做好抽检抽查、登记、验视等工作。督促道路水路运输经营者严格落实野生动物运输相关规定，在执法中发现有非法运输野生动物及其制品的，应当责令整改，整改不合格的，予以通报。同时，建立案件移送制度，及时向野生动物保护主管部门、动物卫生监督机构等部门进行移交，并积极配合其依法查处。

五、强化普法宣传教育

各级交通运输主管部门要按照"谁执法谁普法"责任制的要求，以"防控疫情、法治同行"为主题，在公共交通工具、货运站场、公路客运站、物流园区、高速公路服务区等经营场所，开展《决定》和传染病防治法、野生动物保护法、动物防疫法等法律法规宣传，张贴违禁物品和限运货物、凭证运输货物相关图文宣传资料，进一步增强交通运输从业人员与社会公众的法治意识。

各级交通运输主管部门要加强野生动物运输环节存在问题的摸排梳理，为后续野生动物保护、疫情防控等立法、应急预案及制度完善等提出意见建议。

国家铁路局、中国民用航空局、国家邮政局参照本通知有关要求，对铁路运输、航空运输和邮政寄递涉及野生动物运输的相关工作做好部署安排。

交通运输部

2020 年 3 月 14 日

交通运输部关于进一步加强冷链物流渠道
新冠肺炎疫情防控工作的通知

交运明电〔2020〕241号

各省、自治区、直辖市、新疆生产建设兵团交通运输厅（局、委），长江航务管理局、珠江航务管理局，各直属海事局：

为深入贯彻落实党中央、国务院关于统筹推进疫情防控和经济社会发展的决策部署，持续强化"外防输入、内防反弹"和"人物并防"，切实防止新冠病毒通过冷链物流渠道传播，现就进一步加强冷链物流渠道新冠肺炎疫情防控工作通知如下：

一、提高政治站位，深刻认识做好冷链物流渠道疫情防控工作的重要性

今年6月份以来，北京、辽宁、安徽、福建、江西、山东、广东、重庆、陕西、云南等10多个省份在进口冷链食品或包装物上检出新冠病毒核酸阳性，进口冷链食品疫情传播安全风险增大。各单位要进一步提高政治站位，坚决将思想和行动统一到党中央、国务院决策部署上来，准确把握秋冬季疫情防控工作的新形势、新要求，充分认识当前冷链物流疫情防控形势的严峻性、复杂性，切实增强责任感、使命感和紧迫感，坚决克服麻痹思想、厌战情绪、侥幸心理、松劲心态，加大疫情防控工作投入力度，强化部门协同联动，指导和督促各有关冷链物流运输企业、港口码头、货运场站等经营单位加强从业人员防护、严格运输装备消毒、落实信息登记制度，全力做好冷链物流渠道新冠肺炎疫情防控工作。

二、强化部门协同联动，防范冷链食品新冠病毒污染风险

各单位要按照《国务院应对新型冠状病毒肺炎疫情联防联控机制综合组关于加强冷链食品新冠病毒核酸检测等工作的紧急通知》（联防联控机制综发〔2020〕220号）要求，积极配合卫生健康、海关、市场监管等部门开展对国产和进口冷链食品采集相关样本、冷链货物运输车辆及冷链物流从业人员的核酸检测工作；配合做好冷链食品追溯管理、应急处置、环境消杀等工作，推动建立冷链物流供应链全链条、可追溯、一体化管理体系，切实防范冷链物流新冠病毒传播风险。同时，要密切配合海关部门开展进口冷链食品查验工作，强化口岸通关查验管理。

三、加强从业人员防护，切实保障冷链物流一线工作人员自身安全

各单位要督促指导冷链物流企业配备必要的个人防护、消毒用品和装备，按照最新版《船舶船员新冠肺炎疫情防控操作指南》《新冠肺炎疫情防控期间针对患病海员紧急救助处置指南》《港口及其一线人员新冠肺炎疫情防控工作指南》《道路货运车辆、从业人员及场站新冠肺炎疫情防控工作指南》等要求，进一步加强对港口作业人员以及司机、装卸工、船员、引航员等冷链物流一线工作人员的个人防护，防止感染风险。原则上，各港口码头、货运场站的作业场所及工作区域入口需配备体温检测设备；直接接触进口冷藏集装箱或者冷藏货物的物流一线工作人员，应全程佩戴口罩、防护手套等防护用品，至少应

上下岗前各测量一次体温；配合海关进行冷藏货物新冠病毒检疫的港口作业人员应相对固定，全程正确穿戴防护服、护目镜、口罩、防护手套等防护用品。有条件的地方，可定期组织冷链物流一线工作人员进行核酸检测。

四、严格运输装备消毒，坚决防止病毒通过交通运输渠道传播

各单位要切实强化国际冷链集装箱运输管理，全力做好冷链货物运输船舶、车辆等运输装备消毒工作。从事冷链物流运输的厢式车辆，在每次重新装载货物前均要对厢体内外部进行重新消毒。同时，各地交通运输主管部门要充分依托本地疫情防控工作机制，加强与卫生健康、海关、市场监管等部门的沟通协调，推动实施跨境冷链物流道路货运司机在口岸点、作业点、居住点的闭环管理，鼓励采用跨境甩挂运输等新组织模式，严防境外疫情输入。

五、落实信息登记制度，为冷链物流疫情防控追溯提供有力支撑

各单位要督促冷链物流企业严格查验进口冷链食品海关报关单据及检验检疫证明，如实登记装运货物信息、车船信息、司乘人员（船员）信息、装卸货信息及收货人信息等，不得承运无法提供进货来源的进口冷链食品；港口企业、货运场站要如实登记进出港口场站的冷链物流道路货运车辆信息及驾驶员信息。登记信息保存期限原则上不少于3个月。沿边省份交通运输主管部门要严格落实出入境冷链物流道路货运驾驶员备案登记制度。各单位要加强与商务、卫生健康、海关、市场监管等部门的信息共享，充分运用信息技术手段，加强冷链物流全程追溯管理。对进口冷链食品或包装物检出新冠病毒核酸阳性的，各单位要积极配合卫生健康、海关、市场监管等部门做好涉事产品运输环节相关接触人员的排查和跟踪监测，发现情况及时有效处置。

铁路、民航、邮政领域的冷链物流新冠肺炎疫情防控工作，由国家铁路局、中国民用航空局、国家邮政局参照本通知有关精神部署落实。

交通运输部

2020 年 8 月 26 日

交通运输部关于印发《公路、水路进口冷链食品物流新冠病毒防控和消毒技术指南》的通知

交运明电〔2020〕292号

各省、自治区、直辖市、新疆生产建设兵团交通运输厅（局、委），长江航务管理局、珠江航务管理局，各直属海事局：

为切实做好交通运输行业常态化疫情防控工作，科学指导公路、水路进口冷链食品物流相关单位和人员落实好防控主体责任，切实强化"人物并防"，按照国务院应对新冠肺炎疫情联防联控机制《关于加强冷链食品新冠病毒核酸检测等工作的紧急通知》（联防联控机制综发〔2020〕220号）、《关于印发冷链食品生产经营新冠病毒防控技术指南和冷链食品生产经营过程新冠病毒防控消毒技术指南的通知》（联防联控机制综发〔2020〕245号）、《关于印发进口冷链食品预防性全面消毒工作方案的通知》（联防联控机制综发〔2020〕255号）等部署要求，结合《交通运输部关于进一步加强冷链物流渠道新冠肺炎疫情防控工作的通知》（交运明电〔2020〕241号）等工作部署，我部制定了《公路、水路进口冷链食品物流新冠病毒防控和消毒技术指南》。现印发给你们，请结合本地实际，在当地应对新冠肺炎疫情联防联控机制领导下，抓好贯彻落实，切实防止新冠病毒通过冷链物流渠道传播。

铁路、民航、邮政领域的进口冷链食品物流新冠病毒防控和消毒技术指南，由国家铁路局、中国民用航空局、国家邮政局参照本指南有关精神部署落实。

交通运输部

2020年11月13日

附件

公路、水路进口冷链食品物流新冠病毒防控和消毒技术指南

一、依据和适用范围

为切实做好新冠肺炎常态化疫情防控工作，规范指导公路、水路进口冷链食品物流企业和从业人员落实好新冠病毒防控和消毒主体责任，预防公路、水路进口冷链食品物流从业人员及相关人员受到新冠病毒感染，防止新冠病毒通过冷链物流渠道传播，按照国务院应对新冠肺炎疫情联防联控机制《关于加强冷链食品新冠病毒核酸检测等工作的紧急通知》（联防联控机制综发〔2020〕220号）、《关于印发冷链食品生产经营新冠病毒防控技术指南和冷链食品生产经营过程新冠病毒防控消毒技术指南的通知》（联防联控机制综发〔2020〕245号）、《关于印发进口冷链食品预防性全面消毒工作方案的通知》（联防联控机制综发〔2020〕255号）等部署要求，结合《交通运输部关于进一步加强冷链物流渠道新冠肺炎疫情防控工作的通知》（交运明电〔2020〕241号）等工作部署，针对公路、水路进口冷链食品物流企业和物流重点环节，制定本指南。

本指南适用于从出厂到销售始终处于低温状态的进口冷链食品在装卸、运输等公路、水路运输各环节中新冠病毒污染的防控。

本指南以预防公路、水路进口冷链食品物流从业人员及相关人员受到新冠病毒感染为主线，突出装卸、运输等重点环节防控，注重加强冷链食品包装的消毒。

本指南适用于从事进口冷链食品装卸、运输等环节的公路、水路冷链物流企业、港口码头、货运场站等经营单位（以下统称冷链物流企业）。

冷链物流企业要严格遵守法律法规及相关食品安全国家标准要求，按照本指南要求做好新冠病毒防控和消毒工作，执行当地应对新冠肺炎疫情联防联控机制各项工作部署。

二、装卸、运输过程防控要求

（一）装卸作业人员防控要求。

除做好个人一般卫生要求外，搬运货物前应当穿戴工作衣帽，一次性使用医用口罩或一次性医用外科口罩、手套等，必要时佩戴护目镜和面屏，避免货物表面频繁接触体表。

国际航行船舶经海关卫生检疫合格并取得检验检疫证明材料后，方可安全稳妥地开展港口装卸作业。特别是装卸来自于疫情发生地区的进口冷链食品时，码头搬运工人等作业人员在搬运货物过程中要全程规范戴好口罩，避免货物紧贴面部、手触摸口鼻，防止接触到可能被新冠病毒污染的冷冻水产品等。装卸作业过程中，采取相应的告示牌、警戒线等隔离措施，原则上禁止船员进入码头作业区域；需要船岸配合时，应当要求船员正确佩戴口罩、手套等个人防护用品，并采取轮流作业或增加作业间隔等措施，尽量避免码头人员与船员发生直接接触；对确需上岸作业的船员，应进行体温监测。

如果搬运过程中发生口罩、手套破损，应当立即更换。

（二）运输人员防控要求。

运输进口冷链食品的作业人员及随行人员在运输过程中不得擅自开箱，不能随意打开冷链食品包装

直接接触冷链食品。车辆进出时，司机及随行人员应当避免与门卫值班员、工作人员有不必要的接触。

（三）货物源头防控管理。

在冷链物流过程中，物流包装内如需加装支撑物或衬垫，应当符合相关食品安全卫生要求。加强对货物装卸搬运等操作管理，不能使货物直接接触地面，不能随意打开冷链食品包装。应当保障在运输过程中冷链食品的温度始终处于允许波动范围内。做好各交接货环节的时间、温度等信息记录并留存。

（四）货物信息登记。

货主或货代应主动向承运单位提供相关进口冷链食品海关通关单证，冷链物流企业如实登记装运货物信息、车船信息、司乘人员（船员）信息、装卸货信息及收货人信息等，不得承运无法提供进货来源的进口冷链食品，有关单位应积极配合卫生健康、交通运输、海关、市场监管等部门按职责开展对进口冷链食品采集相关样本及冷链货物运输车辆的核酸检测工作。港口企业、货运场站等经营单位要如实登记进出港口场站的冷链食品道路水路运输车辆信息及驾驶员信息。进口商或货主如委托第三方物流公司提供运输、仓储等服务，在货物交付第三方物流公司时，应当主动将相关食品安全和防疫需要的检测信息提供给第三方物流公司。对于本地肉类屠宰、加工、经营企业，应当严格执行冷链食品的相关质量管理和操作规范，加强环境卫生管理。配合进行冷藏货物新冠病毒检疫的港口作业人员及场站工作人员应相对固定，全程正确穿戴防护服、护目镜、口罩、防护手套等防护用品。

（五）运输工具的防控管理。

应当确保车辆、船舶厢体内部清洁、无毒、无害、无异味、无污染，定期进行预防性消毒。

（六）中转转运设施的防控管理。

中转转运装卸货区宜配备封闭式月台，并配有与冷藏运输车辆、船舶对接的密封装置。加强入库检验，除查验冷链食品的外观、数量外，还应当查验冷链食品的中心温度。加强库内存放管理，冷链食品堆码应当按规定置于托盘或货架上。冷链食品应当按照特性分库或分库位码放，对温湿度要求差异大、容易交叉污染的冷链食品不应混放。应当定期检测库内的温度和湿度，库内温度和湿度应当满足冷链食品的中转转运要求并保持稳定。定期对中转转运设施内部环境、货架、作业工具等进行清洁消毒。

三、装卸、运输过程消毒要求

（一）人员。

冷链食品配送过程中，运输作业人员及随行人员应当保持个人手部卫生，车内应当配备酒精类洗手液、消毒剂和纸巾，以确保在无清洁水洗手的条件下，对手进行定期消毒。

（二）物体表面。

运输作业人员在向企业员工传输、递交配送文件前应当洗手或消毒，为避免清洗返还物，文件最好置于一次性容器和包装材料中。对于重复使用的容器，应当进行定期、适宜的卫生清洁和消毒。人手频繁接触的方向盘、车门把手、移动设备等最有可能被病毒污染的表面，均要定期消毒。

（三）运输工具。

为避免冷链食品被污染，运输作业人员需确保运输车辆、船舶、冷藏集装箱等运输工具及容器的清洁和定期消毒。货物混载时，应尽可能将食品与会造成污染的其他货物分开。从事冷链物流运输的运输工具及容器运载一批货物之前和之后，均要对运输作业人员可能接触的部位进行彻底消毒；承运单位负责组织或委托有资质的消毒单位，对装运前后的进口冷链食品车辆船舶等装载运输工具和装载过进口冷链食品的集装箱内壁组织实施消毒。

四、从业人员安全防护要求

涉及冷链食品装卸、运输的冷链物流企业应当根据新冠肺炎疫情防控要求，及时调整和更新从业人员健康管理制度，完善新冠病毒防控的管理措施。

（一）上岗员工健康登记。

冷链物流企业要做好员工（含新进人员和临时工作人员）14 日内行程及健康状况登记，建立上岗员工健康卡，掌握员工流动及健康情况。鼓励新员工上岗前自愿接受核酸检测。

（二）员工日常健康监测。

冷链物流企业应当加强人员出入管理和健康监测，原则上各港口码头、货运场站的作业场所及工作区域入口需配备体温检测设备；建立全体员工健康状况台账和风险接触信息报告制度，设置作业区域入口测温点，落实登记、测温、消毒、查验健康码等防控措施，实行"绿码"上岗制。有条件的地方，可定期组织冷链物流一线工作人员进行核酸检测；直接接触进口散装冷藏货物等高风险岗位人员定期核酸检测时间不超过 7 天。

（三）外来人员登记与管理。

尽可能减少外来人员进入生产经营区域，确需进入的，需询问其所在单位、健康状况、接触疫情发生地区人员等情况，落实登记、测温等措施并按照要求做好个人防护（如佩戴口罩等），方允许其可进入。车辆进出时，门卫值班员、工作人员和司机应当避免不必要的接触。

（四）从业人员防护。

1. 健康上岗。上岗前确保身体状况良好，并向冷链物流经营者报告健康状况信息，主动接受体温检测，若出现发热、干咳、乏力等症状，立即主动报告，并及时就医。

2. 做好个人防护。冷链物流企业要配备必要的个人防护、消毒用品和装备，按照最新版《船舶船员新冠肺炎疫情防控操作指南》《新冠肺炎疫情防控期间针对患病海员紧急救助处置指南》《港口及其一线人员新冠肺炎疫情防控工作指南》《道路货运车辆、从业人员及场站新冠肺炎疫情防控工作指南》等要求，进一步加强对船代等登轮人员、港口作业人员以及司机、装卸工、船员、引航员等冷链物流一线工作人员的个人防护，防止感染风险。冷链物流企业要督促指导作业人员工作期间正确佩戴口罩、手套和着工作服上岗。工作服保持干净整洁，定期清洗，必要时消毒。直接接触进口冷藏集装箱或者冷藏货物的物流一线工作人员，应全程佩戴口罩、防护手套等防护用品，至少应上下岗前各测量一次体温。其中，道路冷链物流企业应按照《道路货运车辆、从业人员及场站新冠肺炎疫情防控工作指南》有关高风险区域的规定执行。

冷链物流企业、港航企业、引航机构等单位要在卫生健康部门的指导下，加强对本单位直接接触散装冷藏货物、冷藏集装箱拆箱作业人员、与国际航行船舶上船员近距离接触的船代等登轮人员、引航员等高风险岗位人员正确穿脱防护服进行专业培训，并定期进行检查，确保关键防护措施到位。同时，按照卫健部门有关规定，工作结束后，对工作服、防护服、一次性用具进行消杀处理。

3. 注意个人卫生。打喷嚏、咳嗽时用纸巾遮住口鼻或采用肘臂遮挡。不随地吐痰，擤鼻涕时注意卫生。尽量避免用手触摸口、眼、鼻。

4. 加强手卫生。在处理货品时或双手触碰过货架、扶手等公用物体时，要及时用洗手液或肥皂在流动水下洗手，或用速干手消毒剂揉搓双手。

（五）健康异常报告程序。

员工一旦发现自身以及共同生活人员出现发热、干咳、乏力等疑似症状，应当及时上报冷链物流企业的最高管理者，可视情况采用逐级上报或直报的方式。冷链物流企业一旦发现员工出现上述健康异常症状，无论其呈现出的健康状况如何，均应当采取有效措施将其及与其密切接触的员工迅速排除在工作环境之外。新冠肺炎传播风险高的地区，建议根据当地主管部门防控规定，要求健康员工进行"零"报告。

（六）从业人员返岗程序。

根据作业区域上岗人员登记和健康档案，及时追踪健康异常、身体不适、疑似或者已感染新冠病毒（患者或无症状感染者）的员工的治疗和康复状况，在其康复后科学评定是否符合返岗条件。新冠肺炎确诊病例的症状消退，并且间隔至少 24 小时的两次 PCR 核酸检测均呈阴性的，可解除隔离。对属于新冠肺炎患者密切接触者的从业人员返岗前也应当符合上述要求。

（七）加强防控知识宣传。

开展多种形式的健康宣教，引导从业人员掌握新冠肺炎和其他呼吸道传染病防治相关知识和技能，养成良好卫生习惯，加强自我防护意识。

五、应急处置要求

冷链物流企业应当制定新冠肺炎疫情应急处置方案，及时处置和报告疫情情况，有效预防新冠病毒的传播。

（一）出现健康状况异常人员的应急处置。

冷链食品物流工作相关区域一旦发现病例或疑似新冠肺炎的异常状况人员，必须实施内防扩散、外防输出的防控措施，配合有关部门开展流行病学调查、密切接触者追踪管理、疫点消毒等工作，并对该人员作业和出现的区域及其加工的冷链食品进行采样和核酸检测。如有空调通风系统，要同时对其进行清洗和消毒处理，经评价合格后方可重新启用。根据疫情严重程度，暂时关闭工作区域，待疫情得到控制后再恢复生产。

按照新冠肺炎疫情防控要求，做好切断传播途径、隔离密切接触者等措施，同时按规定处置污染物。

（二）发现样品核酸检测阳性的应急处置。

一旦接到有新冠病毒核酸检测阳性样品的通知，冷链物流企业应当迅速启动本单位应急预案，根据当地要求在专业人员指导下，及时对相关物品和环境采取应急处置，对相关物品临时封存、无害化处理，对工作区域进行消毒封闭处理，对可能接触人员按规定采取核酸检测和健康筛查等措施。相关物品处理时避免运输过程溢洒或泄露。参与相关物品清运工作的人员应当做好个人防护。

对于核酸检测阳性产品，应当按照当地主管部门要求进行处置。

六、物流运输常用消毒剂及使用方法

冷链食品装卸、运输等物流运输过程中常用的消毒剂及使用方法见附表。

附表

冷链食品物流运输常用消毒剂及使用方法

消毒剂种类	有效成分	应用范围	使用方法	注意事项
醇类消毒剂	乙醇含量为70%～80%（v/v），含醇手消毒剂＞60%（v/v），复配产品可依据产品说明书。	主要用于手和皮肤消毒，较小物体表面的消毒。	卫生手消毒：均匀喷雾手部或涂擦揉搓手部1～2遍，作用1min。擦拭物体表面2遍，作用3min。	1.燃，远离火源。2.不适用于大面积物体表面的消毒使用。
含氯消毒剂	以有效氯计，含量以mg/L或％表示，漂白粉≥20%，二氯异氰尿酸钠≥55%，84消毒液依据产品说明书，常见为2%～5%。	适用于物体表面、果蔬和食饮具的消毒。次氯酸消毒剂还可用于空气、手、皮肤和黏膜的消毒。	1.物体表面消毒时：使用浓度500mg/L；疫源地消毒时，物体表面使用浓度1000 mg/L，有明显污染物时，使用浓度10000mg/L；空气等其他消毒时，依据产品说明书。2.低温冷藏物体表面消毒：使用浓度1000mg/L；疫源地消毒时，物体表面使用浓度2000 mg/L，有明显污染物时，使用浓度20000mg/L。3.冷冻物体表面消毒：应采用降低冰点的方法，确保消毒剂不结冰，且须进行消毒效果确认。	1.对金属有腐蚀作用，对织物有漂白、褪色作用，因此金属和有色织物慎用。2.强氧化剂，不得与易燃物接触，应当远离火源。
过氧化物类消毒剂	过氧化氢消毒剂：过氧化氢（以H_2O_2计）质量分数3%～6%。过氧乙酸消毒剂：过氧乙酸（以$C_2H_4O_3$计）质量分数15%～21%。	适用于物体表面、空气的消毒。	1.物体表面：0.1%～0.2%过氧乙酸或3%过氧化氢，喷洒或浸泡消毒作用时间30min，然后用清水冲洗去除残留消毒剂。2.空气消毒：0.2%过氧乙酸或3%过氧化氢，用气溶胶喷雾方法，用量按$10mL/m^3$～$20mL/m^3$计算，消毒作用60min后通风换气；也可使用15%过氧乙酸加热熏蒸，用量按$7mL/m^3$计算，熏蒸作用1h～2h后通风换气。3.低温冷藏物体表面消毒：0.2%～0.4%过氧乙酸或6%过氧化氢，喷洒或浸泡消毒作用时间30min，然后用清水冲洗去除残留消毒剂。4.冷冻物体表面消毒：应采用降低冰点的方法，确保消毒剂不结冰，且须进行消毒效果确认。	1.易燃易爆品，遇明火、高热会引起燃烧爆炸。2.与还原剂接触，或遇金属粉末，均有燃烧爆炸危险。
季铵盐类消毒剂	依据产品说明书。	适用于物体表面的消毒。	1.物体表面消毒：无明显污染物时，使用浓度1000mg/L；有明显污染物时，使用浓度2000mg/L。2.低温冷藏物体表面消毒：无明显污染物时，使用浓度2000mg/L；有明显污染物时，使用浓度4000mg/L。3.冷冻物体表面消毒：应采用降低冰点的方法，确保消毒剂不结冰，且须进行消毒效果确认。	不能与肥皂或其他阴离子洗涤剂同用，也不能与碘或过氧化物（如高锰酸钾、过氧化氢、磺胺粉等）同用。

国家发展改革委等 23 部门关于促进消费扩容提质加快形成强大国内市场的实施意见

发改就业〔2020〕293 号

各省、自治区、直辖市及计划单列市人民政府，新疆生产建设兵团，国务院有关部门：

消费是最终需求，是经济增长的持久动力。为顺应居民消费升级趋势，加快完善促进消费体制机制，进一步改善消费环境，发挥消费基础性作用，助力形成强大国内市场，经国务院同意，现提出以下意见：

一、大力优化国内市场供给

（一）全面提升国产商品和服务竞争力。积极推进质量提升行动，引导企业加强全面质量管理。深入开展国家质量基础设施协同服务及应用，推进"一站式"服务试点。尽快完善服务业标准体系，推动养老、家政、托育、文化和旅游、体育、健康等领域服务标准制修订与试点示范。在消费品领域积极推行高端品质认证，全面实施内外销产品"同线同标同质"工程。开展质量分级试点，倡导优质优价，促进品牌消费、品质消费。推进文化创意和设计服务与制造业融合发展，支持企业建立工业设计中心、创意设计园等平台，培养引进创意设计人才，提高产品文化内涵。鼓励外贸加工制造企业充分利用自身产能，创新商业模式，通过自营、合作等方式增加面向国内市场的优质商品供给。规范检验检测行业资质许可，提升消费品领域的认证认可检验检测技术服务能力，为企业树立质量提升的示范标杆。（发展改革委、工业和信息化部、民政部、商务部、文化和旅游部、卫生健康委、市场监管总局、体育总局按职责分工负责）

（二）加强自主品牌建设。深入实施增品种、提品质、创品牌的"三品"战略。保护和发展中华老字号品牌，建立动态管理机制，认定和培育一批文化特色浓、品牌信誉高、有市场竞争力的中华老字号品牌。加强中国农业品牌目录制度建设，制定完善相关评价标准和制度规范，塑造一批具有国际竞争力的中国农业品牌。持续办好中国品牌日活动，通过举办中国品牌发展国际论坛、中国自主品牌博览会以及自主品牌消费品体验活动等，塑造中国品牌形象，提高自主品牌知名度和影响力，扩大自主品牌消费。鼓励行业协会、研究机构等开展中国品牌研究。（中央宣传部、发展改革委、工业和信息化部、农业农村部、商务部、文化和旅游部、市场监管总局按职责分工负责）

（三）改善进口商品供给。依托中国国际进口博览会主动扩大进口，进一步增加国内市场优质商品供给。支持中心城市做强"首店经济"和"首发经济"，鼓励国际知名品牌在中国市场首发或同步上市新品。落实好跨境电商零售进口商品清单和相关监管政策，除国家明令暂停进口的疫区商品以及因出现重大质量安全风险而启动风险应急处置的商品外，对跨境电商零售进口商品按个人自用进境物品监管，进一步畅通商品退换货通道。优化网络营销生态，规范大型跨境电商平台管理，鼓励线上率先实现境内外商品同款同价。落实好降低日用消费品进口关税的措施，调整优化部分消费税品目征收环节，将高档手表、贵重首饰和珠宝玉石的消费税由进口环节后移至零售环节征收。（财政部、商务部、海关总署、税务总局、市场监管总局按职责分工负责）

（四）进一步完善免税业政策。以建设中国特色免税体系为目标，加强顶层设计，破除行业发展障碍，提高行业发展质量和水平。科学确定免税业功能定位，坚持服务境外人士和我出境居民并重，加强对免税业发展的统筹规划，健全免税业政策体系。完善市内免税店政策，建设一批中国特色市内免税店。鼓励有条件的城市对市内免税店的建设经营提供土地、融资等支持，在机场口岸免税店为市内免税店设立离境提货点。扩大口岸免税业务，增设口岸免税店。根据居民收入水平提高和消费升级情况，适时研究调整免税限额和免税品种类。在免税店设立一定面积的国产商品销售区，引导相关企业开发专供免税渠道的优质特色国产商品，将免税店打造成为扶持国货精品、展示自主品牌、传播民族传统文化的重要平台。（财政部、商务部、海关总署、税务总局按职责分工负责）

二、重点推进文旅休闲消费提质升级

（五）丰富特色文化旅游产品。构建文旅多产业多领域融合互通的休闲消费体系，建设文化产业和旅游产业融合发展示范区。推动非物质文化遗产保护传承，打造具有中国文化特色的旅游购物场所。推动重点城市加快文化休闲街区、艺术街区、特色书店、剧场群、文化娱乐场所群等建设，发展集合多种业态的消费集聚区。规范演出票务市场，加强对演出赠票和工作票管理，强化票务信息监管。培育新型文化和旅游业态，鼓励博物馆游、科技旅游、民俗游等文化体验游，开发一批适应境内外游客需求的旅游线路、旅游目的地、旅游演艺及具有地域和民族特色的创意旅游商品。促进全域旅游发展，提升国家级旅游度假区品质和品牌影响力。鼓励各地区因地制宜发展入境海岛游、近海旅游、乡村旅游、冰雪游、历史古都文化游等特色旅游。加快中国邮轮旅游发展示范区和实验区建设。（文化和旅游部、发展改革委、住房城乡建设部、商务部按职责分工负责）

（六）改善入境旅游与购物环境。鼓励各地区、各行业运用手机应用程序（APP）等方式，整合旅游产品信息，畅通消费投诉渠道，改善旅游和购物体验。提升"智慧景区"服务水平，利用互联网、大数据、云计算、人工智能等新技术做好客流疏导和景区服务。加大入境游专业人才培养力度。提升景区景点、餐饮住宿、购物娱乐、机场车站等场所多语种服务水平。在充分考虑国家安全和人员往来需要的前提下，积极研究出台便利外籍人员入出境、停居留的政策措施。鼓励境内支付服务机构在依法合规前提下与境外发卡机构合作，为境外游客提供移动支付业务。鼓励境外游客集中区域内的商店申请成为离境退税商店，优化购物离境退税服务。培育建设一批基础条件好、消费潜力大、国际化水平高的国际消费中心城市、国家文化和旅游消费示范城市，实施出入境便利、支付便利、离境退税、免税业等政策，形成一批吸引境外游客的旅游消费目的地。（文化和旅游部、发展改革委、教育部、财政部、人力资源社会保障部、商务部、人民银行、税务总局、移民局按职责分工负责）

（七）创新文化旅游宣传推广模式。编制前瞻性入境旅游营销战略规划，更好发挥各地区旅游推广联盟、行业协会和新媒体作用，持续推广塑造"美丽中国"形象。鼓励成立专业化的文化旅游形象营销机构，探索建立政府搭台、企业主导、线上线下融合、游客参与互动的全方位推广宣传模式。充分利用境外旅行社渠道，创新商业合作模式，促进境外旅行社宣介中国旅游品牌、销售中国旅游产品。（文化和旅游部、中央宣传部、发展改革委按职责分工负责）

三、着力建设城乡融合消费网络

（八）结合区域发展布局打造消费中心。持续推动都市圈建设，不断提升都市圈内公共服务共建共享和基础设施互联互通水平，加快推进成熟商圈上档升级，形成若干区域消费中心。优化百货商场、购物中心规划布局，引导行业适度集中，避免无序竞争。支持商业转型升级，推动零售业转变和创新经营模式，着力压减物流等中间环节和经营成本，通过精准营销、协同管理提高规模效益，改善消费体验。促进社区生活服务业发展，大力发展便利店、社区菜店等社区商业，拓宽物业服务，加快社区便民商圈建设。推动商业步行街改造提升，进一步扩大示范试点范围，充分体现地方特色，完善消费业态，打造形成一站式综合性消费平台。（发展改革委、工业和信息化部、自然资源部、住房城乡建设部、农业农村部、商务部、文化和旅游部按职责分工负责）

（九）优化城乡商业网点布局。鼓励引导有实力、有意愿的大型商业零售企业在中小城市开展连锁网点建设，促进适应当地市场需求的品牌商品销售。深入推进城乡高效配送专项行动。丰富适合农村消费者的商品供给，完善供应渠道，充分发挥邮政系统、供销合作社系统现有农村网点布局优势，实施"邮政在乡"、升级"快递下乡"。开展农村食品经营店规范化建设试点。加强农产品供应链体系建设，扩大电商进农村覆盖面，促进工业品下乡和农产品进城双向流通。深入开展消费扶贫，构建互联网企业与贫困地区合作交流平台，助推农村地区特别是深度贫困地区特色优势农产品销售。（商务部、交通运输部、农业农村部、市场监管总局、自然资源部、邮政局、扶贫办、供销合作总社按职责分工负责）

（十）加强消费物流基础设施建设。推动电商物流节点与铁路、公路、水运、航空运输网络统筹布局、融合发展，建设一批综合物流中心。完善城市物流配送停靠、装卸等作业设施，优化城市配送车辆通行管理，简化通行证办理流程，推广网上申请办理，对纯电动轻型货车不限行或少限行。完善农村物流基础设施网络，加快特色农产品优势区生产基地、公益性农产品批发市场、区域性商贸物流配送中心、社区菜市场、末端配送网点等建设，加大对农产品分拣、加工、包装、预冷等一体化集配设施建设支持力度。（交通运输部、发展改革委、公安部、住房城乡建设部、农业农村部、商务部、铁路局、民航局按职责分工负责）

四、加快构建"智能＋"消费生态体系

（十一）加快新一代信息基础设施建设。加快5G网络等信息基础设施建设和商用步伐。支持利用5G技术对有线电视网络进行改造升级，实现居民家庭有线无线交互，大屏小屏互动。推动车联网部署应用。全面推进信息进村入户，构建为农综合信息服务体系，依托"互联网＋"推动公共服务向农村延伸。提升农村地区宽带用户接入速率和普及水平，降低农村信息网络使用成本。（工业和信息化部、发展改革委、住房城乡建设部、农业农村部、广电总局按职责分工负责）

（十二）鼓励线上线下融合等新消费模式发展。完善"互联网＋"消费生态体系，鼓励建设"智慧商店"、"智慧街区"、"智慧商圈"，促进线上线下互动、商旅文体协同。鼓励有条件的城市和企业建设一批线上线下融合的新消费体验馆，促进消费新业态、新模式、新场景的普及应用。（工业和信息化部、发展改革委、商务部、文化和旅游部、体育总局按职责分工负责）

（十三）鼓励使用绿色智能产品。健全绿色产品、服务标准体系和绿色标识认证体系。以绿色产品供给、绿色公交设施建设、节能环保建筑以及相关技术创新等为重点推进绿色消费，创建绿色商场。落

实好现行中央财政新能源汽车推广应用补贴政策和基础设施建设奖补政策，推动各地区按规定将地方资金支持范围从购置环节向运营环节转变，重点支持用于城市公交。大力推进"智慧广电"建设，推动居民家庭文化消费升级。加快发展超高清视频、虚拟现实、可穿戴设备等新型信息产品。鼓励企业利用物联网、大数据、云计算、人工智能等技术推动各类电子产品智能化升级。加快完善机动车、家电、消费电子产品等领域回收网络。各地区结合实际制定奖励与强制相结合的消费更新换代政策，鼓励企业开展以旧换新，合理引导消费预期。促进机动车报废更新，加快出台报废机动车回收管理办法实施细则，严格执行报废机动车回收拆解企业技术规范，完善农机报废更新实施指导意见。促进汽车限购向引导使用政策转变，鼓励汽车限购地区适当增加汽车号牌限额。（发展改革委、工业和信息化部、财政部、生态环境部、住房城乡建设部、交通运输部、农业农村部、商务部、市场监管总局、广电总局按职责分工负责）

（十四）大力发展"互联网＋社会服务"消费模式。促进教育、医疗健康、养老、托育、家政、文化和旅游、体育等服务消费线上线下融合发展，拓展服务内容，扩大服务覆盖面。探索建立在线教育课程认证、家庭医生电子化签约等制度，支持发展社区居家"虚拟养老院"。鼓励以高水平社会服务机构为核心，建立面向基层地区、欠发达地区、边远地区的远程在线服务体系。（发展改革委、教育部、工业和信息化部、民政部、住房城乡建设部、商务部、文化和旅游部、卫生健康委、体育总局按职责分工负责）

五、持续提升居民消费能力

（十五）促进重点群体增收激发消费潜力。进一步改革完善职业教育制度体系，大规模开展职业技能培训，提升技术工人技能水平，完善专业技术人员分配政策。推进乡村经济多元化，支持农民工、高校毕业生、退役军人等人员返乡入乡创业，挖掘新型农业经营主体增收潜力。持续深化户籍制度改革，使更多在城镇稳定就业生活的农业转移人口落户定居，着力根治拖欠农民工工资问题。（发展改革委、教育部、公安部、人力资源社会保障部、农业农村部按职责分工负责）

（十六）稳定和增加居民财产性收入。丰富和规范居民投资理财产品，适度扩大国债、地方政府债券面向个人投资者的发行额度。稳定资本市场财产性收入预期，完善分红激励制度，坚决查处严重损害中小投资者分红派息权益的行为。深化农村土地和集体产权制度改革，稳步推进农村集体经营性建设用地入市，探索赋予农民对集体资产股份的占有、收益、有偿退出及抵押、担保、继承权。（财政部、自然资源部、农业农村部、人民银行、证监会按职责分工负责）

六、全面营造放心消费环境

（十七）强化市场秩序监管。加强反不正当竞争执法，维护公平竞争市场环境。严厉打击各类侵犯知识产权和制售伪劣商品等违法犯罪活动，彻查生产源头和销售网络，开展全链条打击，有效净化消费环境。强化对个人携带物品进境行为的监管，提高现场查验的效率和精准性。加大对非法代购等违法违规行为的惩治力度，堵住相关商品非法入境"旁门"。加强进口产品安全追溯体系建设，提高进口产品及渠道透明度。鼓励地方监管平台、电商平台、第三方追溯平台与国家重要产品追溯平台信息互通。（市场监管总局、公安部、商务部、海关总署按职责分工负责）

（十八）积极推进消费领域信用体系建设。完善个人信息保护制度和消费后评价制度，大力优化线上消费环境，加大力度打击网络刷单炒信等黑色产业链。充分运用全国信用信息共享平台、金融信用信息基础数据库等，建立健全企业和相关人员信用记录。强化"信用中国"网站和国家企业信用信息公示系统的公开功能，逐步实现行政许可、行政处罚、产品抽检结果、缺陷产品召回等不涉及国家秘密、商业秘密或者个人隐私的信息依法向全社会公开，为公众提供信用信息一站式查询和消费预警提示服务。（发展改革委、商务部、人民银行、市场监管总局按职责分工负责）

（十九）畅通消费者维权渠道。加强12315行政执法体系和消费者维权信息化建设，形成线上线下相结合的消费者维权服务体系，强化对消费者权益的行政保护。实施产品伤害监测和预防干预。针对质量问题集中和人民群众关注的重点服务领域，加强服务质量监测。严格落实网络购买商品七日无理由退货制度，鼓励线下实体店自主承诺无理由退货。支持各地区探索建立当地特色旅游商品无理由退货制度。开展消费投诉信息公示，利用网络、广播电视、维权服务点电子公示牌等多种形式公开投诉产品和服务信息。充分发挥媒体监督功能，加大对侵害消费者合法权益违法行为的曝光力度。（市场监管总局负责）

国家发展改革委 中央宣传部 教育部

工业和信息化部 公安部 民政部

财政部 人力资源社会保障部 自然资源部

生态环境部 住房城乡建设部 交通运输部

农业农村部 商务部 文化和旅游部

卫生健康委 人民银行 海关总署

税务总局 市场监管总局 广电总局

体育总局 证监会

2020 年 2 月 28 日

国家发展改革委 农业农村部关于支持民营企业发展生猪生产及相关产业的实施意见

发改农经〔2020〕350号

各省、自治区、直辖市及计划单列市、副省级省会城市、新疆生产建设兵团发展改革委、农业农村（农牧、畜牧兽医）厅（委、局）：

民营企业是保障猪肉等肉类产品供给的主要力量。非洲猪瘟疫情发生以来，民营企业充分发挥技术、资金、人才等优势，坚持疫病防控和补栏增养"两手抓"，加快恢复生猪生产，对促进猪肉市场保供稳价发挥了关键作用。新冠肺炎疫情发生以来，生猪养殖业受到较大冲击，企业普遍面临物资运输不畅、复工复产困难等问题。为贯彻落实党中央、国务院关于支持生猪生产及民营企业发展的部署要求，引导民营企业发展生猪生产及相关产业，促进生猪产业高质量发展，现提出以下意见。

一、总体要求

以习近平新时代中国特色社会主义思想为指导，全面贯彻党的十九大和十九届二中、三中、四中全会精神，落实《中共中央 国务院关于营造更好发展环境支持民营企业改革发展的意见》（中发〔2019〕49号）要求，深入推进农业供给侧结构性改革，切实加大对民营企业发展生猪生产的政策扶持力度，优化民营企业发展生猪生产及相关产业的营商环境，鼓励民营企业立足当前加快恢复并扩大生猪生产、着眼长远转变方式促进产业转型，不断提升生猪产业发展质量和效益，确保我国猪肉基本自给，更好满足广大人民群众的美好生活需要。

二、加大对民营企业发展生猪生产的政策扶持力度

（一）加大财政支持力度。继续安排中央预算内投资支持生猪良种繁育、疫病防控、标准化规模养殖、畜禽粪污资源化利用等项目建设。用好生猪调出大县奖励资金，支持民营企业发展生猪生产及相关产业。落实非洲猪瘟强制扑杀补助经费。充分发挥农机购置补贴政策导向作用，将自动饲喂、环境控制、疫病防控、废弃物处理等农机装备纳入补贴机具种类范围。中央和地方可按规定通过现有资金渠道，统筹支持地方猪保护和开发利用工作。

（二）完善金融保险支持政策。引导开发性、政策性金融机构加大对生猪产业的支持，尤其加大对符合授信条件但暂时遇到经营困难的种猪养殖场、生猪规模养殖场和屠宰加工企业的支持力度。将生猪养殖场户贷款贴息补助范围由年出栏5000头以上调整为500头以上。总结推广生猪养殖抵质押贷款试点经验，按照风险可控的原则，鼓励银行将符合规定的土地经营权、养殖圈舍、大型养殖机械和生猪活体纳入可抵押品目录，鼓励农业银行等积极探索生猪养殖"大带小"金融服务。建立健全金融机构生猪产业贷款尽职免责和激励约束机制，提高不良贷款容忍度。更好发挥农业信贷担保体系的作用，有针对性地对生猪养殖企业加大信贷担保支持力度。探索推广银企担、银企保等多种增信模式，鼓励有条件的地方建立农业信贷风险补偿基金。鼓励建立农村产权交易中心，将生猪养殖设施等纳入交易范畴。积极

支持生猪养殖企业通过发行股票债券等开展直接融资。完善生猪政策性保险政策，鼓励具备条件的地方持续开展并扩大生猪价格保险试点。

（三）支持企业克服新冠肺炎疫情带来的特殊困难。按照分区分级防控的要求，在做好新冠肺炎疫情防控的同时，鼓励各地采取针对性措施解决难点堵点，推动生猪养殖及相关企业尽快复工复产。将生猪生产和相关饲料企业、种猪企业、屠宰加工企业纳入新冠肺炎疫情防控重点保障企业名单管理。加大支农支小等各项再贷款对生猪生产及相关产业的支持力度。把饲料产品及原料、种畜禽、仔猪、出栏畜禽、冷鲜猪肉等纳入生活必需品应急运输保障范围，切实落实绿色通道政策。协调解决好建筑用工、建筑材料供应等问题，确保各地新建和改扩建生猪养殖项目尽快开工复工、投产达产。

（四）保障合理用地需求。落实生猪养殖用地政策，在国土空间规划中切实保障养殖用地需求。严守基本农田保护红线，养殖生产及直接关联的粪污处理、检验检疫、清洗消毒、病死畜禽无害化处理等农业设施用地，可以使用一般耕地，不需要占补平衡。鼓励利用农村集体建设用地、"四荒地"等发展生猪生产，允许建设多层养殖设施建筑。对于将不符合要求的耕地或其他土地划入永久基本农田的，经县级自然资源主管部门会同农业农村主管部门核实后，允许发展生猪养殖，并结合永久基本农田核实整改工作，及时保质保量进行补划。

（五）促进生猪绿色养殖。指导各地依法依规管理畜禽养殖禁养区，不得随意将地方猪保种场划入禁养区，科学规划生猪养殖布局，对打着环保等名义擅自搞无猪市、无猪县的，要坚决予以纠正。规范生猪规模养殖环评管理，加快落实年出栏量5000头及以上养殖场环评告知承诺制试点，对5000头以下生猪养殖场项目实行在线填写环境影响登记表备案，无需办理环评审批。坚持种养结合、循环发展，加强生猪粪污治理和资源化利用，完善畜禽粪污还田利用标准，休耕农田应与畜禽粪肥施用相结合，打通粪肥还田通道。大力支持符合条件的民营企业开展粪污处理利用社会化服务，参与实施畜禽粪污资源化利用整县推进项目，加快发展市场化的种养结合机制。鼓励生猪企业实施兽用抗菌药使用减量化。

（六）进一步深化"放管服"改革。国家关于生猪生产的各项支持政策和监管措施，对民营企业一律平等对待。简化动物防疫条件合格证等审批程序，压缩审批时间，推进"一窗受理"。规范事中事后服务和监管。完善饲料兽药评审批制度。落实规模养殖用地、用电等优惠政策。

三、优化民营企业发展生猪产业的市场环境

（七）进一步做好非洲猪瘟疫情防控。强化疫情监测排查报告、疫情应急处置、生猪调运监管和餐厨废弃物监管等有效防控措施，确保疫情不反弹，增强民营企业和养殖场户信心。加强排查监测力度，建立广覆盖、快反应的监测网络，坚决做好疫情处置和溯源工作。支持建设动物病原区域监测中心、边境动物疫情监测站、动物疫病追溯监管平台、省际公路动物卫生监督检查站等，推动病死猪集中专业无害化处理。总结区域联防联控和分区防控等试点经验，支持有条件的地方和企业建设无疫区和无疫小区。

（八）建立健全现代良种保育测繁体系。坚持引进品种与自主创新相结合，培育一批育繁推一体化的大型生猪良种创新型企业，全面提升育种水平，支持开展多种形式的生猪良种联合攻关，形成"联合育种＋大企业育种"并行格局。加强国家生猪核心育种场管理，加快种公猪站建设，做好疫病净化工作，对生产性能水平高、开展疫病净化的种猪场予以重点支持，推动建设与地区生猪产能相适应的区域性生猪良种繁育体系。支持生猪生产性能测定和良种检测能力建设。

（九）健全饲料供应体系。鼓励高校、企业、科研机构开展饲料营养价值评定和动物营养需要量研究，加大本土可利用饲料资源和非粮饲料原料开发力度，全面推广饲料精准配方和精细加工技术。强化对饲料原料、饲料和饲料添加剂的质量安全监管，加强饲料存储、运输和使用等环节生物安全管理。引

导企业加大在动物营养学、饲料配方研发、精准饲喂养等研发投入，加快生物饲料开发应用，调整优化饲料配方结构。引导饲料企业参与上下游产业发展，提高风险抵抗力。

（十）调整和优化调运政策。在采取有力措施防控疫情传播的同时，维持生猪及猪肉市场正常流通秩序，规范生猪产地检疫和调运监管，不得搞层层加码禁运限运、设置行政壁垒。加强产销对接，保障种猪和仔猪有序调动，健全生猪及其制品"点对点"调运机制。

（十一）完善市场监管体系。加强生猪及其产品质量安全监管能力建设，推动生猪等畜禽养殖、流通、屠宰、病死畜禽无害化处理等全程监管信息化。依法严厉查处恶意制造恐慌、故意散布非洲猪瘟病毒等非法行为。严厉打击囤积居奇、价格欺诈、串通涨价、哄抬价格、操控市场等价格违法行为，规范市场秩序。强化市场监管，防范和打击不法投机炒作行为。

（十二）强化预期引导。定期发布生猪及猪肉产销变化和价格波动信息，引导各环节市场主体自主调整生产经营决策，加强预期管理和调节，引导养殖企业及时调整养殖规模，防止生产供应和价格大起大落。加强政策宣传解读，及时回应社会关切，有力遏制不实传言和恶意炒作。

四、引导民营企业提升生猪产业发展质量

（十三）提升生猪养殖现代化水平。引导龙头企业对规模养殖场开展现代化升级改造，积极推进养殖全程机械化，提升生猪养殖规模和效率。鼓励龙头企业发挥技术和市场优势，与农村集体经济组织、合作社等有效对接，通过"公司＋农户"、托管租赁、入股加盟等方式带动中小养殖场户发展生猪养殖，促进中小养殖场户与现代养殖体系有机衔接。推进物联网、云计算、移动互联网等现代信息技术应用于生猪产业，提高生产经营效率。

（十四）支持民营企业全产业链发展。支持生猪养殖、屠宰、加工等龙头企业通过联合、收购和订单合同等方式，在省域或区域管理范围内加快全链条生产发展。引导大型养殖企业配套发展生猪屠宰加工业，在东北、华北、黄淮海、中南、西南等生猪养殖量大的地区就近配套建设屠宰加工产业，实现生猪主产区原则上就地就近屠宰，形成养殖与屠宰加工相匹配的产业格局。实行生猪屠宰分级管理制度，鼓励屠宰企业发展肉品精深加工和副产品综合利用，优化产品结构。充分发挥生猪养殖企业在农村扶贫攻坚中的作用，鼓励有条件的企业到适合发展生猪养殖的贫困地区建立养殖及屠宰加工基地，促进农民增收致富。

（十五）加强冷链物流等基础设施建设。推动建设覆盖生猪主产区和主销区的冷链物流基础设施网络，鼓励并引导银行、产业基金和民间资本等支持冷链建设。鼓励屠宰企业建设标准化预冷集配中心、低温分割加工车间、冷库等设施，提高猪肉制品加工储藏能力。加快建设一批国家骨干冷链物流基地，整合集聚冷链物流市场供需、存量设施资源，提高冷链物流服务效率和质量。

（十六）积极开拓国际市场。加强对全球生猪市场的监测分析，鼓励民营企业根据国内市场需求进口优质猪肉产品。鼓励符合条件的国内企业"走出去"，到双边经贸关系稳定、食品安全管理体系良好且无非洲猪瘟等我国法律法规禁止猪产品输入的国家建立养殖基地，有效利用国际资源发展生猪生产。积极协助"走出去"企业科学应对国际市场技术、贸易壁垒，加强打击走私、疫情防控、养殖技术等领域国际合作。

国家发展改革委

农业农村部

2020 年 3 月 10 日

国家发展改革委办公厅 农业农村部办公厅关于多措并举促进禽肉水产品扩大生产保障供给的通知

农改办农经〔2020〕222号

各省、自治区、直辖市及计划单列市、副省级省会城市、新疆生产建设兵团发展改革委、农业农村（农牧、畜牧兽医）厅（委、局）：

扩大禽肉、水产品等生产和供应，对弥补今年猪肉供需缺口、稳定肉类价格具有关键作用。针对当前新冠肺炎疫情防控对禽肉水产品生产销售的冲击，各地要采取有效措施，大力支持禽肉水产品等扩大生产，加强产销对接，保障市场供给，促进产业可持续发展。

一、科学应对新冠肺炎疫情防控等影响，保障家禽水产业稳定发展

（一）千方百计解决当前突出困难。加快饲料企业和畜禽屠宰加工企业复工复产，优先保障相关企业的人员防护物资需求和水、电、气等供应，优先安排相关企业用工返程返岗。现阶段，家禽业重点要解决好禽肉禽蛋"卖难"、产品积压等问题。对于因防范疫情暂停开展活禽交易的地区，要按照新冠肺炎疫情防控高中低风险等级差异化管理要求，逐步开放活禽交易市场，同时要采取有力有效措施，通过集中屠宰、冷链运输、产销对接等方式，帮助养殖场户协调解决肉禽屠宰上市问题。要妥善解决重大动物疫病疫苗运输受阻、基层动物防疫人员防护物资紧缺等问题，扎实做好高致病性禽流感等疫病春季集中免疫工作。水产养殖重点要解决好大宗淡水鱼、罗非鱼、对虾、小龙虾等产品压塘问题，协调主产区和大中城市构建销售流通对接关系。

（二）提高规模养殖现代化水平。加快推进家禽业、水产业向规模化、标准化、现代化养殖方式转变，提高产品质量安全水平。在主产区，要统筹规划、积极稳妥推进规模养殖场建设，实行统一的防疫和管理制度。大力发展生态健康水产养殖，鼓励龙头企业向渔业优势产区集中，培育壮大主导产业。鼓励开展家禽疫病无疫区和无疫小区建设，形成品牌效应，培育优质优价市场环境。

（三）完善屠宰加工冷链配送等配套能力。鼓励各地充分利用现有屠宰产能，提高产能利用率，带动周边地区活禽屠宰。根据各地实际，研究建立临时的集中屠宰点，建立点对点的活禽销售通道。坚持以"规模养殖、集中屠宰、冷链运输、冰鲜上市"为发展方向，配套建设集中屠宰点、冷链物流、水产品加工等基础设施，健全冷鲜肉、鲜活水产品流通和配送体系，持续推进生产消费新模式。

（四）推动全产业链优化提升。加强养殖业绿色发展体制机制创新，发挥新型经营主体的活力和创造力，推动科学研究、成果转化、示范推广协同发展和一二三产业融合发展。统筹加强产业链条整合，进一步打通饲料制备、育种、孵化、养殖、屠宰加工等各环节，合理引导产业链优化推动全产业链优化提升。升级，推动养殖主体提升产品质量，延伸产业链条，增加产业附加值。

二、进一步加大支持力度，努力扩大禽肉水产品生产能力

（五）发挥地方政府专项债券对扩大禽肉水产品生产的作用。用好地方政府专项债券，在符合地方

政府专项债券政策要求的前提下，将禽肉养殖、屠宰加工和水产品生产加工等的防疫、环境治理基础设施建设项目，纳入地方政府专项债券支持范围。

（六）加大中央预算内投资支持力度。在充分发挥市场主导作用的基础上，将规模鸡场、鸭场环境治理等纳入畜禽粪污资源化整县推进专项，将鱼塘环境治理等纳入长江经济带农业面源污染治理专项予以支持。动物防疫体系建设、现代种业提升工程等项目建设要将家禽和水产品养殖作为支持重点，从源头控制疫病发生风险，推进育种创新和良种推广。

（七）加大金融支持力度。引导开发性、政策性金融机构加大对禽肉水产品产业的支持，各地要把饲料、养殖、屠宰加工和水产品加工等骨干企业作为重点，组织开展银企对接，用好支农、支小再贷款和再贴现政策，支持企业发展生产。在落实已有财政贴息、税收减免等政策措施基础上，鼓励各地加大定向支持力度，协调金融机构根据实际情况对家禽和水产企业给予利息减免、贷款展期等支持政策，帮助资金周转困难的企业渡过难关。

三、加强市场调控，进一步加大消费引导力度

（八）健全监测预测预警机制。充分利用信息化手段，加强对禽肉、水产品等"菜篮子"产品生产和市场供应情况的综合研判和趋势分析，及时预警和提示风险。健全应急响应工作机制，完善应急预案，切实提高应急处置能力。密切关注社会舆情和群体共性诉求，及时有效处置不稳定因素。在鼓励企业扩大肉鸡生产的同时，完善市场预期管理，引导养殖企业根据市场情况，及时调整养殖结构，防止禽肉产业大起大落。

（九）鼓励实行禽肉水产品临时收储。鼓励地方政府采取禽肉、禽蛋、压塘严重水产品等临时收储措施，解决局部地区短期内的"卖难"问题，增强养殖补栏信心，也利于适时出库增加市场供应、平抑价格。

（十）加大消费引导力度。加强食物与营养科学知识的宣传，提倡健康饮食，抑制不合理和过度消费，引导城乡居民增加禽类和水产品消费。加强对家禽和水产品消费的科学宣传和正确引导，积极倡导食用冰鲜禽肉、水产品，引导消费者转变消费习惯。

四、强化责任意识，做好组织落实

（十一）强化属地责任。压实"菜篮子"市长负责制，各地要统筹谋划猪肉、牛羊肉、禽肉、禽蛋、水产品及其他"菜篮子"商品生产供应，提高禽肉等产量占肉类总产量比重，提升整体生产效率。各地要根据本通知精神，进一步明确责任分工，细化有关措施，加大工作力度，努力增加本地区肉类、水产品等重要农产品供给。

（十二）确保落实成效。请各地密切跟踪相关措施的执行情况和效果，及时发现行业发展和政策落实过程中出现的新情况新问题，研究提出对策建议，完善相关政策措施，确保相关工作取得实效。

国家发展改革委办公厅

农业农村部办公厅

2020 年 3 月 18 日

国家发展改革委等 12 部门关于进一步优化发展环境促进生鲜农产品流通的实施意见

发改经贸〔2020〕809 号

各省、自治区、直辖市及计划单列市发展改革、公安、财政、自然资源、生态环境、住房城乡建设、交通运输、农业农村、商务、税务、市场监管、银保监部门：

生鲜农产品流通涵盖生鲜农产品收购、加工、储存、运输、销售等一系列环节，关系着农民的"钱袋子"和市民的"菜篮子"，对于调节产销关系、保障市场供应、平抑价格波动起着重要的作用。近年来，各类市场主体在生鲜农产品流通领域取得了长足发展，特别是民营企业已成为我国生鲜农产品流通的主要力量。为进一步优化发展环境，解决生鲜农产品流通领域制约企业尤其是民营企业发展的突出问题，促进生鲜农产品流通业健康发展，现提出以下意见：

一、总体要求

以习近平新时代中国特色社会主义思想为指导，全面贯彻党的十九大和十九届二中、三中、四中全会精神，落实《中共中央 国务院关于营造更好发展环境支持民营企业改革发展的意见》（中发〔2019〕49 号）、统筹推进疫情防控与经济社会发展的部署要求，坚持新发展理念，坚持问题导向和目标导向，把握生鲜农产品流通特点和规律，以供给侧结构性改革为主线，以收加储运销一体化建设为引领，着力破除政策障碍，着力补齐流通短板，着力优化营商环境，进一步激发流通领域市场主体发展活力，促进包括民营企业在内的各类企业提质壮大升级，提高生鲜农产品流通业集中度，促进流通降本减耗增效，为助力农民增收致富、实现乡村振兴、保障和改善民生发挥更大作用。

二、降低企业经营成本

（一）减轻企业价费负担。对家庭农场、农民合作社、供销合作社、邮政快递企业、产业化龙头企业、农产品流通企业在农村建设的保鲜仓储设施用电，按照农业生产用电价格执行。认真落实整车合法装载运输全国统一的《鲜活农产品品种目录》内产品的车辆免收车辆通行费政策。（发展改革委、交通运输部分工负责，地方各级人民政府有关部门负责）

（二）破解增值税抵扣难题。针对企业采购农户自产自销生鲜农产品增值税抵扣凭证获取难的问题，加大电子发票推行力度，支持企业远程核定、开具作为农产品收购凭证的增值税电子普通发票，为企业提供可选择的便利化抵扣方式。（税务总局负责）

三、加大金融支持力度

（三）支持企业设施建设。运用中央预算内投资等积极支持城乡冷链物流基础设施建设。鼓励符合条件的生鲜农产品流通领域民营企业发行农产品批发市场建设项目收益债，积极通过发行企业债券融资。鼓励银行业金融机构对包括民营企业在内的各类企业投资新建扩建农产品批发市场、物流园区、加工配送中心等大型农产品流通骨干基础设施，按照市场化、法治化原则，在风险可控的前提下提供信贷支持。（发展改革委、财政部、银保监会分工负责，地方各级人民政府有关部门负责）

（四）支持企业融资纾困。加大流动资金贷款支持，引导商业银行对生鲜农产品运销、加工龙头企业提供差异化信贷支持，结合农产品上市季节变化等行业特点，开发适应民营企业短期运营资金需求、手续简便、放款迅速的信贷产品。鼓励有条件的生鲜农产品流通民营企业进行股份制改造，建立和完善现代企业制度，以股权融资方式引入资本。（发展改革委、银保监会分工负责）

（五）强化担保增信服务。市县级政府所属担保平台，可加大对生鲜农产品流通领域的支持力度，联合本地发展改革、农业农村、金融服务等有关部门做好担保审查、监管等工作，满足中小微企业增信融资需要。鼓励商业银行将包括民营企业在内的各类企业经过流转取得的承包土地的经营权纳入抵质押品目录。有条件的地方可设立生鲜农产品中小微企业风险补偿金。鼓励农产品批发市场等大型流通主体建立第三方供应链金融服务平台。（财政部、银保监会，地方各级人民政府有关部门负责）

四、加大用地用房供给

（六）落实农产品流通用地政策。落实好设施农业用地管理规定，支持建设与生产农产品直接关联的烘干晾晒、分拣包装、保鲜存储等设施。城市周边建设为连锁超市、生鲜电商、连锁餐饮等销售终端提供配送服务的生鲜农产品公共配送中心，参照农产品批发市场用地政策。在用地方面不得对民营企业设置隐性门槛。（自然资源部、农业农村部分工负责，地方各级人民政府有关部门负责）

（七）解决零售终端用房困难。地方有关部门要做好农贸市场、社区菜店、生鲜超市、生鲜电商前置仓等终端网点规划布局，统筹解决因城市零售终端规划不合理、布局不完善等导致的用房难、房租高等问题。新建住宅区要规划建设一定面积的社区菜店，对老旧住宅区要通过行政购置、腾退区域利用、房产置换、集中连片租赁等方式，加强社区菜店等便民零售终端建设。鼓励社区因地制宜留出服务生鲜农产品终端配送的公共充电设施建设空间，推动生鲜电商等新零售业态的发展。（自然资源部、住房城乡建设部分工负责，地方各级人民政府有关部门负责）

五、营造良好营商环境

（八）构建亲清政商关系。地方政府有关部门要避免因审批手续拖延、政策矛盾、新官不理旧账等行为造成民营企业停业或项目建设停滞，特别是针对陷入困境的优质民营企业要加大帮扶力度，依法加快盘活存量设施和企业资产。建立规范化常态化政商沟通机制，公开办事规则和程序，畅通民营企业反映问题、提出诉求的渠道，加快实现问题统一受理、部门联动办理、结果统一反馈。（地方各级人民政府有关部门负责）

（九）维护公平竞争秩序。清理地方政府投资主体利用公共资源优势，在申请使用市政、道路等公共资源时，对生鲜农产品流通领域民营企业实施的不正当竞争行为。对企业投资建设农产品批发市场、农产品公共配送中心等承担城市运行保障功能的生鲜农产品流通项目，不得以投资强度低、税收贡献少为由设置隐形门槛，不得根据所有制形式实施歧视性对待。（地方各级人民政府有关部门负责）

（十）改进地方行政管理。规范行政执法行为，除法律法规规定外，不得随意对企业采取停电、停水、停气等违规处罚措施，依法查处滥用行政权力干涉企业正常经营的行为。创新服务型管理模式，加强道路运输、配送网点、配送模式、车辆标识、停靠设施、通行管控、环境保护等方面的统筹管理，坚决避免一罚了之、只罚不治。（发展改革委、公安部、生态环境部、住房城乡建设部、交通运输部、商务部、市场监管总局分工负责，地方各级人民政府有关部门负责）

六、支持企业做大做强

（十一）加强规划与公共设施配套。各地方要将生鲜农产品流通设施建设作为重要的民生工程，充分考虑城市需求和发展空间，加强统一规划，避免同质化项目重复建设造成恶性竞争。加强政府公益性配套，着力补齐生鲜农产品流通设施短板，有条件的地区可对农产品批发市场建设检验检测、垃圾处理、信息化设施设备，以及农产品产地市场和田间地头建设初加工、预冷、储藏、分等分级等设施，按照公益性设施给予一定比例的配套支持，切实改善生鲜农产品流通设施条件。（地方各级人民政府有关部门负责）

（十二）引导企业整合升级增效。鼓励企业通过并购、战略合作等方式进行整合，支持政府平台公司按照市场化原则进行股权投资。鼓励商户、农户共同出资入股，参与批发市场等项目建设运营。鼓励生鲜农产品流通企业通过延伸上下游产业链构建一体化农产品供应链，从商品集聚平台向产业集成平台升级，提高产销两端的服务能力和市场竞争能力。引导企业加强检验检测、质量分级、标识包装、冷链物流等流通各环节的标准应用，通过标准化生产流通实现品牌化增值效应。（农业农村部、商务部、市场监管总局分工负责，地方各级人民政府有关部门负责）

各地区各部门要充分认识进一步优化发展环境、促进生鲜农产品流通工作的重要性，加强组织领导，明确任务分工，强化协调配合，结合实际加大政策创新和支持力度，切实解决生鲜农产品流通领域市场主体尤其是民营企业发展面临的突出问题，促进生鲜农产品流通业健康发展。

国家发展改革委 公安部 财政部
自然资源部 生态环境部 住房城乡建设部
交通运输部 农业农村部 商务部
税务总局 市场监管总局 银保监会
2020 年 5 月 24 日

农业农村部关于加快农产品仓储保鲜冷链设施建设的实施意见

农产发〔2020〕2号

各省、自治区、直辖市及计划单列市农业农村（农牧）厅（局、委），新疆生产建设兵团农业农村局，黑龙江省农垦总局、广东省农垦总局：

为贯彻落实党中央关于实施城乡冷链物流设施建设等补短板工程的部署要求，根据《中共中央、国务院关于抓好"三农"领域重点工作确保如期实现全面小康的意见》（中发〔2020〕1号）和2019年中央经济工作会议、中央农村工作会议精神，我部决定实施"农产品仓储保鲜冷链物流设施建设工程"，现就支持新型农业经营主体建设仓储保鲜冷链设施，从源头加快解决农产品出村进城"最初一公里"问题，提出如下实施意见。

一、重要意义

党中央高度重视农产品仓储保鲜冷链物流设施建设，2019年7月30日中央政治局会议明确提出实施城乡冷链物流设施建设工程。2020年中央一号文件要求，国家支持家庭农场、农民合作社建设产地分拣包装、冷藏保鲜、仓储运输、初加工等设施。加大对新型农业经营主体农产品仓储保鲜冷链设施建设的支持，是现代农业重大牵引性工程和促进产业消费"双升级"的重要内容，是顺应农业产业发展新趋势、适应城乡居民消费需求、促进小农户和现代农业发展有机衔接的重大举措，对确保脱贫攻坚战圆满收官、农村同步全面建成小康社会和加快乡村振兴战略实施具有重要意义。加快推进农产品仓储保鲜冷链设施建设，有利于夯实农业物质基础装备，减少农产品产后损失，提高农产品附加值和溢价能力，促进农民稳定增收；有利于改善农产品品质，满足农产品消费多样化、品质化需求，做大做强农业品牌；有利于实现现代农业发展要求，加速农产品市场流通硬件设施、组织方式和运营模式的转型升级；有利于优化生产力布局，引导产业结构调整，释放产业发展潜力，增强我国农产品竞争力。

二、总体思路

（一）指导思想

以习近平新时代中国特色社会主义思想为指导，牢固树立新发展理念，深入推进农业供给侧结构性改革，充分发挥市场配置资源的决定性作用，紧紧围绕保供给、减损耗、降成本、强产业、惠民生，聚焦鲜活农产品产地"最初一公里"，以鲜活农产品主产区、特色农产品优势区和贫困地区为重点，坚持"农有、农用、农享"的原则，依托家庭农场、农民合作社开展农产品仓储保鲜冷链设施建设，进一步降低农产品损耗和物流成本，推动农产品提质增效和农业绿色发展，促进农民增收和乡村振兴，持续巩固脱贫攻坚成果，更好地满足城乡居民对高质量农产品的消费需求。

（二）基本原则

——统筹布局、突出重点。坚持立足当前和着眼长远相结合，综合考虑地理位置、产业布局、市场需求和基础条件等因素，在鲜活农产品主产区、特色农产品优势区和贫困地区统筹推进农产品产地仓储保鲜冷链设施建设。优先支持扶贫带动能力强、发展潜力大且运营产地市场的新型农业经营主体。

——市场运作、政府引导。充分发挥市场配置资源的决定性作用，坚持投资主体多元化、运作方式市场化，提升设施利用效率。政府要发挥引导作用，通过财政补助、金融支持、发行专项债等政策，采用先建后补、以奖代补等形式，带动社会资本参与建设。

——科技支持、融合发展。坚持改造与新建并举，推动应用先进技术设备，鼓励利用现代信息手段，构建产地市场信息大数据，发展电子商务等新业态。促进产地市场与消费需求相适应，融入一体化仓储保鲜冷链物流体系，形成可持续发展机制。

——规范实施、注重效益。立足各地实际，规范实施过程，完善标准体系，提升管理和服务水平。在市场化运作的基础上，完善带农惠农机制，提升鲜活农产品应急保障能力，确保运得出、供得上。

（三）建设目标

以鲜活农产品主产区、特色农产品优势区和贫困地区为重点，到2020年底在村镇支持一批新型农业经营主体加强仓储保鲜冷链设施建设，推动完善一批由新型农业经营主体运营的田头市场，实现鲜活农产品产地仓储保鲜冷链能力明显提升，产后损失率显著下降；商品化处理能力普遍提升，产品附加值大幅增长；仓储保鲜冷链信息化与品牌化水平全面提升，产销对接更加顺畅；主体服务带动能力明显增强；"互联网+"农产品出村进城能力大幅提升。

三、建设重点

（一）实施区域

2020年，重点在河北、山西、辽宁、山东、湖北、湖南、广西、海南、四川、重庆、贵州、云南、陕西、甘肃、宁夏、新疆16个省（区、市），聚焦鲜活农产品主产区、特色农产品优势区和贫困地区，选择产业重点县（市），主要围绕水果、蔬菜等鲜活农产品开展仓储保鲜冷链设施建设，根据《农业农村部、财政部关于做好2020年农业生产发展等项目实施工作的通知》（农计财发〔2020〕3号）要求，鼓励各地统筹利用相关资金开展农产品仓储保鲜冷链设施建设。鼓励贫困地区利用扶贫专项资金，整合涉农资金加大专项支持力度，提升扶贫产业发展水平。有条件的地方发行农产品仓储保鲜冷链物流设施建设专项债。实施区域向"三区三州"等深度贫困地区倾斜。鼓励其他地区因地制宜支持开展仓储保鲜冷链设施建设。

（二）实施对象

依托县级以上示范家庭农场和农民合作社示范社实施，贫困地区可适当放宽条件。优先支持在村镇具有交易场所并集中开展鲜活农产品仓储保鲜冷链服务和交易服务的县级以上示范家庭农场和农民合作社示范社。

（三）建设内容

新型农业经营主体根据实际需求选择建设设施类型和规模，在产业重点镇和中心村鼓励引导设施建设向田头市场聚集，可按照"田头市场+新型农业经营主体+农户"的模式，开展仓储保鲜冷链设施建设。

1.节能型通风贮藏库。在马铃薯、甘薯、山药、大白菜、胡萝卜、生姜等耐贮型农产品主产区，充分利用自然冷源，因地制宜建设地下、半地下贮藏窖或地上通风贮藏库，采用自然通风和机械通风相结合的方式保持适宜贮藏温度。

2.节能型机械冷库。在果蔬主产区，根据贮藏规模、自然气候和地质条件等，采用土建式或组装式建筑结构，配备机械制冷设备，新建保温隔热性能良好、低温环境适宜的冷库；也可对闲置的房屋、厂房、窑洞等进行保温隔热改造，安装机械制冷设备，改建为冷库。

3. 节能型气调贮藏库。在苹果、梨、香蕉和蒜薹等呼吸跃变型果蔬主产区，建设气密性较高、可调节气体浓度和组分的气调贮藏库，配备碳分子筛制氮机、中空纤维膜制氮机、乙烯脱除器等专用气调设备，对商品附加值较高的产品进行气调贮藏。

根据产品特性、市场和储运的实际需要，规模较大的仓储保鲜冷链设施，可配套建设强制通风预冷、差压预冷或真空预冷等专用预冷设施，配备必要的称量、除土、清洗、分级、愈伤、检测、干制、包装、移动式皮带输送、信息采集等设备以及立体式货架。

四、组织实施

按照自主建设、定额补助、先建后补的程序，支持新型农业经营主体新建或改扩建农产品仓储保鲜冷链设施。各地要完善工作流程，确保公开公平公正。推行从申请、审核、公示到补助发放的全过程线上管理。

（一）编制实施方案。各省（区、市）农业农村部门应细化编制实施方案，做到思路清晰，目标明确，重点突出，措施有效，数据详实。具体包括以下内容：基本情况、思路目标、空间布局、建设内容、实施主体、资金支持、进度安排、保障措施及其他。省级农业农村部门要会同相关部门制定发布本地区农产品仓储保鲜冷链设施建设实施方案、技术方案、补助控制标准、操作程序、投诉咨询方式、违规查处结果等重点信息，开展农产品仓储保鲜冷链设施建设延伸绩效管理，并于2020年12月18日前报送工作总结和绩效自评报告。

（二）组织申报建设。新型农业经营主体通过农业农村部新型农业经营主体信息直报系统申报或农业农村部重点农产品市场信息平台申报建设仓储保鲜冷链设施。申请主体按规定提交申请资料，对真实性、完整性和有效性负责，并承担相关法律责任。县级农业农村部门要严格过程审核，公示实施主体，对未通过审核的主体及时给予反馈。实施主体按照各地技术方案要求，自主选择具有专业资格和良好信誉的施工单位开展建设，采购符合标准的设施设备，承担相应的责任义务，对建设的仓储保鲜冷链设施拥有所有权，可自主使用、依法依规处置。设施建设、设备购置等事项须全程留痕。

（三）组织开展验收。新型农业经营主体完成仓储保鲜冷链设施建设后向县级农业农村部门提出验收申请，县级农业农村部门会同相关部门，邀请相关技术专家进行验收。验收合格后向实施主体兑付补助资金，并公示全县仓储保鲜冷链设施补助发放情况。

（四）强化监督调度。各地农业农村部门建立健全仓储保鲜冷链设施建设管理制度，加强实施过程监督、定期调度，发布资金使用进度，根据实施进展及时开展现场督查指导。充分发挥专家和第三方作用，加强督导评估，强化政策实施全程监管。

五、有关要求

（一）强化组织领导。省级农业农村部门要高度重视，健全工作协作机制，加大与财政等部门的沟通配合，建立由市场、计财和相关业务处室组成的项目工作组，科学合理确定实施区域，根据农业生产发展资金专项明确的有关任务，做好补助资金测算，应保证补助资金与建设需求相一致，避免重复建设。任务实施县也要成立工作专班，切实做好补助申请受理、资格审核、设施核验、补助公示等工作，鼓励探索开展"一站式"服务，保证工作方向不偏、资金规范使用，建设取得实效。

（二）加大政策扶持。各地要积极落实农业设施用地政策，将与生产直接关联的分拣包装、保鲜存储等设施用地纳入农用地管理，切实保障农产品仓储保鲜冷链设施用地需求。对需要集中建设仓储保鲜冷链设施的田头市场，应优先安排年度新增建设用地计划指标，保障用地需求。农村集体建设用地可以通过入股、租用等方式用于农产品仓储保鲜冷链设施建设。各地要加强与电力部门沟通，对家庭农场、农民合作社等在农村建设的保鲜仓储设施，落实农业生产用电价格优惠政策。探索财政资金支持形成的项目资产股份量化形式，建立完善投资保障、运营管理、政府监管等长效运行机制，试点示范、重点支持一批田头公益性市场。

（三）强化金融服务。各地要积极协调推动将建设农产品仓储保鲜冷链设施的新型农业经营主体纳入支农支小再贷款再贴现等优惠信贷支持范围，开辟绿色通道，简化审贷流程。要引导银行业金融机构开发专门信贷产品。指导省级农业信贷担保公司加强与银行业金融机构合作，对符合条件的建设农产品仓储保鲜冷链设施的新型农业经营主体实行"应担尽担"。各地可统筹资金对新型农业经营主体农产品仓储保鲜冷链设施建设贷款给予适当贴息支持。

（四）严格风险防控。各地要建立农产品仓储保鲜冷链设施建设内部控制规程，强化监督制约，开展廉政教育。对倒卖补助指标、套取补助资金、搭车收费等严重违规行为，坚决查处，绝不姑息。对发生问题的地方要严格查明情况，按规定抄送所在地纪检监察部门，情节严重构成犯罪的移送司法机关处理。各地农业农村部门要落实主体责任，组建专家队伍，编写本地化技术方案，压实实施主体直接责任，严格验收程序，确保设施质量。各地农业农村部门要按照农业农村部制定的仓储保鲜冷链技术方案，结合当地实际，研究制定适合不同农产品和季节特点的仓储保鲜冷链技术和操作规程，切实提高设施利用效率，确保设施使用安全。对实施过程中出现的问题，认真研究解决，重大问题及时上报。

（五）做好信息采集与应用。各地要配合农业农村部健全完善农产品产地市场信息数据，通过农业农村部重点农产品市场信息平台，组织实施主体采取自动传输为主、手工填报为辅的方式，全面监测报送产地鲜活农产品产地、品类、交易量、库存量、价格、流向等市场流通信息和仓储保鲜冷链设施贮藏环境信息，监测项目实施情况，为宏观分析提供支持。仓储保鲜冷链设施建设规模在 500 吨以上的，应配备具有通信功能的信息自动采集监测传输设备，具有称重、测温、测湿、图像等信息采集和网络自动配置功能，实现信息采集监测传输设备与重点农产品市场信息平台互联互通，并作为项目验收的重要内容。各地要用好农产品产地市场信息数据，加强分析与预警，指导农业生产，促进农产品销售。

（六）加强宣传示范。各地要做好政策宣贯，让基层部门准确掌握政策，向广大新型农业经营主体宣讲，调动其参与设施建设的积极性。各地要坚持"建、管、用"并举，开展专业化、全程化、一体化服务，通过集中培训、现场参观、座谈交流以及编写简明实用手册、明白纸等方式，帮助实施主体提高认识，掌握技术，确保设施当年建成、当年使用、当年见效。各地要及时总结先进经验，推出一批机制创新、政策创新、模式创新的典型案例，推动工作成效由点到面扩展，提升支持政策实施效果。

农业农村部

2020 年 4 月 13 日

农业农村部办公厅关于进一步加强农产品仓储保鲜冷链设施建设工作的通知

农办市〔2020〕8号

河北、山西、辽宁、山东、湖北、湖南、广西、海南、四川、重庆、贵州、云南、陕西、甘肃、宁夏、新疆省（自治区、直辖市）农业农村厅：

为贯彻落实《农业农村部关于加快农产品仓储保鲜冷链设施建设的实施意见》（农市发〔2020〕2号），进一步推进农产品仓储保鲜冷链设施建设工作，规范过程管理，加大政策支持，注重监督管理，优化指导服务，最大限度发挥政策效益，现就有关事项通知如下。

一、统筹推进设施建设

（一）切实做好实施方案。省级农业农村部门要准确摸清基层实情，认真编制实施方案，进一步聚焦鲜活农产品主产区、特色农产品优势区和贫困地区，鼓励在产业重点县（市、区）整县推进，满足新型农业经营主体建设需要，要将设施建设与信息自动化采集同步部署、同步推进。项目实施县（市、区）根据本地实际制定实施方案，明确重点产业、实施区域、操作程序、进度安排、组织管理等重点内容。省级实施方案务必于6月30日前，县级实施方案经省级农业农村部门审定后于7月15日前，由省级农业农村部门上传至农业农村部农业转移支付项目管理系统和农业农村部重点农产品信息平台农产品仓储保鲜冷链信息系统。

（二）积极开展政策宣贯。各级农业农村部门要充分利用报刊、广播、电视等传统宣传途径，灵活运用新媒体、互联网等现代信息技术，全方位、多角度、立体化地宣传农产品仓储保鲜冷链设施建设工作，提升政策知晓率，营造积极开展设施建设的社会氛围。通过举办培训、开展宣讲、编写实用手册和明白纸等多种方式，向新型农业经营主体讲解政策要点，调动参与建设的积极性。

（三）尽快启动申报审核工作。农产品仓储保鲜冷链设施建设申报系统将于6月15日正式上线运行，省级农业农村部门应结合实际确定本省统一申报开始日期。县级农业农村部门在申报工作正式启动10个工作日前，向社会公布申报起止时间、方式内容等相关事宜，指导新型农业经营主体下载农业农村部新型农业经营主体直报系统APP或农业农村部重点农产品市场信息平台农产品仓储保鲜冷链信息系统APP，及时准确开展申报工作。县级农业农村部门应及时开展审核，反馈审核结果，公示通过审核的新型农业经营主体及建设内容等信息。原则上7月31日前完成设施建设申报，8月10日前完成设施建设审核公示。

二、加强建设过程管理

（四）全程公开建设信息。加强县级农产品仓储保鲜冷链设施建设信息公开，综合运用宣传挂图、报纸杂志、广播电视、互联网等方式，以及村务公开、益农信息社等多种渠道，公开县域内补贴受益对象、设施验收结果、补贴资金、咨询投诉举报电话等各类信息，接受社会监督，确保设施建设公平、公正、公开。

（五）加大技术服务力度。省级农业农村部门要根据我部制定的《农产品仓储保鲜冷链设施建设参考技术方案（试行）》《农产品仓储保鲜冷链信息采集服务工作规范（试行）》，编制本地化仓储保鲜冷链设施技术方案和信息采集方案。各级农业农村部门要强化日常技术服务，有条件的可建立专家服务团队，开展远程或现场指导，帮助实施主体掌握技术，解决难题，确保设施当年建成、当年使用、当年见效和实现信息自动采集传输。

（六）加快建设验收办理。各地在受理建设主体验收申请后，应尽快组织对设施建设的规范性、与申报内容的一致性、与技术方案的符合性等开展验收工作，鼓励有条件的县委托第三方评估机构开展验收，并于 15 个工作日（不含公示时间）内完成验收工作。对不符合验收要求的设施，及时通知建设主体进行整改。

三、加大政策扶持力度

（七）统筹用好支持资金。用好中央和地方财政专项支持资金，集中支持设施建设。鼓励贫困地区创新扶贫资金投入方式，探索扶贫资金支持形成的项目资产折股量化形式，支持带贫主体开展农产品仓储保鲜冷链设施建设。推进省级农业信贷担保公司和相关金融机构对符合条件的农产品仓储保鲜冷链设施建设给予信贷支持。鼓励各级政府拓宽资金渠道加大支持力度，对新型农业经营主体农产品仓储保鲜冷链设施建设贷款给予适当的贴息支持。

（八）主动争取地方政府专项债。各地要按照"资金跟着项目走"的原则，充分利用好地方政府专项债政策工具，支持加快农产品仓储保鲜冷链设施建设。省级农业农村部门要加强与发展改革、财政等部门的沟通，积极谋划能够实现融资受益自平衡的项目，增加地方政府专项债投入，支持农产品仓储保鲜冷链设施建设，积极协调金融机构为地方政府专项债支持的建设主体提供配套信贷支持。创新农产品仓储保鲜冷链设施地方政府专项债的投入方式，统筹使用专项债与财政资金，加快建立完善农产品仓储保鲜冷链物流体系。

（九）落实用电用地政策。省级农业农村部门要主动协调发展改革、自然资源等部门，落实今年中央一号文件部署，尽快出台本地区落实农产品仓储保鲜冷链设施农业生产用电价格优惠政策、用地纳入设施农业用地管理的具体意见。各地农业农村部门要加强与当地电力部门的沟通，在供电基础设施建设方面给予支持。

四、强化风险防控机制

（十）落实风险防控责任。建立健全政府领导下的农业农村部门会同有关部门联合监管机制，落实省级及以下部门指导监督责任。各级农业农村部门要逐项工作、逐一环节梳理查找风险点，有针对性地制定防控举措。项目实施县（市、区）应选配责任心强、业务素质高、作风优良的干部，组建工作专班，明确职责分工，完善规章制度，强化内部人员的廉政教育和业务培训，提升政策实施和风险防控能力。

（十一）切实加强监督管理。加强农产品仓储保鲜冷链设施建设主体申请行为的信用管理，实行建设申请材料真实性、完整性和有效性的自主承诺，一旦发生问题，取消资金支持，情节严重的，不再安排承担其他农业项目。坚决查处倒卖补助指标、套取补助资金、搭车收费等严重违规违法行为，对发生问题的要严格查明情况，按规定抄送所在地纪检监察部门，情节严重构成犯罪的，移送司法机关处理，所在省（区、市）核减或取消项目资金。

农业农村部办公厅

2020 年 6 月 9 日

附件：

农产品仓储保鲜冷链信息采集服务工作规范（试行）

第一章　总则

第一条　为贯彻落实 2020 年中央一号文件精神，实施好农产品仓储保鲜冷链物流设施建设工程，更好地开展农产品仓储保鲜冷链信息采集服务（以下简称"信息采集服务"）工作，制定本规范。

第二条　本规范适用于获得农产品仓储保鲜冷链设施建设支持的新型农业经营主体，开展信息采集服务的有关工作，鼓励其他新型农业经营主体自愿参与。

第三条　信息采集服务工作推行信息化管理。在农业农村部重点农产品市场信息平台上建立农产品仓储保鲜冷链信息系统，结合《农产品仓储保鲜冷链设施建设参考技术方案》，构建自动采集为主、手工填报为辅的信息采集服务体系，实时采集农产品产地市场信息，向新型农业经营主体提供信息服务。

第四条　信息采集服务工作以"共建共享、上下互动、服务增值、多方受益"为原则，以提升新型农业经营主体自我管理能力，辅助省市县级政府部门监督、管理、决策为目标，建立"双向联动"的长效运营机制。

第五条　农业农村部统筹推进信息采集服务工作，负责制定信息的采集、管理、处理、发布等工作制度和标准。农业农村部市场与信息化司负责农产品仓储保鲜冷链信息系统运维管理和农产品产地市场信息的分析研究。农业农村部农产品冷链物流标准化委员会为信息采集服务提供决策咨询及技术支持，并适时开展相关技术培训，提高管理和服务水平。

省级农业农村部门统筹辖区内信息采集服务工作，负责制定本地化的信息采集规范、技术方案等工作。地市级农业农村部门负责督促指导推进各县（市）信息采集服务工作。县级农业农村部门负责信息采集服务工作的日常指导、管理维护等工作。新型农业经营主体负责信息上报工作，包括信息自动采集传输设备的购置、管护和更新等。

第二章　信息采集点选择与建设

第六条　信息采集点依托建设农产品仓储保鲜冷链设施的新型农业经营主体，选择具有一定建设规模、运营规范、积极性高的家庭农场、农民合作社等市场主体，确保信息采集、电子商务、服务指导等发挥实效。

第七条　信息采集点要充分利用现有设施和条件，补充相关设施设备，避免重复建设。

第八条　信息采集点要在农业农村部重点农产品市场信息平台农产品仓储保鲜冷链信息系统登记注册，纳入统一管理，并享受信息服务。

第九条　信息采集点要具有采集设备、传输网络和持续运营能力，使用符合入网要求的设施设备开展数据采集，能够稳定供电，确保信息传输安全、规范。

第十条　每个信息采集点，应至少配备 1 台仓储设施环境信息采集设备（多通道采集仪），1 台满足需求、具有信息自动采集和数据传输功能的称重设备（电子秤／电子地磅）。对于规模较大的新型农业经营主体可根据实际需要自行配备多台信息采集设施设备。信息采集设施设备应符合《农产品仓储保鲜冷链设施建设参考技术方案》的要求。

第十一条　信息采集点应具有宽带网络，信息采集设施设备能够通过互联网传输相关信息；也可通过蜂窝数据网络（4G/5G）传输信息，网络应保证持续稳定连接。

第十二条　信息采集点要开展规范化运营管理，具有持续运营能力，能够保证数据持续采集，对信息采集设施设备定期维护。新型农业经营主体可委托合格服务商进行信息采集设施设备的安装、调试和维护服务。

第三章　信息采集内容和方式

第十三条　信息采集内容包括农产品产地流通信息和贮藏环境信息。

第十四条　农产品产地流通信息包括产地、品类、重量、价格和流向等。

第十五条　农产品贮藏环境信息包括农产品仓储保鲜冷链设施的温度、湿度、气体浓度等。

第十六条　信息采集采取自动传输为主、手工填报为辅的方式。农产品市场流通信息通过称量设备获取，自动传输农产品产地、品类、重量、价格、流向等信息。已配备称量设备的采集点，称量设备如不具有信息采集和数据传输功能，应安装符合要求的信息采集传输设备。新购置的称量设备应具备通信功能。贮藏环境信息通过多通道数据采集仪自动采集传输。信息采集点应保证准确持续传输各类信息。

第四章　信息分析与服务

第十七条　部省市县各级部门可对不同口径的农产品市场分析进行统计监测和预警信息发布。农业农村部可分析研究全国农产品产地市场信息，省级农业农村部门可分析研究所辖区域内农产品产地市场信息，地市级、县级农业农村部门可分析研究所辖区域内汇总的农产品产地市场信息，未经许可不得将个人信息向外发布。

第十八条　准确持续报送信息的新型农业经营主体可自愿选择信息服务，主要依托手机 APP 获取。鼓励各地创新服务方式，推动将益农信息社与仓储保鲜冷链设施相结合。

第十九条　信息服务包括管理、政策、市场、科技、电商、品牌、金融七大类服务，可根据市场需求对服务功能进行拓展。

管理服务包括仓储保鲜冷链设施的农产品出入库管理、货品信息管理、设施储能供需对接、设施经营成本管理等，为新型农业经营主体提供智能化管理系统服务，提升科学经营管理能力。

政策服务包括国家、省、市、县各级政府部门三农相关政策的通知公告，优先推送所在地的项目申报信息、产业政策信息，帮助新型农业经营主体及时了解政策动态。

市场服务包括主要农产品市场行情、价格走势分析、供需分析、风险预警等，为新型农业经营主体销售农产品提供决策参考，提升产销对接效率。

科技服务包括国内外先进科技成果信息发布、权威专家咨询、在线培训等，为新型农业经营主体提供随时随地的技术指导，加快科技应用与推广。

电商服务包括平台销售、开店入驻、产品营销、供求发布等，为新型农业经营主体提供快速直接面向消费者的平台，拓宽农产品产销对接渠道。

品牌服务包括品牌塑造、营销推介、价值评估等，为农产品提供品牌培育与市场营销指导，提高产品附加值。

金融服务包括农业保险、贷款、金融担保等，为新型农业经营主体提供资金保障，增强农业抗风险能力。

第二十条 鼓励各地在不影响现有服务质量的前提下，不断丰富服务内容，拓展服务渠道。

第五章 附则

第二十一条 农业农村部市场与信息化司负责对信息采集服务进行监督，采取日常监督或专项监督的方式实施，并公布监督投诉咨询方式，便于新型农业经营主体对产品及服务机构违规行为投诉举报。

第二十二条 本规范自 2020 年 7 月 1 日起施行，农业农村部市场与信息化司对本规范负有最终解释权和修改权。

农业农村部关于促进农产品加工环节减损增效的指导意见

农产发〔2020〕9号

各省、自治区、直辖市及计划单列市农业农村（农牧）厅（局、委），新疆生产建设兵团农业农村局：

近年来，农产品加工业快速发展，成为乡村产业的主体力量，为促进农业提质增效、农民就业增收发挥了重要作用。但农产品加工不足和加工过度问题突出，造成加工环节损失较多，影响粮食等主要农产品有效供给和加工业质量效益提升。为贯彻落实党中央、国务院部署，促进农产品加工业高质量发展，现提出以下意见。

一、总体要求

（一）指导思想。以习近平新时代中国特色社会主义思想为指导，以推动高质量发展为主题，以实施乡村振兴战略为总抓手，紧扣保障国家粮食安全目标，聚焦加工环节，突出标准引领，强化创新驱动，引导农产品合理加工、深度加工、综合利用加工，推进农产品多元化开发、多层次利用、多环节增值，实现减损增供、减损增收、减损增效，促进农产品加工业优化升级，为乡村全面振兴和农业农村现代化提供有力支撑。

（二）基本原则。

坚持分类指导。根据不同品种和不同需求，合理确定主食类、鲜食类和功能类加工程度，做到宜粗则粗、宜精则精，宜初则初、宜深则深。

坚持标准引领。突出营养导向，兼顾口感和外观，完善农产品加工标准，推动产品适度加工、深度加工。

坚持创新驱动。突破加工技术瓶颈，创新加工工艺，创制配套设备，提高农产品加工综合利用率。

坚持绿色发展。健全全程质量控制、清洁生产和可追溯体系，生产开发安全优质、绿色生态的食品及加工制品，促进资源循环高效利用。

（三）发展目标。

到2025年，农产品加工环节损失率降到5%以下。到2035年，农产品加工环节损失率降到3%以下。

二、加强设施建设，发展农产品初加工减损增效

（四）发展延长销售时间类初加工。支持农民合作社、家庭农场和中小微企业等，建设烘干和储藏等设施，延长供应时间，有效降低损耗，促进提升品质。粮食等耐储农产品，重点发展烘干、储藏、脱壳、去杂、磨制等初加工，实现保值增值。果蔬、奶类、畜禽及水产品等鲜活农产品，重点发展预冷、保鲜、冷冻、清洗、分级、分割、包装等仓储设施和商品化处理，实现减损增效。

（五）发展终端消费需求类初加工。拓展农产品初加工范围，减少产后损失。食用类初级农产品，

重点发展清洗、分级、包装、切分、发酵、压榨、灌制、炸制、干制、腌制、熟制等初加工，提高农产品附加价值。棉麻丝、木竹藤棕草等非食用类农产品，重点发展整理、切割、粉碎、打磨、烘干、拉丝、编织等初加工，开发多种用途。

三、改进工艺装备，发展农产品精深加工减损增效

（六）促进口粮品种适度加工。引导农产品加工企业合理确定小麦、稻谷等口粮品种加工精度，减少精面、精米等过度加工造成的资源浪费和营养流失，提高出粉和出米率。发展专用粉、全麦粉和专用米、糙米等新型健康产品，增加营养成分，减少加工损失。

（七）促进农产品深度加工。鼓励大型农业企业和农业科技型企业，创新超临界萃取、超微粉碎、蛋白质改性等技术，挖掘玉米、大豆和特色农产品等多种功能价值，提取营养因子、功能成分和活性物质，开发营养均衡、养生保健、食药同源的加工食品和质优价廉、物美实用的非食用加工产品。

四、推行绿色生产，发展综合利用加工减损增效

（八）推进粮油类副产物综合利用。引导粮油加工企业应用低碳低耗、循环高效的绿色加工技术，综合利用碎米、米糠、稻壳、麦麸、胚芽、玉米芯、饼粕、油脚等副产物，开发米粉、米线、米糠油、胚芽油、膳食纤维、功能物质、多糖多肽等食品或食品配料，生产白炭黑、活性炭、助滤剂等产品，提高粮油综合利用效率。

（九）推进果蔬类副产物综合利用。引导果蔬加工企业应用生物发酵、高效提取、分离和制备等先进技术，综合利用果皮果渣、菜叶菜帮等副产物，开发饲料、肥料、基料以及果胶、精油、色素等产品，实现变废为宝、化害为利。

（十）推进畜禽水产类副产物综合利用。引导畜禽水产加工企业应用酶解、发酵等先进适用技术，综合利用皮毛、骨血、内脏等副产物，开发血浆蛋白、胶原蛋白肠衣、血粉、多肽、有机钙、鱼油等产品，提升加工层次。

五、强化标准引领，推进农产品加工创新减损增效

（十一）完善农产品加工标准体系。按照"有标采标、无标创标、全程贯标"要求，制修订农产品加工业国家标准和行业标准，建立适宜的农产品及其加工制品评判标准体系。健全果蔬、畜禽、水产等鲜活农产品加工技术规范、操作规程和产品标准。修订稻谷、小麦等口粮加工标准，降低色度、亮度等感官指标，提高出米率、出粉率等产出指标。完善玉米等深加工标准，提高加工层次。

（十二）开展加工技术创新。组织科研院所与农产品加工企业开展联合攻关，研发一批集自动测量、精准控制、智能操作于一体的绿色储粮、动态保鲜、快速预冷、节能干燥等减损实用技术，以及实现品质调控、营养均衡、清洁生产等先进加工技术，减少资源浪费和营养流失。

（十三）推进加工装备创制。引导农产品加工装备研发机构和生产创制企业，开展智能化、清洁化加工技术装备研发，提升农产品加工装备水平。运用智能制造、生物合成、3D打印等新技术，集成组装一批科技含量高、应用范围广、节粮节水节能的农产品加工工艺及配套装备，降低农产品加工物耗能耗。

六、加强组织领导，保障农产品加工减损增效措施落实到位

（十四）强化统筹协调。将减少农产品加工环节损失浪费纳入有关责任制考核内容，建立农产品加工环节减损增效协调机制，调度分析加工环节减损增效措施落实进展，研究改进的具体措施。各级农业农村

部门要承担起牵头抓总的职责，加强与发展改革、财政、工业和信息化、市场监管等部门的沟通协调，推进各项措施落实。引导大型农产品加工企业主动扛起责任，把农产品加工环节减损增效的各项措施落到实处。

（十五）强化政策扶持。支持农产品加工企业参与农业产业强镇、现代农业产业园、优势特色产业集群等相关项目建设，改造提升加工技术装备。完善农机购置补贴政策，拓展烘干、清选、粉碎、磨制等农产品初加工机械购置补贴范围。支持农民合作社和家庭农场与农业产业化龙头企业通过利益联结组建农业产业化联合体，共同促进农产品加工环节减损增效。引导金融机构对减损增效成效显著的农产品加工企业优先提供贷款支持。

（十六）强化宣传引导。加强公众营养膳食科普知识宣传，引导消费者树立科学、健康的消费理念，逐步转变追求口粮"亮、白、精"的消费习惯。发挥社会组织作用，督促农产品加工企业严格执行国家和行业标准。总结推广一批农产品加工环节减损增效发展模式和典型案例，充分运用传统媒体和新媒体全方位宣传推介，营造全社会共同关注、协同支持农产品加工环节减损增效的良好氛围。

农业农村部

2020 年 12 月 23 日

财政局 税务总局关于继续实施物流企业大宗商品仓储设施用地城镇土地使用税优惠政策的公告

财政部　税务总局公告 2020 年第 16 号

为进一步促进物流业健康发展，现就物流企业大宗商品仓储设施用地城镇土地使用税政策公告如下：

一、自 2020 年 1 月 1 日起至 2022 年 12 月 31 日止，对物流企业自有（包括自用和出租）或承租的大宗商品仓储设施用地，减按所属土地等级适用税额标准的 50% 计征城镇土地使用税。

二、本公告所称物流企业，是指至少从事仓储或运输一种经营业务，为工农业生产、流通、进出口和居民生活提供仓储、配送等第三方物流服务，实行独立核算、独立承担民事责任，并在工商部门注册登记为物流、仓储或运输的专业物流企业。

本公告所称大宗商品仓储设施，是指同一仓储设施占地面积在 6000 平方米及以上，且主要储存粮食、棉花、油料、糖料、蔬菜、水果、肉类、水产品、化肥、农药、种子、饲料等农产品和农业生产资料，煤炭、焦炭、矿砂、非金属矿产品、原油、成品油、化工原料、木材、橡胶、纸浆及纸制品、钢材、水泥、有色金属、建材、塑料、纺织原料等矿产品和工业原材料的仓储设施。

本公告所称仓储设施用地，包括仓库库区内的各类仓房（含配送中心）、油罐（池）、货场、晒场（堆场）、罩棚等储存设施和铁路专用线、码头、道路、装卸搬运区域等物流作业配套设施的用地。

三、物流企业的办公、生活区用地及其他非直接用于大宗商品仓储的土地，不属于本公告规定的减税范围，应按规定征收城镇土地使用税。

四、本公告印发之日前已缴纳的应予减征的税款，在纳税人以后应缴税款中抵减或者予以退还。

五、纳税人享受本公告规定的减税政策，应按规定进行减免税申报，并将不动产权属证明、土地用途证明、租赁协议等资料留存备查。

财政部 税务总局

2020 年 3 月 13 日

第三篇　行业观察

农产品供应链发展的关键问题

第十三届全国政协经济委员会副主任、商务部原副部长房爱卿
在第五届中国农产品供应链大会上的讲话

　　今天很高兴通过视频和大家一起交流农产品供应链问题。农贸联这几年一直在研究农产品供应链，这是非常正确的选择。习总书记对供应链问题很重视，也做过多次的批示、指示，把它提到一个很高的位置，尤其我觉得农产品供应链，它是很特殊的一个供应链问题，只有不断深入地研究，树立农产品供应链的理念，研究、把握农产品供应链的规律，研究、提出促进农产品供应链的措施，把这些事儿都搞清楚，我们的农产品供应链才能逐步发展壮大。今天我结合农产品批发市场数字化改造、升级、转型的问题，讲三个方面的考虑，供大家参考。

　　第一，农产品批发市场数字化的改造、升级、转型，会促进农产品供应链的发展。数字化是一个大的趋势，对农产品批发市场来说，也是一种机遇。这里边要把数字化的改造、数字化的升级、数字化的转型三个概念区分开来。数字化的改造，其实它的经营模式没有变化，只是把整个经营的各要素数字化，连接起来了，构筑在一个虚拟的空间里。数字化的升级，它不仅叫数字化，而且在经营方式、经营模式上要有一些提升。数字化的转型，它不仅是运用数字化了，而且通过数字化使经营模式、商业模式都发生一些变化，有一些创新，无论是数字化的改造、升级还是转型，都使农产品批发市场的信息量大量增加。就是每一个卖家都知道每个买家的信息，每一个买家都知道若干个卖家的信息。现在没有实行电子结算的这些批发市场，就仅仅价格一项，就是信息的孤岛。比方说，批发市场的大白菜今年多少钱一斤？那么，卖大白菜的有几十家，甚至大的批发市场在一天不同的时间，大白菜的价格是不同的，你说今天大白菜的价格是多少呢？只能是凭信息员到实点上采集的这个信息作为指导全国大白菜的行情了，其实这是非常不准确的。如果实行数字化之后，他按照价钱就能计算出每天准确的大白菜价格。知道这个信息之后，每一个品种，若干个买家，若干个卖家，多点对多点的态势就会形成。这样每一个卖家，每一个买家都可以根据性价比来确定他应该选择哪一家，这样就完全为供应链的形成创造了条件。那么，有了多家对多家，多点对多点的态势以后，成本就可预期了。能够在哪个线上我能降多少，效率能提高多少？而且，对社会的资源配置也有很大的促进。整个农产品市场配置资源的水平就会提高。这个时候，原来的经销商和经销商之间的竞争就变成了经销商和各个点连接起来的这条线之间的竞争，当然不一定是供应链了。所以，无论是对经销商也好，对生产商也好，对零售商也好，还是对整个社会也好，都是有好处的。所以，我觉得数字化改造、升级、转型之后，农产品的供应量会加速形成、发展，这是我讲的第一个观点。

第二，农产品供应链虽然是一个大的发展趋势，但是它有一个漫长的发展过程，要经历不同的发展阶段。为什么说它是一个漫长的发展过程？主要是由生产和零售的组织化程度来决定的。为什么有批发？从理论上讲，分散生产、分散零售，集中生产、分散零售，分散生产、集中零售，都需要批发的环节。只有集中生产、集中零售，不需要批发这个环节。但是，我们国家现在的状况是生产的组织化程度还不是很高，零售的组织化程度也不是很高，所以中间的这个环节是必然要存在的。那么，它就要随机交易，可能它暂时就是一个主体。但是我们现在生产的组织化程度是在不断提高的。党的十九届五中全会也指出，要加快培育农民合作社、家庭农场等新型农业经营主体，健全农业专业化社会化服务体系，发展多种形式适度规模经营。这样的话，从生产这个角度来看，适度规模经营，这对工作量形成就是一个促进，同时我们这个零售、连锁的发展也使它组织化程度不断提高。在这种形势下，就对供应链形成创造了条件。在这种情况下，谁走得快，走得稳，走得好，谁的成本就会降低，效率就会提高，挣的利润就会多。所以虽然它要有一个漫长的发展过程，但是对经营者来说，是一个动力。那么，如何理解不同阶段的供应链呢？供应链的不同阶段要有一个很好的划分，我认为主要有四个阶段。

第一个阶段，类似供应链。但其实还不是真正意义上的供应链。在生产环节、批发环节、零售环节都有若干个选项，每年都发生若干次的交易，但不一定都固定在每一家。虽然是随机交易，但随机交易的范围是确定的。而且这几家的确定也是在若干的交易当中逐步优化出来的。其实现在我们很多地方都存在着这种类似供应链的做法。

第二个阶段，初步供应链。初步供应链主要是批发环节之前，从生产、收购到批发、经销商，已经形成了供应链，但后半截没有形成，现在我觉得也有很多了，包括日本，它的生产商生产出来之后，用农协把它集中起来，然后送到批发市场，由经销商来代理，我觉得这个就是初步供应链。生产商、农协和经销商通过代理的办法，把他们的利益连接起来。因为在批发市场里边，经销商把价格卖得越高，经销商的佣金就越高，农协的服务费就越高，农民的利润就越高。这种供应链我觉得就算初级供应链。

第三个阶段，真正意义上的供应链。就是各环节之间要进行协同，来共同降低成本，提高效率。

第四个阶段，数字供应链。通过数字化改造之后，供应链之间通过协同运作已经形成了一个虚拟的空间，甚至有智能化的因素在里边来进行链接。

我觉得这四个阶段应该是农产品供应链发展规律的一种体现。这是我讲的第二个问题。

第三，供应链的形成不会影响农产品批发市场的发展，而且会使批发市场发展得更好。因为在现有的阶段，在没有形成供应链之前，服务的只是经销商，如果供应链形成之后，服务的不仅仅是经销商，还包括生产商、零售商。服务范围更广泛了，服务的深度可能也就更深，所以发展机会、机遇也就更多了。有一些功能它也会增加。比方说：第一，数据服务的功能。原来农产品批发市场没有实行电子结算的数据很有限，都是经销商通过打电话、通过网络自己形成数据。如果数字化改造之后，尤其是供应链形成之后，从生产到零售到消费的数据就全有了。如果批发市场之间再把这些数据联系起来，那就是农产品的大数据了。这个大数据就是农产品批发市场今后发展最大的一个影响因素，也是竞争的一个新优势，这个今后有很大的空间。第二，信用服务的功能。农产品批发市场完全有条件从生产、批发到零售之间，通过数字技术建立一个链条。因为现在好多电商为什么在交易之前，在不认识对方的情况下，敢于把这个钱交付，就是因为它有一个靠数字技术手段建立的这种信用体系。谁要是在这里边违反了承诺，那么今后在这个行业它就不可能有发展的机会。所以，我觉得整个供应链的信用体系建立起来以后，对供应链的信誉、品牌、竞争力都有非常大的提升。第三，金融服务也可以有很多工作可做。但这个得在国家法律的规定范围之内，可以开展一些金融服务。第四，就是调控服务的功能。突发事件发生之后，怎么来保障市场供应是批发市场一项重要的任务，也是一个公益性的体现。在这次疫情发生之后，农产品批发市场就发挥了很好的作用。在保证供应这方面不怕困难，不畏艰险，深入一线来保障市场供应，功不可没。今后这种突发事件，可能还会发生，而且是各种类型的，包括安全方面，传统安全和非传统安全都有可能出现。在这样的一个大的背景下，怎么样进行公益性服务，保证市场供应，也是今后农产品批发市场一个很重要的任务。所以，在农产品供应链形成之后，农产品批发市场的发展空间不仅不会缩小，而且会扩大，还会促进农产品批发市场的发展。但是，农产品供应链确实是一个非常复杂的，需要探索的一个过程。希望我们大家共同努力，积极探索、总结经验，使它不断发展，为我国"三农"事业，为我们国家的广大人民群众在农产品需求方面得到满足，做出我们的贡献。

关于构建农产品供应链发展新格局的若干思考

——兼谈"双循环"形势下农产品供应链的发展之路

全国城市农贸中心联合会首席科学家、国务院原参事、农业农村部农村经济研究中心研究员刘志仁在第五届中国农产品供应链大会上的讲话

第一届供应链大会在长沙召开的时候，业界的很多同志都在想一个问题：什么是供应链，什么是农产品供应链？通过业界的同志不断召开交流会，不断地实践，对供应链的问题有了认识。最近在中央的文件中，特别是党的十九届五中全会，已经把产业链、供应链、价值链"三链"同时提出来，而且在未来这"三链"很可能要成为市场的主体。所以我认为农产品供应链的研究交流很重要。

我谈三个观点：第一是"十三五"以及抗疫期间的回顾；第二是"双循环"新格局为供应链带来的机遇；第三是供应链发展新格局的动力。

一、"十三五"尤其是抗疫期间供应各链硕果累累

（一）"十三五"期间农产品供应链发展迅猛

与"十一五""十二五"比较而言，农产品供应链活跃的程度有了大幅提高。在"十三五"期间，农产品营商环境大为改善，制度化、规范化、公益化、绿色化水平明显提高。党的十八大后，中央推出了一个新的方针和新的方向，即绿色发展，农产品从生产、流通到销售都出现了新的变化，这些变化都是按照制度化、规范化、绿色化的方向发展。发展过程中各链强势齐动效果明显，专业化、特色化、智能化、优质化格局基本形成。去各个市场调研发现，电商很火，体系基本形成，奠定了大发展的基础，经营方式也趋向多元化，所以推进了整个农产品的流通革命。我认为在推进农产品供应链的改革创新方面，这五年成果特别明显，所以创新驱动与转型升级已经成为农产品供应链改革的常态。我认为现在我国农产品供应链从阶段角度来分析的话，现在仅仅进入初中期阶段，还没有到中期阶段，是在由初期向中期转化的阶段。我认为"十四五"期间，是从初中期阶段向中高期阶段发展的阶段。

（二）抗疫胜利突显各供应链强韧性

供应链在五年中有了很大的发展，在推进供应链改革创新的过程之中，发生了疫情。我深深感到，通过这几年的工作，农产品供应链格局基本形成，所以在抗击疫情过程中农产品供应链起了重要作用。抗疫期间，各个供应链部门都显示了韧性。

此次疫情对批发市场冲击最大，受伤最重，但是为了满足人民的日常生活，市场行动最快、复工最早、保供最全，所以社会评价最好。农产品各链为保障供给和稳定社会做出突出贡献。在抗疫过程中，我们国家又产生了新的精神，就是伟大的抗疫精神，伟大的抗疫精神已成为各企业攻坚克难的宝贵财富。

二、"十四五"规划与"双循环"将为供应链大发展带来新机遇

"十四五"规划宏伟目标也揭示了今后供应链发展的新导向，我们需要关注各个政策焦点，为今后供应链的发展提供了很多新的导向。

（一）经济总量和城乡居民人均收入将迈向新的大台阶

"十四五"规划中明确提到，要使经济总量和城乡居民人均收入迈上新的大台阶，也就是说经济总量和城乡居民人均收入与过去五年相比，应当有显著的提高。由于经济总量增加，人均收入增加，所以居民消费水平大幅提高。消费能力大幅提高，可以构建大的市场，那么市场反作用于经济，在"十四五"期间经济一定会有更大的发展。消费空间将会大幅拓宽，给市场增长提供了巨大的空间。

（二）人民至上，人民生活更加美好

"人民至上"比"以人为本"应该更上一个台阶。人民生活更加美好了，对整个食品的追求更强烈，本身也给市场提供了很多的机会。将来可预计，在"十四五"期间，优质农产品和功能食品的需求将更旺。金乡是农业县，全国农业县进入百强县的不多，百强县中农业做得好的也不多，以现行的标准来评定百强县是我反对的。有很多的省份，经济不断发展，名气得到提高，但是农产品走下坡路，自给率不断下降。我一直主张，国家要加大对以农业为主的县扶持力度，另外也要提高它们的知名度，因为民以食为天，党中央、国务院是十分重视"三农"工作的，所以像金乡这样的农业县，不能迫于发展经济急于偏向工业。一些县前几年建了很多高科技产业园，引进很多新项目，成功的很少。而且县域间产业的同质化严重，造成产能过剩，受冲击的首当其冲是县和县以下的小企业。所以我认为，像金乡这种有特色单品的农业县，应该在农业方面下功夫。

（三）全面促进消费，国内市场更加强大

企业一定要把握好扩大内需的战略基点。既然利用内循环扩大市场，就要大力发挥我国在世界范围内超大型市场的作用。"十四五"期间和"十四五"以后，随着居民收入的不断提高，市场会越来越大，所以市场对今后经济的发展将会起到重要的作用。

（四）建成高标准市场体系，产业基础高级化，产业链现代化水平明显提高

中央指出在"十四五"期间，要建立高标准市场体系。商务部正在按照中央要求的建设高标准市场体系重新筹划"十四五"规划。党的十九届五中全会以后，中央各部委根据职责在重新调整规划。建设高标准市场体系后，可以预测从"十四五"开始，各地要掀起一个声势浩大的市场建设高潮，对农产品供应链现代化建设也有很大的促进作用。

（五）推动有效市场和有为政府相结合，让政策更有温度，措施更有精度

有效市场、有为政府、政策更有温度、措施更有精度都是新内容。很多地方觉得政府不作为，在"十四五"期间，要把这两点结合起来。有效市场是国外提出的概念，最早应用于金融市场，是指有制度、有规矩、质量高、干干净净的市场。从这方面来讲，我们现在有些市场不能算作有效。我国部分产品存在假冒伪劣的问题，消费者对市场的诚信抱有疑问。这些问题在"十四五"期间都要一一解决。有为政府，政策要更有温度，措施更有精度，政策要关注市场实体，要关注基层，要立竿见影。我预计在"十四五"期间，既然政策要有温度，政策的亲民性亲基层性将会越来越强；既然有精度，那么政策的落地率将会越来越高。这些对实体经济，对基层政府，是一个福音。

（六）国（境）外农产品进口将推进我国自主创新和提高竞争力

最近三届进博会，农产品的出展比率越来越高，农产品进口的比例越来越大。现在我国农产品进口需求量最大、金额最高的是大豆，如果要靠我们自己生产的将近1亿吨的大豆的话，我们还需要7亿亩耕地，中国耕地原本就很稀缺，还要生产各种各样的作物。所以在现有情况下，国外农产品价格便宜，我们又有外汇，进口是有必要的。进口会不会对国内的农产品生产造成压力和打击呢？压力是肯定有的，但这也能促进国内农产品的生产水平，提高竞争能力。除了进口农产品，未来国家在出口农产品方面也会出台相应的政策。

三、关于构建发展新格局体系的若干思考

从宏观、中观和微观的三层角度来看，构建新格局体系已成为当务之急。能否尽快形成新格局体系，将决定发展路径和发展质量。农产品供应链体系十分复杂，市场必须厘清思路，实事求是，攻坚克难，稳步推进。

（一）认清形势与刻苦学习是兴业之本

有些企业的决策层政策敏感性很高，紧跟政策，制定与企业贴合的相应对策，企业发展很快。反之，有些老板思维和二十年前一样，决策很随意，这样的企业失败的很多。所以各企业一定要关注国内外政治经济社会形势的变化，为始终保持清醒的头脑，必须静下心认真学习，摆脱浮躁迫在眉睫。

（二）推进智慧链通是供应链转型升级的关键

现在是智慧化、智能化的时代。我估计智慧化越发展越快，同样农产品供应链智慧化的建设也会得到推进。党的十九届五中全会公报提出要转变发展方式，加快供应链智慧化建设是推动转变发展方式，质量变革、效率变革、动力变革的基础。在"十四五"期间推进中国智慧化在经济社会中的应用，可能会出现一个新的高潮。

"十四五"期间，供应链现代化改革的要点是绿色化、融合化、品牌化、标准化、便捷化、诚信化。如果在"十四五"期间，诚信市场的建设还留在"十三五"的水平，那么刺激消费、扩大消费就很困难。

（三）补短板、强弱项与建立诚信体系是开创新格局的重中之重

各个企业都有自己的短板与弱项，要尽快找出补短板和强弱项的办法。补强应置于企业重要议事日程。建立诚信供应链是促进消费升级的重要保障。

（四）竭尽全力打造"最初一公里"应成为"十四五"期间的硬指标

"最初一公里"和"最后一公里"作比较，"最初一公里"的解决要远远滞后于"最后一公里"，这个结果是和地理环境有关系的，"最后一公里"是在城市，"最初一公里"是在农村，为源头，这个问题不解决，就会直接影响供应链的现代化建设。我们应当大力培育农民的组织，另外也与供销社加强联系，大力发挥供销社的力量，在产区建设产地批发市场，这也符合供销社为农民服务的宗旨，这也是我们今后要做的工作。各地已经出现一些案例，我们会从丰富的案例当中总结经验，向有关部门提出建议。

（五）加大领军企业培育力度是推进供应链现代化的重要标志

"十四五"期间，在一些特别重要的领域，必须要打造领军企业。要想供应链有大的突破，必须要培育领军企业，大胆地探索，要充分发挥领军企业示范引领作用。全力支持领军企业探索改革、开放、创新实践。

农贸联计划建立研究院，研究院的定位就是支撑行业、支撑企业、为行业服务、为企业服务。希望农贸联智囊机构能多为企业、多为地方政府做一些工作，使得经济社会，特别是农产品供应链方面，在新的五年计划中更上一层楼。同时也祝企业在新的一年中，能在供应链的探讨方面能取得更大的成果。

创新农产品市场精准监测调控制度，
创建模拟仿真实验室

中国社会科学院财经战略研究院　宋则

摘要： 提高农业现代化水平和农民组织化程度、创新农村经营模式是我国农村发展的战略安排，而在农业小生产方式尚未根本改观的现实中，如何化解农产品生产和流通中的盲目性，减少大起大落的剧烈波动和经济损失，最大限度保持农产品市场供求、价格的相对稳定，是过渡阶段需要深入探索的难题。其中的关键是满足农民渴望的信息需求，构建先导型数据指标，改善政府调控工作，建立以先导型数据指标为基础的政府信息服务体系，组建先导型数据的调查采集队伍，构建统一的多层级的预测预警管理体制，提高政府前瞻性的综合服务能力，建立稳定农产品市场的问责制。在此过程中，创建农产品市场模拟仿真实验室可以吸纳、整合、运用科技创新的最新成果，为制度创新、梳理因果关系提供精准化、综合化、智能化、前瞻性的科学载体。

关键词： 农产品市场；制度创新；先导型数据；实验室创建

一、创新农产品市场反周期精准监测调控制度

（一）在农业"小生产遍地"的过渡阶段，政府监测预警调控市场具有特殊的意义

中共十九大以来一系列相关会议对"三农"问题作出了全面分析和部署，提出了更高的要求。在全面实施城乡统筹、乡村振兴战略以及全面建成小康社会过程中，"坚持精准扶贫、精准脱贫，坚决打赢脱贫攻坚战"是重中之重，时间紧迫，任务艰巨，切实需要多措并举。习近平总书记强调，要"完善市场监管体制，创新和完善宏观调控"，但是我国对农产品市场驾驭能力、监测调控水平等方面仍然存在不尽人意、亟待补强的巨大短板。

提高农业现代化水平和农民组织化程度、创新农村经营模式等多项目标既是高瞻远瞩的战略安排，也是眼下迫切的工作重点。全面贯彻落实这些大政方针，将从根本上夯实农村经济可持续发展和农产品市场稳定的微观基础，为改善国计民生提供坚实可靠的支撑。同时应清醒意识到，我国仍处于社会主义初级阶段，实现这些战略目标是十分艰巨繁重的任务，进程不可能一帆风顺、一蹴而就。综合来看，可以发现一个绕不过去、需要冷静面对的现实问题，即在这些战略目标基本实现之前，如何以最小代价积极稳妥地走好每一步。特别是在农业小生产方式尚未根本改观的严峻状态下，如何化解农产品生产和流通中的盲目性，减少大起大落的剧烈波动和经济损失，最大限度保持农产品市场供求、价格的相对稳定，这是过渡阶段需要深入探索的难题，也是提高执政党驾驭市场能力和水平的关键。

我们绝不能在农业现代化、农民组织化程度明显提高之后，才考虑稳定农产品市场的问题。美国、欧盟发达国家和巴西、阿根廷等中等国家的实践显示，农业组织化程度与市场调控难度成反比。农业高度现代化、集约化、规模化和组织化是农产品市场稳定的可靠根基。这也意味着，恰恰是在中国特色的农业组织化程度比较低、盲目性较高的历史阶段，稳定农产品市场才是最富于挑战性的任务，也是考验中国"调控智慧"的课题。在过渡阶段，做好稳定农产品市场工作，既是各级政府的职责所在，也是国

计民生的期盼所在。从这个思路切入，官产学研没有理由一味责怪埋怨农民的盲目性，以此来为农产品市场大起大落、调控失当、造成损失而找借口辩解。

在现行体制下，许多政府部门以及社会各类预测机构都在做分析、判断、发布工作，但其依据大多是不全不准不及时、低质量的滞后信息，以致信息发布常常降低到"农民的水平"，即当农民"发现"肉、蛋、菜、果"突然多了"、大面积过剩滞销或某些肉、蛋、菜、果"突然少了"、大面积短缺脱销后，部分预测决策机构才跟着"发现"。于是，所谓"突如其来""措手不及"现象每年在我国都有发生，损失巨大，几成常态。在交通不便、信息不灵的边远贫困地区，情况更为严重，损失更为惨重。

（二）当务之急是满足农民渴望的信息需求，构建先导型数据指标，改善政府调控工作

由种植业、养殖业自然特点和经济原因所决定，农产品市场存在着有规律的波动周期，加之自然风险和市场风险的双重影响，波动周期中时常夹杂着偶发的不确定性。在这种动态连续的过程中，各种情况都是上一个周期波动震荡和偶发影响的自然延续。绝对消除市场波动几乎不可能，但只要抓住要领，认识其规律性，即使是在小生产、盲目性程度较高的情况下，减少农产品市场一再出现的大起大落也是完全可能的。

高质量的农业发展要从高质量的信息监测发布做起。驾驭市场的要领是创新工作思路，转变政府职能，将市场调控的重心和主要注意力从事后被动跟进管理转变为事前主动引导服务。实现这一转变的核心是建立先导型的数据统计分析系统和准确信息的提前发布制度。

在市场调节、随行就市的情况下，政府为稳定农产品市场所采取的调控手段通常包括最低保护价收购、临时性最高限价、农产品专项储备预案、应急储备措施、农产品进出口调剂、财政补贴、税费政策调整和发布市场信息等。其中，农产品市场统计数据分析和信息发布最为重要。一是因为各种调控手段都依赖于对市场数据信息的准确把握，二是因为统计数据分析和信息发布对稳定农产品市场具有首要且无可替代的强大功能。信息服务和指导手段的水平越高、用得越好、用得越巧，其他调控手段就越可以少使用甚至不使用。因此，统计信息分析和发布是成本最低、效果最好的调控手段，也是被市场经济国家普遍优先采用的基本手段。

农产品，特别是鲜活农产品数据信息分为三类。一是"过去时"数据信息，即反映已经发生过的滞后型信息，如上年、上月、上周的肉蛋菜供求数量和价格；二是"现在时"数据信息，即反映刚刚发生或正在发生的实时型信息，如本周、当日的肉蛋菜供求数量和价格；三是"将来时"数据信息，即可有效预示预警未来状况的先导型信息，如下一个肉蛋菜季的供求数量和价格。三类信息各有作用，但最有价值的是"将来时"先导型数据。前两类数据只能用作事后的统计核算回归分析，对预测预警未来走势的作用极为有限。

迄今为止，我国市场调控不仅政出多门，而且都是依赖"过去时"数据的汇总来分析和决策，有时掺入部分"现在时"数据信息。例如，相关机构只了解农产品过去和现在的价格、供求，却无法知晓现在的价格、供求如何影响生产者下一步的行动。而当所谓"最新供求价格数据"从不同渠道汇总上报、统计分析时，还没等到发布就已经过时。生产者、经营者不会坐等这些信息的到来，其分散决策及相关行动早已根据各自的判断开始了（无论这些决策和行动是否正确）。所以，信息迟滞必然导致调控迟滞，政府决策总是被动跟进、"赶不上点儿"，所发布的信息预测报告包含太多经验式"拍脑袋"的猜测成分，往往似是而非、莫衷一是，令人将信将疑、无所适从，非但无法平抑市场剧烈波动，反而有可能加剧市场的大起大落。

因此，我国农产品市场大起大落的根源绝不仅仅是分散的小生产方式，某些政府机构基于信息迟滞的"硬调控"也是其中重要的原因。由于对市场先兆缺乏敏感，往往事前掉以轻心、浑然不觉，事后仓促应对、过度反应。这种糟糕的判断和补救式决策往往引发恶性循环，造成反向性夸张的放大信号和强烈误导，促使肉蛋菜果的潜在种养殖能力的瞬间叠加（或瞬间锐减）。瞬间叠加的种植、养殖供给已经埋下隐患，酝酿着新一轮"农产品超水平供给过剩积压——价格瞬间大跌伤农——种植养殖能力瞬间萎缩——供给迅速减少、价格再度飞涨"的新结局，如此循环不已。

我国最稀缺、最重要的信息资源是可供预测预警的"将来时"信息，农业分散小生产者最渴望的也是能够及时告知其下一轮"种养什么，种养多少"、可供指导其实战、最有参考价值的信息。当生产者、经营者得不到这些信息时，只能别无选择地"把市场当赌场"，凭侥幸去"猜"去"蒙"去"碰运气"，或者盲目"随大流"被动扎堆去"跟"。因此，信息迟滞误导会把农民、经营者和消费者的市场预期扭曲、搞乱，把市场变赌场；而有参考价值的信息将使赌场回归市场，减少农民生产者、经营者一窝蜂式的盲目扩张或盲目收缩现象。所以，满足农业生产者和经营者渴望的信息需求，构建先导型数据指标对改善政府调控最为重要。

当然，在市场经济条件下，在政府转变职能过程中，提供高质量信息服务对农民的作用只是指导和参考，不可能也不应该包办替代农民的自主决策。而基于信息化基础上的政府调控也只能是有弹性的指导和防范，将市场波动范围限制在一定合理区间，而不是将市场框死。

（三）创新思路，建立以先导型数据指标为基础的政府信息服务体系

为了"让赌场回归市场"，农产品市场调控的现实选择只能是在加快提高农业生产和流通领域现代化、集约化、规模化、组织化水平的同时，推动统计数据分析方式和指标体系的彻底转变，建立以"将来时"数据指标为基础的先导型政府信息服务体系。这种高品质、预见性、前瞻性、可靠性的指导性信息，是建立在一系列先行数据基础上的科学信息，是最有价值信息。实现这一转变将为国计民生带来巨大利益。

1. 创新指标设置，建立先导型数据统计分析的指标体系

在这方面，制造业采购经理人指数的统计分析思路可资借鉴。制造业采购经理人指数源自美国，被国际普遍应用于预测预警未来国民经济扩张繁荣或收缩衰退的先行指标。制造业采购经理人指数体系共包括11个指数：新订单、生产、就业、供应商配送、存货、新出口订单、采购、产成品库存、购进价格、进口、积压订单等。目前，制造业采购经理人指数问卷调查已列入我国国家统计局的正式调查工作中。

借鉴该思路，在农业领域代表未来、有"苗头先兆"的问卷调查先行指标可包括：分品种的种养植面积增减的新变动；农民种养殖意愿增减的新变动；种子、农资、肥料、用工等数量增减的新变动；成本、价格走势对农户生产影响强度增减的新变动；专业户、专业社、家庭农场、龙头企业新签合同订单增减的新变动；流通领域商人采购增减的新变动；物流流量、流向增减的新变动等。至于设立哪些指标及其样本、权重等，还要根据代表性、实用性、便捷性、可操作等原则作进一步研究。

在技术层面，对反映农产品供需扩张或收缩的先导指标可作进一步的分组处理。如各种当事人在下一步行动中扩张、持平或收缩三类情况的动向和占比；在增加投入扩张或减少投入收缩中，扩张或者收缩幅度大、中、小三类情况的动向和占比等。

2. 创新组织建设，组建先导型数据的调查采集队伍

先导型数据的调查采集队伍不同于以往的农村调查队，其职能主要不是搜集"过去时"数据，而是搜集"将来时"数据。这要求调查队伍下沉前移，动态跟踪，深入田间地头，努力掌握生产者、经营者最新动向和第一手资料，通过调查问卷和入户访谈等方式，有目的、有针对性地搜集汇总分析报送肉蛋菜果等农产品下一生产周期的最新动向，滚动采集下一周期的数据，将主要注意力放在提前数月对农产品生产、流通的先行指标采集监测上。为此，要合理布局先导型数据指标的采集网点，运用信息技术创

新落实各地最新动向的汇总分析、实时监测和定期报送制度建设，建立指标数据库和扁平化的直接报送体系。

从动态连续性来看，肉蛋菜果等鲜活农产品市场出现起伏较大的转折时点，就是反映一个周期动向苗头的切入点，也是调查采集队伍工作的着力点。特别是在某些产品过剩、滞销、价格下跌伤农的情况下，应更多留意下一阶段农民有可能大幅减少种植养殖意愿的情况，提前采取适度措施，防止再度出现产品短缺、价格暴涨和人心不稳的现象。

在各级政府提供信息服务的基础上，可以借鉴国外经验，尝试推行另一种信息服务外包的新模式，即"政府花钱买服务"。可依托各种协会组织或委托商业化、职业化的社会信息调查公司完成上述任务。例如，美国拥有发达的农业信息服务基础，成立于1848年的芝加哥期货交易所是农产品各市场主体了解市场行情、获取价格数据变化和农民行为变化信息的直接窗口，各类农业网站、信息咨询公司也为农民提供有效的信息需求。在先导型数据信息服务的基础上，美国农业部用于蔬菜、水果等农产品市场信息采集和发布的信息指标包括产品名称、规格、价格、质量等多方面，以及与价格关系密切的运输信息及其他相关市场数据。采集和发布先导型数据工作由农业部市场服务局蔬果信息处负责，在各主产地或批发市场都有其派出机构和人员，将搜集到的先导型数据通过网络传递给市场服务局进行汇总和发布。另外，美国农业部下设销售和检验局，以确保蔬菜安全。美国包括蔬菜在内的农产品流通事务都在农业部的管理之下。而且，在美国还有近300家提供农业信息服务的商业系统，在生产者、经营者和消费者之间较好解决了信息不透明和滞后的难题，可有效防止农产品产供销领域生产商、中间商利用信息不对称从事的过度投机行为。

3. 创新管理体制，建立统一扁平化、多层级的预测预警管理体制

政出多门往往导致"数出多门"、莫衷一是。我国首先要改变这种数据信息来源过多、质量不高、低水平重复的混乱状况，建立国家级、省区级、市县级分工明确、各司其职、相互协调、高效权威的管理机构。国家级机构负责全局掌控，省区级机构除了定期汇总及时报送以外，更要充分收集本省区农产品生产先导型数据及相关预测预警工作。市县级机构则定期同时向国家机构和省区机构汇总报送相关数据，以扁平化报送汇总，减少层级过多造成的数据迟滞现象。

4. 创新职能转变，提高政府前瞻性的综合服务能力

提高政府前瞻性的综合服务能力，要求联手构建信息共享的多部门联席会商机制，根据对未来最新动向、先兆、苗头的分析预测和把握，见微知著、未雨绸缪，将监测重心下沉前移，至少提前一个周期提供及时、权威、可靠的鼓励或限制种植养殖信息和明确的指导意见。

提高政府前瞻性综合服务能力的要点之一，是对影响较大的农产品供应基地和主要品种加强采集与实时重点监测预警，提前进行排查摸底。例如，提前掌握对主产区农户、专业合作社等种植面积的短期变动、种养殖的短期意向、农资的短期采购变化、涉农订单短期变动、肉蛋菜果存储的短期动向；提前了解各个主产区、主要品种此消彼长相互影响的动向，掌握各地区农产品预计上市的时间差、季节差，实现协调互补，提前安排错峰上市、防止"撞车"积压，提前了解冷链物流配送增减变动等。

5. 创新责任意识，建立稳定农产品市场的问责制

如果农民没有听从正确的指导建议而造成经济损失的，自然应由其承担后果；但如果政府信息分析和建议出现明显偏差，则政府理应承担相应的责任，采取措施予以补救和补偿。以先导型数据为基础的调控体系，即使是在分散小生产众多的情况下，仍然可以在很大程度上防止以往一再出现的农产品市场大幅度剧烈波动现象。因此，今后再出现农产品严重过剩、价格大幅下跌、给农民造成严重损失的现象时，可以认定为"责任事故"，必须追究相关主管部门和直接责任人的过失，责令其必须保护受损农

民的利益，适当赔偿当事人的经济损失，不得推诿塞责。因为凡是出现这种"突如其来"情况，都不是偶然的，都是有先兆的，或者是相关政府部门对农民的引导有误，或者是对先行指标变动浑然不觉，销售风险预案没有建立，因而出现了原本可以避免的失察和疏漏。这同样属于失职行为，应当承担必要责任。在这种关键时刻及时赔偿农民的损失，可以最大限度防止"菜贱伤农"，保护农民下一周期种养殖的积极性，稳定农产品供给，从源头上减少震荡，为稳定后续市场创造有利条件。

当然，实施以先导型数据为基础的信息统计、发布至关重要，但瞬息万变的市场致使政府信息不对称缺陷以及灾害损失永远无法完全克服，小范围少品种局部的波动在所难免，但大面积多品种剧烈波动和巨额经济损失应该可以防范。提前发布农产品市场供求、价格信息，提供精准化、权威性的种养殖指导意见和建议，是政府无可推卸的责任，也是今后政府转变职能、提高服务水平的努力方向。

二、创建农产品市场模拟仿真实验室的重要意义

制度创新与模拟仿真实验室之间存在密不可分的必然联系。这是因为农产品生产和流通、供给与需求的最大特征就是流程脆弱，时刻充满不确定性的双重风险。一是伴随巨大不可抗拒的自然风险，二是包含瞬息万变、变化多端、难以琢磨的市场风险。两种风险往往相互作用彼此叠加强化地纠缠在一起。在农产品生产和流通过程中，倘若遭遇任何始料不及的意外和疏忽，都可能导致农民的巨额投入前功尽弃、损失惨重，并增加抗击防范风险、精准监测预警和应急调控的难度。识别判断变化莫测的市场动向、科学有效应对庞杂的影响因素及其无限多样的排列组合、终日与不可重复性打交道一直在挑战人类的智慧和耐心。也正因为如此，才不断吸引人们投身这场令人头疼、也令人兴奋、更令人向往的巨大挑战中。这或许就是模拟仿真实验室探索奇妙未知世界的艰巨任务和神圣使命，也是实验室如雨后春笋应运而生的根本原因。

在创新农产品市场监测预测预警调控制度的基础上，创建模拟仿真实验室意义重大，无论在理论和实战上都属于利国利民填补空白、值得尝试的创新之举。

实验室（Laboratory）通常是指专为自然科学某一学科领域提供实验研究的场所。模拟仿真实验室是模拟现实技术应用研究的重要载体。实验室被视为科学研究的摇篮、科技发展的源泉，对科技研发起着非常重要的作用。按照自然科学研究对象的原有界定，实验室按归属可分为三类：第一类是从属于大学或由大学代管的实验室；第二类是属于国家机构甚至国际机构的实验室；第三类是直接属于工商企业部门、为产业技术研发服务的实验室。随着互联网、人工智能高新技术的发展，自然科学与社会科学边界相互隔绝的状况已被改变，原有边界日益交叉跨界融合，模拟仿真实验室也越来越承担两大科学彼此兼容共建共享的繁重任务，具备难分彼此的复合型、智能化特征。农产品市场模拟仿真实验室是兼具研究自然现象和社会现象双重任务、化解双重风险职能的典型代表。由于种种原因，目前农产品市场监测调控方式陈旧落后，模拟仿真实验室尚未破题，亟待有人捷足先登，多措并举大幅度改进与创新，率先实现历史跨越。目前模拟仿真实验室目标任务智能化设计大多局限于气象预测和动植物病虫害防治等领域。另外，计划经济时期重实物监测调控、轻价值指标识别认证的做法使实物指标事无巨细过多过乱，监测调控机构低水平重复，并被分散在众多地区。而以价值指标为基础的监测预警调控信息迟滞，缺乏综合性和前瞻性，精准的监测调控能力普遍低下，尤其是统计核算的监测数据方法和出处大多来路不明、含糊其辞，很难被各界认可。因此，创建农产品市场模拟仿真实验室的重要意义显而易见。

（1）创建精准反周期模拟仿真实验室可以巩固提升市场化制度创新，把低成本、精准化、精致化、实战化措施融入中国"三农"高质量可持续发展的新阶段。这些措施将有助于告别大水漫灌粗放增长方式，告别农产品生产、流通和市场粗放监测预警调控方式，以精准化、精致化措施促进城乡统筹和扶贫

脱贫工作，创造性地贯彻落实中央的战略意图，低成本高质量促进城乡统筹和乡村振兴计划，有效防范化解逆周期制度创新可能带来的市场风险和经济损失。

（2）创建模拟仿真实验室前景广阔，后续空间容量巨大。可以为抗击双重风险增强信心，引导农民和各市场经营主体提升预期能力，减少生产经营活动的不确定性。

（3）创建模拟仿真实验室可以吸纳、整合、运用、普及科技创新的最新成果，在双重风险中避免简单化、片面化的应对措施，以大数据智能化汇聚生成的先导型指数可激发当事人"先知先觉""应知应会"的多种奇思妙想，把需要与可能多种积极影响因素兼收并蓄、统筹安排，对投资经营结果预先按照一定方法进行智能化模拟仿真量化处理，以监测预警提供的数据从事模拟仿真重合度等可行性验证，进行事前、事中与事后的全程准确度矫正，助力当事人经营决策逼近预期的目标效果，使监测预报的农产品供求价格状态走势与事后的实际路径高度吻合。因此，实验室可以发挥原有监测调控机构不可无替代、不可复制的独特优势，使最难监测、预测的大宗农产品或生鲜农产品的真实供求价格状况"提前三年早知道"，使生姜大蒜牛羊猪肉鲜鱼蔬菜当事人免受惊心动魄、担惊受怕之苦。

（4）模拟仿真实验室提前发布最有价值信息，可以遏制囤积居奇的过度投机行为，防范市场大起大落剧烈动荡，为种什么种多少提供参考，减少市场盲目性和损失浪费，确保增产增收，降低扶贫脱贫、城乡统筹和乡村振兴的成本和代价。

（5）创建模拟仿真实验室可以为制度创新、梳理因果关系提供精准化、综合化、智能化、前瞻性的科学载体。创建模拟仿真实验室绝非心血来潮，而是基于科学可靠的方法论。辩证唯物论认为事务之间存在着普遍联系，表面杂乱无章背后的因果关联都有必然性。科学的价值以及科学实验的力量就在于发现、揭示种种看似偶然、意外巧合的背后所蕴藏的必然的因果联系，梳理出它们之间的规律性。创建模拟仿真实验室就是要妥善化解雅俗共赏的民生琐事、民生大事，排忧解难，彻底解决千百年农产品市场起伏不定、剧烈波动带给普通百姓、千家万户的巨大困扰。

凡事预则立，不预则废。凡事都有起承转合、来龙去脉、前因后果，尤其是在大数据、智能化互联网的时代"信息经过即留痕"，信息自动生成上传存储和分析。只要明察秋毫悉心观察，保存记录，生产生活所产生的各种行为痕迹数字信息就都会被准确预示、提示警醒"一网打尽"，梳理生成价值连城被高度依赖的反馈信息，指导各行各业正确决策。大影响、大行情都是从微细不易察觉之处源发，都留存有痕迹先兆。过去农产品信息监测预警系统耗费了大量宝贵稀缺的人财物资源，存在的主要问题是走错了方向、放错了地方。原来的垃圾信息被当作了宝贝，而最金贵的先导信息却被视为垃圾。改变这种状况需要创新工作思路和方法论，确定执行力灵活高效的实验室投资运作主体。

三、创建农产品市场反周期模拟仿真实验室的若干要点

（一）加强实验室方式、方法的探索和转型升级，找准功能定位，关注监测预警粮食、棉花、糖料等大宗农产品"三年早知道"的长周期信息需求

典型案例已经表明，基于海洋冷暖温度变化的厄尔尼诺长周期旱涝气象极端灾害，对我国农产品生产流通的破坏力日趋强烈，造成的经济损失逐年加大。与此同时，建立在日新月异科技进步基础上的应用技术，可以预先提供针对性、精准化的局部防范措施，满足当事人意愿十分强烈的市场信息需求和防灾减灾的信息需求。特别要提高灾害到来之前的短期临报能力，以准确的预测来指导实际行动。从长周期观察，人类的科技认知能力已经可以推测一些有规律的现象趋势。如由于气候变暖和物种减少，蜜蜂与农产品产量之间存在显著关联，蜜蜂种群的迅速减少会造成农作物花期粉授机会减少，从而导致不久的将来粮食产量大幅度下降。

（二）着力监测预警牛羊猪肉和生鲜农产品行情"三月早知道"的普遍关心、迫切获知的短期信息需求

在集中汇总相关信息基础上，只要方法得当，就可以提前一个周期准确预知牛羊、生猪等即将发生的真实供求价格动向。为此要整合关键因素，做好高端关键人才的梯队储备，形成发现和培育人才、思想的平台和摇篮。尤其要发挥人工智能深度学习效应的引领功能，不断优化思路和算法。其中农产品市场分散决策引发的"共振现象"特别值得关注，最初微不足道、无数互不相干的单个行为，最有可能被放大为集体式"不谋而合"的共同行动，最典型的现象就是恐慌心理导致影响巨大的集体抛售或抢购风潮。

（三）分类指导优化形成各种实验室实战体系的合理布局结构，实现全覆盖

对国家重点实验室根据不同地区和部门承担责任的实际情况进行分类设计与指导。例如与"三农"关系密切的政府机构、科研院所适度分工、各司其职。根据承担的具体任务，可将实验室分为监测调控类实验室、探索类实验室，各种实验室根据需要和特点实行多元化发展，引入合作竞争机制，建立多类型实验室共建共享的联席会商、相互验证的互补机制。要建立长周期和短时段、专业和综合、国内和国际实验室联席会商机制。同时防止不合理属地管辖体制机制导致的信息孤岛。

（四）强化前瞻性和回溯比对，探寻规律性的综合分析能力

辩证唯物论认为事务之间存在着普遍联系，很多必然性是通过众多很难预料的偶然性为自己开辟道路的。科学及科学实验的价值在于发现、揭示种种看似偶然、意外巧合的背后所蕴藏的必然因果联系，梳理出它们之间的规律性。因此，创建模拟仿真实验室就是要化解千百年农产品生姜大蒜、牛羊猪肉、鲜鱼蔬菜起伏不定剧烈波动带给人类的巨大困扰。

（五）实行人工智能引领

与以往无限延伸替代人的体力的时代截然不同，现在已进入运用人工智能来无限延伸替代人的脑力的时代，跨越式潜能将迅速被人工智能激发出来。人工智能是按照人类预先设定的算法逻辑编程，凭借现代技术具备的自我深度学习模拟能力，在"试错反馈"的逻辑演进中自我纠正，不断改进，自行适应环境，找到正确行动去完成各种预订任务的"操作程序"。人工智能涉及所有已知学科和技能，已经和正在被开发运用于经济社会自然界和人类本身等无限广阔的前沿领域。经过60多年的演进，人工智能发展已进入新阶段。特别是在移动互联网、大数据、超级计算、传感网、脑科学等新理论、新技术以及经济社会发展强烈需求的共同融合驱动下，人工智能加速发展，呈现出深度学习、跨界融合、人机协同、群智开放、自主操控等新特征。大数据驱动知识学习、跨媒体协同处理、人机协同增强智能、群体集成智能、自主智能系统成为人工智能的发展重点。受脑科学研究成果启发的类脑智能蓄势待发，芯片化、自动化、硬件化、平台化趋势更加明显。当前，新一代人工智能相关学科发展、理论建模赋能与算法变革改进等技术创新，以及软硬件升级等整体推进，正在引发链式突破，推动经济社会军事各领域从数字化、网络化向智能化加速跃升。在这种大背景下，当务之急是聚集高端专业人才，在原有基础上实行建模、编程算法赋能。将巨大庞杂诸多不确定因素代入农产品市场模拟仿真实验室，解决以往不可能完成的关键特定目标任务，实现对农产品市场超前监测预警、精准调控能力的全面提升。

（六）社会应持有宽容的态度，建立合理的纠错容错赔偿机制

理论假设的实验室创建再周密也承担不起难以界定的无限责任。社会应给予理解宽容和不断改进实验室调试完善的时间，但是在具体实践操作中，实验室则应尽可能主动担责，与保险体系、再保险金融体系、期货市场套期保值体系协调配合，共建共享最大限度地降低不可抗拒突发应急事态导致的经济损失，形成合情理的应急补偿缓冲机制。对此，创建实验室的工作要点、基础重点就是聚精会神潜心于定量化研究农产品生产、流通、市场波动的先兆苗头迹象和规律，争取至少提前一个周期发布某种市场动态，并据此告知经营主体种养植什么、种养植多少。其中的关键是分析被长期忽视、掉以轻心却可预示未来的生产者分散行动。这种秘而不宣而又集体趋同的分头行动、自主分散决策是最值得高度警觉、可预示将来最有价值的先行指标。即使没有任何共谋，秘密分散的单独决策同样会酿成决定农产品市场供给和需求最终扩张还是收缩的意外结果，从而成为种种"大结局"的决定性因素。

（本文原载于《中国流通经济》2019 年 7 月，第 33 卷第 7 期）

新常态下，农产品供应链创新机遇

全国城市农贸中心联合会会长、世界批发市场联合会主席 马增俊

新常态下，农产品供应链应该如何发展，我将从以下三个方面和大家进行探讨。一是农产品供应链在疫情下的脆弱性。二是农产品供应链的智慧化建设。三是农产品供应链的发展趋势。

一、农产品供应链在疫情下的脆弱性

批发市场发生新冠肺炎疫情被关闭，一方面是由于供应链脆弱，另一方面是由于批发市场一些工作完成不到位。进口冻品在外包装上发现阳性，大家开始对冷链进行思考。海关相继检测出冻品外包装阳性事件，我建议向两个方向考虑：第一，肉、水产、医药等冷链进口的商品都需要进行货物检测。第二，进口公司需要向前端延伸，让所有加工、包装、运输等人员进行注册，实行备案制度，便于把控冻品进入中国后有迹可循以及人员的追溯和监管。另外，食品安全检测要在产地做而不是到批发市场再检测。

冷链是疫情防控重点，批发市场防控是研究重点，要改变供应链的脆弱性主要做到两个方面：一是做好疫情防控方案。批发市场应对所有管理者、经营业户、采购者进行疫情防控的统计和工作的开展。二是做好应急方案。控制人流、车流、货流，隔断病毒的传播。在突发情况发生时，保障供应链不断链，保供稳价是防控的关键。

二、农产品供应链的智慧化建设

农产品数字化建设推动难度大，如没有信息化、数字化，就很难推动智慧化。在信息化提升、数字化转型的过程中，全国城市农贸中心联合会成立了数字化专业委员会，目的是让农产品流通在数字化转型过程中真正走在前面。数字化发展包括三个阶段：第一个阶段是充分信息化，第二个阶段是数字化，第三个阶段是数字经济的发展。第一个阶段是充分信息化。目前都是政府要求批发市场信息化，信息化公司遵照政府要求去反推批发市场的信息化升级，但市场很少指出具体哪里需要信息化，所以如何做到位，是当前的难点。目前的批发市场、农贸市场信息的充分化需要两边结合，既要研究信息现代化，同时也要弄清楚市场需要的信息化程度。数字化专业委员会的成立有以下方向：第一个方向是数字化公司需要对批发市场的信息化、数字化转型、智能化制定目标，做出顶层设计，给其画像，让批发市场、农贸市场明确目标。第二个方向是批发市场、农贸市场有发展蓝图，明确自己的信息化的程度，确定自己的目标。需要把批发市场和农贸市场的信息化分别模块化、单元化，这样批发市场和农贸市场在信息化推动过程中就明确了自我需求，有助于针对农贸市场和批发市场设计整体的方案。数字化需要把所有接口、软件融通，从而形成真正的农产品流通行业大的数据应用。第二个阶段是数字化。数字化形成后，不能形成数据孤岛，要把一个市场变为行业行为和供应链的链条行为，用整体的数据、整体的供应链来指导、服务于其他的供应链。第三个阶段是数字经济的发展。就是要培养能够创新数字产品的人才。现在的物流流通已经完全不同了，需要开发各种数字产品。充分信息化之后数字化逐渐成型，在数字过程中使其智慧化，从而提高内在自我决策、监管、调节能力，使供应链逐步完善。

三、农产品供应链的发展趋势

目前我们供应链的发展水平高低不同。最主要的特征是创新、诚信和紧密化。有三个发展趋势：一是区域化。现在国际形势和经济形势都开始区域化，尤其是双循环的提出。二是诚信化。目前国内消费者认可品牌，人民日常生活向品质化提升。如果我们完善供应链，未来能在市场上有一席之地，主要还要靠诚信，互联网和线下最难做到的都是诚信。诚信已经成为一种趋势，但建立诚信存在很多难点，需要行业协会背书、政府背书、环境改造，才能做到诚信。三是生态化。大家原来关注的是供应链从前端到后端的衔接问题。第一个影响农产品流通供应链的是信息化公司。因为商务部、发改委、农业农村部要推动信息化发展，推进电子结算，推动追溯体系建设，追溯体系本身是诚信问题，若追溯体系把范畴扩大了，引入价格稳定、食品安全后就变成了信息化的问题。在推动过程中，会推动农产品批发市场前行，推动农产品供应链的发展。第二个是供应链金融的影响。之前协会成立过金融专业委员会，但是运行一段时间后发现难以推进，因为农产品流通中的批发市场、农贸市场的风险性太高，做单体可以，但是做一个行业难度很大，所以当金融涌入农产品流通领域，就会带来很大风险。由于批发市场发展阶段不同、发展的内容不一样，有的市场管控性强，金融可以渗入，但是一旦扩大到行业上，就无法推进。所以将来供应链的发展一定是生态化的，不只是注重于农产品供应链该如何做，还有农资、种子对我们生产阶段的发展，收获技术对我们供应链的发展影响很大。在未来的发展趋势过程中，这些都是我们需要重点做的。

最后提两个提议，一是相关部门尤其是我们金乡农业相关的部门要把农产品流通工作做好，做好基础工作非常重要，目前从生产、收获、仓储，最后到流通环节，自身的规范化、标准化做得不够，这是未来供应链的数字化转型应该做的。做好基础工作之后，供应链的智慧化才能起步，而非局限于流通环节本身。二是相关部门及各级政府应该将农产品生产、流通作为一个产业来规划、重视，放眼于世界，用区域发展的模式来推动经济的发展。

基于供应链管理的数字化农产品批发市场
运营管理模式研究探讨

北京菜篮子集团有限公司 王昕 梁娜

一、大型农产品批发市场加强供应链管理的迫切要求

（一）新版大型城市规划对传统"瓦片"商业模式提供的空间越来越小

传统农产品批发市场更多遵循了坐地收租金的商业模式，这一模式之所以能够在近三十年得以延续，主要是初期批发市场土地成本较低，或者是政府划拨用地，或者说集体用地，目前靠"收租金吃瓦片"能够维持市场运营"人吃马喂"相关支出，尚有一定利润空间。但随着城市新版规划的制定出台，以北京市为例，在产业目录里对传统低端农产品批发市场是腾退疏解，在依靠土地经营面临经济增长天花板极限的情况下，通过供应链管理创新拓展商业效率空间，依托数字化赋能，成为大型农产品批发市场升级改造的主要方向。

（二）日益规模化标准化的生产端为供应链管理提供了源头基础

随着近三十年城市化进程的大跨步迈进，农村"空心化"现象越来越明显，大面积土地流转已经开始，为农业生产的规模化、标准化、品牌化提供了源头基础，作为承担农产品流通主动脉的"大商"已经成为名副其实的供应链企业，他们深耕某一个单品或者某一个大品类，上游在国内外开拓大面积种植基地，下游连接大型商超、机关食堂等团餐渠道，并通过简单便捷的 ERP 数字化管理，以及微信、抖音、快手、头条等各种简单便捷的手段进行供应链管理数字化赋能，在供应链管理上进行了卓有成效的探索和实践。

（三）日益升级的消费端需求为供应链管理提出了客观要求

随着社会经济的发展，城市居民的消费水平日益升级，除了对物品"极大丰富、吃啥有啥"的多样化要求外，更希望吃到安全、绿色、健康的优质农产品。在现有农产品流通渠道中，大型农产品批发市场因为具备"聚散选配"一站式集采核心优势，仍然承担着核心主动脉作用。所以，如何在这一关键环节，通过强有力的供应链管理，最大程度保证食品安全，为广大市民提供优质农产品供应，成为大型批发市场服务民生最重要的应有之义。

（四）新冠肺炎疫情常态化为供应链管理提出了"底线"安全要求

2020 年一场突如其来的新冠肺炎疫情，将传统农产品批发市场推上了风口浪尖。武汉华南海鲜市场是疫情暴发的重灾区。而之所以出现这种被动局面，主要是传统市场更多只局限于坐地收租金，对市场经营人流、物流、车流尚未有统一有序的供应链管理，公共卫生安全管理尚存"盲区"，一是有问题不能早日防范，二是出了问题不能精准溯源，三是隐藏问题不能深度挖掘。为此，疫情防控常态情况下，加强农产品批发市场供应链管理，成为市场经营最基本的"底线"要求。

二、大型农产品批发市场供应链管理的核心要点

目前，大型农产品批发市场核心商业模式有资产经营、联合经营和自主经营三种形式，在这三种形式中供应链管理体现的内容不甚相同，但相互之间自成一体，核心要素归于一致，即通过供应链管理提升流通周转效率、降低库存、保证质量、扩大商业空间、实现封闭循环，实现市场管理方和场内大型经销商的共生共赢，最终提升农产品批发市场运营管理水平。

（一）资产经营的供应链管理

资产经营的核心是市场主办方招纳大型经销商入场，并为其提供相应的摊位，这是建立双方粘性的基础物理空间。在这种商业模式里，市场管理方一方面对大型经销商有供应链管理的硬性要求，比如进出市场食品安全的登记和全程可追溯；另一方面为大型经销商提供供应链衍生服务，比如分拣包装、第三方物流配送、场内接驳车辆、库存管理、车辆管理以及由此衍生的供应链金融、品牌营销、产销对接、市场推广等相关外围服务。在此种模式下，供应链管理的核心内涵是纵向加强供应链食品安全管理、横向拓展供应链管理商业服务内涵空间，以此获得双赢。

（二）联合经营的供应链管理

联合经营的核心是市场主办方积极开拓下游渠道，与场内大型经销商合作完成封闭供应链的运营管理。市场主办方依托自身社会资源影响力，开拓高等院校、养老社区、大型终端、机关食堂等相关团餐下游渠道，与场内大型经销商联合经营，将大型经销商作为自身供应商，在场内货比三家，形成经销商产品质量竞争态势，利用批发市场内一站式集采的优势，完成下游渠道的安全绿色配送供应。在此种商业模式里，市场主办方与大型经销商形成了供应链管理采和销的有机分工，产生了极大的合作粘性，为提升整体供应链管理水平以及大型批发市场运营管理水平提供一种强大的内生动力。

（三）自主经营的供应链管理

自主经营是指市场主办方成立专门的供应链公司，独立自主开展相关业务。在资产经营和联合经营的基础上，市场主办方掌握了上游大量优质的农产品生产基地资源，掌控了核心下游渠道资源，培养了懂生产、懂流通的专业人才队伍，在上述基础上，就具备了开展自主经营的三大核心基础要素。此种商业模式的供应链管理，核心是选品、管控、透明、高效，供应链管理的上游是全国 2800 多个县以及世界各地优质的单品生产基地，下游是各类大 B 或者大 G 销售渠道，农产品批发市场的物理空间将真正成为一个调度有序、极具规模的分拨配送中心，而多条供应链掌控能力将成为市场主办方最核心的资源，与新版城市规划中对新型农产品流通体系的规划要求相一致。同时，市场主办方所掌控的社会资源将不仅仅局限于批发市场物理空间，而是延伸拓展至纵向上下游和横向 + 衍生业态更立体资源空间。

（四）三种经营模式自成有机一体

以上三种经营模式互为基础、互相支撑、互相促进、自成一体。资产经营是联合经营和自主经营的基础，是市场主办方和大型经销商建立粘性的基础物理空间，是批发市场快速"成市"的"1"；联合经营是资产经营的再提升，是市场主办方与大型经销商形成高度紧密商业利益合作粘性的有效方式，也是提升市场主办方供应链管理水平的有力手段；自主经营是在资产经营和联合经营基础上产业供应链管理水平提升的必然结果，是农产品批发市场实现真正供应链管理，靠农产品流通供应链本身增值的有效体现，是国民流通体系不断升级的强大内生动力。

三、数字化助力大型农产品批发市场供应链管理的具体举措

（一）资产运营模式中数字化助力供应链管理的措施

在资产运营模式中，以北京市为例，核心是按照北京市关于批发市场疫情防控食品安全追溯运营管理的十三条意见，聚焦农产品批发市场智慧园区管理，完成买卖注册制和食品安全可追溯信息系统建设，对进出场内的人流、物流、车流做到来去可追溯，形成场内人流、物流、车流全程在线的"大脑中枢"，同时在车辆管理、物业管理、安全管理等方面搭建简单便捷的数字化应用小程序，为资产运营提供数字化基础安全保障。

（二）联营业务模式中数字化助力供应链管理的措施

联营业务供应链管理数字化服务手段，核心是建立简单的服务于下游渠道配送的场内分拣集配数字化管理小程序，保证分拣配送的精准性、时效性、高质量和满意率，降低配送损耗，提升联营业务中的供应链服务管控水平。同时，为了便于掌握联营业务中大型经销商的产品质量和流通数据，切实实现货比三家选好合作伙伴，在各大经销商保护自身上下游商业机密潜意识本能情况下，应该以库存物流管理为切入点，依托场内托盘芯片简单装置和冷库内部货架 RFID 条形码，以及冷链物流行业走在前沿的实操性应用型系统软件，对冷库进行全程数字化管理，掌握货物实时进出数据，进而精准掌握总体交易数据，便于联营业务的开展。

（三）自营业务模式中数字化助力供应链管理的措施

供应链自营业务重在从订单—配送—分拣—库存—采购的全流程 ERP 数字化，面对大 B 和大 G 终端客户，通过 ERP 数字化管理，在精准订单基础上，将有效需求信息传递到上游各个环节，进而达到降低采购成本、实现合理库存、提高分拣效率和高质量配送的目标。为此，大型农产品批发市场需充分深入研究借鉴学习同行业成熟供应链企业，比如望家欢、九曳供应链、蜀海供应链、SYSCO 等供应链信息系统，为自身供应链自营业务提供数字化支撑。

在社会经济发展一日千里的新时代，基于供应链管理的数字化农产品批发市场运营管理已经成为行业的最新呼唤，必将成为新型农产品流通体系再造的最关键一环，在国内国际双循环大背景下，也必将成为保证市民"菜篮子"安全保障的重要手段和核心力量。

十二部门联发文 行业发展迎契机

——《关于进一步优化发展环境促进生鲜农产品流通的实施意见》政策解读

全国城市农贸中心联合会会长、世界批发市场联合会主席　马增俊

在以习近平同志为核心的党中央坚强领导下，疫情防控取得重大战略成果。当前，统筹疫情防控与经济发展任务仍十分艰巨，扎实做好"六稳"工作、全面落实"六保"任务，是当前新形势下工作总基调的主要着力点。生鲜农产品流通关系着农民的"钱袋子"和市民的"菜篮子"，对于调节产销关系、保障市场供应、平抑价格波动起着重要的作用，是重要的民生事业。为进一步优化生鲜农产品流通业发展环境，解决生鲜农产品流通领域制约企业尤其是民营企业发展的突出问题，促进生鲜农产品流通业健康发展，近日，国家发展改革委等12部门联合发布《关于进一步优化发展环境促进生鲜农产品流通的实施意见》（以下简称《意见》），提出5方面12条具体举措，具有重要的积极意义。

一、《意见》出台意义重要

今年新冠肺炎疫情的严峻形势让不少企业的复工复产面临巨大压力，当前疫情防控常态化，生鲜农产品流通业也面临一系列新形势，《意见》的出台意义重要。这是第一次由国家发展改革委牵头，公安部、财政部、自然资源部、生态环境部、住房和城乡建设部、交通运输部、农业农村部、商务部、税务总局、市场监管总局、银保监会等12部门，合力支持生鲜农产品流通发展的政策文件，体现了国家对生鲜农产品流通业的高度重视。《意见》的出台，将进一步优化行业发展环境，为行业发展创造了好的发展条件和形势，生鲜农产品流通业也将在供应链完善、创新、优化等方面迎来特别有利的发展机遇，步入新的发展阶段。

二、坚持问题导向，提出有效解决措施

《意见》在降低企业经营成本上，明确提出减轻企业价费负担、破解增值税抵扣难题；在加大金融支持力度上，提出支持企业设施建设、支持企业融资纾困、强化担保增信服务；在加大用地用房供给上，提出落实农产品流通用地政策、解决零售终端用房困难；在营造良好营商环境方面，专门提出改进地方行政管理，创新服务型管理模式。抓住了当前生鲜农产品流通发展的主要痛点、难点，问题找得准，对策落得实。

三、大力扶持民营企业发展

《意见》还特别对民营企业给予关注，突出强调了支持生鲜农产品流通领域民营企业的发展。近年来，各类市场主体在生鲜农产品流通领域取得了长足发展，特别是民营企业已成为我国生鲜农产品流通的主要力量。据全国城市农贸中心联合会调研数据，农产品市场超过半数以上为民营企业，农产品经销商90%以上为个体经营。《意见》指出要切实解决生鲜农产品流通领域市场主体尤其是民营企业发展面

临的突出问题，比如，在加大金融支持力度方面，明确提出鼓励符合条件的生鲜农产品流通领域民营企业发行农产品批发市场建设项目收益债，积极通过发行企业债券融资。鼓励银行业金融机构对包括民营企业在内的各类企业投资新建扩建农产品批发市场、物流园区、加工配送中心等大型农产品流通骨干基础设施，提供信贷支持。在用地方面，提出不得对民营企业设置隐性门槛。在营造良好营商环境上，更是针对民营企业发展对地方政府提出了明确要求，构建亲清政商关系，维护公平竞争秩序，改进地方行政管理，给以最大力度的帮扶。

四、推动生鲜流通企业升级改造和创新发展

《意见》鼓励生鲜农产品流通企业通过延伸上下游产业链构建一体化农产品供应链，从商品集聚平台向产业集成平台升级，提高产销两端的服务能力和市场竞争能力。引导企业加强检验检测、质量分级、标识包装、冷链物流等流通各环节的标准应用，通过标准化生产流通实现品牌化增值效应。鼓励农产品批发市场等大型流通主体建立第三方供应链金融服务平台。强调农产品供应链的优化、完善、创新，冷链物流的发展，生鲜流通的标准化应用，农产品供应链金融体系等，这些都将是引导企业整合升级增效的方向，生鲜农产品流通的集团化、品牌化、连锁化趋势将进一步增强。

五、行业协会要发挥政企桥梁作用

生鲜农产品流通行业发展需要全力推动政策落实和企业的升级改造和创新发展。行业协会在其中发挥着关键的桥梁作用，应积极贯彻推动政策落实，加强政策解读、培训，协助企业理解领会政策精神，根据政策方向推动企业创新发展。要及时将政策落实情况和行业发展遇到的新情况、新问题，反馈给政府有关部门，让行业、企业真正享受到政策红利，与政府、企业合力，促进生鲜农产品流通业健康发展，做好民生保障，重振经济发展活力。

我国农产品批发市场的创新发展

国务院发展研究中心市场经济研究所副所长王青在 2020 年
中国农产品批发市场行业年会上的讲话

2020 年农批市场一直都处在风口浪尖，下一步还会面临一个风口，这个风口不是冷风，是暖风，是整个农批市场在未来的发展中面临的一些新的机遇。

一、建设现代流通体系：消费产业双升级的必然要求

新时代，我国社会主要矛盾转化为人民日益增长的美好生活需要和不平衡不充分的发展之间的矛盾，这背后是产业体系、流通体系和治理体系的转变，而不平衡不充分日益体现在供给需求、商品服务、国内国外之间。我国商品消费数量扩张的时期已经结束，进入了结构调整优化时期。消费变革 = 消费升级 + 新技术革命。现代流通体系前所未有处于一个新的高度。目前大家都在谈消费升级，之前谈产业升级谈的比较多，也谈过双升级，但是为什么社会的主要矛盾转化突出表现在不平衡不充分方面，我认为除了两端自身存在的问题之外，现代流通体系没有完全构建起来，没有进一步完善，这也是导致消费变革和产业升级不能够充分，或者说是需要进一步加强创新的很重要原因，可能会成为下一步高质量发展的短板。

我国经济社会发展站在了新起点。人均 GDP 跨越 11000 国际元（1990），产业升级、消费变革和创新驱动成为主旋律。我们在研究过程中发现，当一个经济体人均 GDP 达到 11000 国际元（1990）前后的时候，超过这个临界点，整个经济社会发展将面临一个非常明显的变化，而且这个变化不是一个国家，是所有的新型工业化国家在经历这一个阶段之后，达到这个临界点之后，都会产生的一些共性变化。消费增长已经过去，进入了结构调整优化时期。

产业结构变化。产业结构加速升级，实际上正是因为消费升级导致了整个产业结构不断改善。比如航空物流，对应的是消费高端的快捷消费需求和附加值比较高的产业发展，如电子、生物医药这些高端制造业的发展，航空货运的需求也是在 11000 国际元的时候突然就上去了。

另外一方面是交通技术，甚至是未来的空间技术发展非常快，可以在很短的时间内把一个商品从微利运到微利，比如说 2000 公里有可能就用半个小时一个小时就可以实现。但是现在的情况不是这样，虽然整个基因技术、生物技术、交通技术都在发展，但与我们这种需求的变化相比较，对高品质农产品需求的这种类型的公司，冷链技术还是一个非常重要、非常有潜力的一个领域，它的存在非常重要。

社会需求问题。比如说在整个美国和日本，能量的需求就出现了，这就是说整个的一个新的商业模式，或者说冷链的需求，它的发展需要有技术能力，需求的拉动只是基础之一。

政策问题。美国在 1906 年颁布确保食品和药品纯洁性法案，提出的这种要素包括老年人追溯、信息平台、加工流通、加工、研发，其中第五个要素，包括批发市场，这实际上从标准上、法律上对我们也是有了进一步的提升，东盟也出台了一系列非常重要的标准，来推动提升。这跟经济发展阶段密切相关，没有结合实际和影响力，可能推出的内容只是事倍功半的情况。

刚刚谈到的整个的消费变革，大家都可以说出很多的特点，比如支付方式的改变、消费人群的变

化、消费方式的变化、消费模式的变化，下面我谈三个跟农产品相关的变革。

消费变革1：中高端商品和个性化、差异化、多元化消费需求快速增长。品质消费、体验消费，市场日益长尾化，流通逐步精准化、小批量、多频次。我们整个的消费品已经进入了需要满足高品质的生活的要求，对于绿色环保的要求也在不断提升的阶段。再加上我们受教育水平的增长和收入的提高，整个市场格局发生了很大的变化。以前要快速占领一个市场，需要有一个规模经济，比如汽车家电，这个时期生产的是同质产品，就看谁的成本低，而现在市场已经被细分了。以前的这种主流的市场，它的空间在不断缩小，下一步企业的竞争力不在于有没有多大的产量规模，而是在于多大程度上占领这些细分技术，但是这个过程不一定是形式，它可以通过一个平台经济来参与到细分市场。

消费变革2：服务消费快速增长，商品和服务消费日趋融合。除服务消费自身，商品和服务融合的体验积累和传递。

消费变革3：城市群对消费创新的引领带动作用日益明显；商业模式和流通创新的规模经济继续凸显。

流通的定位逐步从中间和连接环节，转变为贯通整个生产消费全过程的支撑平台，流通业自身不仅成为创新的主战场，而且也是驱动产业升级、技术创新和消费创新的新动能。从提供物流转向提供数据、金融、信息、方案等增值服务。流通体系在国民经济中发挥着基础性作用，构建新发展格局，必须把建设现代流通体系作为一项重要战略任务来抓。流通效率和生产效率同等重要；国内循环和国际循环都离不开高效的现代流通体系。

二、批发市场创新发展的方向

一是由于东亚国家和地区的具体情况，决定多级批发体系依然是我国农产品流通的主渠道。

二是农批体系组织化信息化水平的提升，将集中在中间环节，模式和服务创新将更多集中在两端；加强与电子商务等新商业模式融合发展，各扬所长、各取所需。

三是增强价格发现、信息数据、金融服务、安全追溯等现代农批市场功能，实现信息化数字化平台化发展，优化场内布局，增加仓配、加工、冷链、电商区域。

四是更多关注和提升对城市B端特别是小微B端的服务能力，从交易物流环节拓展到增值服务环节，改变盈利模式单一的不足。

五是加快整合全国资源，形成网络体系，增强枢纽功能，构建以信息和数据为核心的天网和地网、虚拟和现实。

六是适应城市群和都市圈发展需要，重新布局和调整网络体系，在大型都市圈中明确定位和侧重，实现协同发展。

七是关注绿色发展，与城市可持续发展协同推进。

三、批发市场创新发展迫切需要政策引导和扶持

一是政策制定实施的理念，从减环节降成本转向提效率促创新。应关注绿色发展，我认为应该从过多强调降本增效转向绩效的创新。

二是对大型农产品批发市场的定位，要更多考虑市场机制，公益性体现在非常态下的补贴和购买服务。比如遇到冲击之后，政府是不是需要通过购买服务或者是接管，等于是政府提供公共性，只不过是自己安排的，由批发市场实现，这种方式可能会有其他市场未来的传输方法，它的定位更清晰一些。

三是要把法律标准体系建设放在更重要的位置，依靠需求和政策促进创新和规范发展。欧盟25%

的农业资金是用在农业、养老和农产品，我认为非常好。地方政府的功能定位和规范具有很大的影响，通过规划和目前的工程技术，增强政策稳定性，对未来的体系也有预期性，这样可以进一步推动创新。

四是把数字化信息化平台建设纳入新基建及"两新一重"项目，对冷链追溯服务创新给予更多的扶持政策，推广冷链技术和设备设施，建设知识创新平台。

五是地方政府在功能定位和规划上更加明确，尽量避免与城市"越来越近"的情况，弱化邻避效应，增强政策稳定性和可预期性，提高市场主体转型升级和创新发展的动力。

疫情防控常态下，中国农产品批发市场发展之路

全国城市农贸中心联合会会长、世界批发市场联合会主席 马增俊

一、疫情之下，农批市场做出的贡献

2020年新冠肺炎疫情期间，农产品批发行业充分发挥了有效保障居民生活必需品供应的功能，成为农产品保供稳价、解决卖难的重要渠道。

（一）保供稳价

疫情中，全国各地很多农产品批发市场成为政府指定供应单位。市场充分发挥流通主渠道作用，依托政府和行业协会，组织市场经营大户从全国各地组织货源，确保市场农产品经营品类齐全，建立农产品应急储备，及时调剂供应，通过一系列举措确保货源稳定，做到产品不脱销，不断货，不断供，不涨价，确保疫情期间居民日常生活的需要。为疫情防控工作做出了突出贡献，彰显了企业社会责任。

（二）解决卖难

受疫情影响，全国多个产区的农产品销售渠道受阻，造成大量蔬菜滞销，农户受损严重。在商务部等部门的指导下，农产品流通企业积极行动，肩负起解决卖难滞销的重任，发挥自身优势，通过多渠道销售滞销农产品，有效缓解农产品滞销卖难。

（三）得到相关政府部门认可

商务部专门向疫情中表现突出的市场和经销商发来感谢信，感谢各大农产品市场、经销商在组织货源、对接调运、参与联保联供应、保障重要生活物资市场供应、缓解农产品滞销卖难等方面做出的突出贡献。

二、疫情带来的危机与机遇

疫情带给我们的是危机，是挑战，也是机遇。

（一）科学认识疫情

疫情防控常态化是指所有人去防控，而不是某一个企业。新冠肺炎疫情本身与农产品批发市场并没有直接和必然的关系，客观看，粮食、水果、蔬菜、肉类是人们生活必不可缺的东西，人口众多的大城市对食品的需求量也更大，而农产品批发市场作为食品的集散地，人流量大，交易频繁，市场上的货物和人员来自四面八方，禽类、肉类又容易携带或滋生病毒病菌，存在引发疫情并导致疫情扩散的风险。我们应该科学认识疫情，深究病毒的源头，理清病毒传播路径，而不应笼统归责于农批市场。

（二）疫情带来的危机

1. 去零售

为了疫情防控，北京市农产品批发市场暂停零售业务，批零分离。市场零售业务暂停后，对市场、经销商、消费者都造成了一定影响。市场方面，交易量大幅下降，部分零售比重较大的市场降幅达70%，经销商情绪波动较大；经销商方面，批发的剩余尾货缺乏销售渠道，造成极大浪费，经销商经营成本增加，家庭收入锐减，后期可能导致就业危机；消费者方面，暂停零售业务后，导致周边居民由

于价差原因造成普通家庭每月在农产品开销上增加。关于农批市场去零售，是疫情防控形势下的临时措施，还是批发市场未来发展方向仍需进一步论证探讨。市场应从大局出发，理解政府思维，更多地思考自身定位和未来发展空间，加快研究既能保留零售又能做好防控，避免成为疫情暴发点的措施和方法。

2．控人流

农产品批发市场作为人员密集场所，疫情防控工作责任重大。为切实做好疫情防控工作，农产品市场对进场人员数量进行控制，从而导致市场交易量下降。

（三）疫情带来的机遇

1．政府关注

疫情期间，农产品市场在保供稳价、解决卖难等方面做出了巨大贡献，同时也得到了相关政府部门关注。为了促进农产品市场更好发展，政府部门相继出台了相关政策，支持行业健康发展。

2．线上转换加速

疫情期间线上生鲜行业发展迅速，盒马鲜生、叮咚买菜、美团买菜等生鲜电商平台异常火爆，电商发展迅速，也推动了农批市场线上转换加速。

三、疫情防控常态下，农批市场发展之路

（一）积极响应政府号召

市场要站在政府的角度去认识疫情防控相关措施和要求，积极响应当地政府号召，执行相关措施和要求，做好生活必需品供应，为当地政府排忧解难。

（二）关注人流管理，研究物流创新

农产品批发市场每天都有大量人员进出，疫情后，市场开始关注人流管理，大部分市场采取所有进场人员需戴口罩、查看健康码等措施对进场人员进行管理，还应加强进场人员及其密切接触者活动轨迹的管理。

此次疫情的暴发，让农产品的运输"断链"更加明显。市场要做好物流的应急预案，研究物流创新，对物流进行调控，找到物流接驳点，使农产品能够顺利出村进城进入市场。

（三）加快数字化转型步伐

信息化是物理空间的东西变成信息并整合提升后形成的。数字化是信息变成数字之后在虚拟空间环境的运用。数字化是新的课题，是真实助力经济发展的。农贸联成立数字化专业委员会的目的就是推动信息化完成后的数字化转型工作，将批发市场在信息化单元上进行模块化，各市场可根据需要，有选择地对市场所需模块进行升级，而不是进行全面升级，逐步推进数字化转型。

（四）诚信渠道建设

在劣币驱逐良币的环境中，创造诚信渠道的环境，打造诚信营商环境是发展趋势，农产品市场一定要树立诚信思维。

加快农批市场转型升级，强化现代治理体系

北京物资学院　洪岚　张喜才

北京物资学院城市农产品流通研究所跟踪研究新冠肺炎疫情对我国商品交易市场的影响发现：近年来，我国农产品批发市场在农产品质量安全追溯、公益性农批市场建设和转型升级中存在的问题不断突显，已成为我国公共卫生突发疫情的重要风险点和主要扩散源，在复工复产、复商复市中也明显滞后于其他行业。在疫情常态化防控背景下，亟待建立现代化治理体系，提升治理能力。

农批市场是我国北京等超大城市食品保障体系的中枢，也是保障农业供应链产业链稳定的重要环节。以北京市为例，约90%的农产品由外埠供应，70%是通过农产品批发市场集散，不仅有力保障了北京城市农产品供应，在北方农产品流通网络中也发挥了重要作用。当前，农批市场摊大饼粗放发展，求大求全，但电商发展严重滞后，冷链物流、应急保供等基础设施建设薄弱，监管不善，管理滞后。导致农批市场在服务"三农"、改善民生和扩大内需中的作用未能得到有效发挥，亟待综合施策，尽快明确农批市场的政府主管部门，建立联合监管机制，加强农产品质量安全追溯体系、冷链物流和公益性市场建设，加快推动农产品批发与零售分业经营，推进农批市场数字化转型，进一步发挥农批市场在服务"六稳""六保"中的重要作用。

一、我国农批市场在疫情中暴露出的主要问题和短板

（一）农批市场屡次成为我国公共卫生突发疫情的暴发地

这其中的原因，一方面是因为，农批市场每天有大量来自各地的活动物、水生两栖动物、各种肉类交易；另一方面是因为，农批市场人流量大，卫生条件差，阴冷潮湿环境多，有利于病毒的存活、传播和变异，极易发生聚集性疫情。

北京某批发市场聚集性疫情的发生，进一步暴露出在农产品流通中存在的管理漏洞：一是海关、质检部门和批发市场在新冠肺炎疫情防控中忽视了物媒传播，没有对进口农产品实施新冠病毒检测。二是对冷链物流的发展关注不够，冷库、冷藏车及预冷等技术创新发展应用还没有明确的扶持政策。三是政府对农批市场及其冷链物流安全的监管缺乏系统性治理，治理能力和治理水平有待提高，亟待建立长效监管机制。

（二）农批市场转型升级滞后，在"六稳""六保"中的作用发挥不足

我国农批市场每年承载着70%的农副产品流通量，特别是在大中城市周边承担着重要的农副产品集散功能，以及所在城市食品供给保障功能。以新发地农副产品批发市场为例，该市场每天蔬菜交易量达1.8万吨、果品交易量达2万吨，满足北京市场果蔬消费量的90%以上。近年来，虽然有专家提出智慧农批概念，也有个别农批市场采用了5G技术管理，实行扫码出入，把车流和人流分离，把批发业户和经营业户分离，保证了市场的有序管理。但传统农批的转型升级依然困难重重，平台经济、数字经济等新业态的发展，也明显滞后于消费领域。在此前发改委、中国物流与采购联合会开展的市场调查中，68%和62%的调查企业反映商品交易市场和商贸流通企业复工不足50%；85%的企业认为农批市场的物流受影响较大。

（三）食品安全基础薄弱，农产品全程追溯体系亟待建立

农批市场作为确保农产品质量安全的重要一环，也是提升区域农产品质量安全水平的关键环节。以农批市场为抓手，从源头开始加强农产品质量安全追溯体系的建设，实现对农产品信息的正向追踪和逆向溯源，不仅有利于能够及时发现问题并采取相应的对策，同时也有利于与国际农产品质量安全追溯体系进行接轨，打破国际农产品贸易壁垒，提高我国农产品的国际竞争力。为应对疯牛病、口蹄疫、禽流感等畜禽疾病，美国、欧盟已普遍建立了从出口到本国/本地区的农产品追溯体系，以增加食品与农产品在供应链中的信息透明度，并明确禁止将不具有追溯功能的食品、农产品进入该国市场。

（四）冷链物流安全体系建设亟待加强

冷链物流体系涉及主体多，环节复杂，生产安全、生物安全、消防安全、交通安全、职业安全、公共安全等因素交错叠加，也造成我国农批市场农产品冷链物流仍存在诸多问题有待解决。一是食品安全隐患依然存在。冷链物流断链容易引起农产品、冻品在运输途中发生变质腐烂。二是生物安全隐患突出。近年来，冻肉等进口冷冻食品快速增加，冷链也可能会成为外来病毒传播的重要风险点。三是生产安全事故不断发生。近10年来，我国累计曝光的冷库安全事故达100余起，造成200多人死亡，3500多人受伤，直接经济损失约4亿元。四是交通安全、职业安全不容忽视。制冷剂泄露、冷库堆垛不合理等造成的伤亡也时有发生，运输过程中，超载、超限、疲劳驾驶的情况依然存在。上述问题近年来虽有下降趋势，但仍未得到有效遏制。

（五）公益性农批市场建设不足，批零混业经营现象普遍、城市治理压力大

与发达国家相较，我国农批市场60%以上为民营企业投资，农批市场经销商中小企业占绝对主体地位（以新发地市场为例，全国果蔬交易规模排名第一，年营业收入超过1亿元的经销商也只有100个左右），在信息汇集、质量安全检测、产品溯源、废弃物无害化处理等方面的建设与投入严重不足，市场运作与管理粗放，批零兼营现象普遍，环境脏乱差较突出、商品质量监管薄弱、食品质量问题频发。据研究，农批市场如能实现批发与零售的分业，将减少其60%的人流，40%的车流。尽管市场营收可能减少20%左右，但极大提高了市场管理方对市场的管控能力，市场的物流标准化运作水平，提高食品追溯能力，且能迅速改善市场周围交通拥堵、环境卫生脏差等状况。

（六）政府主管部门缺位，治理能力和治理水平亟待提升

我国农产品冷链等食品安全的治理体系与治理能力还不能适应超大城市巨量的冷链物流发展需要，亟待加强顶层设计，探索建立相应管理机制。特别是行业主管部门缺位，造成政府部门之间缺乏统一协调，未能形成覆盖全链条、相互衔接的监管体系。农产品的生产、流通和消费，涉及多个部门，存在职能交叉、冲突和缺失。尤其是在生物安全、职业安全、生产安全等方面仍存在监管盲点。

近年来，尽管商务部、农业农村部等部委，以及北京市委市政府等地方政府在农批市场规划建设和农贸市场改造升级上出台了不少政策支持，着力提升农批市场的公益性与民生保障水平，但农批市场环境脏差，批零混业、商流物流合一所造成周边交通拥堵，外来人口集聚治安压力大等现状，仍未能得到解决。批发市场的综合性功能和各个部门分段监管的矛盾突出，治理体系不适应现代批发市场发展要求。

二、对策与建议

一是综合施策，尽快明确农批市场的政府行业主管部门，建立联合监管机制。加快推进以农批市场为中心的全程质量安全追溯体系建设，出台支持农批市场发展平台经济，以及农产品冷链物流的指导意见，重塑农产品供应链体系和应急保障体系，研究制定农批市场发展条例。

　　二是加强规划引导，逐步调整大型批发市场布局、推进农产品批发与零售分业经营，对人流、物流进行分流，避免疫情再次从农批市场暴发。强化公益性农批市场以及农批市场数字化基础设施建设，加快推进国有控股农批市场的公益性建设与升级改造。

　　三是强化农产品的产地检测和源头控制，健全完善农产品强制追溯制度。加强对进口食品或农产品海关病毒检疫检测，加强农产品产地准入和市场准入管理，保证农产品质量安全。对高风险农产品、与人民群众生活健康密切相关的农产品、进口相关农产品实行强制追溯。组织食品安全、农业、零售等领域专家开展农产品流通强制追溯目录的认定工作。利用大数据、物联网、区块链等新一代信息技术，加强农产品质量安全监管。从源头强化农产品批发市场病毒检疫检测。

关于农批市场转型方向的几点思考

内蒙古食全食美股份有限公司董事长　彭继远

一、农批市场面临的问题和挑战

传统农批市场转型升级过程中存在两个问题，一是内部升级，传统农批市场仍存在规划布局、配套设施和增值服务无法满足自身发展要求，信息化程度低、精细化管理不到位、盈利模式单一、业务创新能力弱，尚未探索出切实可行的盈利模式，销售收入下降等问题，转型升级势在必行。二是外部竞争，随着城市现代化的发展，移动互联网的深度应用，新的流通技术和商业模式的加速渗透，农超对接、电子商务、直供直销等渠道分流严重，市场竞争更加激烈。

因此，未来农批市场发展会很难，必须以高度的责任感、使命感和危机感清晰认识农批市场未来发展走向。那么农批市场未来发展的方向是什么？大家把希望寄予数字化转型。数字化转型是未来发展方向，农批市场可以通过运用数字化办公、统一收费结算模式等达到管理运营水平和效率的提升，但数字化只能在农批市场局部范围应用，无法全部应用，数字化只是转型的工具，并不能真正解决企业生存和发展的问题。我认为解决企业生存和发展问题的核心是要回归商业的本源，做好商业底功，用经营思想制定好企业未来的发展战略，谋划好企业未来的产业布局，全方位系统整合和利用农批市场特有的资源优势，提高市场主体自身的经营能力，使农批市场从管理型向经营型转变，才能形成自身核心竞争力，解决农批市场长治久安的发展问题。

二、农批市场未来转型的方向

1. 依托现有资源，快速出手，布局零售市场网络，抢占终端市场，为农批市场发展和线上线下融合建立支点

抢占终端市场的原因是随着零售生鲜品经营规模的扩大，大型公司采购由原来的农批市场转向生产基地直采，直接影响了农批市场的份额。为了解决零售做大直供直销、农超对接等问题，有条件的大型农批市场要提前布局零售市场网络，达到两个目的：一是占领当地的零售终端市场，为大型农批市场建立支点；二是布局区域的配送网络，有效解决生鲜配送物流成本高、保鲜难度大的问题。

基于农产品的特殊性，农产品电商发展仍面临着保鲜难度大、物流成本高，大部分不盈利等问题。如何解决生鲜配送的痛点？如何使零售店建立与生鲜配送网络相结合，推动线上线下融合发展？零售店要在满足消费者线下购物需求的同时，增加线上区域配送的配货仓、中转站功能，就是通过零售店的配送车辆把消费者前一天线上下单的生鲜农产品一次性配送到店里，把原来的生鲜品"送货到家"变成消费者"到店自提"，大大降低物流配送成本；通过采用冷藏车运输、零售店冷藏贮存，有效保障农产品品质，使普通消费者享受到统一配送的便利和品质保障，形成线上线下互利共赢的发展态势。

2. 利用现有资源，建立集配加工中心，增加生产加工、分拣分包功能，引导农批市场向标准化、品牌化方向发展，为形成大流通奠定基础

农批市场是我国农产品生产流通"两头小"的产物，但随着中国经济的迅猛发展，国家对大农业

和大商业政策导向的出台，适应新形势、新需求的农产品大农业和大流通必将形成，农批市场流通的主渠道作用将日益削弱，批发集散功能将逐步萎缩。未来农批市场要向集约化、功能化、智能化的集配中心发展，以集配中心为纽带连接供应链上下游，直接衔接产地和终端，承担农产品集聚、分拨、配送职能，以更加高效、方便、快捷方式满足"农超对接""电子商务""产地配送"等新型营销模式的集配需求。

因此，农批市场从现在起就要未雨绸缪，行动起来，依托自身优势和发展条件，以批发带动零售，增加生产加工、分拣分包等功能，全力培育和打造功能强大的集配中心，引导农批市场向智能集配中心发展，才能解决因未来农批市场批发集散功能萎缩而造成的土地、厂房、仓库等资源闲置、经营资源浪费和盈利能力下降等问题，形成新的产业核心和产业布局，才能凝聚人气和商气，从根本上实现转型升级，体现新的价值和功能。

标准化是大流通的基础，在农批市场增加生产加工、分拣分包功能，打造集配中心也是为了解决生鲜农产品标准化的问题。标准化问题说了多年，但没有取得实质性进展。究竟依靠谁来解决农产品标准化问题？在实践探索中，我认为大型农批市场要承担起社会责任，建立集配加工中心，增加标准化分拣分包功能，加强检验检测、质量分级、标识包装、冷链物流等流通各环节的标准制定和应用推广，引导生鲜农产品向分等级、标准定量方向发展，才能带动种植的规模化、流通的标准化和零售的效益化，才能真正形成大流通，解决"两头小"的问题。什么是生鲜农产品标准化？标准化不是简单分包，分等级、定量分包才是标准化。即要根据农产品的外观、质构、种类等要素进行农产品等级划分，改变大进大出的粗放型统货包装，走分级精选、定量包装之路，分拣分包的目的是把等级分出来，把定量分出来。

当前，市场商品极度丰富，同质化现象严重，终端市场竞争已进入白热化状态。农批市场在零售市场的话语权较低，如何提高话语权？依托资源优势延伸产业链条，树立企业自有品牌，品牌带来效益，形成差异化竞争，只有这样才能提高农批市场在产业链条上的盈利能力，提高市场话语权，确保经营利润。

同时，通过分拣分包，利用数字化形成更加精准的食品安全和品质保障追溯，弥补冷链断链问题，形成从田间地头到餐桌全过程完整的食品"履历"，确保商品品质，提高商品附加值，实现以质定价，优质优价的品牌化增值效应，使生鲜农产品的质量更有保障，流通更加顺畅，真正做到提高效率，降低成本，确保农民收入增加。

3.引导农批市场树立经营思想，培养自营队伍，从商业物业管理者向实体经营者转变，解决农批市场盈利模式单一和盈利能力弱的问题

曾经在历史上很辉煌的传统百货商场，由于完全采取租赁经营模式，大型企业放弃了经营，失去了经营权，无法紧跟市场进行资源整合，没有变革升级的抓手，生存能力受到严重挑战，现在面临销售严重分流，租赁业务大幅下滑，租金难收的局面，逐渐丧失了竞争力，有的甚至退出历史舞台。农批市场与传统百货商场有相同点，都是采用了以租赁为主的经营模式，放弃了经营，挣简单的钱，这种模式可复制性强，没有竞争力，一旦出现市场波动，束手无策。农批市场要想长足发展，必须抓住核心的东西，商贸流通领域的核心就是经营，而不是管理。目前农批市场大多都是综合性批发市场，生鲜业务这块儿暂时还难以撼动，但除生鲜以外的其他业务如果不变革，仅靠租赁业务就危险了，也会像传统百货商场一样丢掉市场，丢掉收入。

三、农批市场转型升级不到位的原因

农批市场转型升级不到位的主要原因是对专业和商业本源了解不够，缺少转型升级的抓手。商业的本源是什么？中国商业初期是物物交换，卖的过程也就是买的过程，供给会创造它的需求，到后来逐步发展到货币商业，再到现在的互联网，逐渐建立了更加复杂而先进的交易模式。在商品流通条件下，卖的过程与买的过程一般在时间和空间上是分离的，需要通过反复参与经营实践和信息整合，经历多个轮回的进、存、销全过程的不断循环周转和磨炼，才能弄明白经营的原理和原则，遵循和利用商品流通规律，适时组织货源，供应市场，满足市场需求。简单来说，商业的本源其实就是要做好经营，通过商业流通的手段，把好的商品买回来卖给所需要的人，更好地满足消费者的需求，为消费者创造价值。但目前农批市场大多都是物业管理型，管理者没有介入商品经营和商业流通中，没有经营实践的积累和购销存全过程的历练，没有可以整合利用资源的经营实体抓手，少了商业基因，离商业本源较远，对转型升级、数字化等的理解和应用只停留在纸上谈兵，很难将理论和实践相结合做到事半功倍。因此，我们从业者只有回归商业本源，介入经营实践中，才能更好完成农批市场资源利用和转型升级。

农批市场要想实现可持续发展，必须转变传统租赁盈利模式，主动介入经营，确立经营思想，积极培养自身的经营管理团队，把经营权抓在自己手里，不断调整和整合资源，提高自身造血功能，使市场逐步从商业物业管理者向实体经营者转变，形成自身特有的经营模式和盈利模式，才能从根本上增强市场的核心竞争力。

冷链物流建设获强支持 投资需关注效率效果

全国城市农贸中心联合会会长、世界批发市场联合会主席 马增俊

2020 年中央一号文件提出要安排中央预算内投资，支持建设一批骨干冷链物流基地，加快物联网、大数据、区块链、人工智能、第五代移动通信网络、智慧气象等现代信息技术在农业领域的推动和应用等要求，对农产品流通、农业生产都非常有利。众所周知，农产品大流通的形成和批发市场的发展对于农民脱贫致富发挥了巨大作用，尤其在推动乡村振兴方面，也会有重要的作用。因此，中央一号文件决定启动农产品仓储保鲜冷链物流设施建设工程。加强农产品冷链物流统筹规划、分级布局和标准制定。安排中央预算内投资，支持建设一批骨干冷链物流基地，这些对未来我国农产品冷链物流建设、现代农业建设有非常重要的意义。

首先，有利于乡村振兴。2020 年脱贫攻坚战打赢之后，重要任务就是不可使脱贫农民返贫，乡村振兴除了农业生产之外，产业延续是乡村振兴的根本出路。将冷链物流作为公益性产业、民生产业，优先发展，就是产业发展的一种延续，通过加大对冷链等基础设施投入，加强农产品产后分级、包装、营销，建设现代化农产品冷链仓储物流体系，可以重点解决农产品销售中的突出问题，打造农产品销售公共服务平台。这是实施乡村振兴战略，以产业振兴乡村的关键一步。

其次，有利于减少整体农产品流通的损耗。长期以来，尽管各地政府也做过一些冷链物流发展规划，但由于产业投资大，回收期长，发展模式不清晰，很多规划落实并不理想。因为完全使用冷链的企业成本高，也就是说，冷链对社会整体有意义，但对某个企业不一定合算，所以造成冷链发展比较慢。这次中央一号文件能够加强中央预算的投入建冷链当然非常好，这样就可以把对社会有益的公共资金用上。

不过，在未来加强这些领域的投资时，需要注意两个问题：

第一个问题是，中央资金投入之后，不应该像一般企业似的，以盈利为目的，而是要以将农产品仓储保鲜冷链物流设施作为公共基础设施维护为目的。这样才能够让中央投资的冷链基础设施真正发挥效用。

第二个问题是，中央资金的使用办法要推动每个冷链项目和投资的使用效率。它不仅仅只是说资金安全，一个项目建了，有没有效果却不管。这是原来很多财政资金使用过程中建立的一些项目存在的普遍问题。因此，应该把真正从事农产品大流通，从事冷链物流整体环节的参与者作为补贴对象，而且要延期考核。

所以，在投资过程中尤其中央资金，需要关注效率、效果，让资金真正在未来冷链物流发展过程中发挥实际的作用，而不再仅仅以资金安全为主，不管项目最后结果如何。如果把这些资金用好了，对于乡村振兴，对于生产环节、流通环节农业产业化的推动，都非常有利。

此外，这次中央一号文件关于冷链物流建设还有一大亮点就是，不只针对物流企业，国家还支持家庭农场、农民合作社、供销合作社、邮政快递企业、产业化龙头企业建设产地分拣包装、冷藏保鲜、仓

储运输、初加工等设施，基本包括了与农业物流相关的各类主体。这也是非常好的。实际上不需要点名是哪些企业，只要真实从事了农产品流通，就是真正需要支持的机构，反之，如果不能长期从事，就不能支持。可以设定一个标准，比如要运营农产品流通五年以上，而且未来五年还继续运营。如果在未来五年之内或两年、一年后不运营了，资金还会撤回。只有加强这些标准和监督执行措施，才能让中央预算投资真正发挥效用。

冷链冻品新冠检测阳性问题　把住源头关是关键

全国城市农贸中心联合会会长、世界批发市场联合会主席　马增俊

2020 年 6 月以来，全国多地先后在冷链冻品中检出新冠病毒阳性。特别是从青岛的进口冷链食品外包装上分离到新冠活病毒，证实了接触新冠活病毒污染的外包装，就有可能导致人类感染病毒。冷冻食品的安全隐患引起消费者的恐慌和有关部门的高度重视，为什么进口冷链食品频频中招，当前的冷链食品管理体系存在哪些问题，如何加强冷链食品安全监管，值得深思。

一、完善监管体系

本身冷链在封闭低温环境下，通风不畅，湿度过大，就容易导致霉菌大量繁殖。冷链物流一旦断链，致使微生物生长速度加快，病原菌分泌毒素的速度增加，更易引起冻品在运输途中变质腐烂，有很大的生物安全隐患，这就造成冷链成为外来病毒传播的温床。当前国外疫情还在蔓延，无症状感染者增加，进入冬季，天气寒冷，新冠病毒在污染物体表面存活时间也相对延长。进口冷链食品应该特别引起重点关注。建议针对冷冻产品尤其是进口食品，在进入市场前一定要严格检疫，把住源头关，坚决守住疫情防控口岸防线，以确保其没问题才可进入国内市场。国家应加大对进口海鲜等产品的海关检测，对于从疫区进口的商品，要求出口商提供出口商品、包装物等新冠病毒检测报告，以及直接加工、包装或其他直接接触商品的工作人员的病毒检测报告；加强检验检疫，在进口冷链食品首次与我境内人员接触前实施预防性全面消毒处理，努力把部分含有病毒的进口食品抵挡在国门之外，防止问题产品流入各地，流入市场。从进口冻品一入海关，就开展冷链全面检查，把好合格检测关，做好详细的备案。避免出现疫情后才开始启动紧急预案，之前来看，每次冷冻食品出现问题，各地基本操作模式就是立即启动冷链食品疫情防控应急预案，对涉及的冷冻肉制品和运输车辆全部封存，对产品及环境进行消杀，对密切接触者等全部进行集中隔离，同步开展核酸检测与血清采样检测。这种做法虽然短期很有效，但是综合管理成本却很高，因为不能准确查找到问题产品，就将所有的冷库都封存，对所有的冷冻食品都全部检查一遍，是一种人力、物力、财力的消耗。当一个城市爆出冷冻食品问题时，应该要求城市的所有冷库按照食品安全的管理规范流程，查找备案，索证索票，迅速找到问题源头产品，不需要所有产品每个都封存检测，这种应急监管管理体系应该是对冷库的检查，不是对库内所有产品的检查，检查冷库证照是否齐全，是否为合法经营。

二、人员全检备案

加强对冷链经营的冷冻产品从业人员的管理。从出现的进口冷冻食品疫情来看，大多是在冷冻食品的外包装标本上检测出了新冠病毒，有关人员参与了冷冻食品的搬运工作感染病毒。10 月从青岛冷链食品外包装分离出活病毒，是国际上首次在冷链食品外包装上分离到新冠活病毒，并证实接触新冠活病毒污染的外包装可导致感染，也是首次在实验室外证实在冷链运输特殊条件下新冠病毒可以在物品外包装上存活较长时间，提示新冠病毒以冷链物品为载体具备远距离跨境输入的可能。在特定环境条件下，物品表面存活的病毒可能导致无有效防护的易感接触者发生感染，感染风险人群主要为冷链物品从业人

员。这就要求对于经常与冷链产品密切接触，从事冷链产品装卸、加工、销售等涉及冷冻产品的人员，包括港口、冷链运输和冷链产品从业人员都要进行健康检查和信息备案，对冷链经营产业的工作环境，包括运输车辆、储存的冷库等，也要定期进行环境采样，检测污染情况，并做好详细备案。政府可依托行业协会加强对冷链产业管理者和从业者的培训，增强防护意识，做好日常防护，要严格按照相关规范和要求进行操作，运输、销售、加工处理进口冷冻食品时必须佩戴口罩、帽子、手套等，同时要加强从业者自我健康监测，一旦出现发烧、咳嗽、乏力等症状，要即刻离岗、就医并报告，不能带病上岗，强化常态化防控措施落实。有关防疫部门应定期对冷链产业的环境检测、从业人员进行核酸筛查，做好信息记录备案，以便及时发现和追溯到处于早期的感染者，把疫情控制在萌芽中。

三、健全追溯体系

国务院应对新型冠状病毒肺炎疫情联防联控机制11月9日印发《进口冷链食品预防性全面消毒工作方案》。农产品批发、零售市场应严格按照方案要求做好相关工作。市场要加强环境卫生改造，将冷冻食品区独立分隔。实现全流程闭环管控可追溯，最大程度降低新冠病毒通过进口冷链食品输入风险。在冷链运输和出入库环节，进口冷链食品运输过程中，承运企业不得开箱，在国内运输段交通运输管理部门要督促指导冷链物流企业严格查验海关通关单证，落实运输车辆船舶等装载运输装备消毒、一线工作人员个人防护等措施。冷库接受进口冷链食品时，应如实记录并核对集装箱号及铅封号，做好货物的出入库记录，相关资料和记录应至少留存2年。在流通环节，对从口岸放行的进口冷链食品，在社会冷库或企业冷库倒箱过车、入库存储前，相关生产经营单位查验货物所附的消毒证明，如未消毒，则在掏箱卸货时，对该批货物的集装箱内壁、货物外包装实施消毒。在市场环节，加强进口冷链食品是否消毒的相关证明查验工作，防止未经过预防性全面消毒处理的进口冷链食品进入市场。进一步完善追溯管理，做到所有进入市场的进口冷链食品来源可追溯、去向可查证、责任可追究、风险可控制。同时对冷链行业从业人员也要实现全面的信息可追溯。

四、加强信息发布

国家针对进口冷链食品引发的新冠肺炎局部暴发疫情，并没有简单禁止进口，而是把控制由进口冷链食品污染可能引发的新冠肺炎疫情纳入常态化管理，把风险控制在最低水平，这就为确保进口冷链食品安全、保障人民群众身体健康和生命安全的同时，也保障产业链供应链稳定提供了政策支持。"公开透明是最好的防控疫情心理稳定剂"，需要及时发布有关冷冻食品相关疫情信息，加强信息公示，充分公布检测情况，公布既要及时，还要详细、具体、全链条，提高信息采信度，畅通信息了解渠道，简化查询操作方法，尽可能做到让消费者能从公开信息中迅速判断自己购买的食品有没有疫情风险。同时，还应该对消费者加强有关冷冻食品的科学普及，做好市场有关疫情防控措施的解读，实现食品安全信息公开，避免消费者真假不辨，减少对冷冻食品不必要的恐慌。

关于农贸市场垃圾分类联动推进的思考

全国城市农贸中心联合会零售市场专业委员会秘书长　贺有余

农贸市场垃圾分类，最重要的是引进垃圾减量处理设备，发挥市场垃圾分类"发动机"作用。一辆汽车没有了发动机就无法运行，发动机是如此重要，它关系到汽车的生命。那为什么说垃圾减量处理设备拥有"发动机"作用呢？因为据我们多年的实践看来，以减量处理设备为中心，进行市场垃圾分类才能多线联动。（文后附五线联动图）

第一条线："以垃圾减量处理为核心的垃圾分类"。引进垃圾减量处理设备，要发挥它最大的效益，需要以清晰的垃圾分类为前提。这就从根本上倒逼农贸市场商户进行垃圾分类。

第二条线："以垃圾分类为核心的考核制度"。每个商户设立专桶，标有商户编号。垃圾房工作人员对于垃圾分类商户优良情况，看桶上编号即可知道，并予以标"☆"（分类良好）、"△"（分类有一些瑕疵）、"▲"（分类较差），三个层次，直观而有效，对商户每日表现记录在表格。对应月度评比考核。

第三条线："垃圾分类奖励金设立"。垃圾减量设备产出物可作为一个重要的垃圾分类评比奖励收入来源，对接好这些产出物的收购方，以明晰的"产出—收入"数据公开给到商户每月查看，这笔费用将来支撑每月度的商户垃圾分类评比奖励金，对于表现良好的可以获得奖励分红。同时，此举也会激励垃圾分类不好的商户积极改进。

第四条线："垃圾分类宣传为垃圾减量处理助力"。为了更好地营造市场垃圾分类的优良作风，宣传不可少。市场的墙面、地面、台面都可以成为宣传垃圾分类良好的载体。墙面通过"垃圾分类主题装饰"打造宣传垃圾分类的良好氛围，地面通过"保洁主题文创地贴"来引导市场内的商户、顾客积极注意市场保洁，台面主要针对岛台立面来装饰"垃圾分类主题海报"。

第五条线："垃圾分类衍生的相关小配套"。以垃圾减量处理机为核心，衍生出的产品还有智能垃圾分类机（连接5G可识别扔进去的垃圾类别，自动进行分类）、智能垃圾回收柜（可供社区市民将可回收垃圾以返现、积分等方式一户一卡进行智能回收）、垃圾分类引导柜（通过别致的色彩和透明度打造高颜值的引导柜，不仅增加市场档次还能起到引导有效分类的作用）。

这五条线，本质上都是以"垃圾减量处理机"为核心，实现市场垃圾分类各个环节联动运行，可以说它就像市场垃圾分类板块的一台"发动机"，让市场垃圾分类形成一个联动的有机体，没有了这台发动机，市场垃圾分类就像一辆没有发动机的汽车，很难持久运行。

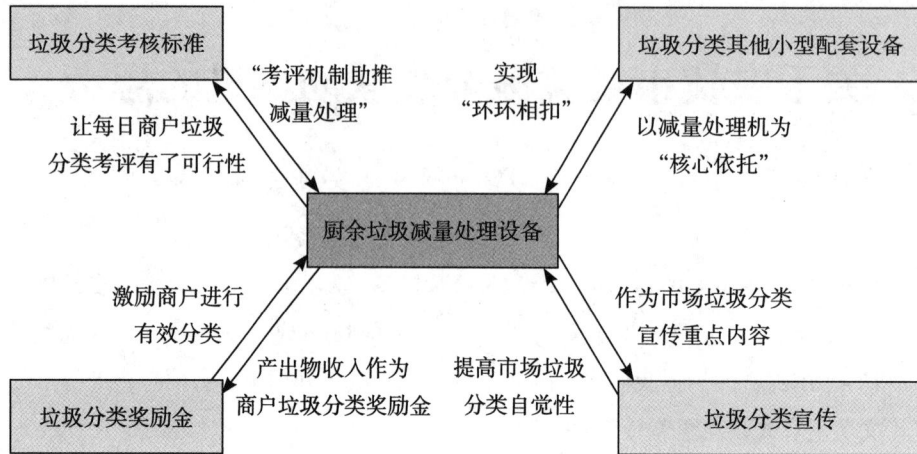

日本政府对农产品批发市场的监管及其启示

上海蔬菜（集团）有限公司副总裁 李光集

一场新冠肺炎疫情让农产品批发市场一时成为社会舆论关注的焦点。但冷静地来看，我国农产品批发市场作为农产品流通体制改革后发展起来的新生事物，有效发挥着联系生产与消费的桥梁与纽带作用，对促进流通，保障供需，解决农产品"卖难""买难"等问题发挥着非常重要的作用，并成为目前我国农产品流通的主渠道和主力军。据商务部统计，目前全国现有各类农产品市场 4.4 万家，其中农产品批发市场 4100 多家，2019 年批发交易量达到 9.7 亿吨，批发交易额 5.7 万亿元，全国七成的农产品都是经由农产品批发市场流通的。即便新冠肺炎疫情暴发以来，全国各地农产品批发市场坚持开市营业，充分发挥着"蓄水池"和"调节器"的作用，对保障城市"菜篮子"产品市场供应和价格稳定，解决疫情期间农产品滞销问题，同样做出了巨大贡献。但是疫情期间爆发出来的我国农产品批发市场行业长期累积的规划建设和监管问题，以及后疫情时期农产品批发市场行业如何发展和管理问题，确实需要我们认真总结和思考。

一、日本政府对农产品批发市场的监管方式

日本是一个农产品批发市场体系建设高度完备的国家，经过长期的发展，形成了以中央批发市场为主，地方批发市场及其他批发市场为辅的农产品批发市场体系。据日本农林水产省 2019 年的数据统计显示，日本有中央批发市场 64 个，地方批发市场 1037 个。蔬果、水产品、肉类、鲜花等生鲜农产品的批发市场流通经由率曾高达 80%—90%，21 世纪以来虽然呈现连年下降趋势，但生鲜农产品的批发市场流通经由率仍然很高，蔬果和水产品的批发市场经由率仍超过 56%，其中国产蔬果类产品的批发市场流通经由率仍高达 80% 左右。日本政府将农产品批发市场作为基础性、公益性事业，实行的是有计划的依法管理，目的是要促进生鲜食品生产、流通的合理化和保障社会稳定。

（一）明确批发市场属性为公益事业

日本批发市场运营管控体系的建立与发生于 1918 年的"米骚动"有直接的关系。当时，由于资本主义工业和城市化的快速发展，对粮食等农产品的需求不断增加；同时，封建土地所有制和土地过于集中束缚了农业的发展，使农业无法满足城市对粮食和原料日益增长的需求。受日本政府出兵干预苏联消息的影响，军粮的增加、投机商的囤积居奇和跨区域倒卖，导致粮食价格在几个月期间涨了好几倍。从 1918 年 8 月 3 日富山县渔村西水桥町 300 名买不起大米的"渔女"集体阻止投机商大米外运开始，形成了席卷全国的"抢米暴动"。为了把米价降下去，控制投机商行为，日本政府出台政策减少中间环节，建立专门公益性零售市场，让生产者生产出来的东西可以直接拿到市场上销售，由于生产者无时间进场，后来又设立了专门的零售商。后来，为解决零售市场的局限性，到 1921 年日本开始提出建立中央批发市场，并正式颁布《中央批发市场法》，规定中央批发市场归中央政府直接管理，一个地区只能建立一个批发市场，并严格限制批发商数量和交易方式，规定批发商在批发市场内只能采取拍卖的交易方式，收取交易手续费，而不能赚取差额，且必须接受生产者的委托进行拍卖。日本批发市场的公益性在《批发市场法》第一条就给予了明确，是要"有计划"地发展，要"促进生鲜食品生产、流通的合理化，

保证整个国民生活的安定"。因此日本的批发市场主要由政府投资为主，不要求其盈利，也不需要向政府纳税，其收益只要求能维持市场的正常运转就可以，批发市场高级管理者身份就是公务员，很多一般管理者的身份类似于我国的事业单位编制身份，批发市场完全是按照公益性的要求来规划、投资和营运管理的，必须充分保护生产者和消费者利益。

（二）系统立法加以规范管理

由于日本的批发市场主要是在"米骚动"之后，为了针对性地解决"米骚动"危机中暴露的农产品流通领域环节多、投机严重的问题而建立的，其出发点就是为了"稳供应，保民生，"，增强政府对农产品尤其是生鲜农产品流通的管控，增强流通过程的公开性、竞争性和透明度。因此，从一开始政府就将批发市场的监管纳入了法制化的轨道，并在长期的实践中不断丰富和完善法律制度框架，形成了以《批发市场法》《日本蔬菜生产上市安定法》《农业协同组织法》为核心，《批发市场法施行令》《批发市场法施行规则》《食品流通审议会令》等为支撑的全国性政策法规体系。同时，根据全国性的法律制度规范，很多地方政府制定专门的批发市场管理条例和管理制度，如大阪府1971年制定的《大阪中央批发市场业务条例》《大阪中央批发市场业务条例施行规则》等地方法规。这些法律、法规不仅对批发市场的类型、设立、规划、投资、运营、监督、审议等做出了具体规定，而且对上市农产品的规格要求、行情波动、风险控制和产品上市的具体组织都有明确的界定。

（三）科学制定批发市场布局规划，实行严格的准入、准出制度

日本是一个处于地震带的岛国，国土面积小，自然灾害多，人均资源拥有量少，因此防止不时之需和节约使用资源始终是日本的基本国策。在批发市场建设上，日本始终高度重视加强对批发市场宏观管理，通过制定批发市场的中长期发展规划，合理设置批发市场，批发市场规划对批发市场的开设和退出具有刚性约束，实行严格的准入和准出制度。根据《批发市场法》规定，农林水产大臣必须制定中央批发市场建设基本方针和规划，规划制定时不仅要听取批发市场审议会的意见，而且要同地方公共团体进行协商；地方批发市场发展规划的制定要遵循批发市场发展的基本方针，由都、道、府、县知事审批，并报农林水产大臣。批发市场规划根据市场需求和变化可以定期进行调整，一般十年为一个调整周期，调整也必须进行严格的审批，所有批发市场的建设和退出都要符合规划且经批准方可。这样既防止了政府"有形的手"任意干预批发市场布局，又有效防止了市场"无形的手"导致的恶性无序竞争和资源浪费，确保了批发市场稳定的生存发展环境。

同时，对于批发市场从事批发交易活动的相关参与主体也有严格具体的规定和要求，特别是作为交易主体的生产者、批发代理商、中间批发商等都要进行严格的资格审查。为防止垄断，保证竞争适度，通常一个批发市场内的批发代理商数量被限定在2—6家，批发代理商需要提出申请，并得到农林水产大臣或地方政府许可才能进场交易，其继承和退出也必须经资格审查和批准才行，并且严格限制批发代理商之间的兼并，禁止场外交易，禁止自定交易规则，严格限制跨业经营。中间批发商也需要经市场开办方同意才能进场交易。

（四）依法加强对批发市场的服务收费管理，交易手续费实行全国统一的标准

日本对农产品批发市场是按照实体商品交易所的模式来管理的，在批发市场中涉及的收费主要有两大类，一是场地、设施的使用费，二是批发代理商的交易手续费。为了降低流通成本，日本对农产品批发市场的收费依法实行严格的监管，在批发市场里，批发市场管理机构（开办方）代表政府和公共团体行使进场经营者的资质审查和批准、场地设施的维护管理和物业管理、食品质量安全的检查，向批发代理商和中间批发商收取场地、设施租金和占交易额0.25%的抽成管理费，作为市场管理方面的费用开支和积累；批发代理商接受委托进行拍卖销售时，不允许收取买卖差价，而是收取批发交易手续费，手续

费的标准由《批发市场法》规定，不同品类采取不同的手续费标准，但全国标准统一：蔬菜为8.5%，果品为7.0%，水产品为5.5%，肉类为3.5%，花木为9.5%，除此之外，不允许另外收费。

（五）对批发市场及从批发市场流通的农产品实行"一头管理"

日本是一个陆地农业资源条件并不丰富的国家，山地丘陵多，平地少，人均耕地面积少，自然灾害多，农业生产主要以家庭为单位的小规模分散生产为主，抗风险能力差，是一个农产品进口大国。为保障农产品生产和供应稳定，日本将农产品的生产、产后加工、安全卫生、流通运销、零售消费等所有生产流通环节的行政管理职能，统一归口到农业行政管理部门，实行"一头管理"。对农产品批发市场的监管在全国层面由农林水产省流通局负责统筹管理，在都、道、府和县、市层面由地方农业行政管理部门流通室负责统筹管理，所有事项都在一个条线统筹规划和平衡，有效避免了多头管理、政出多门、相互掣肘的现象发生。

二、对我国农产品批发市场规划建设管理的启示

日本与中国地缘相近，文化相近，饮食习惯相近，以家庭为主的小规模分散生产的农业生产方式也相近，其以批发市场为核心的农产品流通体系与我国目前的农产品流通现实也高度相似，日本对农产品批发市场进行依法管理的监管模式对我国，尤其是对我国一些超大型消费城市，具有非常重要的学习借鉴价值。具体而言，主要包括以下几个方面：

（一）加快推进农产品批发市场全面回归公益

我国农产品批发市场是随着农产品流通体制改革而诞生的，与日本农产品批发市场监管不同的是：我国农产品批发市场都是按照市场化方式来管理的，在激发行业巨大发展活力的同时，也累积了很多事关安全和社会责任的问题，尤其是在新冠肺炎疫情防控过程中，暴露了诸多短板。尽管回归公益的呼声越来越高，且从2014年中央一号文件《中共中央国务院关于全面深化农村改革加快推进农业现代化的若干意见》正式提出了"开展公益性农产品批发市场建设试点"，在全国范围内也形成了一批公益性农产品批发市场，但试点总体推进不快，范围不广，公益性只是体现在试点的局部市场和市场的"保供、稳价、食品安全和环保"等部分功能上，并没有将整个批发市场和整个行业纳入公益性范畴考量，尤其是没有将其"服务三农"和"乡村振兴"纳入公益性范畴考量。

党的十九届四中全会明确提出要"坚持以人民为中心的发展思想，不断保障和改善民生、增进人民福祉"，要"注重加强普惠性、基础性、兜底性民生建设，保障群众基本生活"。农产品批发市场作为连接农产品生产和消费的纽带和桥梁，对生产端而言，事关农产品价值实现，事关农民增收，事关脱贫攻坚，事关"三农"问题解决和乡村振兴；对消费端而言，事关供应保障，事关食品安全，事关价格稳定，是保障城市安全运行的重要基石之一。在我国社会经济发展取得巨大进步的今天，对农产品批发市场这样一个关乎全局、关乎民生，具有基础性、公益性属性的行业，在前期公益性改革试点的基础上，是时候正本清源，加快回归，全面确立批发市场的公益属性，并加大投入和扶持力度，促进公益性职能更好地发挥。

（二）加快推进行业专门立法，保障行业稳定发展

我国虽然针对农产品批发市场及其相关主体的法律、法规不少，但多数针对性不强，基本都是散布在其他法律法规里面，各地针对农产品批发市场的监管尺度不一，方法各异。对于这样一个规模庞大的民生领域，非常有必要需要学习借鉴日本的立法经验，推进制定具有中国特色的农产品批发市场法，将农产品批发市场的规划、投资、建设、营运和监督纳入统一的法制化轨道，通过专项立法，一是要在法律层面明确农产品批发市场的公益性属性，保护农产品批发市场应有的合法地位；二是要管住政府"有

形的手"，防止权力任性，避免"一个领导一个想法"，为农产品批发市场提供一个稳定的生产发展环境；三是要通过立法，为批发市场交易管理活动建立统一规范的营运管理模式和服务规范；四是要为进入批发市场参与交易活动的批发商、采购商和服务商等交易参与方制定相应的行为规范。

（三）科学合理制定农产品批发市场建设规划并得到有效落实

长期以来，我国农产品批发市场基本上都是"谁投资，谁受益"，完全市场化的状态自由生长。近十年来，虽然国家层面和部分核心城市都在推进农产品批发市场的规划制定，但总体规划约束力不强，规划实际执行效果不佳。农产品批发市场作为具有高度公益性的准公共产品和民生项目，对农产品批发市场规划应该纳入当地国民经济和社会发展规划，并认真学习借鉴日本的经验和方法：一是在规划制定时，要充分听取各方意见，科学论证，确保规划的科学性和合理性，既要防止网点不足，又要防止过剩浪费；二是要确保规划的指导性和权威性，对批发市场网点布局要有刚性约束，对规划内现有的批发市场网点要确保可以稳定经营，对规划内新的网点布局，地方政府必须严格执行，对非规划内的网点要严格禁止；三是要确保规划的可执行性，尤其是在关键的建设用地指标和土地资源供应上，要确保能满足供应；四是要建立规划动态调整机制，根据社会发展状况定期对规划的合理性、适应性进行评估，根据评估结果对规划进行动态调整和优化。

（四）加强监管政策协调，防止"神仙打架"

我国地域辽阔，地区差异大，农产品批发市场既有产地市场，又有销地市场，还有中转市场，将农产品批发市场监管归口一个部门监管确实还不现实，但对城市销地市场而言，将其纳入地方一个部门"一元化"统一监管还是可以借鉴的，这样在一个城市尤其是特大、超大型城市，可以系统地考虑批发市场的数量、布局、运营管理要求等，避免"铁路警察各管一段"的情况发生。在国家层面，农业、商务、市场监管、规划土地、安全生产等有关方面应就农产品批发市场相关监管问题定期进行政策沟通和协调，防止"神仙打架"、政策之间相互掣肘，使批发市场可以随着社会经济发展和消费需求的变化，动态地进行业态创新和功能完善，更好地保障供应，服务民生。

（五）规范设施租金和服务费用的收取

目前，我国农产品批发市场作为自由竞争的商业主体，其相关收费完全由市场自行确定，政府基本不干预，导致全国不同批发市场收费种类、范围、标准等各不相同，也无任何依据。未来，对于具有公益属性的农产品批发市场，其佣金（交易手续费）收取，应该借鉴日本的方法，分品类制订全国统一的最高限价标准，各市场佣金标准不能超过限定水平；对场地设施租金，地方政府应根据各市场当地投资和商务成本，合理地核定限价标准；对其他服务性的杂费收费种类、范围和标准，地方政府也应分类制订指导标准。通过合理地制订限价标准，更好地降低农产品流通成本，确保批发市场公益性能得到更好的体现。

2020年天津市农产品批发市场行业发展报告

天津市商务局

国内农产品"小生产、大流通"的总体格局，决定了农产品批发市场成为联接产销两端，满足农产品大量集货、快速分销的必然选择，并成为城市基础功能的重要组成部分。随着农产品流通的进一步发展，农产品批发市场在跨区域大市场、大流通格局中的主渠道、主力军作用凸显，在当前及未来相当长时期内，农产品批发市场都仍将是我国农产品流通市场体系的核心和枢纽。

一、行业发展现状

（一）行业规模分析

2020年，天津农产品批发市场行业监测样本水产品批发市场5个，与2019年持平；茶叶、花卉批发市场各2个，与2019年持平。市场摊位20183个，同比上升0.45%，从业人员数共计53020人，同比降低1.96%。

2020年，天津农产品批发市场综合市场的经营面积为1832573平方米，同比上升0.6%。茶叶市场的经营面积为41000平方米，同比增加2.50%。花卉市场的经营面积为42000平方米，同比减少6.67%。

2020年，天津农产品批发市场行业监测样本批发市场的信息中心4个，同比增长33.33%。

（二）行业结构分析

1. 市场类型结构

2020年，天津农产品批发市场行业监测样本水产品批发市场5个，与2019年持平；茶叶、花卉批发市场各2个，与2019年持平，如图1所示。

2. 经营面积结构

2020年，天津农产品批发市场综合市场的经营面积为1832573平方米，同比上升0.60%。茶叶市场的经营面积为41000平方米，同比增加2.50%。花卉市场的经营面积为42000平方米，同比减少6.67%。

3. 综合市场结构分析

2020年，蔬菜类年成交额最高，达到1852339万元；其次是水果类年成交额，达到985594万元；肉禽类年成交额596060万元；水产品类年成交额560741万元；蛋类年成交额最小，仅有58561万元。

（三）行业效益分析

2020年，天津农产品批发市场行业监测样本蔬菜类年成交额1852339万元，同比上升17.64%；水产品市场年成交额560741万元，同比下降37.84%；肉禽类市场年成交额596060万元，同比上升9.52%；蛋类市场年成交额58561万元，同比降低20.62%；水果类市场年成交额985594万元，同比降低24.19%。

二、存在问题及原因

（一）监督管理机制不完善导致产品质量下降

虽然当前我国农产品市场对于质量安全极为重视，但由于农产品批发市场的监督管理机制仍存在不完善之处且监督力度不足，农产品安全和质量仍然存在一些问题。部分农批市场为了吸引客户入场，对农产品检测普遍不够重视，检测设备配置、人员配置、检测技术掌握等方面水平落后，配置供给不足。检测设备简陋，检验批次偏少，检测样本不足且不规范等问题突出。

（二）农产品批发市场基础建设有待完善

我国早期修建的农产品批发市场主要服务于农产品集散，对于附属功能考虑不足，导致随着经济发展，基础设施老化，不能适应时代发展。这些较早建设的农批市场没有充分考虑到停车、垃圾处理等问题，设施陈旧，后期又缺乏必要的升级维护，甚至部分农批市场直接将停车场作为销售场所，鲜活农产品露天交易，产生了噪音污染、蚊虫滋生、交通拥堵等一系列问题。同时，大部分农批市场信息化建设较落后，没有建立起统一开放的产销信息平台，仅按照商务部要求采集当日交易价格信息，可参考价值不大，难以提升交易效率。

（三）私人农产品批发市场管理制度有待完善

私人农产品批发市场或者为了谋取自身收益最大化，或者限于自身能力不足，对于农产品批发市场管理较为松散。一是对进场人员资格没有任何限制，不但批发商可以进场交易，周边居民也可以进场交易。是批发市场基本上是 24 小时交易，虽然方便了交易双方，最大限度地提高了各种设施的利用效率，但是缺乏全场清场、消毒清理时间，增加了疾病潜伏和传播风险。三是场内交易方式落后，目前大多数批发市场仍然采取传统的对手交易，虽然可以较为有效地规避交易风险，但也无疑增加了病毒直接或间接传播风险，造成安全隐患。

三、行业发展趋势

（一）农产品批发市场后端需求日趋分散和小型化

随着社会经济的不断发展，农产品批发市场的服务对象已经发生了深刻变化，除了为菜市场的专业零售商服务，还为众多的专业配送服务商、超市卖场、食堂、餐饮店和创业初期的农产品电商服务，而这些服务对象最终服务于多样的消费者，这些后端需求将日益呈现分散化和小型化的趋势。这主要和消费者消费模式和消费需求的转变相关，消费者的消费需求已经从温饱型消费逐渐转变为享受型消费，这些消费行为的变化直接影响着农产品零售渠道和方式，进而影响到农产品批发市场的发展。

（二）实体农产品批发市场与生鲜电商联动效应日趋明显

生鲜电商的发展已成为趋势，中小型生鲜电商的货源很大部分直接来源于实体农产品批发市场，因此在某种程度上，生鲜电商不仅可以为实体农批市场带来人流量，还能增加黏性和收益。未来，农批市场将主动寻求转型，大力培育和发展信息服务、物流配送、冷链仓储、供应链服务、集供集配、金融等平台服务功能，部分枢纽型农批市场还会尝试探索设立电商产业孵化园等，通过这些方式，创造更加适应生鲜电商发展的基础条件和环境，集聚电商企业群，促进电商企业发展壮大，同时带动实体农批市场发展。

（三）农产品批发市场数字化、智能化趋势明显

未来，农产品批发市场将以互联网为依托，通过运用大数据、人工智能等先进技术手段，实现互联网与传统实体商业的"线上＋线下"深度融合。通过加强互联网、大数据、人工智能等新技术、新

模式在农产品批发行业的全过程应用，整合互联网和相关信息技术手段，在交易集散、价格发现、仓储物流、进出口贸易、集成集配、消费体验等方面完善和提升实体市场平台功能，探索构建标准化、系统化、模块化的农产品交易市场管理体系，最终打造具有数字化运行、智能化管理、集成化服务功能的智慧新农批。

四、主要对策建议

（一）健全监管机制，严惩违法行为

有效提高农产品质量安全管理水平需要不断健全完善监管机制，加大监管力度，严惩违法行为，需要相关部门默契配合与协调。一是明确相关部门职责，根据农批市场实际运营情况，制订各环节分工方案，确保监督管理得到切实落实。二是不断强化农批市场各部门之间的沟通联系，从整体上建立良好的监督管理机制和监管氛围，防止发生重复监管，产生监管盲点。三是不断提高执法人员的专业素质和职业素养，对不法分子的违法行为进行严厉打击和严惩，从根本上提高农产品的质量安全，杜绝非法行为的产生。

（二）科学规划布局，推进升级改造

农产品批发市场作为重要的民生项目，其数量和规模需要与城市人口规模相匹配。因此，对于新建农批市场，应在行业主管部门牵头下，认真研究制订科学合理的农批市场建设规划，设立适度的行业准入和准出门槛，既要防止网点不足，导致渠道不畅，又要防止过度布局造成资源浪费和恶性竞争。对现有农批市场，要科学评估其市场网络布局合理性，通过升级改造，进一步改善经营环境，完善必需功能，提升相关服务。

（三）设立农产品网络批发交易平台

运用当前已经非常成熟的互联网、云计算、物联网、大数据等技术以及现代金融工具，建立多主体、多形式、多层次的农产品网络批发交易平台，引导电商和生产基地、批发市场和批发商等实体融合。农产品批发市场内供货商和采购商可以开设云端账户，通过给予奖励的方式推动云端结算。相关管理公司可以借鉴云交易、淘宝、阿里巴巴等商业模式，为交易双方提供中介服务，既可提高交易效率，又能保障交易双方利益。

2020 年黑龙江省农产品批发市场行业发展报告

黑龙江省商务厅

2020 年黑龙江省农产品批发行业经历了年初新冠肺炎疫情严峻考验，在应急保供、复工复产、促进消费、脱贫攻坚、稳定经济增长等方面，发挥了重要作用。行业运营效率和管理水平有所提升，市场功能不断增强，以农产品中心批发市场、大牲畜批发市场、特色农产品产地批发市场为代表的大型批发交易市场继续发展壮大，固定资产投资有所增长，流通方式转变速度加快，产业融合动力强劲，农商互联更趋紧密，市场带动作用愈发明显。随着现代化进程加快，我省农产品批发市场将继续在助力乡村振兴、推动高质量发展、构建双循环格局方面发挥不可替代的作用。

一、行业基本情况分析

（一）市场分类及地域分鲜

截至 2020 年 12 月底，黑龙江省共有常年性农产品批发市场 129 家，其中综合性批发市场 56 家、专业性批发市场 55 家、农产品冷链物流园 15 家、农产品集配中心 3 家。以粮食、山特产品、林下产品、畜产品等优质农产品外销为主的外向性市场与以外埠蔬菜、水果等生鲜农产品内销为主的内向性市场相结合，构成我省特有的农产品批发市场体系，发挥着农产品流通主渠道的作用。主要地域分布见表1。

表1 2020 年黑龙江省农产品批发市场地域分布

	哈尔滨市	齐齐哈尔市	牡丹江市	佳木斯市	大庆市	鸡西市	双鸭山市	伊春市	七台河市	鹤岗市	黑河市	绥化市	大兴安岭地区	合计
综合	9	10	3	2	3	2	4	2	1	2	5	9	4	56
专业	11	8	12	4	2	1	4	1	3	2	2	3	2	55
农产品物流园	2	1	1	1		1	1	1	1	1		4	1	15
集配中心	1		1								1			3
合计	23	19	17	7	5	4	9	4	5	5	8	16	7	129

（二）批发市场规模

截至 2020 年 12 月底，我省常年性农产品批发市场 129 家，较 2019 年增加 7 家（综合性市场增加 1 家，专业性市场增加 3 家，农产品物流园增加 3 家）。

1. 重点批发市场统计

截至 2020 年 12 月底，全省拥有年交易额超亿元的骨干农产品批发市场 80 家，其中年交易额 100 亿元以上的市场 3 家，交易额 50 亿—100 亿元的 3 家，交易额 10 亿—50 亿元的 25 家，交易额 1 亿—10 亿元的 49 家。2020 年全省重点骨干批发市场名单见表2。

表2　2020年全省重点骨干农产品批发市场统计表

交易额规模（亿元）	小计	重点骨干农产品批发市场	
		批发市场名称	年交易额（亿元）
100以上	3	哈尔滨地利农副产品批发市场	105
		东宁雨润绥阳黑木耳大市场	120
		哈尔滨南极国际食品交易中心	120
50—100	3	黑龙江苇河木耳批发市场	70
		齐齐哈尔市水产品批发市场	76.5
		绥化安达市升平镇牲畜交易大市场	60
10—50	25	黑龙江省龙园畜产品批发市场有限公司	20
		哈尔滨达利凯农副产品有限公司（友谊水产）	11.5
		齐齐哈尔地利农副产品批发市场	20.5
		绥化市兰西榆林牲畜大市场	40
		哈尔滨润恒农副产品综合大市场	44.8
		哈尔滨香坊粮食物流中心	14.1
		鹤岗万圃源蔬菜批发市场有限公司	11.3
		齐齐哈尔市站前农产品综合批发市场	16
		龙江县景星牲畜交易市场	12
		牡丹江市国华牲畜大市场	40
		黑龙江皓月食品马桥河分公司	15
		牡丹江地利农副产品有限公司	19
		佳天国际农副产品物流交易中心	52
		大庆粮油综合批发市场	10.32
		双鸭山四达中俄国际贸易中心	24
		黑龙江南翔国际农贸批发市场	21.6
		绥化市庆达农产品批发市场	21
		肇东市阳光农贸批发市场	17
		宝清白瓜子加工基地	16
		大庆农批城	10
		中国供销庆安农商物流园	15
		绥化安达市升平镇牲畜交易大市场	60
		甘南县欢喜牲畜交易市场	10
		宝清县龙江农资杂粮批发市场	18.5
		哈尔滨宾安雅峰畜禽交易大市场	10

2.市场经营面积统计

截至2020年12月底，我省农产品批发市场经营总面积达643.396万平方米，其中：综合性批发市场经营面积301.775万平方米，专业性批发市场经营面积223.541万平方米，农产品物流园、集配中心经营面积118.08万平方米。

3.市场交易摊位统计

截至2020年12月底，全省农产品批发市场市场拥有摊位总数量达到49256个，其中：固定摊位数量为 44659 个，非固定摊位数量为 4597 个。

4.市场从业人数统计

截至 2020 年 12 月底，我省常年性农产品批发市场共有从业人数 10.47 万人，其中综合性市场有 5.45 万人，专业性市场 3.24 万人，农产品物流园、集配中心 1.78 万人。

（三）市场结构及经营范围

截至 2020 年 12 月底，我省共有常年性农产品批发市场 129 家（综合性批发市场 56 家、专业性批发市场 55 家、农产品冷链物流园 15 家、农产品集配中心 3 家）。专业性批发市场按经营品种细分：果蔬市场 14 个，粮油市场 8 个，水产品市场 9 个，山特产品市场 13 个（其中 4 个市场涉中药材经营），大牲畜市场 10 个，花卉市场 1 个。全省农产品批发市场种类及地域分布见表 3。

表 3　2020 年全省农产品批发市场种类及地域分布

序号	地区分布	合计	综合批发市场	专业批发市场						物流园	集配中心
				果蔬市场	粮油市场	水产品冷冻品市场	山特产品市场	牲畜市场	花卉市场		
	全省	129	56	55							15	3
				14	8	9	13	10	1		
1	哈尔滨	23	9	11	3	1	2	2	2	1	2	1
2	齐齐哈尔	19	10	8	1	1	2		4		1	
3	牡丹江	17	3	12	5	1	2	2	2		1	1
4	佳木斯	7	2	4			3	1			1	
5	大庆	5	3	2	1	1						
6	鸡西	4	2	1				1			1	
7	双鸭山	9	4	4		1		3			1	
8	伊春	4	2	1				1			1	
9	七台河	5	1	3	1			2			1	
10	鹤岗	5	2	2		1					1	
11	绥化	16	9	3			1		2		4	
12	黑河	8	5	2	1	1						1
13	大兴安岭	7	4	2	1			1			1	

（四）市场效益分析

2020 年，全省常年性农产品批发市场交易额为 1246.32 亿元，较 2019 年下降了 8.61%，其中综合性农产品批发市场交易额为 521.16 亿元，专业性农产品批发市场交易额为 595.65 亿元，农产品物流园、集配中心交易额为 129.50 亿元。

2020 年，我省专业性农产品批发市场交易额达到 595.65 亿元，其中，果蔬菜类市场交易额 46.13 亿元，占专业市场总交易额的 7.74%；粮油类市场交易额 37.74 亿元，占专业市场总交易额的 6.33%；水产类市场交易额 107.67 亿元，占专业市场总交易额的 18.07%；山特产品类市场交易额 206.59 亿元，占专业市场总交易额的 34.68%；大牲畜类市场交易额 196.46 亿元，占专业市场总交易额的 32.98%；其他市场交易额 1.06 亿元，占比 0.20%。

（五）市场现代化程度

截至 2020 年 12 月底，全省农产品批发市场仓储面积达到 11957.45 万平方米，冷库储量 152.41 万吨，设有检测中心 48 个，电子结算中心 18 个，物流中心 38 个。

二、存在的不足

（一）市场结构性布局不合理，缺乏统一规划

一是市场结构相对单一，流通导向作用不明显。我省是农业大省，由于地理位置和气候原因，造成我省既是大基地，又是大市场的独特现象。我省农产品批发市场绝大多数属于内向性市场，只能发挥保障供给的单一功能，外向性市场严重短缺，不能满足我省农产品"一季生产四季销售"的市场需要。农产品批发市场"半年忙、半年闲"的现象普遍存在，造成资源浪费的同时，也制约了企业的发展。二是区域市场布局混乱，有场无市和有市无场情况均有存在，部分区域同质化市场重复建设，不良竞争时有发生。三是公益性批发市场严重匮乏，全省只有一家公益性批发市场，与全国公益性批发市场 40% 的覆盖水平相去甚远。

（二）基础设施薄弱，配套设施建设滞后，市场亟待提档升级

我省多数农产品市场仍然停留在提供最简易交易场地的状态，许多县级农贸市场，设施简陋，购物环境较差，消防安全设施建设不到位，相当一部分批发市场缺乏信息服务、质量检测、电子统一结算、安全监控、垃圾处理等配套服务设施，进入市场交易的农产品质量安全存在隐患，农产品分选包装、冷藏保鲜、冷链物流和配送等设施更加奇缺；部分农贸市场场地无硬化，缺乏遮阳避雨的交易棚厅等基本设施。而这些都是建设现代化的农产品批发市场、完善市场服务功能的重要基础条件，我省绝大多数农产品批发市场急需升级改造。

（三）市场管理粗放，组织化程度较低，交易方式创新不足

一是我省农产品批发市场除哈达外，鲜有聘用职业经理人进行经营管理的企业，多数农产品批发市场以家族式管理为主，缺少专业的市场管理团队和专业人才。多数市场管理简单粗放，停留在一般的物业管理与收费，以及卫生、保安等管理上，缺乏为商户提供便捷的交易结算、信息查询、冷藏保鲜等配套服务；对市场内商流、物流、人流缺乏及时有效的协调掌控机制与手段，处于自发、无序状态。二是绝大多数农产品批发市场内经销商营销规模小、效率低，缺乏有效组织，批发商户多为单打独斗，信息收集、整理、传递能力有限，议价能力弱，并且很少同产地建立稳定的供销关系、签订购销契约，难以形成稳定的、规模化的农产品供应链条。三是多数市场基本都采用现货对手交易，产地市场交易方式比较落后、效率低，且难以形成公开、公正的交易价格。此次疫情还暴露了农产品批发市场在供应链可追溯体系以及农产品批发市场在面对蔬菜配送需求线上能力不足等"新"问题。

（四）"龙头"市场及产地批发集散市场匮乏，严重影响我省"北菜南运"及优质农产品"龙货入关"

一是我省缺少标杆领航性批发市场，市场导向作用缺失。我省批发市场无论规模大小，都沉迷于"出租收费"的泥潭中，鲜有考虑在延伸自身的产业链条、促进一二三产业融合及提高组织化程度等方面积极发展，以应对流通方式转变带来的冲击。二是我省缺少小而精，服务功能完善的产地集散市场。我省是农产品生产大省，农产品品种多、产量大、品质优良，而且耕地面积大，适合"一乡一品"的规模性种植，但我省却鲜有与之相匹配的产地配套市场及相关设施，绥化黄豆角、依安甜香瓜、东宁苹果梨等名优产品，虽有大面积种植，在全国市场影响力却有限，主要原因就是流通不畅，产地缺少小而精，服务功能完善的集散市场。现有的集散市场，设施落后，缺少预冷、保鲜、包装、信息、专业物流

等服务功能。三是多数企业采取的是"坐商"式经营，缺乏锐意开拓市场的精神和手段，错失了许多做大做强全国市场的商机，严重影响我省"北菜南运"及优质农产品"龙货入关"。

（五）各地对中药材批发市场的重要性认识不足，建设明显滞后

《黑龙江省中医药产业发展规划》发布以来，各地对发展中药材产业积极性高涨，但明显存在着重生产轻流通的短视问题。近两年，全省中药材种植数量大幅增长，动辄几万亩、十几万亩的中药材，假使全部订单收购，加上政策性补贴，将产生较明显的经济效益，未来带动的种植数量将会呈几何级数增长，而中药材流通体系建设发展明显滞后，目前全省没有一家具备一定规模的中药材专业交易市场，势必导致我省地产中药材和对俄进口中药材两大市场缺失价格形成机制、专业物流仓储、专业流通加工增值、专业检验检测和对有毒有麻有害药材集中托管（监管）及道地北药药材集中展示等重要的市场功能。照此发展，我省存在逐步变成只是中药材种植基地及对俄进口中药材的口岸的危险，对我省现代化中医药产业发展极为不利。

三、行业发展趋势

（一）多层次、多业态、多功能中药材流通主体将渐次递进发展

近几年，我省中药材种植面积不断增加，截至 2020 年底，全省中药材种植面积达到 260 万亩、产量 52 万吨、产值 104 亿元、效益 35 亿元，同比分别增长 40 个百分点以上，均比 2018 年翻一番，四项指标增幅全国第一。这一发展态势给我省中药材流通体系发展提供了空间和动力，未来几年，我省中药材批发市场、中药材产地集散市场、中药材冷链物流园、进口中药材批发市场、中药材云批发等多层次、多业态、多功能流通主体将快速涌现，并借助后发优势及相关政策扶持，逐步发展成为集约化、信息化、智慧化的现代中药材流通体系，发挥流通先导作用，服务产业发展。

（二）现代化、集约化、一体化将成为大牲畜批发市场的发展方向

2019 年，我省黄牛及肉牛、羊产量为 367.3 万头和 767.2 万头，成为全国重要的大牲畜供应基地。截至 2020 年 12 月底，我省大型牲畜市场共有 10 家，虽然受年初疫情影响较大，但整体交易活跃，其中牛交易量 122 万头，交易额 196.46 亿元，带动 4.07 万户养殖，实现利润 52.46 亿元。面对疫情，也暴露出大牲畜市场经营方式原始、服务设施落后，缺乏销售组织和信息技术应用等弊端，市场提档升级势在必行。设施现代化、组织方式现代化、信息技术现代化、管理方式融入现代化元素将是大牲畜市场下一步发展的方向。面对愈发激烈的竞争，如何延伸产业链条，上联消费地屠宰企业，下联养殖户，逐步形成一体化链条，将是未来几年大牲畜市场面临的重要课题。

（三）功能综合化，产地专业批发市场面临机遇与挑战

面对"构建以国内大循环为主体、国内国际双循环相互促进的新发展格局"的发展战略，农产品流通体系建设也将面临重大调整。作为农产品"上行"的主力军，农产品专业批发市场将不再是简单意义的交易场所，价格形成、信息服务、物流集散、品牌培育、科技交流、会展贸易等功能综合化，是专业化批发市场新的挑战，但也是机遇。现代化、规模化的农产品专业批发市场将成为产地市场体系的龙头、农产品供应链的重要节点。

四、意见建议

（一）优化布局，建设高效农产品批发市场网络

根据我省的实际情况，结合各地的区位交通条件、农产品资源结构特点，按照综合和专业市场结合、产地和销地市场兼顾、宏观调控和市场需求统一的原则进行规划布局。严格控制区域范围内内向性批发市场数量，避免造成资源浪费及恶性竞争；鼓励县域内外向性专业批发市场及田头集散市场建设，支持不同产品专业批发市场业务相互覆盖。加快构建统筹城乡、上下行结构合理、流转顺畅、竞争有序的农产品批发市场网络。

（二）加强农产品批发市场基础设施建设，着力提升重要流通节点的现代化水平

加快推进全省中心城市农产品批发市场、农贸（菜）市场、农产品流通企业物流配送中心、冷链系统和市场交易设施建设，不断完善产地预冷、预选分级、加工配送、冷藏冷冻、冷链运输、包装仓储、电子结算、检验检测和安全监控等设施。推进鲜活农产品流通标准化工作，进一步完善标准化体系。引导各类投资主体投资建设和改造农产品批发市场和农贸市场、菜市场、社区菜店、生鲜超市、平价商店等鲜活农产品零售网点。支持市场主办者依据相关法律法规履行鲜活农产品质量管理职责，保证市场秩序稳定。

（三）培育壮大鲜活农产品流通主体，着力提高流通组织化程度

扶持培育一批农产品经营骨干企业，支持规模大、实力强的农产品经营企业充分发挥资本运营、资源配置和市场开拓等方面优势，以资本或资产为纽带，通过兼并重组和投资合作，形成主业突出、核心竞争力强的大型农产品经营企业集团，提升组织化程度。积极发展第三方专业物流，扶持培育一批大型农产品运输企业，鼓励企业开展共同配送和统一配送，提供仓储、运输、包装、加工等增值服务，提高物流服务水平。支持农产品批发市场提档升级，引导农产品批发市场和大型农产品流通企业增强线上能力和即时配送能力，建立新型高效农产品营销网络。

（四）推动公益性批发市场建设，完善农产品流通体系

建议我省尽快出台相关政策，积极推进我省公益性农产品批发市场建设，加快形成覆盖面广、功能完善的公益性农产品市场体系。对现有农产品批发市场及新建批发市场在公共加工配送中心、公共信息服务平台、检验检测中心、消防安全监控中心、废弃物处理设施等公益性流通基础设施建设方面给予大力扶持。在生产集中、商品化处理需求较强的产地，支持建设一批公益性田头集散市场。

（五）推动中药材流通体系建设，完善中药材产业链条

建议各地政府在抓中药材种植的同时，高度重视中药材流通体系的建设，从省级层面加快规划建设中药材专业交易市场和对俄进口中药材交易专区，积极推进中药材专业冷链仓储、物流运输、信息服务、流通加工升值等重要市场功能的建设；积极推动我省道地药材产销信息平台建设，逐步打造价格形成、产业信息服务、物流集散、科技交流和会展贸易中心；积极推动"北药"品牌建设，按照"定位、塑造、宣传、监管、保护"思路，提升我省道地药材市场影响力和竞争力，逐步打造"北药"品牌。

2020 年江苏省农产品批发行业典型企业发展报告

江苏省蔬菜协会

"十四五"时期，强化农产品批发市场整体功能，提升农产品供应链现代化水平，成为实现巩固拓展脱贫攻坚成果同乡村振兴有效衔接的关键环节。我省农产品批发市场在保障市场供应、把控食品安全、推进乡村振兴等方面发挥了积极作用，并逐步在数字化升级、产业融合发展、长效应急保障、现代供应链建设等方面不断发展完善。

一、行业发展情况

（一）基本情况

2020 年，我省经商务部认定的农产品批发行业典型企业名单中，共计 30 家纳入统计，全年总交易额 3324.76 亿元，年成交量 5699.53 万吨。市场总摊位数为 40872 个，农批市场向整体摊位交易效率和经营质量提升的方向转型；30 家典型市场总交易面积为 541.44 万平方米，经销商数量为 44086 个。

全省农批市场对保障城市供应起到至关重要的作用。经调研分析我省经由农批市场分销的生鲜农产品约 72%，农产品批发市场仍然是鲜活农产品流通的关键环节和主渠道。超市连锁占比约 19%，生鲜电商平台增长至 9% 左右。典型案例如下：

无锡朝阳集团总销售额达 237.79 亿元，实现利税 2.96 亿元，年成交菜、果、粮、禽类农产品 71.98 万吨、73.96 万吨、37.48 万吨和 1.52 万吨，分别占无锡市场消费总量的 90%、95%、70% 和 70% 以上。已成为无锡地区最重要的蔬菜、粮食批发集散中心，辐射苏南地区。

苏州南环桥市场占地 602 亩，建筑面积 52.9 万平方米，商户总数 5500 余户。市场每天人流 1.5 万人次、车流 1.1 万辆、货流 0.8 万吨。市场实现了农产品经营品类全覆盖，农产品基地覆盖全国，销售覆盖长三角地区 50 多个县市，承担了苏州全市 80% 以上供应。

（二）结构分析

目前我省农批市场综合化程度日益提高，在农产品批发市场快速发展的过程中，专业型农产品批发市场逐步向综合型市场转化。2020 年，全省 30 家农产品批发行业典型企业全部完成市场综合化建设。全省综合型的批发交易市场，经营品类可分为蔬菜、鲜肉、水产、豆制品、干货、家禽、水果、海鲜、冷冻品、粮油等十几类，部分市场配套仓储冷库、加工理货、物流配送及生活和商业设施。

现阶段典型市场区域分布相对合理。苏南地区不断发挥示范领军作用，苏中、苏北农批市场发展趋势稳定，百亿元以上市场分布已由原来的主要集中在苏南地区逐步转变向全省均匀分布。全省 30 家农产品批发行业典型企业均匀分布于苏南、苏北和苏中区域。百亿元以上的农批市场 13 家，比例达到 43.33%，其中南京农副产品物流中心以 659.85 亿位居榜首。

我省农批市场经营主体较为稳定，民营所有制占据主导地位，国有投资相当稳健，其他所有制经济协同发展。2020 年在全省 30 家典型农批市场中，民营控股及纯民营占比达到 59.2%；国有投资主体占比 15.9%；国有民营混合所有制占比为 19.9%；纯集体所有制占比 2.6%；外资参股的占比为 2.4%。

（三）效益分析

农产品批发市场作为民生工程建设的主要环节，承担着本地区城市发展中不可或缺的重要作用。30家典型农批市场盈利模式主要包含几个板块，即门店及场地租金、经营交易费用、车辆入场费用、冷库使用费用。而果菜加工收益、冷链服务收益、物流配送收益、物流配载收益、检测服务收益、信息广告收益等新业态盈利模式也在逐步呈现。部分企业的销售收入总体向好，部分企业因疫情原因成交量和营收有所影响，国家给予了减税降费的优惠政策。如：苏南地区，常州凌家塘市场2020年完成交易总量454.65万吨，完成经营总额405亿元，经营收入3.23亿元，完成税后净利润为1.97亿元，上缴税收6670万元，与去年同期业绩对比分别增长 –8.25%、1%、6.25%、60.16% 和 7.44%。无锡朝阳市场2020年全年完成交易总量147万吨，完成经营总额109亿元，上缴税收7296万元，分别较2019年下降2%、0.9% 和 9.8%。苏州南环桥市场2020年全年完成交易总量287.83万吨，完成经营总额307.21亿元，经营收入2.97亿元，和上年同期业绩相比分别增长了8%、8.9%，税后净利润为5330万元，上缴税收2094万元。苏北地区，徐州雨润农副产品全球采购中心2020年完成交易总量271万吨，完成经营总额239亿元，经营收入1亿元，上缴税收785万元，分别比去年同期业绩增长了7%、10%、33%、177%。苏中地区，南通农副产品物流有限公司2020年全年完成交易总量171.19万吨，完成经营总额122.3亿元，上缴税收266万元，分别较2019年增长了 –17.01%、–13.83% 和 –5.4%。

（四）现代化程度分析

1. 现代化基础设施建设

2020年度，江苏省30家农产品批发市场典型企业中，已建成废弃物处理中心26个，安全监控中心31个，检验检测中心31个，电子结算中心20个，信息系统中心28个。典型案例如下：

南京农副产品物流中心逐步完善现代化基础配套设施规划和建设，建立大数据搜集及应用系统，拥有大型农产品检测中心、结算中心、网络信息中心、监控指挥调度中心、客户服务中心、电子商务平台。全面门禁系统改造、6个停车场新建及改造、园区标识及导视系统建设、路面修复出新、绿化及景观改造等20余项提升项目建设，不断提升批发市场现代化水平。

2. 市场智慧化转型升级

全省农产品批发市场不断完善信息化水平，部分市场向智能化转型升级。引进物联网、云计算、区块链、大数据、人工智能等新技术，加大智慧农批的建设，大力提升市场数字化水平。在原有基础上，强化食品安全检测中心、结算中心、监控中心、信息中心等市场重点项目建设。典型案例如下：

苏州南环桥现代化物流园以新发展理念为引领，将5G、物联网、新能源等新基建融入市场的整体建设中，为市场提供了智能化、数字化转型升级的基础。市场建立了物联网智能化运营管理平台，包含关键设施实时监测、服务设施远程控制、能耗能源实时采集等功能。指挥中心智能调度1423个视频监控、48个车辆门禁、全场覆盖的无线对讲和数字语音广播以及5G车位引导等智能化设施，联动市场网格化管理人员，将市场的人流、车流、消防隐患、交易秩序、卫生保洁等实现可视化、精细化的管理，节省人力，提高效率。

3. 线上线下供应链融合

传统农产品批发市场依托农产品收购方面的数量和渠道优势，依托新发地市场强大的供应链资源，旨在让少环节、低价格的生鲜商品辐射到北京更多区域，一站式直达更多用户。升级业态和交易模式，提高农产品供给质量和流通效率，以更丰富多样、优质安全、营养健康的产品满足城乡居民的消费需求，实现产销高效对接，线上线下融合发展成为新时代给予农产品批发市场体系建设的重要任务。典型案例如下：

朝阳集团推出的"朝阳到家"平台在线提供时令蔬菜、新鲜水果、肉禽蛋品、水产冷冻、粮油副食、熟食面点、茶叶花卉、日常用品等八大品类1000余种农副产品，入驻供应商数百家，包括产地种植户、养殖户、加工商、批发商、零售商等。把朝阳农贸市场新鲜、优质、平价、安全、放心的农副产品配送到千家万户。

（五）批发市场贡献度分析

1. 构建现代化农产品大流通体系

我省农产品批发市场布局较为合理，发展总体均衡。作为提高农产品流通效率的有效载体，解决了农产品小生产、多品种、大流通矛盾。农产品批发市场交易规模大、品种全，商品来源渠道多，满足居民多样化的消费需求，能够有效保障城市居民生活必需品供应，是城市的核心功能设施。其在构建现代化农产品流通体系建设上的作用是其他业态不可替代的。典型案例如下：

江苏凌家塘市场通过"市场＋经营户＋基地"等产销对接模式，经营来自全国各地的蔬菜、果品、粮油、水产品、冷冻食品等十大类1000多个品种，带动种养殖基地面积200多万亩，辐射到苏、浙、皖等长三角地区的50多个县市，具有交通区位好、品种全、吞吐量大、价格优的流通优势，市场供应量占到常州菜篮子供应量的80%以上，价格比周边城市便宜10%—20%，有效提升了我省农产品的价格话语权。

2. 发挥防疫保供稳价核心作用

农产品批发市场连接产销两端，是城市"菜篮子"工程的核心部分。我省农产品批发市场在疫情期间坚持开市营业，充分发挥了蓄水池和调节器作用，为保障市场供应、稳定价格作出了突出贡献。全省农批市场自疫情发生以来，迅速制定防控应急预案。配备口罩、洗手液、消毒剂等疫情防控物资，协助政府加强人员管控，对重点疫情地区人员、货物进行重点监控，禁止中高风险地区人员、货物进场，并对重点从业人员开展核酸检测。与商务等部门协调办理市级生鲜农产品运输车辆通行证，与高速公路卡口协调形成联动机制，保障农产品进得来、出得去、流通快、价格稳。凌家塘、无锡朝阳、众彩物流等部分重点农产品批发市场通过自有电商平台，让居民在足不出户的情况下能够购买到生鲜农产品，保障居民菜篮子供应。全省农产品批发市场认真制订应急保供预案，积极执行应急保供储备制度，构建了实物储备、在田储备、委托应急调运"三位一体"的常态化保供机制；在灾害性天气发生期间，根据辐射圈内发生重特大雨雪、冰冻灾害，灾区亟须物资援助实际，制订了灾害性天气市场保供措施和预案。我省各市的重点农产品批发市场作为重点民生保供企业，与当地政府或部门都签订了保供协议，保障各类情况下的农产品供给不受影响，以实际行动践行"保供应、促流通、稳价格、惠民生"。

3. 带动区域产业协同发展

农产品批发市场具有赋能食品流通的重要功能，通过不断壮大产业集群，提升农业和农产品价值链，带动城乡融合发展，实现产业链高效协同，让农民获得更多产业增值收益，以产业发展助力乡村振兴，为现代化农产品流通贡献力量。据统计2020年我省农产品批发市场经营全国农副产品超过千余种，直接带动就业人数超过60万人。通过农商互联、产销对接引导带动源头种植基地建设，实实在在促进农民增收，增加就业岗位，带动传统农业产业转型升级，促进长三角地区区域协同发展，全面推进乡村产业振兴。典型案例如下：

徐州雨润全球采购中心提出"淮海食品谷"构想，被列入徐州市2019年重大产业投资计划项目。在政府统一规划和政策引导下，通过充分利用徐州雨润农副产品全球采购中心现有基础和周边资源，进行改造提升，加长产业链，整合本地农产品市场资源，把淮海经济区食品谷打造成全国农业产业融合、转型升级的引领区，全国农产品和食品集聚、研发、加工、销售、服务的集聚区，全国区域性产业协同发展的示范区，"一带一路"上重要的国际农产品集散区，打造出农产品行业千亿级以上新产业。计划吸纳入"谷"企业、科研机构、合作单位、经营实体等10000家以上，直接就业人数达10万以上，通过拉动相关产业发展带动就业30万人以上，带动淮海经济区乃至全国范围3000万以上农民增收致富。

4. 严把农产品安全质量关

农产品批发市场作为农产品流通的主要渠道，一头连着田间地头，另一头连着消费者，成为食品安全领域公信力的阀门。作为流通供应的主要渠道，农产品批发市场在食品安全检验检测、监督管理等方面，不论是对于企业本身还是整个社会，都起着越来越重要的作用。典型案例如下：

无锡朝阳市场检测中心负责进场农产品的质量检测，建立了"采样—农残检测—信息发布—超标处理"的标准化流程。为把好食品安全关口，市场在"重点商品抽样检测"基础上，进一步扩大检测范围，对每批次蔬菜和直接入口瓜果检测全覆盖，新增腐霉利等4项检测项目，目前日均检测达3000批次以上。如发现农产品检测超标，市场交易系统自动冻结交易账户，不允许该批次商品交易，同时根据货源调度平台和交易记录，追溯供货人员、供货车辆和产品销地，追回超标商品，公示销毁，并通报所属产地相关部门，通过倒逼机制追溯到产地源头进行相关处理。

5. 产销对接助力乡村振兴

我省农产品批发市场充分发挥市场纽带作用，利用自身在农产品流通上下游的资源，在业务覆盖的多个区域进行对口产业帮扶，助力乡村振兴。依托自身农产品流通平台优势，推进产销精准对接合作，建立农产品长效对接机制，让特色农产品更好地走出产地。围绕农商互联，实现跨区域、跨产地的农民增收和商户创收，为助力乡村振兴贡献巨大。典型案例如下：

南通农副产品物流有限公司加强与贫困地区农产品产销对接，助力产业振兴，鼓励经营户与贫困地区农产品生产企业或农民合作社以订单方式建立稳定的产销对接关系；鼓励经营户直接到贫困地区建立农产品生产、加工、仓储基地；在公司交易区内设置扶贫销售专柜，专门销售贫困地区农产品，分别在蔬菜交易区、水果交易区、干货粮油区交易区设立了8个"扶贫销售点"专柜。经统计，截至2020年底南通农副产品物流有限公司已累计销售各类贫困地区农产品29666.83吨，销售额12101.51万元。其中，销售陕西省农副产品4667.53万元，新疆农副产品215.1万元，湖北农副产品415.7万元，云南等地农副产品6803.18万元。

二、存在的问题及原因

近年来，我省农批市场的各项功能和水平有较大提升，但仍然存在不少问题，尤其是经过此次新冠肺炎疫情，部分市场在基础设施和配套、经营业态、环境秩序、信息化水平、运营管理模式等方面暴露出短板。食品安全和溯源体系待完善、创新不足等问题也显现出来。许多市场也在创新探索，但行业整体发展态势需要进一步引导，主要还存在以下困境问题：

（一）现代化建设缺口对市场功能的影响

此次新冠肺炎疫情给市场带来了考验，倒逼传统农批市场必须在环境卫生和精细化管理上进行改进和提升，绿色环保将成为发展的必然趋势。市场要把环境卫生整治和管理防控措施工作常态化，升级改造市场密闭式交易大厅新风系统，预防病毒交叉性感染，为购销双方创造良好的营销购物环境。加强废弃物处理，推动垃圾分类处理。通过加强消防、治安和市场的环境建设，以及公共卫生安全管理工作，为商户提供便捷的公共服务环境。

（二）运营成本对智慧化转型的影响

部分市场受制于"投资、管理、运营、受益"合一的模式，运营成本居高不下，主要是靠收取摊位租金、管理费和服务费的方式来获取盈利，没有充分利用现有资源开展多元化经营，盈利模式单一、抗风险能力弱。市场主要考虑投入成本和回收问题，没有强大的动力去升级改造，只是依然采用粗放式管理模式，管理手段传统，没有形成规范化、标准化、现代化、信息化的管理体系。在数字化、智慧化改造方面，又涉及经销商因税费等顾虑不配合等障碍，推动更缺乏动力。多种因素给农产品市场智慧化转型升级进度造成影响。

（三）农产品安全监管压力的影响

食品安全问题长期以来是农产品流通的重点，部分农批市场自建食品安全检测体系，在积极承担了食品安全保障职责的同时，也承担了来自社会各界的巨大的压力。在落实食品安全战略的同时，农批市场面临多方面的问题困扰，主要集中在软件硬件系统的持续投入、检测后的处理机制难以落地、场外交易严重、市场化运营收益低等，造成了部分农产品批发市场在食品安全工作上遇到瓶颈。

（四）城市发展规划对市场发展的影响

当前受疫情影响，行业防控风险加大，市场的生存环境更不乐观。随着经济社会发展和安全生产主体责任的强化，部分市场还存在经营、仓储、住宿"三合一"情况，安全隐患比较大，进出市场交易的货车等大型车辆集中，市场内人流、物流集中，也容易对周边交通带来很大压力，导致与产城融合发展的要求还有差距。

三、批发市场趋势及建议

（一）以数字化升级提升现代流通方式

我省部分重点农批市场整体向着设施先进、功能完善、管理科学、主动承担社会责任的现代化市场，也就是"智慧农批"探索发展。主要包括智慧化、标准化、品牌化、集约化、冷链化、绿色化。政府、行业、协会应考虑共同形成全省数字化升级行业标准，规范引导市场建设批发市场数字化指挥调度平台、供应链服务平台和市场运行大数据中心等基础设施，以新基建促新农批。将智慧市场、大数据、云计算、区块链等融入市场的数字化改造中，加强市场的数字化信息体系建设和数字化支付，统一收银、统一结算。完善农产品质量安全管控体系，建立供应链监管体系，打通田间到餐桌的"产供销"信息渠道，并利用大数据为政府决策提供数据支撑。探索产地、批发市场直达社区的智能物流配送体系，加强社区智能配送终端建设，尤其保证在疫情、灾害等突发事件发生时做到高效精准投放。农批市场在电子交易、智慧化体系、数字化创新等信息化平台建设和食品安全检测、冷链物流、环保及基础设施建设升级改造方面进一步提升，支持大型的一级批发市场信息化等关键设施改造，不断提升市场的现代化运营水平和管理水平。这对于提升我省农产品批发市场的现场管理，利用现代信息技术，大数据建设，把人、货、场、运有机结合管理起来，对于解决防疫常态化问题非常有益。

（二）健全完善农产品应急保障体系

鉴于农产品批发市场是一项准公益性事业，担负着保供稳价、稳农增收的社会责任，特别是在抗击新冠肺炎疫情等大型公共事件中发挥着保民生、保供应、保稳定、稳物价等重要公益性作用，农产品批发市场应继续向公益化方向发展。贯彻落实"菜篮子"市场负责制，健全完善应急物资保障体系，将"菜篮子"等重要食品类民生产品纳入应急物资战略储备，在发生疫情等非常时期，保障交通物流运输畅通。同时在财政、金融等政策方面加大扶持，根据情况实施税费优惠政策，支持农产品批发市场提升整体功能。针对农批市场税费负担过重问题，建议在坚持推行免征市场房产税和城镇土地使用税这一优惠政策的同时，降低农批市场的企业所得税税率；并且解决水果、粮油副食调料等农产品在流通环节中免征增值税的问题；同时对服务于农产品交易的配套设施及办公用房等纳入免税范围；并逐步免征生鲜农产品流通全链条增值税。

（三）探索新业态新模式完善市场功能

目前农产品批发市场面临疫情防控、渠道分流、经济下行、行业竞争等多重压力，固有优势在逐步弱化，深层发展受到挑战。农产品批发市场要进行转型升级和创新发展，与现代农业发展和乡村振兴战略紧密结合起来，赋予农批市场更多职能，在引导和促进农产品生产规模化、标准化、产业化发展和做大流通上发挥龙头带动作用，在未来的发展中继续占据主导地位，持续发挥好中心和枢纽作用。农批市场要更新理念，转变传统交易模式，实现交易与交割分离、商流与物流分离，疏解传统物流和集散功能。改变过去单一的坐地收租的经营模式，由静态的摊位出租向动态的交易模式转型，向物流配送中心转型。积极发挥网络平台作用，可以反向打通上下游的产业链和供应链，提升规模效益。通过提高效率、扩展业务、完善功能，获得新的收入，以抵消数字化和公益性建设等方面投入的部分成本。

（四）发挥流通主渠道作用推动乡村振兴

农产品批发市场作为我省农产品流通的主渠道，其地位和作用应该继续强化，特别是随着乡村振兴战略的实施和农业供给侧结构性改革及脱贫攻坚的深入推进，农产品批发市场的主体地位和作用将更加凸显。农产品批发市场要做好乡村与城市的连接桥梁，与产业扶贫、乡村振兴相对接，更好地发挥流通主渠道作用。推进批发市场同产区合作建设产业基地。推动批发市场同产区建立长期稳定合作关系，以基地建设为抓手强化标准化生产，包括分选分级、预冷保鲜、冷链物流、流通加工等功能建设，引导产区以市场需求为导向调整优化生产结构，大力推进绿色化、优质化、特色化、品牌化生产，加快构建优质优价市场机制，积极引导农户走向市场，推动农批市场、企业、农民形成利益共同体和长效联结机制。针对农户生产一家一户分散状态，加强对农业生产环节的组织协调，打造从产地市场到销地市场全程畅通的农产品流通体系，带动农户走向大市场，促进三产融合。

2020 年浙江省农产品批发市场行业发展报告

浙江省商务厅

一、浙江省农产品批发行业基本状况分析

2020 年浙江省农产品批发行业发展总体呈下降的状态，行业规模有所扩大，就业人员总数微幅增长，交易面积进一步扩大。但行业经营效益大幅下降，不同品类农产品年交易额有增有减，蛋类和水果类下降幅度超 20%，农产品的电子结算方式有所提高。具体情况分析如下：

（一）行业规模不断增长

1．从业人员规模扩大

随着近几年经济快速发展，农产品市场日益国际化，农民收入持续稳定增加，从业人员的规模也逐步扩大。根据对 34 家典型农产品批发企业调查数据显示，2020 年浙江省 34 家典型农产品批发市场从业人员总数为 5.46 万人，相比 2019 年的 5.38 万人，同比增长 1.40%，增速较去年上升 0.5 个百分点。据此推算，2020 年浙江省农产品批发行业从业人员数量增长到 138.93 万人，相比 2019 年的 136.90 万人增加了 2.03 万人。

2．营业规模扩大

根据浙江省统计局数据和商务厅典型零售企业监测数据测算，2020 年浙江省 34 家典型农产品批发市场的总交易面积为 156.44 万平方米，比 2019 年的 139.4 万平方米增加了 17.04 万平方米，同比增长 12.22%。其中交易厅棚面积为 129.38 万平方米，比 2019 年的 116.56 万平方米增加 12.82 万平方米，同比增长了 11%；露天交易场地面积为 20.72 万平方米，比 2019 年的 20.32 万平方米，同比增长 1.97%。

从配送中心数量来看，2020 年浙江省 34 家典型农产品批发市场配送中心个数达到 44 个，比 2019 年典型调查企业的配送中心个数增加了 8 个，增长 22.22%；从标准化专区数量来看，2020 年浙江省 34 家典型农产品批发市场的标准化专区的数量和去年相同。

2020 年浙江省 34 家典型农产品批发市场的总交易面积中，交易厅棚面积占比最大，为 82.70%，比 2019 年交易厅棚面积的占比 83.62% 减少 0.91 个百分点；露天交易场地的面积占比 13.24%，比 2019 年露天交易场地的面积占比 14.58% 减少 1.33 个百分点；其他交易面积占比为 4.05%，比 2019 年其他交易面积的占比 1.81% 增加 2.24 个百分比。

从摊位数量来看，2020 年浙江省 34 家典型农产品批发市场的总摊位数量 23304 个，与 2019 年相比增加了 645 个，同比增长 2.85%。其中，固定摊位数量为 19800 个，占总摊位数比重为 84.96%，与 2019 年相比，增加了 925 个，同比增长 4.9%，增加了 4.18 个百分点；非固定摊位数量为 2684 个，占总摊位数比重为 11.52%，与 2019 年相比，减少了 496 个，同比下降 15.6%。

随着浙江省城镇化和工业化进程不断推进，工商资本进入农业的热潮兴起，农产品大规模、跨区域流通逐渐增多，带动行业内发展出一批现代化大型农产品批发市场，农产品批发市场的规模也随之不断扩大。

（二）行业结构有待优化

1.冷库资源大幅减少

从冷库库容来看，2020年浙江省34家典型农产品批发市场的冷库库容为24.26万吨，较2019年减少了42.14万吨，同比下降63.47%。从冷库面积来看，2020年浙江省34家典型农产品批发市场的冷库总面积为16.84万平方米，较2019年减少了3.06万平方米，同比下降15.35%。2020年浙江省34家典型农产品批发市场的冷库库容和冷库总面积都出现了较大幅度的下降，背后原因可能是受2020年新冠肺炎疫情影响，导致农产品批发市场长期处于停业状态，以及人们对冷冻生鲜产品的检疫工作心存顾虑，导致批发市场削减冷库资源以降低运营成本。

2.各类农产品交易量增减不一

2020年浙江省34家典型农产品批发市场销售的农产品主要有肉禽类、蛋类、水产品类、水果类、蔬菜类、菌类、茶叶类、调味品类及其他农产品类。2020年，肉禽类、蔬菜类、菌类、茶叶类、调味品类及其他农产品类的市场交易额都出现了上涨的状态，其交易额分别为71.37亿元、259.94亿元、2.97亿元、4.69亿元、7.56亿元以及191.98亿元，较2019年分别增长了7.13%、10.16%、6.07%、1.52%、19.81%以及8.95%。其中，调味品类的增幅最大，茶叶类的增幅最小。蛋类、水产品类和水果类的市场交易额在2020年出现了下降的现象，其交易额分别为18.58亿元、370.98亿元以及178.09亿元，较2019年分别下降了25.65%、4.74%以及40.59%。其中，水果类的降幅最大，水产品类的降幅最小。

从不同类型的农产品销售份额来看，2020年浙江省34家典型农产品批发市场销售的农产品中，销售份额最大的是水产品类，占总交易额的33.54%，同比下降4.74%；其次为蔬菜类，销售额占总销售额的比重为23.50%；排名第三的是其他农产品类，销售额占总销售额的比重为17.36%。其中，菌类、茶叶类、调味品类交易额占比不到1%。

（三）企业经营水平有待改善

1.经营收入大幅下降

从年成交额来看，2020年浙江省34家典型农产品批发市场年成交额为1121.16亿元，比2019年减少了129.78亿元，同比下降了10.37%。从年成交量来看，2020年浙江省34家典型农产品批发市场年成交量为1566.75万吨，较2019年的1730.35万吨减少了163.6万吨，同比下降9.45%。

2.经销商数量不断增长

2020年浙江省34家典型农产品批发市场经销商数量为19857个，比2019年增加了398个，同比增长2.05%。其中法人化经销商数量为5168个，比2019年增加了927个，同比增长21.86%。2020年经销商法人化占比从去年的29.79%增长至34.55%，增加了4.76个百分点。

（四）行业电子商务化水平有所提高

近几年，随着互联网技术的发展，农产品流通方式也发生了极大的变化。全省农产品批发市场在转型、升级、外迁中发展，农产品批发市场的网上交易正发挥着较大作用。

从电子结算年成交额来看，2020年浙江省34家典型农产品批发市场电子结算年成交额为186.89亿元，比2019年的108.12亿元增加了78.77亿元，同比增长72.85%。由此可知，2020年全省农产品批发市场的电子结算年成交额呈现上升状态。同时，2020年电子结算交易比例为58.61%，较2019年增加了0.09个百分点。2020年浙江省34家典型农产品批发市场中，有14家电子结算中心，较2019年的13家同比上涨7.69%。由此可知，在农产品批发市场领域，电子商务模式得到了进一步的推广，特别是电子结算方面的大幅度应用。

（五）行业贡献逐步增大

农产品批发行业发展不断壮大，创造了大量就业岗位，对我省经济健康发展起到了重要作用。从就业贡献来看，2020年浙江省34家典型农产品批发市场从业人员总数为5.46万人，较2019年的5.38万人增加了0.08万人，同比增长1.40%。据此推算，2020年浙江省农产品批发业从业人员数量增长到138.93万人，相比2019年的136.90万人增加了2.03万人。从该数据可以看出，农产品批发行业为越来越多的人提供了就业岗位。

二、农产品批发业发展特点

（一）批发市场逐步发展为大型农产品物流中心

城市消费者数量增多，需求提升。随着浙江省整体工业化、城市化的推进，大中城市数量增加，原有的城市规模不断扩大，众多农民转换成市民，需要购买农产品的消费者数量增加。城市化进程的加快使得城市各地许多小的批发市场开始搬迁重组改造，形成一批新的规模大、辐射能力强的农产品批发市场。如杭州市区内七大农副产品批发市场整体搬迁至杭州农副产品物流中心。杭州农副产品物流中心各市场有交易、储藏、配送、办公、餐饮、宾馆等设施。各市场的信息化建设内容包括监控、信息采集和发布、质量溯源；物流中心的信息化建设内容包括网站、网上交易、质量溯源。从集聚效应来看，浙江华东金华农产品物流中心逐步发展成为集"四大中心"为一体的大型现代化鲜活农产品物流中心，即：依托浙江，辐射江西、安徽、福建、上海等周边省市的跨区域农产品集散中心；集交易、运输、配送、加工、储藏等功能于一体的物流中心；联结产销，汇集全国各地市场的信息中心；现货交易、期货交易、电子交易等各种交易方式相融合的交易中心。

（二）农产品批发市场注重功能提升，配套设施完善

近年来，浙江省农产品批发市场加速升级改造。不断完善电子结算、冷链物流、加工运输配送、废物处理等方面的服务。截至2020年末，浙江省34家典型农产品批发市场电子结算年成交额达到186.89亿元，电子结算中心数为14家，配送中心数量大幅上升。冷库库容达到24.26万吨，冷库总面积有16.84万平方米，废物处理中心17个，信息中心16个。全面覆盖了农产品交易对电子结算、信息发布、冷链物流仓储合理布局、垃圾处理的需要。以华东金华农产品物流中心为例，其主要由商务区、交易区、生活配套区三部分组成。市场定位为全国一级专业果品批发市场，全力打造集物流中心、集散中心、信息中心、交易中心为一体的现代化国际物流平台。同时，市场配套有农残检测、信息发布、加工包装、物流配送、餐饮住宿、医疗卫生、安全保卫、金融服务、冷藏等设施。

（三）政府大力支持农产品批发市场，形成农产品现代化供应链体系

近几年浙江省对农产品流通行业发展日益重视，持续出台一系列优惠政策，对农产品批发市场进行大力扶持。2019年，《浙江省商务厅、浙江省财政厅关于印发浙江省农商互联农产品供应链建设实施方案的通知》（浙商务联发〔2019〕84号），支持采取订单农业、产销一体、股权投资合作经营模式的农产品流通企业或新型农业经营主体结合自身实际情况，重点围绕本地特色优势农产品供应链体系的短板和薄弱环节，不断完善基础设施，创新应用新模式、新技术，推动农商互联互动，提升农产品供应链质量和效率。此外，《浙江省2020年商务工作总结和2021年工作计划》中提出要健全农产品流通网络，推进农产品批发市场和农贸市场改造提升，加快农产品冷链物流建设，深化电子商务进农村；加强主体培育，引导大型商贸流通企业以乡镇为重点下沉供应链。

三、农产品批发市场发展存在的问题

（一）缺乏统一规划和布局

整体上看，浙江省农产品批发市场布局不尽合理，部分地区市场重复建设，恶性竞争严重和部分地区农产品批发市场不足的现象并存。对农产品流通体系包括从产地收购与批发，到物流运输、储藏加工，再到城市销地批发、配送与零售各个节点都缺乏统一的规划和布局。

（二）行业主管部门多，导致多头管理

浙江省目前的农产品流通体系由多个政府部门管理，职能重复交叉，政出多门。管理部门多，各部门管理一方面存在交叉，同时又有管理空白点，一旦出现问题，各部门互相推诿，责任不清。

（三）市场缺少准入、退出机制

缺少农产品批发市场的准入、退出机制，容易造成批发市场之间出现恶性竞争事件，不仅对竞争双方造成巨大的经济损失，而且还会对农产品的稳定供应产生负面影响，从市场波及农产品上下游经销商、消费者、供应商等多个环节。同时，也带来土地资源的巨大浪费，有些房地产开发商以建设市场的名义圈地，最终却将市场用地用作他途。

（四）基础配套设施整体水平依旧落后

当前，浙江省的农产品批发市场还是存在基础设施陈旧、配套设备不完善的现象，这些问题在中小型农产品批发市场中尤其突出。很多市场还是处于以前那种陈旧的规划，跟不上时代的发展需求。落后的规划经常导致农产品批发市场经常出现人、车、物混乱的现象，进而对周边地区的交通产生不良影响。除此之外，一些中小型农产品批发市场在农产品准入方面监管不到位，农残检测室虚设甚至没有，导致农产品食品质量安全存在很大的监管漏洞。

（五）信息化水平较低，营销手段单一

大多数农产品批发市场的信息系统还是处于初级阶段，相关信息的搜集、分析处理能力比较低，无法及时提供农产品相关具体信息。主要是因为市场的运营主体大多是私营企业，由于自身经营以及客户要求等各方面利益交杂导致市场运营方无法及时掌握到市场内销售的农产品具体信息，如价格、交易额和进出货量等涉及的具体销售情况的真实信息。同时，大部分农产品批发市场在信息系统方面的投资较少，往往只有一块 LED 显示屏，展示的信息单一且更新速度慢。还有许多中小型农产品批发市场甚至没有电子显示屏，导致农产品信息发布不及时。

四、农产品批发行业趋势预测与政策建议

（一）趋势预测

1. 农产品批发市场仍是农产品流通的主渠道

城市农产品消费的 70%—80% 仍是通过批发市场流通的，在今后相当长的时期内，批发市场的"集货"功能和"散货"功能仍将不可替代。因此，农产品批发市场在目前小生产、大市场的情况下，仍在相当一段时间里是农产品流通的主渠道。

2. 农产品批发市场的公益性方向将更加明晰

长期以来，农产品批发市场承担着解决卖难、稳定产销、保障供应等重要的公益功能。目前对于农产品批发市场公益性的定位有关政策中已经有明确的表述，但公益性的界定以及公益性的实践方式尚不够明确。未来公益性农产品批发市场需要遵循以下规则：第一，公益性农产品批发市场并不能够平抑价格，市场的低收费并不代表能平抑物价；第二，市场内设置免费或者是低收费的供农民出售自己农产品

的场所将成为普遍行为。随着理论界的不断探讨以及公益性农产品批发市场试点的推行，各地农产品批发市场的公益性实践将更加深入。伴随农产品批发市场法律的出台、市场化价格风险基金的建立、金融优惠政策的引入等，农产品批发市场的公益性实践问题会逐步清晰起来。

3. 批发市场将实现线上、线下协调发展

当前电子商务风起云涌，打破了农产品批发市场仅有线下交易的传统方式。今后，电子商务在农产品批发市场行业的发展还将更加深入，未来将呈现线上线下协调发展的局面。农产品批发市场在电子商务中的责任应该是建立平台，批发商应该做的是电子商务交易。今后农产品电子商务的发展重点，也将会着眼于探索电子商务批发业务，解决物流节点和产品标准化问题。

4. 把关食品安全仍将是重要任务

食品安全是农产品行业永恒的话题，把关食品安全也仍是未来农产品批发市场的重要任务。对于批发市场来说，主要从以下几方面严格把关：首先，把好"准入关"，严格进行索票、索证，把好第一道门槛；其次，把好"检测关"，对不同季节高风险的产品进行检测，市场自营配送的产品要实行逐批检测；再次，把好"信息关"，完善农产品信息的可追溯体系。

（二）政策建议

1. 加强公益性建设，改造完善市场现有配套设施

农产品批发市场是具有一定公益性的行业，政府应加大对农产品批发市场的政策扶持力度。首先，政府应该在宏观层面对管辖区内的农产品市场进行合理规划布局，引导市场按规模等级进行分级设立，保证农产品批发市场的良性发展。在硬件设施升级改造方面应该加以财政投入，助力市场经营者改建或扩建现有的空间，重新规划布局各项简陋陈旧的设施，尤其加强人、车、物流的道路规划。同时，市场经营者应该优化市场综合化功能，根据自身规模完善相应的配套设施，如物流加工、信息、配送、检验和结算等部门的建设。

2. 建立切实有效的信息搜集发布体系，实现产销信息资源共享

信息一直以来都是商业中的重要组成部分，商业上很大部分盈亏都与经营者所获取的信息相关。随着现今互联网进一步的发展和普及以及各种智能通信设备的层出不穷，信息的数量和复杂程度远远超过了以前，而且流传的信息真实性有待甄别。近年来，"菜贵伤民、菜贱伤农"的事件大多是由于信息不对称导致，如信息迟滞或者虚假会导致种植户盲目跟风种植，造成菜贱伤农。有学者认为将来的核心竞争力会逐渐转移到信息方面，尤其是对大数据的搜集、处理、分析和利用能力上，这在政府正不断强调建设大数据平台中可以得到体现。因此，一方面政府应该加大建设农业大数据平台的力度，多出台相关政策，而另一方面农产品批发市场经营者更应该主动积极地搭建大数据信息处理系统，建立切实有效的信息搜集发布体系，实现产销信息资源共享，营造一个良好的市场供需环境。

3. 加强农产品质量安全监管，推进品牌化建设

食品安全关系到广大人民群众的身体健康和生命安全，尤其随着人们生活水平的进一步提高，农产品食品质量安全将越来越受到消费者的重视，这在农产品批发市场升级改造过程中占据着十分重要的地位。因此在这里提几点建议，一是建立农产品流通追溯体系，强制要求入驻的批发商建立进货来源记录和索证制度，确保可以寻找到问题产品的源头；二是建立农产品进驻标准，对入场的农产品进行审核筛选，全力保证农产品的品质以及合理安排市场内的商品种类构成；三是推进品牌化建设，市场应根据当地特色结合自身定位，以做强、做精为指导，以消费者满意为宗旨，努力打造富有自身特色的市场品牌。

2020年重庆市农产品批发市场行业发展报告

重庆市商品交易市场协会

2020年是"十三五"收官之年，是决胜全面建成小康社会取得决定性成果的一年，也是决战决胜新冠肺炎疫情防控的关键一年。全市商务系统、农产品批发市场（以下简称农批市场）行业在市委、市政府的坚强领导下，坚持疫情防控、市场生产经营恢复"两手抓"，持续推进农批市场体系优化布局，完善提升农批市场行业功能，深入推进农批市场现代化、信息化、标准化建设，充分发挥其农产品流通蓄水池、主渠道、公益性和关键节点作用，为保障市场供应、满足人民高品质生活做出了新的贡献，为"十四五"全市农批市场行业高质量发展奠定了坚实基础。

一、全市农批市场行业发展基本情况

（一）市场交易规模稳步扩大

2020年，全市已建并投入运营的农批市场80家，其中跨区域一级农批市场1家，区域综合性农批市场43家，粮油、水产、冻品、茶叶、药材、花木类等专业性农批市场37家，基本形成了覆盖城乡、产业融合、批零结合、线上线下联动的全市农产品流通网络体系，成为本土农产品流通的主渠道，为保供稳价、促进消费、带动农业农村现代化发挥了重要作用。此外，重庆市在建农批市场3家，分别是万州区百安港农批市场、长寿区三科国际农贸城、垫江县中农联农批市场。

2020年，受新冠肺炎疫情影响，全市农批市场交易额小幅增长。2020年全市农批市场营业面积401.5万平方米，比2019年增加72.5万平方米；2020年农批市场经营商户20632家，比2019年减少2161家；2020年市场从业人员110444人，比2019年增加4798人。2020年农批市场交易额达1398.5亿元，比2019年增加15.7亿元，同比增长1.1%，比2015年增加377亿元，"十三五"时期年均增长6%，基本与全市地区生产总值增长同步。（见表1）

表1　重庆市农批市场主要指标情况（"十三五"时期）

年份	市场个数（个）	经营面积（万平方米）	经营商家（户）	从业人员（人）	交易总额（亿元）
2015	61	239.2	18045	77248	1021.5
2016	62	265	20159	73361	1032
2017	69	272.2	21650	78654	1273.8
2018	73	295.6	21075	77118	1288.9
2019	75	329	22793	105646	1382.8
2020	80	401.5	20632	110444	1398.5

重点农批市场示范龙头作用有效发挥。交易规模前十强农批市场分别是：重庆双福国际农贸城、重庆明品福冻品市场、重庆观音桥农产品批发市场、重庆万吨冻品交易市场、重庆吉之汇国际农贸物流城、重庆渝南火锅食材冻品市场、重庆新大兴国际农副产品交易中心、重庆三亚湾水产市场、重庆万州区宏远市场、重庆海领（临空）国际农产品交易中心。2020年，十强农批市场营业面积126.6万平方米，占全市总量33.8%，其中5家百亿级市场95万平方米，占全市总量23.7%；2020年，十强农批市场经营商家8938户，占全市总量43.3%，其中5家百亿级市场经营商家6580户，占全市总量31.9%；2020年，十强农批市场从业人员57220人，占全市总量51.8%，其中5家百亿级市场从业人员43895人，占总量39.7%；2020年，十强农批市场交易额1109.4亿元，占全市总量79.3%，其中5家百亿级市场交易额932亿元，占全市总量66.6%。以上数据充分表明，十强农批市场在全市具有举足轻重的作用。（见表2）

重庆双福国际农贸城是目前我市唯一布局的一级农批市场，自2009年一期开工建设到2014年开业运营，累计投入建设资金50多亿元，规划用地2455亩，已用地1690亩，建成市场交易营业面积56万平方米，汇聚农批全业态，市场拥有客商近2400户，直接和间接从业人员5万余人，年交易量超400万吨，年交易额突破360亿元，辐射服务于重庆、四川、陕西、贵州、湖北、湖南五省一市，日均交易量1.3万吨，被市政府确定为"菜篮子工程""民生工程"和全市唯一一级农产品批发市场，被农业农村部、商务部等部委评为全国百强商品市场、定点配套市场、全国首批公益性农产品批发市场。

表2 重庆市十强农批市场2020年主要指标情况

序号	市场名称	所在区县	营业面积（万平方米）	经营商家（户）	从业人员（人）	交易额（亿元）
1	重庆双福国际农贸城	江津区	56	2357	13629	360
2	重庆明品福冻品市场	高新区（九龙坡区）	10	596	12000	220
3	重庆观音桥农产品批发市场	江北区	7	2200	12000	129
4	重庆万吨冻品交易市场	大渡口区	10	580	1740	120
5	重庆吉之汇国际农贸物流城	永川区	12	847	4526	103
6	百亿级农批市场合计		95	6580	43895	932
7	重庆渝南火锅食材冻品市场	南岸区	4.2	500	2500	50
8	重庆新大兴国际农副产品交易中心	涪陵区	10	450	2000	41.4
9	重庆三亚湾水产市场	渝北区	9.3	380	1800	30
10	重庆海领（临空）国际农产品交易中心	渝北区	6.1	700	6000	28
11	重庆万州区宏远市场	万州区	2	328	1025	28
12	合计		126.6	8938	57220	1109.4

（二）农批市场布局结构进一步优化

1.农批市场规划布局持续优化

"十三五"以来，我市制定实施了全市农批市场布点规划，推进完成主城核心区菜园坝水果市场、西三街水产市场外迁至主城二环区域，进一步缓解了主城核心区（内环以内）交通物流压力。严格实行农批市场规划布点听证约谈制度，严控用地管理。积极培育农批市场，加大招商引资力度，盘活存量市场设施，增加有效供给，逐步化解农批市场过剩产能，现已基本形成供需平衡的局面。

2.主城都市区是农批市场发展的主战场

全市划分为三大功能区，即主城都市区（含主城中心区、主城新区）、渝东北三峡库区城镇群、渝东南武陵山区城镇群。从三大功能区来看：主城都市区毫无疑问是农批市场发展的主战场，2020年区域内农批市场49家，占全市总量的61.2%，市场交易额1320.2亿元，占全市总量的94.4%；渝东北三峡库区城镇群农批市场是承接主城都市区、衔接农产品生产基地、辐射服务周边的重要节点，2020年区域内农批市场20家，占全市总量的26%，市场交易额55.5亿元，占全市总量4%；渝东南武陵山区城镇群农批市场是承接主城都市区、衔接农产品生产基地、辐射服务周边的重要支点，2020年区域内农批市场11个，占全市总量的13.8%，市场交易额22.8亿元，占全市总量1.6%。（见表3）

表3 2020年三大功能区农批市场布局结构

序号	功能区名称	农批市场（家）	市场交易额（亿元）	占全市总量比重（%）
1	主城都市区	49	1320.2	94.4
2	渝东北三峡库区城镇群	20	55.5	4
3	渝东南武陵山区城镇群	11	22.8	1.6
4	合计	80	1398.5	100

3.农批市场功能业态逐渐多样化

除了综合农批市场外，随着农产品特别是特色农产品生产规模化、产业化的持续发展，我市专业批发市场逐步形成了业态多样、门类齐全、特色突出的新格局。2020年全市80家批发市场中：综合农批市场43家，占53.8%，交易额836.9亿元，占总量的59.8%，占比比同期增加5个百分点；专业农批市场37家，占46.2%，交易额561.6亿元，占总量的40.2%。专业农批市场涵盖蔬菜、冻品、水产、粮油、水果、肉禽、食品、茶叶、饲料、药材、花卉苗木等10多个品类。其中：2020年冻品市场、水产市场、副食品市场交易额分列前三，分别达到391.1亿元、46.8亿元、31.8亿元。重庆万吨冻品市场（大渡口区）连续11年位居百亿级市场行列，重庆明品福冻品市场（高新区）自2015年投运后，以其30万吨的冷链实力和专业的营销能力，迅速成为重庆乃至西南地区最大冷链物流中心，2020年交易额达到220亿元，与2019年相比增幅高达57.1%。这些特色各异的专业市场，在满足城乡居民消费需求升级的同时，对衔接产销、调节供求、沟通信息、促进农产品专业化生产发挥了重要作用。（见表4）

全市农产品批发市场以及专业冻品市场冷库总库容量达到180万吨，冷链运输量突破200万吨，冷链物流基础设施设备初具规模，市、区县、乡镇三级冷链物流体系初步建成，冷链物流降本增效作用凸显。

表 4　重庆市农产品批发市场分类情况（2020 年）

类别	数量（个）	经营面积（万平方米）	经营商家（户）	从业人员（人）	年交易总额（亿元）
农产品综合市场	43	245.9	13777	66940	836.9
茶叶市场	5	11.6	753	2545	10.8
畜牧市场	1	7.9	60	3000	0.5
冻品市场	4	25.4	1828	16453	391.1
果品市场	4	12.2	186	758	15.6
花椒辣椒市场	2	3.4	57	314	14
花木市场	4	19.3	549	5768	5.1
粮油市场	2	3.2	150	622	13.2
副食市场	4	34.5	1511	7790	31.8
蔬菜市场	2	8	225	1000	14
水产市场	5	24.2	516	2620	46.8
中药材市场	3	4.2	326	734	15.2
饲料市场	1	1.9	694	1900	3.2
小计	80	401.5	20632	110444	1398.5

（三）农批市场运营管理进一步加强

2020 年，我市亿元以上农批市场（综合、专业）达到了 56 家，比 2019 年增加 8 家，交易额达到 1386.2 亿元，占全市总量的 99.1%。总体来看，全市农批市场特别是大型农批市场集聚能力、运营管理能力均逐渐增强。自 1985 年我市第一家农批市场（观农贸批发市场）建立以来，到 2020 年全市拥有 80 家农产品批发市场规模，其所具有的农产品集散、信息公示、交易结算、产销对接等功能已经为我市农产品的线下实体流通提供了一个主流且稳定的渠道，仍有超过 80% 的农产品是通过农批市场流通交易的。

随着经济现代化、信息化进程的推进，我市农批市场逐渐呈现出功能综合化、品种多样化、交易简便化、产品安全化、建设标准化的运营管理模式，组织化程度不断增强。一是市场的功能从单一的农产品交易平台提升为融信息交流、贸易洽谈、检测认证的综合平台，通过多元的资源整合，使农批市场的平台商、经营商和供货商实现合作共赢；二是市场交易品种呈现多样化，一般包括蔬菜水果、肉类（家禽）、水产品、粮食以及干副等多品类；三是随着信息化、电子化技术的不断发展，对农批市场的流通组织化程度、结算方式、农产品包装标准化程度等都提出了更高的要求；四是所有农批市场结合安全检测设施和流程的需要，均建立了农产品质量安全检测站，使农批市场后疫情时代的食品安全基本能得到保障。

（四）农批市场现代化高质量发展势头良好

1.建设农产品线上线下融合发展平台

纵达食品城、万戈花椒市场等农批市场与某电商平台合作，依托线下实体市场引导商户发展线上交易。双福国际农贸城采用无线射频、手执终端等电子设备，建成电子结算系统，逐步分类引导农产品经营户按照电子结算方式开展交易，市场交易手段由现金支付快速向 POS 机刷卡、移动和在线支付转变，支付宝、微信、云闪付等移动支付手段得到广泛运用。同时，双福国际农贸城正在开发建设公共农贸信息管理网,拟链接农产品生产基地、二级农批市场和超市。吉之汇国际农贸物流城、中农联合川农贸城等大型农批市场全力打造"云仓配"线上交易、线下统配的现代农产品流通方式。

2.大力推动农商互联产销对接

在国家农商互联示范项目的引领下,全市农产品批发市场以客户需求为导向、以订单农业为统领、以提高质量和效率为目标、以电子商务、资源整合为手段、以第三方物流为核心,建立新型农产品供应链模式,逐步实现农产品设计、采购、生产、销售、服务等全过程高效协同,构建便捷、畅通、高效、稳定的农产品产销流通渠道。组建成立了重庆市商品交易市场协会农批市场分会和消费扶贫联盟,组织开展了农产品产销对接,成功承办了中国农交会。据统计,2020年,全市农批市场共开展了300多场农商互联产销对接活动。

3.推进建设智慧化、数字化农批市场

充分利用智慧市场信息互通、业态互融、资源共享的特点,推动农产品龙头企业在农批市场设立特色农产品展厅、体验店。在网上开设网店,方便消费者网上浏览、订购,推动传统农产品销售业态与网上虚拟业态融合发展,利用农批市场智慧系统,实现智慧营销、智慧物流、智慧停车和智慧导流,根据智慧市场数据资源,应用大数据、云计算、人工智能技术进行精准营销。充分利用农批市场商流聚集的特点,不定期搭建农产品销售展台,开展农产品惠民展销活动,实现农商对接。

(五)农批市场贡献持续扩大

1.农批市场是吸纳劳动就业的重要行业

农批市场是劳动密集型行业,对带动劳动力就业作出了突出贡献。到2020年底,全市农批市场经营户数22258户,直接从业人员达10.5万人,带动种植养殖户、生产加工、物流配送、现代服务业等间接就业人员100万人以上。

2.农批市场是农产品产销的有效载体

2020年底,我市80家农产品批发市场,覆盖了5000多家城区菜市场、乡镇农贸市场、生鲜商超和农产品集中产区,构筑起贯通全市城乡的农产品流通大动脉。全市80%以上的鲜活农产品通过批发市场流向消费终端,农贸市场70%的货源、超市60%的货源均来自农批市场。

3.农批市场是促进农业农村现代化的重要力量

农批市场的发展不仅有力地促进了农产品的大流通,带动了农业产业结构的调整,同时也促进了农业农村现代化和乡村振兴,助力我市全面完成脱贫攻坚任务。2020年,重庆农产品批发市场通过产销一体化、精准对接,直接带动了全市柑橘、榨菜、草食牲畜、生态渔业、中药材、茶叶、调味品七大特色农产品产业链基地,提升了粮油、蔬菜、生猪三大保供产业质量效益,促进了农业生产环节各项指标均保持稳定增长态势。据统计,2020年,全市农林牧副渔业增加值实现1837亿元,同比增长4.7%,比全市地区生产总值增幅高0.8个百分点。

二、农批市场发展中的主要问题和短板

总体来看,我市农批市场对带动农业农村现代化、保障市场供应、实现产城融合、推动城市化进程起到了重要作用。据第七次全国人口普查统计数据显示,我市常住人口达到3205.4万人,较上一次增加300多万人,其中城镇人口2226.4万人,城镇化率近70%。随着我市城镇化建设逐步加快,居民的生活水平得到明显提升,但与此相对应的是,我市农批市场的发展速度却不断放缓,存在市场现代化信息化程度不够高、规划布局不合理、市场功能不完善、经营环境较差等问题和短板,阻碍了农批市场高质量发展,与城镇化进程和人民群众高品质生活还不相适应。

（一）农批市场受新冠肺炎疫情冲击较大

2020年，新冠肺炎疫情全球肆虐，极大地影响了经济社会发展。我市农批市场也不例外，发展受到了新冠肺炎疫情的较大冲击。2020年，80家农批市场交易额同比仅增长2.4%，较2019年增幅减少3.3个百分点，较"十三五"年均增幅减少4.6个百分点。特别是对水产品批发市场影响更大，2020年，我市水产品市场交易额31亿元，较2019年减少47.8亿元，同比下降60.7%。

（二）农批市场规划布局不够优化

我市部分区县还无二级综合农批市场，与农业农村现代化和城市化进程不相适应。由于规划管控不严格、农批市场管理方面的法律法规缺失等原因，一些在建农批市场和新发展起来的农批市场建设体量过大，出现了恶性竞争、争夺客商资源的现象。个别区县为了招商引资、增加投资拉动经济，还准备争取建设一级综合农批市场，既违背了大型农批市场梯次反向布局规律，还容易造成资源浪费、产能过剩、恶性竞争等问题。

（三）农批市场粗放管理方式仍未根本扭转

目前我市大多数农批市场主要是靠收取摊位租金、管理费和服务费的方式来获取盈利，没有充分利用现有资源开展多元化经营，盈利模式单一、抗风险能力弱。农批市场平台商面临竞争压力，主要考虑投入成本和回收问题，没有强大的动力去升级改造，仍采用粗放式管理模式，管理手段传统，没有全面形成规范化、标准化、现代化、信息化的管理体系，现代化、信息化水平较低。在数字化、智慧化改造方面，又涉及经销商因税费等顾虑不配合等障碍，推动更缺乏动力。此外，农批市场行业的经销商和从业人员多为进城务工农民，缺乏相应的准入退出机制和培训机制，整体行业从业人员的素质有待提升，人才极度匮乏。

（四）农批市场经营环境有待改善

农批市场虽然承担着很多社会职责和公益性职能，创造了很多就业岗位，备受国家和社会各界高度重视。但我市仍有部分农批市场布局在城市核心区，因人流、物流巨大，带来的交通拥堵、环境的污染较大，对城市周边的环境、居民的生活造成较大的困扰。以我市主城核心区为例，目前仍有10多家农批市场处在核心区内，是造成我市交通拥堵的重要原因之一。现只能采取分时段、限吨位措施缓解交通物流压力。此外，部分老旧农批市场没有大量的资金投入更新，造成污水处理系统不完善、设施设备陈旧、交通内循环差等问题，影响了城市品质和形象。

（五）农产品供应链体系有待进一步探索

当前，我市双福国际农贸城、吉之汇国际农贸物流城等少数大型农批市场正在探索建设农产品供应链体系，取得了一定进展。但是，农产品供应链从田头到餐桌的标准化、品牌化、信息化等问题仅靠农批市场环节是解决不了的。只有从源头上改造，提升前端的组织化程度，形成集中的生产，构建社会化服务体系，品牌、防疫、追溯、去农残等一系列问题才能迎刃而解。

存在这些问题的主要原因，既是基本国情决定的，又与政府支持力度不够、相关法律法规缺失、农批市场赢利性与公益性的矛盾还较突出有很大关系。农批市场作为微利性准公益性企业，在首先考虑维持正常运营的情况下，很难投入大量资金来进行市场的升级改造，这也是市场基础设施建设，特别是信息化设施建设滞后的一个重要原因。这些问题制约了我市农批市场供应链体系建设和转型创新发展，也大大影响了我市农批市场功能作用的充分发挥。

三、农批市场行业发展趋势判断

"十四五"时期，是我市推进产业结构调整、建设现代产业体系的关键时期，农批市场行业作为商贸流通的重要产业，持续推进转型升级、发展现代农批市场是必由之路。

（一）农产品流通多元化、农批市场行业转型升级是大趋势

农批市场的地位不可替代，但随着农产品流通方式、流通模式的不断创新，农产品流通逐渐多元化，农产品不通过农批市场直接进入零售终端、食品加工厂等比例将不断增加，农批市场经由率将逐渐下降，其所承担的功能、交易的形式以及与其他渠道之间相互的分工合作关系将不断调整。同时，我市城市化水平近70%，进入以城市群为核心的新的城市化发展阶段，更重要的是，人民群众对食品消费的要求也在发生重大变化，从过去能不能吃饱的问题，到现在要吃得好、吃得精、吃得营养、吃得卫生，对农批市场的要求也相应出现了重大变化。未来一个时期，农批市场必须要加快转型升级步伐，适应新阶段的发展要求。未来多样化农产品流通渠道也是批发市场发展需要认真面对的挑战和加强合作的对象，向产业链前后端延伸，拓展功能，建设完善农批市场供应链体系，未来的农批市场一定既是实体批发商的批发市场，也是电商的批发市场。

（二）加快农批市场规划建设管理的法治化进程是大趋势

新冠肺炎疫情给农产品市场特别是农批市场的食品安全管理敲响了警钟。在此大背景下，我市推进家禽集中屠宰缺乏国家和地方法律法规的支撑，导致家禽集中屠宰、建设冷链配送体系等措施无法有效实施。同时，虽然我市大型农批市场规划建设实行听证约谈制度，但因没有内贸相应法律法规支撑，农批市场的无序竞争仍然存在。综合上述情况来看，无论是中央或是地方尽快出台内贸管理方面的法律法规已是必然，也是规范管理包括大型批发市场在内的大型内贸设施的大趋势。

（三）农批市场与城市和谐共生发展是未来的必然趋势

从功能上来讲，农批市场是一个城市必须有的，非常重要，但形态和管理水平需要跟城市发展、消费者的需求相协调一致，必须和城市和谐共生发展。一是农批市场经营环境的改善，特别是城市核心区大型农批市场的仓储、物流要进行外迁调整；二是农批市场的建设风格、功能体现、精神风貌上都需要和城市相一致，进一步提升品质，增强与城市的相融性，这是农批市场未来必然的发展趋势。

（四）智慧农批市场是提升农产品流通效率的必然途径

今后的农批市场整体向设施先进、功能完善、管理科学、主动承担社会责任的现代化市场，也就是"智慧农批"发展。包括智慧化（食品溯源和批发商管理）、标准化、品牌化、集约化、冷链化、绿色化。未来"智慧农批"的发展需要系统的数字化管理，涵盖智慧物流系统、进场的信息统计系统、设施设备的管理系统、经销商的管理系统和市场人员的管理系统、资金系统、商品系统、配送系统等方面。而我市农批市场与上述要求还有较大差距，未来必须加大投入，大力发展"智慧农批"，进一步提升农产品流通效率。

四、农批市场发展的主要对策及建议

（一）主要对策措施

1. 优化市场布局

"十四五"时期，我市重在农批市场的优化布局、盘活存量，原则上不再新增布局大型农批市场，严控农批市场规模，避免重复建设和资源浪费。到"十四五"末，主城都市区形成"1+17"以蔬菜、水果为主的综合农批市场，即1家一级农批市场，17家二级农批市场，渝东北、渝东南每个区县原则上布局1家综合农批市场。加快推进城市核心区大型农批市场仓储物流功能外迁调整。

2. 完善配套设施

建设完善产前、产中、产后紧密相连的农批市场供应链体系，提升农批市场价值链，逐步完善农产品批发市场分级整理、加工包装、质量验证、委托购销等服务功能，完善仓储物流、检验检测、垃圾集中处置等配套设施，推进标准化建设与发展。建设完善水、电、气、路等公共基础设施，解决市场营运中的突出问题，为市场运营发展创造良好环境。

3. 创新保供机制

鼓励引导农批市场纵向延伸产业链条，推进农商对接与农商互联，构建紧密的产销衔接机制，减少中间环节，提高货源组织能力和供给稳定性。建立农产品应急保供部门协作机制，整合市级部门监管平台资源，加大数据共享和对接力度，增强协同调控能力，确保应急状态下的农产品市场供应。创新投入机制，引导国有资本参与农产品批发市场改建项目、智慧化标准化提升项目和运营，对符合公益性要求的项目提供一定额度的地方政府专项债券等金融支持。引导市场合理确定摊位费、进场费等收费标准，逐步实现农批市场保供稳价的公益属性。

4. 加强安全监管

引导农批市场主体完善农产品市场准入、索证索票、信息传递与查询等管理制度，从产业链源头抓起，制定农产品标准体系，运用大数据、物联网等新技术建立完善农产品溯源体系，推进农产品质量安全溯源管理。引进第三方检测机构为农产品企业提供专业化服务，建立政府部门监督抽检和第三方检测相结合的农产品检验检测制度，保障食品安全。

5. 加快转型升级

积极引导农批市场向信息化、集约化方向转型升级。大力发展平台经济，鼓励各类电商、物流、金融等企业参与平台建设和运营，实现农产品交易、仓储、配送一体化。大力发展农产品电子商务，支持农批市场推进线上线下一体化经营，逐步丰富网上交易品类、扩大配送范围，推进协同发展。加快推进"智慧农批"建设，推进移动互联网、物联网、二维码、无线射频识别等信息技术在农产品流通领域的应用，促进农产品商流、物流、信息流、资金流"四流"融合。

（二）有关建议

1. 建议尽快出台相关的法律或法规

商务部等国家有关部门应加快内贸立法进程，并根据地方关于农批市场建设规划管控的实践经验，在内贸流通法律法规中明确农批市场行业的公益属性，农批市场建设和管理包括规划布局、政府管理、市场运行、市场准入、交易行为、规范标准等，引导市场公平合理竞争，使农批市场相关建设和运营制度在法制的保障下运行。

2. 建议进一步加大政策支持力度

近年来，商务部等国家有关部委相继实施了现代服务业、农商互联、冷链物流、农产品供应链体系等政策专项，地方也相应地出台了系列政策，引导推动了农批市场建设发展，增强了公益属性。但由于支持的范围、支持的力度有限，导致相当部分农批市场目前仍然设施设备陈旧，经营环境较差，现代化水平低。鉴此，建议除了支持农批市场智慧化、供应链体系建设外，还应支持农批市场设施设备提档升级，提升农批市场品质，做到与城市形象相适应。

3. 建议建设国家统一的农批市场运营管理信息化公共系统

由商务部、国家统计局等部门开发建设一套完整的农批市场智慧数据管理系统，通过行业组织和属地管理部门动态统计农批市场各项数据和营运管理情况，开展大数据分析，为政府及管理部门决策提供依据。

2020 年云南省农产品批发市场行业报告

云南省商务厅

一、行业发展基本状况

2020 年，为应对疫情影响，云南省依托高原特色产业优势，进一步围绕全力打造世界一流"绿色食品牌"，鼓励传统农产品批发市场转型升级，构建信息化服务平台，开展电商等多形式交易，促进高原特色农产品批发市场保生存、促发展。疫情期间，各地农产品批发市场切实加强疫情防控，完善市场设施和功能，农产品保供和辐射带动能力不断增强，在保障城乡供应、稳定物价等方面发挥了重要作用，为云南农产品拓展国内外市场奠定了坚实基础。

（一）农产品批发市场的规模情况

据抽样统计显示，截至 2020 年底，全省共有大型农产品批发市场 147 家，数量与上年度年无变化，成交总额 2345 亿元，同比增长 6.2%；年成交量 7985 万吨，同比增长 6.1%；市场总摊位数 69378 个，同比增长 3.3%，其中固定摊位 27076 个，非固定摊位 50885 个；总交易面积 1021 万平方米，同比增长 10.4%，其中交易厅棚面积 333 万平方米，露天交易面积 767 万平方米；经销商共计 71890 个，同比增长 4.7%，从业人员 35 万人，同比增长 13.1%。

（二）农产品批发市场结构及交易额情况

抽样调查结果显示，2020 年云南省农产品批发市场中，果蔬菜类市场年成交额 911 亿元，占全部市场总成交额的 38.9%，是农产品批发市场的主力军；其次是肉禽类市场，年成交额为 563 亿元，占市场比重达 24.0%。剩余占比排列依次是其他市场、综合市场、花卉市场、茶叶市场、水产品市场。农产品批发市场仍然是以果蔬、肉禽类产品交易额为主。

2020 年抽样显示，农产品批发市场中，果蔬市场摊位数 19790 个，同比减少 11.0%，占总摊位数的 28.5%；经销商 51134 个，占总经销商数的 71.1%；从业人员 102800 人，占总从业人员的 29.3%；年成交量 5789 万吨，占总成交量的 72.5%。综合市场的市场数 36 个，占农产品批发市场的 24.5%，为第二大主要市场；综合市场经销商数 10979 个，占总经销商数的 15.3%；从业人员 22880 人，占总从业人员的 6.5%；年成交量 292 万吨，占总成交量的 3.7%。其他市场的市场数 16 个，占农批发市场的 10.9%，为第三大主要市场；其他市场经销商数 390 个，占总经销数的 0.5%；从业人员 161498 人，占总从业人员的 46.1%；年成交量 1192 万吨，占总成交量的 15.1%。

（三）基础设施建设现状

2020 年，云南省按照"淘汰一批、搬迁整合一批、提升改造一批、巩固规范一批、新建增加一批、依规达标一批"的工作要求，制定全省农贸市场标准化建设工作指南、农贸市场经营管理规范、农贸市场提升改造建设指引等工作标准，推进全省农贸市场标准化建设改造。2020 年各市场在卫生及防疫、废弃物处理、检验检测、安全监控、信息技术、冷库等方面投入明显增加。其他基础设施建设中，市场总摊位数、市场经营总面积等指标较去年相比均有所增加。市场经营总面积从 925 万平方米增加到 1021 万平方米，增幅 10.4%。市场摊位总数从 67173 个增加到 69378 个，增幅 3.3%。

二、存在的问题及原因

（一）农产品市场规划布局不科学

云南省农产品批发市场数量多但规模较小，市场过于集中，规模较大的批发市场主要集中在昆明，地州批发市场数量少、规模小且布局不合理。有的地区缺少与当地农产品流通和居民消费水平相适应的农产品批发市场，有的地区拥有多个农产品批发市场，各市场的功能定位不清晰，同质化竞争导致市场潜力得不到充分发挥。

（二）农产品产地流通设施不健全

云南独特立体型气候造就了种类丰富、独具特色高原农产品，但全省农产品市场体系还不健全，部分批发市场档次不高、交易方式落后，农产品质量检验检测和追溯体系不完善，智能化、信息化网络建设滞后。市场内农产品经营主体小散弱，流通组织化程度较低。多数农产品流通企业鲜活农产品储藏、加工和运输能力弱，农产品产地市场普遍缺乏完善的集配中心、产地仓等设施，外销农产品商品化处理不足，流通过程耗损率较高（蔬菜类为40%左右）。

（三）农产品市场流通不够活跃

我省高原特色农产品种类多，多数农产品以省内及周边区域内流通为主，省外和国外市场占有率不高。全省多数地区农产品市场主要为农贸市场和部分批发市场，农产品集散市场少，流通辐射范围、交易数量小。农产品零售网络还不健全，网点覆盖不足，城市商超、便利店农产品销售不丰富、配送服务等层次低，农产品在市场的集散和便民程度较低。部分批发市场、农贸市场内经营档口设施陈旧，环境脏乱差，批零兼营服务能力不足。

（四）农产品产销衔接不够通畅

云南农产品生产者和流通企业对市场需求、价格、产品标准等信息普遍缺乏精准把握，同时受产业配套不完善等因素影响，农产品难卖现象还时有发生。农产品产销对接活动不够丰富多样，各类农产品流通市场主体之间还未构建起便捷、畅通、长期、稳定、紧密的农产品产销关系，农产品批发市场、农贸市场农产品营销渠道还不够通畅。

（五）农产品市场公益性发挥不足

云南省农产品批发市场普遍存在政府投入不足，市场经营者对农产品进入批发市场不同程度存在收取摊位费、卫生费、管理费等费用。部分农产品批发市场经营者重收费、轻管理和服务，市场环境较差，市场管理水平较低。一些公益性较强的农产品批发市场亟须加大投入建设改造公共设施，完善检验检测、产品溯源等设施设备；满足分区、分类经营和批零分离、人车分流要求；完善通风、排水和垃圾处理等设施，改善环境卫生；开展信息化和智能化改造，推动实施电子结算，加强买卖双方经营和交易信息登记管理，促进人、车、货可视化、数字化管理等。

三、趋势预测与工作建议

（一）趋势预测

1.供应链推动批发市场流通模式不断创新

在信息技术、消费需求升级、电商冲击等影响下，农产品批发市场积极创新经营理念和交易模式，主动适应经济发展新常态带来的挑战。供应链发展模式能够有效整合产业链各个环节、各种资源，提高物流、资金流、信息流流转效率，降低运营成本，将逐渐成为农产品批发市场改革发展的方向。农产品批发市场作为农产品流通的主要渠道，正处于由第二代向第三代批发市场过渡的阶段，并向智慧农批转型，构建基于农产品批发市场的流通大数据，开展供应链服务。另一方面，作为部分B2C电商与商超的采购源头，批发市场或可尝试成为生产、加工、流通企业与电商对接融合的载体，实现线上线下共生共享。延伸供应链两端采用B2B模式借助互联网实现高效链接，消除产销之间的信息不对称，帮助农户、合作社、加工企业构建覆盖全国市场的流通渠道。通过反向实现农产品生产到流通整体供应链的在线化。通过以销定产的反向供应链模式，对市场进行准确的预估，深入上游农产品原产地，指导菜农或合作社按需生产，从而解决蔬菜市场产销信息不对称、生产者卖货难的问题，助力实现生产到流通整体供应链在线化，提高整个生鲜农产品行业的效率。

2.批发市场助推农产品开拓国际市场

近年来，云南不断扩大优质农产品进出口，进一步推进农产品跨境电商新兴贸易模式发展，而批发市场是农产品流通的主渠道，是产品和信息的汇聚平台，是价格的形成中心，配套设施相对完善，信誉度较高，农产品国际贸易新平台的优势日益凸显。在打造农产品国际贸易平台的同时，也需要实施"引进来"和"走出去"的战略。农产品批发市场汇集了大量的农产品批发商，产品丰富、来源稳定，市场资金雄厚、信誉有保障，组织化程度较高，凭借这些优势，再借助行业协会组织提供的智力支持，批发市场作为开展农产品国际贸易的平台，必将发挥更大的作用。

3.统筹农产品产地、集散地、销地批发市场建设

近年来，云南不断推进农产品产地、集散地、销地批发市场建设，加强农产品物流骨干网络和冷链物流体系建设，培育农业产业化龙头企业和联合体，推进现代农业产业园、农村产业融合发展示范园、农业产业强镇建设。健全农村一二三产业融合发展利益联结机制，让农民更多分享产业增值收益。

（二）有关建议

1.继续加强农产品批发市场建设

结合云南高原特色农产品发展优势，继续支持鼓励各地建设区域性农产品批发市场，有序推进云南特色大宗商品国际现货交易中心建设。以产地集配中心和田头市场为源头，以功能集聚农产品批发市场为中心，以绿色便捷农产品零售市场为基础，以高效规范的电子商务等新型市场为重要补充，线上和线下融合、产地和销地匹配的云南特色农产品市场体系。加强农产品批发市场行业管理，引导农产品市场良性竞争、协同发展，充分发挥跨区域农产品流通基础设施的作用，加强农产品市场间的横向联合和贸易互助。

2.完善批发市场流通基础设施

鼓励已经建成的批发市场依托云南省蔬菜、水果、坚果、中药材等八大重点产业产地，结合各地市场需求，继续加快加工配送、交易展示、冷链仓储、信息平台、检验检测、废弃物处理、消防安保等基础设施建设，完善公共服务功能等，形成农产品分拣、加工、包装、发运的集散地，推动农产品流向国内外消费市场，打造全省"绿色食品牌"内流、外流型农产品批发市场。

3.提升批发市场信息服务水平

加强信息网络体系建设，建立信息化的交易系统，采用先进的电脑系统进行管理和运作，实现主要农产品批发市场网络的互联互通以及各市场之间的信息交流和共享，形成高度集成的农产品批发市场信息网络，发展网上农产品在线拍卖、订货和其他交易服务。及时发布我省各地农产品上市时间段和种植面积及产量，以及产品信息，在扩大高原特色农产品品牌宣传和规模的同时，联通国内外各大农产品采购平台，解决农产品滞销问题。

4.加强农产品品牌培育

建设完善农业品牌标准体系，注重历史、文化、地理等资源挖掘，强化农产品包装、设计和销售模

式创新，培育一批农产品知名品牌，打造一批特性鲜明的企业品牌，塑强一批精品区域公用品牌，创响一批乡土产品品牌，带动企业品牌和农产品品牌协同发展，提升产品附加值。鼓励龙头企业、合作社、家庭农场等将经营理念、企业文化和价值观念等转化为品牌优势。深入推进云南省"绿色食品牌"品牌目录制度，强化品牌宣传，挖掘品牌内涵，讲好品牌故事，创新品牌营销，支持流通企业、电商平台等开设品牌农产品销售专区，开展农产品品牌展示推介，培育农产品网络品牌，促进品牌农产品销售。

5.发展产地市场并提升公益属性

推进以国家级农产品产地专业市场和田头市场为核心的产地市场建设，形成与农业生产布局相适应的产地流通体系。支持各地申报国家级农产品产地专业市场，提升价格形成、信息服务、物流集散、品牌培育、科技交流、会展贸易等主要功能。加快推进田头市场建设，促进小农户与大市场的有效对接。采取入股参股、产权回购回租、土地合作权作价入股、公建配套等多种方式，建设改造公益性农产品批发市场、标准化农贸市场，逐步提升现有农产品批发市场、标准化农贸市场的公益性，有效降低交易费、摊位费等经营成本，发挥好公益便民服务水平。

典范经验

2020 年中国农产品批发市场发展亮点

2020 年是人类发展历史上极为不寻常的一年，突如其来的新冠肺炎疫情改变了全社会的运行轨迹，各行各业都受到疫情的影响和冲击。作为民生事业的农产品流通业充分发挥商贸流通渠道作用，忠于职守，勇担责任，做到农产品不脱销、不断货、不断供、不涨价，有效保障了人民群众的生活必需品供应，在保供稳价、解决受疫情影响农产品滞销卖难等方面都发挥了重要作用。在全球国际贸易形势变化和整个商品消费市场的发展走向、市场格局、业态模式、消费认知、消费习惯等因为疫情发生重大改变的情况下，农产品的消费习惯和消费方式也发生了一定程度的改变，疫情对农产品流通业态模式产生了较大影响。农产品批发市场正加快向现代化、数字化方向转型，在实现全面脱贫与乡村振兴无缝衔接、促进农产品国际贸易等方面凸显渠道优势，发挥更重要的作用。全国城市农贸中心联合会将撷取其中有意义的事件载入行业史册。

一、坚持党建统领全局

北京八里桥农产品中心批发市场：坚持以政治理论学习为先导，狠抓组织建设和党员队伍建设

市场党总支组织党员集中学习党的十九届五中全会精神，发放资料自学《习近平谈治国理政》，既注重集中学习，又着眼于个人自学。以基层支部为单位，通过传阅学习《中国制度面对面》，并完成答题，帮助党员更好理解坚持和完善中国特色社会主义制度、推进国家治理体系和治理能力现代化的各项决策部署；通过《金刚川》《八佰》爱国主义教育观影，引导党员干部弘扬爱国主义、社会主义思想，树立正确的国家观、民族观。为激励广大党员学习热情和比学赶超的学习动能，做好我市场"学习强国"学习平台推广使用工作，开展了"学习强国"学习打卡有奖活动。不断创新形式、开放和互动的学习平台，激发学习动力，提升学习质量，进而提升了党员干部政治素养。

党总支按照要求，聚焦区委深化落实全面从严治党主体责任的重点内容，用清单化引领责任分解，将责任内容细化完善，分解到岗、落实到人、签字认领。15 名中层以上干部，50 名党员公开承诺，立足岗位职责，推动责任下沉。严抓"春节""清明""五一""中秋十一"等重要节点，坚决防止不良风气问题反弹回潮。节前认真对"食堂、公车管理、财务"等部门责任人进行约谈，督促其认真履行监管职责，把好第一道关口，严格落实公车制度、节日期间领导代班制度。开展经常性的反腐倡廉教育，通过网络让党员学习《关于查处在疫情防控工作中违反工作纪律问题典型案例的通报》等违纪通报，用身边事教育身边人，使广大党员从反面教材中汲取教训，特别是增强广大党员干部在疫情防控工作中的纪律意识，推动疫情防控各项责任落实到位。同时完成《减免中小微企业租金情况的专项检查》《党纪处分专项检查》《三重一大自查》等专项检查。

按照组织程序，坚持公平、公正、公开原则，有序开展换届，做好换届选举各项筹备工作，以实现党总支优化配备，增强整体功能，为党建工作提供更加坚强的组织保证。同时积极稳妥做好发展党员工作，做到发展一个，带动一批，严把程序关、审批关、政审关、转正关。2020年完成2名预备党员的转正，发展2名党员，继续壮大党组织力量。

疫情期间，党组织发挥基层战斗堡垒的作用。将区国资委划拨的党费3万元用于为一线部门购防疫物品，为防疫值守、消毒消杀提供物资保障，党员们踊跃捐款，自愿在"党员捐款支持疫情防控""共产党员献爱心"活动捐款6640元。同时，市场总支号召党员参与市场防疫值守活动，"周末大扫除""积极投身社区（村）疫情防控""桶前值守"微视频观看等活动，并借助国资委的宣传平台，积极参与主题征文、典型故事征集，推送优秀典型。此外总支还组织市场员工中退伍军人开展"退伍不褪色，抗疫显本色"活动，号召全体员工参与通州区"垃圾分类承诺"等活动，丰富了党组织、企业的活动内容。

为响应中组部号召，开展"党课开讲了"活动，市场总支明确主题，捕捉热点，用理论知识结合单位实际，结合身边鲜活事例，完成了党课《共产党员永远都是百姓心中最温暖的烟火味》拍摄，对市场保供稳价以及在防疫期间的工作，利用党课形式进行了阐述，讲"活"，讲出"味道"。一方面旗帜鲜明讲政治，让员工干部通过党课学习，实现学以致用、知行合一，另一方面在腾讯网站上累计近20万的播放量，也起到了正面宣传企业的作用。

北京京华茶叶市场管理部门：积极发挥党支部的战斗堡垒作用

在支部范围内开展安全隐患排查整治，进行市场环境整治，在京华沅市场与北京国际茶城支部开展了卫生环境整治、安全隐患排查等工作，开展了商户经营调查，听取、采纳了商户在市场管理、服务、经营中的合理建议。党员积极带领其他群众参与支部活动，工作中起到模范带头作用，提升了本部门本岗位工作水平。

北京大红门京深海鲜批发市场有限公司：加强党建引领"战疫"，推动党建课程落地生根

公司党委坚决贯彻落实首农食品集团指示精神，周密部署、迅速行动，与公司全体员工携手，建立健全防疫抗疫常态化工作体系，成功抗击疫情。

结合公司党建工作特点、难点，推动党建课程落地生根。制定了《推进党建课题落地实施工作方案》及《党员定责赋值试行管理方案（试行版）》。旨在通过深入推进，使党建课题落地工作在公司全面展开，有效落实，进一步推动公司党组织加强自身建设。聚焦主题教育抓常态，持续打牢理想信念宗旨根基。公司党委坚持举一反三、标本兼治，认真对照年初"回头看"工作部署要求，为规范公司工作开展提供基础保障。11月，推荐第一党支部书记参加集团2020年基层党支部书记和党务干部培训班，技能素养得到进一步提升。夯实基层组织增强能力，层层压实党建工作责任。

先后组织对2019年党风廉政建设落实情况、加强合资合作企业经营管理专项治理、规自领域检查及巡视央企发现问题检查等进行专项自查。针对列出的问题清单，逐条逐项研究细化整改措施，推进落实整改任务。坚持正风肃纪转作风，推进从严治党向纵深发展。组织召开年度党建工作暨党风廉政建设工作会，党委书记与班子成员签订年度党风廉政建设责任书，班子成员与分管部门主要负责人签订责任书。开展廉政谈话11人次，加强警示和案例教育2次。

北京农产品中央批发市场有限责任公司：不断加强党组织建设，不断提高管理创新能力

中央市场公司党支部紧紧围绕新时代党的建设总要求，充分发挥"一规一表一册一网"载体作用，

班子成员始终牢固树立一条心、一盘棋、一股劲思想，不断加强党组织建设。支部书记认真履行第一责任人职责，把班子建设成效转化为企业发展能力，以疫情防控、平稳经营、疏解整治、违建拆除、转型升级和安全稳定作为领导能力体现，真抓实干，不断提高管理创新能力。

疫情发生以来，中央市场公司党支部严格按照上级党组织部署安排，切实履行主体责任，严格落实"四方"责任，团结带领广大党员群众从最初的消毒测温、数据统计、督导宣传、租金减免，推动复工复产复市等，到现在封闭管理期间主动清理库存腐烂货物、清洗库房路面、政策告知解释等，用实际行动讲述着市场人在疫情防控中的责任担当。在疫情防控和转型升级期间，通过公众号、微信群、LED电子屏、制作横幅、场内广播等形式，占据主流宣传阵地，加强政策告知解释，主动预防和排除了各类风险隐患，并妥善处理舆情视频。

此外，中央市场公司党支部不断加强首农食品集团"三大课题"宣贯和北菜集团第一次党代会精神的贯彻落实。齐心助力集团打造首都菜篮子事业主力军、主载体、主渠道。

北京顺鑫石门国际农产品批发市场集团有限公司：多措并举加强党建工作

推进理论武装常态化，严格落实意识形态工作责任制；推进组织建设规范化，进一步规范和完善党支部各项制度，建立健全党建工作责任清单、问题清单、整改清单，定期检查清单落实情况；推进党风廉政长效化，抓细党风廉政建设和反腐败工作任务，层层压实责任。

山东银田农贸集团有限公司：全面落实"红色堡垒"品牌工程建设

银田党支部积极探索企业党建工作新思路，围绕"和谐、发展、共赢"理念，全面落实"红色堡垒"品牌工程建设，坚持以示范引领、放大效应、充分挖掘、宣传先进典型，推动党建工作拓展。通过党员先锋引领，发挥党组织战斗堡垒作用，不断提炼企业文化精髓，提升企业社会形象，增强企业核心竞争力，初步实现了企业发展靠党建，抓好党建促发展的良好格局。

开展党员经营户"亮身份、亮承诺、比诚信、比奉献"的双亮双比活动，现场为党员经营商户挂牌，通过"挂牌亮户"，公开亮明党员身份、从幕后走向台前、自觉接受群众监督、展示党员风采、树立先锋标杆、发挥党员模范带头作用，增强党员商户在市场的影响力和带动力，推动银田批发市场健康发展。

认真贯彻落实"三会一课"制度，坚持开展学党史、知党情活动。组织党员和党员商户集体学习、相互促进、主动帮扶、共同提高。以丰富多彩主题鲜明的党群活动为抓手，把提升企业经营效益和服务管理水平作为加强党建工作的主要检验标准，把党建工作贯穿于企业改革发展的全过程。

不忘初心，牢记使命，面对新形势、新时代的发展需求。山东银田农贸集团党支部根据上级党组织的统一部署和工作安排，充分发挥支部的战斗堡垒和党员的先锋模范作用，增信心、强核心、聚商心，推动"红色堡垒"工程向深度和广度拓展，努力做到党建工作和企业发展两不误，从而走出一条企业发展党建工作的特色之路。

以"企业发展抓党建、抓好党建促发展"为党建工作理念，经过多年发展，银田党支部被牡丹区委组织部评定为"全区非公有制经济组织党建工作示范点"，2019年获得中共牡丹区委、组织部颁发的"先进基层党组织""五星级党组织"，2020年获得山东省个体私营企业党建先进典型、菏泽市先进基层党组织等殊荣，先后被多家新闻媒体录制专题片宣传报道。

福州民天实业有限公司：积极营造企业红色氛围，推进党建工作与企业发展深度融合

公司始终坚持以党的政治建设为统领，以深入学习贯彻习近平新时代中国特色社会主义思想和党的十九大以及十九届二中、三中、四中、五中全会精神为首要政治任务，以全面从严治党要求为主线，严格落实意识形态工作责任制，认真贯彻中央八项规定及其实施细则的精神，巩固和深化巡查整改成果，

严防"四风"问题反弹，有效发挥党委把方向、管大局、保落实的领导核心作用；围绕"疫情防控、服务发展、建设队伍"三大任务，夯实党建基础，加强党风廉政建设，强化责任担当意识，为实现疫情防控和市场保供工作提供坚实的保障；结合企业实际，构建综合型党员学习教育平台，开设党员政治生活馆，积极营造企业红色氛围，为新发展形势下大力推进党建工作与企业发展的深度融合、实现"以党建促发展、以党建带交流"提供新阵地；以全市市管国有企业"对照整改、全面提升"专项行动为契机，召开专题民主生活会，罗列问题清单和责任清单，制定整改措施，抓好整改落实；顺利完成五个批发市场党支部及民实公司科室党支部的换届选举工作。

厦门闽夏农副产品批发市场有限公司：让党建成为服务发展"红色引擎"

优化支部组织建设，提高党建工作水平。抓好党员培训学习教育、认真落实党员干部组织生活会和民主评议党员制度、"三会一课"制度，强化党支部基础建设，全年召开支委会24次（其中"三重一大"12次）、党员大会14次，线上会议12次，支部书记讲党课4次。进一步推进党务公开，把党员干部普遍关心、涉及切身利益的各类事项作为公开的重点，建立健全相关制度措施，落实工作责任，确保公开的针对性和经常性，使党务公开真正成为党支部的一项基本制度。做好党员发展和管理工作，严格按照《中国共产党章程》和《中国共产党发展党员工作细则》规定，加强对入党积极分子的教育考察和培养，党支部会议讨论确定1名入党申请人为入党积极分子。

认真学习贯彻习近平新时代中国特色社会主义思想，加强思想政治建设。闽夏支部组织全体党员认真学习新思想，教育内容以《习近平谈治国理政》第三卷、《习近平在厦门》《习近平在宁德》为主，紧跟中央精神。充分利用"三会一课"，采取集中研讨、座谈交流等形式组织学习，用党的最新理论成果武装党员干部头脑，用最先进的政治理论指导工作，切实提高党员干部队伍的政治理论素质。

推进党风廉政建设，营造风清气正政治生态。认真贯彻落实《中国共产党廉政自律准则》《中国共产党纪律处分条例》和"三重一大"决策制度，加强"三重一大"决策制度和廉洁从业规定执行情况监督，切实规范和制约权力运行。

积极开展主题党日活动，巩固"不忘初心、牢记使命"主题教育成果，做好闽夏党支部意识形态的各项工作，深入推进新思想学习宣传贯彻工作，提振党员干部精气神，让党建成为服务发展"红色引擎"。

中众合有限公司：积极开展党建工作，多形式开展党建活动

结合公司及各市场实际成立党支部，加强学习，做好思想建党，完善相关制度建设；创新党建工作模式，将党支部活动与市场各类活动、当地党建活动有机结合在一起，与业务工作、行业活动"双结合"。各项工作得到了各地上级党委的充分肯定。多形式开展党建活动，举办"精准扶贫 振兴市场"主题党日活动等。

湖北中和农产品大市场有限责任公司：构建"党建带团建、团建促党建"大党建格局

始终坚持以党建引领全局，构建起了"党建带团建、团建促党建"的大党建格局，党政工团齐上阵、齐努力，坚持两手抓，两手硬，湖北中和先后荣获湖北省总工会授予的"湖北省五一劳动奖状"、省商务厅授予的"市场保供突出贡献奖"、全国农贸联授予的"全国农产品批发市场行业百强市场"；公司三个集体受省社表彰；员工18人次获得总社、省市各项奖励和荣誉；企业被《中华合作时报》《湖北日报》、湖北卫视、湖北经视、垄上行、仙桃电视台、《仙桃日报》、农批网和农贸联等国家、省级、市级和行业媒体报道38次，江汉平原农产品大市场的社会和行业影响力在这一年得到了充分体现，湖北中和公司员工队伍的凝聚力和战斗力也得到了全面的展示。正是这种"风清、气正、心齐、劲足"的政治生态成就了湖北中和一年一大步、年年上台阶的发展成果。

广元市蜀门市场：以人为本，扩大党的群众基础

2020 年广元市蜀门市场开发有限责任公司党支部成立，对扩大党的群众基础、加强党的执政能力建设、促进企业的科学发展，都具有重大的现实意义。同时也极大地提升了企业的凝聚力和战斗力。2020 年广元市蜀门市场开发有限责任公司工会换届选举圆满完成。工会组织围绕中心，服务大局，创新突破，全面提升，大力引导员工群众在推进企业改革发展稳定及各项工作中发挥主力军作用。10 月底，在疫情现金补贴发放了九个月后，经公司研究决定，再次对全体员工的工资进行了普调，此次普调工作公司坚持了"公开、公平、公正"的原则，本着企业的发展和职工工资增长相同步的精神圆满完成并执行，充分体现了公司"以人为本"的企业理念。在疫情期间，市场商户经营受到极大影响，公司响应政府号召，稳岗位保就业，对部分经营困难的商户免租金一个月，确保市场平稳运营。

绵阳市高水农副产品批发有限公司：积极探索党建品牌之路

公司坚持"党建为引领，民生为根本"的指导思想，紧紧围绕党建与经营深度融合同步发展的总体要求，积极探索党建品牌之路。支部在总结和提炼公司过去二十余年发展历程和党建工作经验的基础上，逐步形成了以"两融合一保障"为核心的党建工作体系。同时，支部结合市场经营实际构建了"两结对四提倡"共商共治工作体系，推动形成了和谐、共赢的商企关系。在抗击新冠肺炎疫情战斗中，公司党支部组织党员突击队冲锋在前，奋战在一线，切实做好了疫情防控和稳价保供工作。

四川鑫锐投资有限公司：以"党建生产力"建设为重点，把党建"软实力"转变为推动发展的"硬实力"

新冠肺炎疫情暴发后，公司于 2 月 6 日第一时间筹备 60 多吨应急蔬菜送到湖北十堰，为疫区群众送去了温暖和爱心。还多次慰问战斗在一线的防疫卫士、公安干警，为他们送去口罩、酒精、体温枪、食品等防控物资和生活物资。公司还以农产品主题推介会、扶贫助学、战略合作帮扶的形式开展了"助力乡村振兴、助推产业发展、精准扶贫慰问"系列活动，为脱贫攻坚做出了应有的贡献。

为丰富公司员工业余文化生活，党支部策划了市场第一届冬季趣味运动会。组织开展"不忘初心、牢记使命"主题教育活动，组织 4 名入党积极分子培训学习，发展新党员 1 名。为提升团队核心竞争力，提高员工专业知识技能，打造"学习型"团队，公司以"请进来、走出去"的形式，积极参加全国农贸联和四川省物流协会组织的各种会议，学习吸收全国同行业先进管理理念，同时组织市场员工多轮专业技能培训，提高市场员工的智能系统操作技能，取得了扎实有效的培训效果，解决了市场提档升级工作中遇到的难题。公司还组织中层干部参加了聚商圈举办的"王牌团队"课程学习，对内部凝聚力和外部竞争力都起到积极作用，激发了员工的创造力。公司历来将企业文化打造和发展战略放在同一高度，以良好稳健的企业文化提升企业凝聚力、员工的积极性和归属感。2020 年制作了荣誉墙，展现公司历年所获奖项，通过改善和美化办公环境提升员工在企业中的幸福指数，提高员工和领导之间的互动，达到塑造和提升企业文化的实效。

昆明斗南国际花卉产业园区开发有限公司：以党建思想、党建作风为引领，筑牢花卉产业发展基石

坚守思想阵地，实现"商户利益最大化、职工利益最大化、公司利益最大化"三个最大化思想统一，全面统筹、协调发展、制定标准、整合资源、提升服务；增强创先争优、团结协作意识，坚持不懈抓紧抓实抓细各项工作，建立完善监督机制，营造风清气正、求真务实、和谐奋进的风气。

以党建文化、党建典型为引领，坚持企业文化前进方向，释放人才引擎动力。公司 500 多名员工学历结构合理，业务能力出众，职业理念坚定，多年的从业经验造就一支业务精、视野广、信念强的管理团队，带领员工锐意进取、奋勇拼搏。挖掘花卉行业中的先进模范，立标杆、树榜样，充分发挥榜样

的示范引领作用；遵循全心全意为花农花商服务的宗旨，以提升服务为核心，用细心、耐心、虚心、真心、慧心开创花卉产业美好前景。

强化"德者先、能者上、平者让、庸者下"的用人机制；践行"以事业留人、以情感留人、以利益留人"的用人原则；吸引信息技术、商业运营、资本运营、物流等领域的优秀人才加入公司，塑造一支讲团结、能协作、高素质、高能力、高效率的人才队伍，为全面实施公司发展战略提供有力保证。以党建方法为引领，构建科学完善的考核指标和制度体系，践行简政放权，有效监督。持续健全各项管理制度，严格制度执行，充分发挥制度的约束、惩戒、导向、激励作用，简化流程，适当放权，实行高效监督，形成"用制度管权、按制度办事、靠制度管人"的有效机制；推进全成本核算、建立企业"利润中心"，配合合理的激励机制，充分调动管理团队的经营积极性、员工的主观能动性。

重庆观音桥市场有限公司：严格落实党建工作责任制，统筹推进重点工作

公司党委坚持以习近平新时代中国特色社会主义思想为指导，严格落实《中国共产党支部工作条例（试行）》《中国共产党国有企业基层组织工作条例（试行）》，积极应对新冠肺炎疫情等风险挑战，全面落实从严治党、管党主体责任，不断提高党建工作水平，为实现公司持续稳定健康发展提供坚强的政治保证、组织保证和思想保证。

一是班子成员履行"一岗双责"，坚持重要工作亲自部署、重大问题亲自过问、重点环节亲自协调，层层履责抓落实的责任体系更加健全。在不断提高全体干部职工廉洁意识的同时，要求将廉政教育学习列入月度学习计划，纳入支部每月学习内容，教育广大党员干部职工知敬畏、存戒惧、守底线，增强干部职工廉洁从业意识。二是坚持将党建工作与业务工作有机结合、统筹推进，扎实推进巡视整改，研究制定了巡视整改工作方案，明确工作措施 36 条，举一反三，自查自纠，并建立了整改台账，修订完善了公司《"三重一大"事项集体决策实施办法》及干部管理组织人事制度 7 个；调整基层党组织设置 2 个，调整支部书记 1 人次；针对投资管理、资产管理、公车管理、公费使用等重点领域和重点环节全面开展自查自纠，未发现违规违纪情况。三是在交运集团统一安排部署下，结合企业实际，制订了《经理层成员任期制和契约化管理工作方案》《经理层成员经营业绩及薪酬管理暂行办法》，完成了经理层成员《岗位聘任协议》和《2020 年度目标责任书》的签订；明确了经理层成员工作职责、年度目标任务，激发经理层主体活力，促进公司转型发展。四是不断推进优秀年轻管理人员队伍建设。制定了公司《优秀年轻企业管理人员管理暂行办法》，注重选拔有专业素养、专业能力、专业精神的中青年优秀人才，选派年轻管理人员到困难大、矛盾多的单位和岗位历练。截至 11 月，干部提任 2 人次，转正考察 1 人次，干部调整 4 人次。五是严格执行纪律，形成用制度管人管事的长效机制。认真落实廉洁谈话制度，及时开展廉洁谈话活动。截至 11 月，开展集体约谈 11 次，与各经营单位、各部室签订《廉洁承诺书》计份，清理完善廉政风险岗位清理自查台账，收集《廉政风险岗位自查表》计份。基层党组织设置 2 个，调整支部书记 1 人次；开展干部职务调整任前廉洁谈话 2 人次。

重庆双福国际农贸城：深化党建工作与经营工作融合

一是公司党委以"推进党的建设与生产经营深度融合发展"为主线，创新提出"建立三项融合体系，建设两个带头人工程，落实一个重点考核"的"三二一"工作法。二是加强党的政治建设。严格落实"四步工作法"和党委会第一议题学习制度，巩固深化了"不忘初心、牢记使命"主题教育成果。三是抓好党的思想建设。通过集中学习、个人自学、学习强国 APP 等方式学习政治理论，强化宣传教育和阵地建设。四是加强基层党组织建设。新成立三个基层党支部，组建水果市场联合党支部，任命 3 名党支部书记。全年已完成发展党员 14 名，现有入党积极分子 20 名，提交入党申请书 28 名。党员队伍结构总体较为年轻化。五是加强党的纪律建设。通过审查并回复干部廉政意见 20 人次，提出不符合评先评优表彰建议人选 1 人，任前约谈新提任中干 2 人次。开展公车暗访检查 5 次，春节作风建设专项督察 1 次，利用公司公众号、微信群、QQ 群、短信群发平台发送廉洁提醒、典型案例通报 22 条，接受提醒人数约 3200 人次。收到党员干部报备管理服务对象拟赠送礼金 9 次。办理上级机关移交的问题线索 3 件，开展"以案四改"警示教育，同时组织观看《叩问初心》《风正巴渝》廉洁警示教育片 18 次。

沈阳副食集团：强化基层组织建设，加强意识形态工作

组织党务工作专题培训，落实《中国共产党支部工作条例（试行）》规定，严格执行"三会一课"制度，强化基层组织建设，夯实党建工作主体责任；召开专题民主生活会，反思问题、剖析根源、抓好落实；加强意识形态工作，签订责任书，明确工作任务，层层传导压力；举办以"意识形态安全面临的挑战和应对"为题的专题培训。开展回顾党的光辉历程、颂扬党的丰功伟绩、学习党的理论知识、"知党情、念党恩，永远跟党走"党的基础知识竞赛，营造敬党、爱党、颂党的浓厚氛围。推出"副食印迹"，讲述"圈楼"、稻香村、中和福、塔湾冷库故事；推出"走进沈阳副食探访'城市烟火'"系列报道；汇编改革创新文献；摄制《副食人的 365》；以东副为载体创作完成"品味东关"600 平方米大型浮雕群组；始建于 1952 年的塔湾冷库作为"近现代重要史迹及代表性建筑"，获批"沈阳市第五批市级文物保护单位"。

舟山水产品中心批发市场有限责任公司：全面推进党建工作，加强群团组织建设

公司党委全年共组织各类学习 10 次，新增入党积极分子 4 人、列入发展对象 2 人。同时，切实加强共青团、工会等群团组织建设，开展"激扬青春活力，共筑企业梦想"等系列活动，丰富青年员工业余文化生活的同时，营造健康向上、文明热情的团队氛围。2020 年，水产城深入推进党风廉政工作建设，设立了纪检监察与内审风控室，配齐配足纪检监察专职人员，认真开展全面从严治党"四个责任"情况等自查，全力夯实"清廉国企"根基。同时，建立《廉政风险责任金制度》，加强工程建设、门岗收费等关键领域和岗位的廉政风险预防，纪检监督关口前移，纪检工作人员全程参与监督公司各项工程项目招投标近 20 次，做到事前、事中、事后的"三控制"，消除了廉政风险隐患。

济南广友物流配送集团有限公司：加强党支部学习建设

深入推进、重点规范"三会一课"制度，每月组织"主题党日"、"灯塔大课堂"、每周五的"时代风采"栏目，加强了党员和入党积极分子对国家政策、党的理论知识的学习，并及时上传相关材料。

合肥周谷堆农产品批发市场股份有限公司：将意识形态要求融入疫情防控和安全生产等工作

加强党建工作，一是做好党员教育管理及按期换届工作；二是与省商务厅市场体系建设处签订结对共建协议书，积极参与伏龙社区委"学习强国"知识竞赛，慰问伏龙社区抗洪一线的大兴镇干群；三是组织党员干部集中学习习近平总书记视察安徽时重要讲话精神，发放《习近平谈治国理政》第三卷、《中国制度面对面》等党建书籍；四是将意识形态要求融入疫情防控、安全生产等工作中，加强新闻稿件发布内容管控等。

加强党风廉政建设，加强节日期间作风监管，组织领导干部开展"三个以案"警示教育、制止餐饮浪费等专题学习；围绕管理重点和关键岗位实施专项督查，共发布疫情防控督查通报 31 期，双创督促通报 23 期，文明创建督查通报 10 期。

江苏凌家塘市场：抓党建增信心，文明建设结出新硕果

党总支认真开展"初心使命"主题教育，提高担当作为精神。工会、妇联、团总支等走访慰问补助困难职工 23 人次，组织了乒乓球比赛、组织参加市第十五届职工职业技能竞赛等活动，提高职工技能，获评市劳模 1 人（江红霞）。加强管理队伍建设，提拔高层领导 1 名，聘任了 4 名总经理助理，轮岗中

层干部 5 名，提拔班组长 1 名，充实统计核算员 3 名。组织召开了"市场与经营户'谋发展·求创新'座谈会"，共同探讨市场发展中面临的难点、节点问题，增强市场发展信心。组织广大党员和经营户为防疫捐款捐物折合款项达 142 万元，对防疫人员发放补贴，鼓舞职工关键时刻勇挑重担、敢于担当的积极性，促进了企业文化建设，市场荣获农批市场行业主渠道、规范管理奖、江苏省优秀企业、省民生保供先进单位等荣誉。

宿州百大农产品物流有限责任公司：防疫情保供应，党支部战斗在第一线

2020 年，宿州百大党支部开展党务类培训 81.7 课时，班子成员人均 61.6 课时，党员人均 70.6 课时；开展党员活动 12 次，参加党员干部 254 人，新发展 1 名党员，3 名党员转正，培养 2 名入党积极分子。疫情防控从始至终，宿州百大党支部带领全体党员和员工冲锋在前，防疫情、保供应，始终战斗在第一线，充分发挥了党支部战斗堡垒作用和党员先锋示范引领作用。

南京农副物流中心：扎实开展学习活动，纵深推进廉政建设

一是扎实开展各类专题学习活动。完成公司党委理论学习（中心组）专题学习计划的制定工作，共组织开展 15 次集中学习，党员集中学习 10 余次，党员参与率达 100%。二是稳步推进公司基层组织建设。由原有的 6 个党支部调整为 9 个党支部，并完成基层党组织、团组织、基层工会构架调整、换届选举工作。三是持续加大纪检监察力度。严格履行"一岗双责""以身作则""严肃问责"三把利剑，纵深推进廉政建设；强防线建设，在重大事项、选人用人、财务管理、项目建设等方面设立 10 余条制度防线，至今未发生一起廉政案件。

上海农产品中心批发市场经营管理有限公司：塑造党建品牌，引领企业发展

加强党员教育管理，发挥先锋模范带头作用。一是严格落实"三会一课"，加强"不忘初心，牢记使命"主题教育；二是加强党员队伍建设，设立 7 个党员示范岗，12 个优秀党员经营户，发挥党员先锋模范作用。三是立行立改，严密推进党风廉政建设，开展纪律教育学习月活动，着力搭建多形式、多样化的反腐倡廉宣教体系。

丰富党建活动，塑造党建品牌，引领企业发展。一是联建共建，打造区域化党建联盟。上农批党支部积极参与北蔡镇"红帆汇商"区域化党建联盟，与"红帆汇银"跨联盟合作开展金融服务进园区活动，与上海海关学院结成联盟关系，共同促进发展。二是扶贫对接，持续开展帮扶慰问。与朱泾镇温河村党总支结对帮扶共建，开展走访慰问，拟定结对共建工作方案。上农批党支部与温河村帮扶共建项目获得"心联鑫"朱泾镇区域化党建优秀公益项目。三是党建引领企业文化创建，为公司发展凝心聚力。制定公司文化墙建设方案，成立心理咨询室，并通过升旗仪式、制止浪费活动、观看红色教育影片等主题当日活动，丰富党员组织生活。四是召开党员商户座谈会，听取经营户的建议，共创优质市场环境。

规范党组织建设，为企业发展提供组织保障。一是完成"党建进章程"，完成工商备案，确保党组织核心作用。二是完成党支部换届，正在等待总部回复，进一步强化组织建设。

天津海吉星农产品物流有限公司：打造企业党建品牌

认真落实党风廉政建设责任制，大力推进干部作风建设，积极构筑反腐倡廉责任体系，狠抓各项工作落实。天津市委市政府多次表彰，媒体历次报道，获评 2020 年天津市先进基层党组织，已在天津树立起天津海吉星的企业党建品牌。

二、保供应稳价格

北京八里桥农产品中心批发市场：圆满完成政府储备任务

2020 年，受经济大环境和新冠肺炎疫情的双重挤压，特别是零售停业，与批发物理隔绝，导致农产

品流通交易不畅，交易量下滑趋势明显，面对严峻复杂局面，我们采取调结构、品种置换、堤内损失堤外补等多种举措，将全年农产品交易的下滑幅度控制在 10% 的幅度内，保量即稳价。在防疫期间为保障城市副中心的民生，起到中流砥柱的作用。另外，按照通州区政府的要求与通州区商务局签署了《北京市通州区政府生活必需品委托承储协议书》，圆满完成了蔬菜承储 1130.5 吨，鸡蛋 52 吨的政府储备任务，为应对防疫期间各类突发事件提供坚实的物质保障。

北京盛华宏林粮油批发市场有限公司：成品粮应急保障体系经受住考验

根据北京市委和朝阳区委要求，积极主动承担市区两级成品粮应急储备保障任务。在时间紧、任务重的情况下，迅速成立应急保供小组，各部门分工负责、协调配合，与时间赛跑。由于各地加强交通监管，部分地区采取封城、封路等措施，粮食外运受限，运费上涨等因素。同时大部分粮食生产企业处于停产或半停产状态，我们广泛发动市场粮油商户，充分挖掘商户自身资源，积极拓宽粮食流通渠道，组织粮食货源，补充储备粮。经过 15 天的奋战，圆满完成市区两级成品粮应急保障任务。面对此次疫情的"大考"，盛华宏林成品粮应急保障体系经受住了一次考验，为首都疫情防控和保供稳价作出了积极贡献。

北京首农东方食品供应链有限公司：高标准完成供应服务保障任务

一是守护百姓"菜篮子"，高质量完成应急蔬菜增储保供任务。大年初四集团公司主要领导带队紧急赶赴河北蔬菜订单基地，连夜调运 32 吨大白菜进京，初五便以"看家菜，平价卖"在和平门菜市场上市，确保了市场蔬菜供应保障不断货、不涨价。新发地疫情后，集团公司贯彻落实首农食品集团《应急蔬菜进京工作方案》，以"库房建在周边，货源放在田间"的方式，按照"储销结合、取送结合、入库与入市结合、采购与组织协调结合"的原则，探索创新"前置采购点蔬菜购销新模式"，圆满完成河北高碑店、平谷马坊、廊坊万庄应急蔬菜进京任务，得到了国家发改委、市委市政府、市国资委、首农食品集团的充分肯定。二是做好全年政府储备、应急储备调整及市场投放工作，确保了数量真实、质量良好、管理规范、轮换有序。三是高标准完成全年供应服务保障任务。34 号供应部、篮丰配送严格闭环管理，打造展示窗口，成立临时党支部，筑牢服务保障战斗堡垒，实现军粮供应满意率、及时响应率双100%。

北京顺鑫石门国际农产品批发市场集团有限公司：全力做好冬奥服务保障工作

一是积极与冬奥相关部门、各委办局、供应商、服务商等开始接洽，确认库房设备实施，供货地点、食材用量及检测等相关流程，最终确认供货方案报冬奥组委审核。二是推进"相约北京"系列测试赛。提前预判"相约北京"测试赛场数、人员及食材情况，对赛时食材供应费用，做好合同、流程、车辆预判、库房使用、其他应急设施等前期准备工作。

福州民天实业有限公司：保供工作不松懈

作为保障福州市民民生生活物资供应的重点市场，疫情期间保供工作从未松懈。一是建立价格信息监测收集长效机制，每日汇总供应情况及价格并及时进行上报，准确掌握供需变化情况；二是建立经营户应急协商会商机制，及时协调解决经营户提出的调运、冷储等困难，切实加强市场运行调度和监管，提高后续供应能力，全力保障疫情期间蔬菜、水果等民生食品不脱销、不断档；三是强化物资存储保障能力，免费提供 7500 平方米的仓库、冻品市场 2500 多平方米高低温冷库作为各市场经营户疫情期间外调货物的临时存储及加工使用。

齐齐哈尔城乡粮油交易市场：准确无误报送粮油价格检测信息

城乡粮油交易市场作为齐齐哈尔市唯一的大型专业化成品粮交易市场，不仅肩负着全市粮食供应任务，同时也是国家调控物价监测直报点，每周 2 次分别向国家发改委和粮食局报送粮油品种的价格信息，全年累计上报米、面、油实时监测信息 96 余次和季度监测物价变动情况报表，向农委报送相关信息材料 4 次，做到准确无误。

洛阳宏进农副产品批发市场有限公司：发挥好疫情期间保供应职能

2020 年 2 月，正值疫情危急时刻，为控制疫情，全国各地交通要道基本封闭。市场内兼具实力与规模的 224 家获许开业的商户承担着洛阳市县区内大小商超、量贩的日用品供应，市场方及时协调政府为商户办理市内、省内通行证，用于运输抗疫保供物资，为抗击疫情做好了后线物资保障。2 月 13 日，市场积极参与市商务局在老城区对口帮扶社区开展的帮扶活动。为帮助社区解决重点管控人员生活必需品采购困难的问题，我公司共组织包装了包括大白菜、菠菜、红萝卜、白萝卜等蔬菜在内的蔬菜包 150 个，分别免费送至对口帮扶的西工区金东社区、涧西区生活新境社区、军安社区，受到社区工作人员和辖区隔离群众的一致好评。

洛阳通河农副产品有限公司：构筑起保护老百姓"菜篮子"的铜墙铁壁

受疫情影响，正月十五之前，商户开业只有 99 家，市场各种农产品（主要是蔬菜）的进货量同比下降 30% 以上，一度出现供不应求的局面。为保障农产品供应，公司及时采取"动员更多无疫情接触史的蔬菜商户开业，与商户签订保证书，以国情大局为重，不发国难财，不在疫情防控期间哄抬物价、囤积居奇，不高于节前市场价格，协调市、区商务局增发各种车辆通行证"等措施，迅速扭转了局面。商户复工率迅速达 90% 以上，日进货量 3000 吨以上，各种农产品库存累计达 1 万余吨，蔬菜、鸡蛋、粮油、猪肉等主要农产品价格比节前明显下降，满足了市场供应。各种农产品货源充足，主要农产品价格持续平稳。

万邦国际集团：落实内防疫情与外保供应双重使命

新冠肺炎疫情发生以来，万邦国际农产品物流城作为国家定点市场、全国性疫情防控重点保障企业，在各级政府职能部门的领导与支持下，率先作为，积极承担社会责任，落实内防疫情与外保供应双重使命。做到全场"不加价、不断供、不停运"，日均蔬菜、果品、粮油等供应量达 5 万吨，免除车辆进出场交易费用 4000 多万元，减免租金 5000 多万元，并通过全国货源紧急协调、社区零利润团配、成立进口冷链食品集中监管仓、生活物资驰援供应湖北、北京、河北，价格行情每日发布等多种方式，为保障和满足百姓"菜篮子"稳定供应、打赢疫情防控阻击战、顺利复工复产及长效防疫保供工作作出了万邦贡献。

湖北多辉农产品物流园开发有限公司：落实政府保供稳价政策，降低商户经营成本

疫情暴发后，公司被国家商务部市场建设司指定为全国保障供应 50 余家重点农产品批发市场之一，荆门市疫情防控期间保供指定农产品批发市场。2 月 1 日—3 月 31 日，园区合计供应各类物资 157961.77 吨，分别为干货、副食、粮油、农资 123607.8 吨、蔬菜 28338.85 吨、水果 4919.83 吨、冻品 1095.29 吨。市场在全力以赴开展防疫保供工作的同时，为落实政府保供稳价政策，降低商户经营成本，公司勇于担当，主动作为，作出疫情期间停止收取交易费的决定，与商户一起共渡难关，累计减免交易费近 150 万元，减免商户租金 350 万元，市场通过免收交易费、减免租金管理费等措施，多管齐下，动员商户回场经营，帮助商户组织货源、在人手不足等情况下协助商户分拣配送，确保了市场产品供应不断档、不脱销、不大幅涨价，全力保障了居民"菜篮子""果盘子""米袋子"供应。公司虽然损失了收入，但是确保了荆门疫情期间生活物资的价格稳定，降低了老百姓生活成本，为抗疫整体后勤保障工作作出了多辉应有的贡献。

两湖绿谷物流股份有限公司：多方储备货源，保障生活物资供应

新冠肺炎疫情防控阻击战打响后，公司 230 名员工坚守岗位、连续奋战，协调组织 686 家商户，克服道路封阻困难，多方储备货源，及时调运配送，确保蔬菜、水果、粮油、冻肉四大类必需物资日储备量达到 6200 多吨，为保证物资及时送达群众手中，全体员工加班加点，配合市疫情防控指挥部，测温登记、消杀检查，每日调度近 3000 辆保供车辆和近 6000 人员进出市场送货进货，市场每日交易配送蔬菜 1200 吨、水果 800 吨、粮油 150 吨，有力保障了荆州及周边地区群众的生活物资保障供应，董事长带头向沙市区红十字会捐赠 20.4 万元紧缺医用防疫物资，集团党委组织全体党员和职工积极踊跃捐款 5 万元，两湖市场组织商户捐赠价值 230 万元的 250 吨蔬菜和 5409 件新鲜水果，集团公司抗疫工作保供工作受到国家商务部和荆州市委市政府致《感谢信》表彰。

武汉白沙洲农副产品大市场有限公司：主动作为，保障百姓"菜篮子"供应稳定

自 2020 年 1 月 24 日下午 2 点起，免除进场车辆相关费用，并通过收集发布商品信息、物流信息，吸引省内外供货商、采购商进场交易，维护价格运行的基本稳定。积极组织货源，保障市场供应。一方面积极加大与农产品批发市场和主要生产基地的对接合作，拓宽供应渠道，补充货源；另一方面积极组织云南、海南、山东等安全产区货源入场销售，确保市场蔬菜供应充足及品种丰富。

随州白沙洲农副产品物流园有限公司：保障生活物资稳定充足供应

2020 年元月底疫情发生后，在随州市、区各级领导和行政主管部门的指导和帮助下，物流园公司及全体商户齐心协力，坚守岗位，调集多方资源，为经营户办理 200 份"生活物资保障供应车辆通行证"，协调畅通运输渠道，配合政府调拨储备蔬菜、水果、粮油日均 1000 余吨，保障了全市生活物资稳定充足供应。

武汉市惠商丰华市场管理有限公司：主动承担社会责任，保障供应解决卖难

在 2020 年疫情防控期间，市场自 1 月底至 4 月初通过免收进场费、积极引导市场商户组织货源，为武汉市的物资保供工作作出了突出贡献。市场已建立了应对雨雪、干旱、水灾天气的应急响应机制，形成制度，积极履行社会责任。如未出现灾难性天气，市场鲜活农产品综合收费水平正常；当发生灾害性的天气时，市场主动承担社会责任，体现在捐赠救灾物资、减免市场经营收费等方面。帮助农民找销路，解决蔬菜滞销的问题。开业至今，四季美农贸城多次帮助农民销售滞销菜品。2020 年，组织商户协助销售滞销的土豆、包菜、地瓜等。

湖北中和农产品大市场有限责任公司：担负起物资供应的主阵地

2020 年一场突如其来的疫情，江汉平原农产品大市场也站上了没有硝烟的战场。面对疫情的大考，湖北中和党总支一声令下，100 多名员工不惧风险，不讲条件，从四面八方返岗，率先全员复工复产，担负起湖北供销防疫保供的主力军和仙桃城乡物资供应的主阵地，以战时状态先后打响了"疫情阻击战""保供稳价战""春耕供应战""农产品促销战"，一手托起了居民的"菜篮子"，一手托起了农民的"钱袋子"。从 1 月 31 日开始，直至 3 月 13 日共 43 天，1032 个小时，中和全体员工防疫、保供两肩扛，用奉献和坚守书写了一份份责任与担当：严防死守保市场安全运营，市场商户和员工一直保持了"零感染"纪录；封城期间组建仙桃市生活生产应急物资储备中心，储备各类应急物资 12500 吨；发动商户提前开门营业，向城乡供应生活物资 18400 吨；组建供销中和网上超市，累计配送各类生活物资 212 吨；组建志愿者服务队 525 人次，帮助市场商户搬运物资 616 吨；向抗疫一线捐赠各类物资 33 吨；销售省内滞销农产品 11010 吨，为打赢疫情阻击战注入了强大的供销力量！特殊时期彰显了供销责任和供销担当。

南充川北农产品交易有限公司：保障市场稳定和有效供给

疫情期间公司加强防疫宣传，引导、督促市场经营户增强防范意识，落实各项防范措施。通过各种渠道，保障疫情期间市场的应急保供，稳定市场的农副产品价格。疫情稳定后积极协调、配合市、区相

关部门工作，动员市场经营户复工复业，确保南充及周边地区农副产品流通顺畅，运用产地调运、集散批发、物流配送、网络直销、基地直供、农超对接等模式有效解决了南充及周边地区农副产品生产基地和农户及市场经营户的卖难买难问题，从而保证了南充农副产品交易市场的稳定和有效供给。

重庆观音桥市场有限公司：发挥战斗堡垒和示范引领作用，确定市场供应稳定

新冠肺炎疫情发生以来，公司高度重视，积极应对，采取一系列防控措施，切实确保疫情防控、保供稳价和市场经营三不误、三促进。充分发挥党员干部先锋模范作用，履行社会责任。公司领导班子身先士卒起好了引领示范，党员干部带头落实各项防控要求和措施，当好了先锋模范。公司党政工团齐行动，分别成立了"党员先锋队""自愿服务队""青年突击队"，充分发挥战斗堡垒和示范引领作用，用实际行动践行国企责任和担当。同时，公司加大对食品、粮油市场供应的严密监控，积极协调粮食、食用油、方便面等物资的供应，以确保主城及周边区县的市场供应稳定。

渝南冻品市场管理分公司：加强联防联控，积极保供稳价

疫情发生以来，公司作为疫情防控期间重庆市冷冻食品保供重点联系企业，加强联防联控，积极保证供应、稳定物价。在全方位进行防疫知识宣传的同时积极筹备防疫物资和力量，加强疫情防控和市场环境保洁。同时严把进口关，抓好市场动态监管。加强对外来人员、车辆信息的登记、体温检测、消毒杀菌等工作。同时也配合南岸区疾控中心。疫情期间为做好保供任务，通过24小时支持市场冻库租赁户做好货源组织、储备和对接进出货等工作，切实保障市场供应。完成了特殊时期对市场供应和防疫各个环节的精细化控制。

宁夏四季鲜农产品综合批发市场：减免商户费用，广泛组织货源，群策群力保供稳价

为了鼓励商户从外地调运蔬菜的积极性，四季鲜市场对进场蔬菜车辆减免交易佣金和摊位管理费，还及时对重点商户下达保供储备任务，动员蔬菜商户广泛组织货源，对十二大类常规蔬菜进行动态储备，确保了全区市场蔬菜供应不断档、不脱销、不大幅度涨价，有力保障了银川市和周边陕甘宁部分地区的蔬菜供应。2020年9月市场公司被中共宁夏回族自治区委员会、宁夏回族自治区人民政府授予"全区抗击新冠肺炎疫情先进集体"的称号。

合肥周谷堆农产品批发市场股份有限公司：积极解决农产品滞销卖难

疫情期间，公司党委接到安徽省扶贫办46个贫困县区农产品滞销清单后，立即协同宿州百大、合家康及周谷堆场内经营户，共同参与助销分销。疫情期间，来自宿州埇桥、六安裕安、涡阳、金寨、太湖、舒城等县区滞销的各类农产品1125吨进入周谷堆市场销售，合计金额286万元。此外，公司于1月29日组织300余吨、价值200多万元的新鲜优质蔬菜驰援武汉，为武汉人民抗疫贡献力量。

宿州百大农产品物流有限责任公司：抗击疫情保障供应，发挥主渠道主力军作用

为抗击疫情、保障供应，引导经营户积极组织货源，联系产地对接，引导商户克服运输、用工、货源组织等重重困难，及时调剂供应，抑制农产品价格上涨，保证蔬菜、水果、粮油、肉品等物流顺畅、品种齐全、价格稳定、供应丰富，切实发挥城市农副产品供应保障的主渠道、主力军作用，保障宿州及周边地区农产品供应。

苏州市南环桥农副产品批发市场：加大货源调运，出台奖励商户政策

由于疫情的恐慌，超市、农贸市场货源哄抢断货，市场动员商户年初三提早开工组织供应，依托全国157万亩生产基地，加大了货源调运力度，及时出台对商户的奖励政策，保证了货源的充足和可持续性。

上海农产品中心批发市场经营管理有限公司：多措并举力保"菜篮子"供应

疫情期间，通过积极组织经营户对接产地、组织货源，严密监控市场内农产品价格，杜绝哄抬物价、囤积居奇的违法经营行为。为稳定上海市"菜篮子"供应，上农批提出春节不休市，全年 365 天保障供应。一是为应对猪肉供应短缺，上农批与河南、山东、江苏等 80 余产地加大产销对接力度，调整市场受疫情影响的采购份额，保障货源充足供应。二是积极与场内大客户、大型屠宰企业、猪肉供应企业签订供销战略协议，建立长效合作机制。三是保障猪肉替代品以及冷鲜禽、牛羊肉的稳定供给，新增冷鲜禽席位，加大冷鲜禽的供应。四是积极申请上海市商务委印制的物资保障通行证，向有需求的供应商发放，解决疫情期间客户在运输中的困难。五是积极联系市外蔬菜主供应基地和外延蔬菜生产基地，确保市场备货充足。六是扩大本地绿叶菜的采购范围，从上海本地扩大到浙江、江苏等周边地区。七是积极与上海粮食与物资储备局、上海市粮油协会保持紧密联系，一旦出现缺货情况，会立即协调调货，保障大米供应。八是做好季节性阶段性水果供应的宣传工作，指导果行对库存量及品种规格的调整。九是通过试点国产季节性冰鲜海产品车位交易，招商一批新客户为市场冰鲜增加货源。

南通农副产品物流有限公司：积极推进产销对接，蔬菜区全力落实保供

组织经营户座谈会，鼓励指导储备货源，推进产销对接 19 户，有力保障市场储备。全时段办理应急通行证，共办理通行证 560 张，打通周边及外省市农产品运输渠道，疫情期间蔬菜日均供应量 900 吨，在场、在库储存 2500 吨，有效保障农产品供应。

河北新发地农副产品有限公司：积极主动作为，畅通农产品供应链，保障京津冀农产品稳定供应

2020 年上半年受疫情影响，农产品供应链整个链条均受到了不同程度的冲击，产地面临着因用工难而造成的"滞销"难题，销地也出现了因物流组织不畅而产生的货源组织和价格不稳定方面的难题。针对这些问题，河北新发地一方面组织专人与产地政府对接，并将上述问题及时反馈给国家有关部门寻求支持。另一方面，通过发放物流补贴、减免场内租金、利用国家防疫支持资金代采等措施，有效畅通了"南菜北运"通道。稳稳托住了京津冀地区百姓的菜篮子。为打赢疫情防控阻击战提供安全、稳定的后勤保障。建立北京保供农产品中转站。北京新冠肺炎疫情反弹后，应国家发改委统一部署，在京冀两地政府的共同推动下，为持续保障北京农产品安全、稳定、高效供应，河北新发地、首农集团、京东物流迅速达成合作，形成农产品上下游采购分销及物流运输的强大闭环，开启京冀联合保供的"新模式"。通过河北新发地与首农集团、京东物流强强联合，实现京冀两地农产品流通产业链资源整合、优势互补，将河北新发地打造成全国农产品进京的"中转站"，畅通农产品流通渠道，确保北京市民的餐桌食材不断档。疫情前，供给北京的果蔬总量日均约 4000 吨，仅占交易量四成左右，其余多发往内蒙古、山西、陕西、东北等地。疫情发生后北京方面需求急剧提升，供应量在疫情发生 4 日内激增 2.5 倍，据不完全统计，河北新发地经营商户、采购客户凭借自有车、三方物流及社会车辆每日向北京发车日均 1500 余台次，每日向北京输送果蔬物资过万吨，整体来看保供中转站运行平稳。

甘肃酒泉春光农产品市场有限责任公司：实施南菜北运项目，打造果蔬"一站式"配送服务

市场与广西商务厅对接，实施了"南菜北运"项目，打通广西和市场的农产品流通链条，实现了从产地到销地直接对接。市场还成立了食品集中配送中心，为肃州区 150 家社区蔬菜直销店、学校、企业、餐饮单位及大型超市进行果蔬"一站式"配送服务，减少流通环节，让市民买到了放心低价的农产品。

广州江南果菜批发市场：多方联动，保供稳价

一是动员场内商户全年"不停档、不断供"；二是加强行情监测和信息公开，每日向上级主管部门和社会公开价格和交易量等行情信息，3 次参加广州市政府新闻发布会，同时向多家媒体提供行情信息，稳定供给舆情；三是建立了与各超市对接的小组，成立"应急保障供应配送专班"；四是利用市场内江楠鲜品电商平台和易江南平台，建立与合作社区生鲜店和水果店平价直采直销；五是主动减免市场经营户半个月租金，与商户共克时艰。

寿光地利物流园：做好自身防控，保持开业运营

公司在做好自身疫情防控，保持开业经营的同时，2月份保供武汉蔬菜1000吨，6月份保供北京蔬菜5000吨，寿光地利一直站在逆行的风口上，货源组织、质量把控、商品运输、人员隔离等一系列的工作都有序进行。保供稳价，货源供应、价格信息报送都得到了商务部的高度认可。

台州市农副产品集配中心有限公司：全面启动"菜篮子"保供调度机制

疫情期间，市场全面启动"菜篮子"保供调度机制，做到"不休市、不涨价、不断供、不脱销"，积极发挥农批市场"主渠道"和"蓄水池"作用。自1月23日浙江启动重大公共突发卫生事件一级响应，至3月2日调整为二级，40天防疫期间组织经营户采购蔬菜11396吨，采购水果5055吨，采购米、面、油2000吨，完全满足下游二批市场及零售市场的采购需要。使市民的"米袋子""菜篮子""果盘子"供应充足，价格稳定，体现了"保供就是保民生，保民生就是保民心，保民心就是保稳定"的中流砥柱作用，圆满完成市政府交给的保供任务。全面落实三个月租金减免政策，为公司承租的中小企业和各类个体工商户提供帮扶，共计减免租金11652376元，其中：农港城70%自持物业减免租金承租户676户，减免租金10269510元；30%已售部分委托公司招商运营的承租户144户，减免租金1382866元。

陕西欣桥实业发展有限公司：发动商户多渠道加大货源组织力度

市场动用一切可以调动的资源，积极发动商户承担起保供稳价"主渠道、主力军"的主体责任，多渠道加大货源组织力度。与市场100户蔬菜经营大户签了紧急调运协议，签订白菜、土豆等耐储品种收购协议3万吨；向市场商户发出"不涨价、不囤积居奇、不发国难财"倡议，严格遵守法律法规，恪守道德和行业规范；为了外地拉菜车辆顺利进入欣桥市场，在西安绕城高速河池寨和阿房宫两个出口24小时分成4组设立专门办理《通行证》窗口，积极主动为商户提供各项服务保障工作，提供了一个交通顺畅、安全保障的营销环境。

浙江良渚蔬菜市场开发有限公司：坚持防控与保供"两手抓"

聚焦主责主业，坚持疫情防控和市场保供"两手抓"，获得省市先进单位荣誉——浙江省防控新冠肺炎疫情市场保供贡献突出企业、杭州市新冠肺炎疫情防控市场保供先进单位。

三、加强疫情防控，保障食品安全

北京八里桥农产品中心批发市场：多措并举加强防控和保障食品安全

坚决执行政府指令，落实批零分开方案。市场根据通州区有关职能部门的指导意见，通过认真听取商户及管理员意见和尽量方便消费者购买生鲜等生活必需品的每日需求，采取物理隔绝，合理划分批、零交易区域，统筹兼顾防疫保供两不误。根据疫情防控工作需要，加强了对进口冷链食品的管理，修改完善了《食品质量安全协议书》中关于经营进口食品的要求和所需手续。经营进口冷藏冷冻肉类、水产品，必须在"北京市冷链食品追溯平台"申请注册，所销售的商品要按照追溯平台管理要求录入相关追溯数据，不得采购、销售"追溯平台"外的进口冷藏冷冻肉类、水产品。经营进口食品手续包括：清关报关手续；海关检验检疫证明；进货票据，且手续与食品批次相对应。

开展专项检查，对重点商品进行重点监管。一是开展端午、中秋、国庆节日食品安全专项检查。对节日热销商品的包装标识、进货渠道、索证索票、台账登记、有无腐败变质、是否按规定冷藏或冷冻情况进行检查，严格要求食品生产经营者落实好食品安全主体责任，履行好索证索票、进货查验制度，不得误导或欺诈消费者，诚信合法经营，并对经营现场相应的安全卫生设施是否符合要求进行了仔细检查和指导。二是开展冷链食品专项检查。为进一步保障市场新冠肺炎疫情防控工作中冷链食品安全，严防不合格冷链食品流入市场，危害消费者饮食安全，9月份以来，市场在前期冷链食品摸底排查及监管基础上，结合北京市应对疫情工作领导小组指挥部督查组反馈问题，专门制定了《八里桥市场冷库制度》，为每位商户发放冷库台账，并开展市场冷链食品专项检查。重点是检查冷链食品经营者是否销售包装标识不符合规定的冷藏冷冻食品；是否销售腐败、变质、超过保质期的冷藏冷冻食品；是否落实索证索票和进货查验制度，索取供货方《营业执照》复印件、《食品经营许可证》复印件及进货票据等，特别是进口食品要索取出入境检验检疫部门出具的检验检疫证明文件；是否及时登记冷库台账；是否督促落实冷链食品追溯制度，做到来源可查，去向可追，确保冷链食品可追溯；是否按照规定对摊位、冷库和冷链食品进行消毒工作。对所发现问题已及时整改。

完善商户档案，集中办理健康证。为进一步完善市场商户档案，统一制作了《市场商户存档信息》表，增加商品信息内容，包括厅摊位号、名称、法人姓名、联系电话、住址、经营品项、主要进货渠道、产地等，以此将商户信息和所经营商品信息全部结合到一起。全年为1654名经营食品的商户集中体检和办理健康证。既方便商户，又实现健康证全覆盖，一举两得。

北京农产品中央批发市场有限责任公司：确保疫情防控工作科学有序进行

坚决落实全市疫情防控的工作部署及各项防控措施，先后启动《应急预案》、成立复商复市疫情防控工作领导小组、设立疫情防控工作专班、制定《复商复市恢复经营疫情防控工作方案》等，持续抓好常态化管控，通过集中统筹，专物专用，防疫物资保障到位；稳步有序，加强管理，人员安全管控到位；垃圾清运，消毒消杀，环境卫生整洁到位；提高站位，发挥职能，配合政府全面做好疫情防控等措施，严格做好人员管控、垃圾清运、场内消毒、物资管理等疫情防控工作，切实做到全市场环境采样均为阴性，全体从业人员未出现确诊或疑似病例。

中央市场公司积极发挥职责使命，密切配合属地政府，进行疫情防控宣传广播，张贴宣传海报及标语，开展"拆门帘""一米线"，发放疫情防控宣传册等，打赢疫情防控攻坚战。坚持零报告机制，在做好内部人员疫情防控工作的同时，积极与集团领导及属地疫情防控相关机构加强联系，及时掌握属地疫情防控工作要求及疫情发展形势，配合好相关机构开展工作，为中央市场公司复商复市做好准备。

北京盛华宏林粮油批发市场有限公司：严防死守，构筑疫情防控严密防线

盛华宏林严格落实联防联控措施，建立健全市场、部门、区域和个人等防护网络，做好疫情监测、排查、预警等工作，严防死守、不留死角，构筑群防群治严密防线。

高度重视，周密部署。在疫情发生的最初时刻，通过新闻媒体了解到疫情发生在武汉南华海鲜市场的消息，第一时间在员工和商户群发出疫情预警，要求全体员工和商户密切关注疫情发展，做好自身防护，确保自身安全，为疫情防控做好充分准备，并为战胜疫情奠定了坚实基础。在疫情发生初期，连续召开十多次疫情防控紧急部署会议，及时传达中央和北京市、朝阳区、王四营乡和村的决策部署，稳定情绪、增强信心。同时要求员工和商户，引导教育身边的亲人和朋友，不造谣、不传谣、不信谣，增强战胜疫情信心。迅速成立以总经理为总指挥的9个疫情防控应急领导小组，各小组设有专人负责，根据应急预案，将防疫应急工作细化落实。各小组每天以书面形式向总指挥汇报疫情信息和最新工作进展情况。防控应急小组所有成员，24小时待命。根据市场实际，制定详细的疫情防控应急预案。利用电话、微信群、员工钉钉群、宣传栏、有线广播等，每日向员工和商户宣传政府疫情防控政策及疫情防控知识，引导员工和商户做好自我防护。同时，在生鲜市界唯一入口处，不间断播放《农批市场消毒指引》

知识，增强疫情防控意识。加强宣传教育和舆论引导。始终把加强离返京人员管理作为疫情防控的一项重要工作，抓紧抓实抓细，确保了全部离返京人员的安全。按照党中央和北京市委的要求，严格落实好"四方"责任和"四早"要求，始终抓好"外防输入、内防反弹"工作。我们时刻绷紧防控这根弦，补短板、堵漏洞、强弱项，做到"应查尽查、应检尽检、应隔尽隔、应收尽收"，尽全力避免二次传播。加强入口管控，细致摸底排查，全员核酸检测。及时培训使用北京健康宝3.0。签订疫情防控责任书。加强市场各区域巡查。设立隔离区。

北京市海和兴水产品有限公司：提升食品安全意识，规范食品安全管理流程

结合疫情期间业务量不足，疫情防控要求细化的实际形势，抓紧练内功，开展企业内部管理培训，加强疫情防控方案的实施，分部门督查食品安全管理体系运营效果，坚持全方位实现疫情防控措施，提升员工食品安全意识，规范食品安全管理流程。

响应各级政府及管理部门要求，对所有在库产品以及到货产品全部实现核酸检测、所有仓储环境各个位置进行取样核酸检测、所有产品外包装进行消毒措施，所有车辆以及仓库环境坚持每日消毒作业，所有仓储及运输人员全部进行核酸检测，后期均实现人员每七天一次核酸检测。确保人员、环境、产品的安全。

按照各地政府管理部门要求，规范冷链追溯管理，实现在全国各地产品配送时，全部规范上传产品所有相关信息文件，完成在当地冷链二维码的生成，实现全域扫码追溯管理。

北京首农东方食品供应链有限公司：聚焦冷链食品防控重点，坚决阻断冷链食品传播风险

疫情发生后，集团公司迅速响应、周密部署，全面落实"外防输入、内防反弹、人物同防"要求，建立"1+6+1"防疫领导体系。全力做好人员排查防控工作，严格离返京报备制度，确保一人不漏；开发"健康监测"小程序，实时掌握从业人员健康状况。新发地疫情发生后，集团公司贯彻落实"精准溯源、分开存放、风险分级"防控要求，坚决阻断冷链食品传播风险。聚焦冷链食品防控重点，细化完善方案、措施，按期完成首农冷链追溯系统建设工作，汇编《防控指引手册》，严格做好冷链作业区域封闭管理、国产与进口商品分区存放、外包装及作业环境专业消杀和从业人员安全防护等工作，严格落实人物环境核酸"应检尽检"、从业人员疫苗接种"应接尽接""能接尽接"要求，从严从实开展疫情防控督导检查。为推动西南冷早日开库复工，集团公司主要领导带队与疾控中心专家连续奋战多日，制定核酸检测技术方案，创新运用一图一表一网，评定商品库区、仓位风险等级。西南冷严格落实复市前库存货品核酸检测要求，投入300万元，实现库区检测全覆盖，经批准于9月20日开库复工。集团公司全年投入防疫资金660余万元，组织人员核酸检测3万余人次，产品环境检测4.2万个；组织职工、商户及其同住人疫苗接种2087人；追溯系统上线商户429户、上线率100%、库存品种7500余种、总吨数2.8万吨，确保了底数清晰、账实相符、来源可溯、流向可查，为北京市打赢疫情防控阻击战贡献了国企力量。

北京顺鑫石门国际农产品批发市场集团有限公司：加强检测频次和检测项目，完善检测方案

检测公司加强日常检测频次和检测项目，完善检测方案。一是增加蔬菜检测频次和数量，严把蔬菜质量关；二是持续加强市场淡水鱼入门快检工作，降低淡水鱼食品安全风险；三是肉类和水产品按照国抽和市抽的检测标准梳理检测项目；四是在现有通过CMA实验室资质认定检测项目65项基础上，申请增加50项扩项参数，从而扩大业务范围。

福州民天实业有限公司：全力做好疫情防控和保障供应工作

公司接到上级疫情防控任务，大年初三第一时间成立了疫情防控领导小组，全员复工。一是全面落实常态化疫情防控措施，多措并举切实做到"防输入、防扩散、防输出"，强化经营秩序管控。制定了

《经营秩序管理暂行办法》《短驳运输车管理办法》等临时管控制度，对所有场所定时消杀、所有车辆入场消毒，对所有入场人员进行拉网式测温和健康码排查登记，全年累计排查 50 万人次。配合当地防疫部门对市场从业人员，特别是冷链从业人员进行定期核酸检测。各市场出入口增派安保加强对中高风险地区来榕人员和进口冷冻商品的来源登记及轨迹查验。添置洗手池、热成像仪等防疫设施，努力将精细化防护措施落实到最小单元，确保各市场防疫工作全方位、全链条、无死角。二是全面推行市场片区网格化管理长效防控机制，明确网格管理单元范围，通过定岗、定责、定人的管理形式进一步加强市场管控。三是加强防疫科普宣传力度，通过分发宣传单、悬挂宣传横幅、投放宣传展板、市场广播等多种宣传方式提醒市场进出人员戴口罩、保持社交距离，引导从业人员和入场人员自我保护，降低感染风险。四是保障防疫物资足量储备，并对防疫物资采购、储备、管理、使用环节进行监督。在各级政府部门和上级部门的正确领导和全体员工、经营户的共同努力下，公司下属各市场实现了"零"感染的目标。

落实食品安全主体责任，加强食品安全检测，定期对冷冻冷藏肉品、储存设施设备、食品储存环境等进行风险排查和监测，对不合格产品予以销毁并对场所进行消毒。

厦门闽夏农副产品批发市场有限公司：严格开展疫情防控工作，落实食品安全管理措施

第一时间成立新冠肺炎疫情防控领导小组，制定《新型冠状病毒疫情防控工作应急预案》，根据厦门市委市政府和同安区委区政府工作部署，开展疫情防控工作。通过入场人员体温检测、督促从业人员佩戴口罩、场内人员排查、加大消毒力度、加强宣导等防控措施，严格防控疫情。严格按照市委市政府、区委区政府的要求开展疫情防控工作。对公寓住宿人员进行建档管理，排查来自疫情风险地区的人员，密切配合相关职能部门开展防控工作；对进入市场的人员进行体温测量，平均每日入场交易人次达20000＋人次。

为切实落实相关食品安全法律法规的职责，实行入场证明索证索票。要求进场蔬菜提供产地证明；对无法提供进场证明的蔬菜实施入场"批批检测"。加强入场抽检，严把安全关。2020 年入场证明共查验 95214 份，共计完成检测 34.1 万批次，总合格率 99.2% 以上；专项检测（水果、腌制品、肉类、水产、冻品、干货等）达 5952 批次，风险监测近 1975 批次，出具风险简报 26 份，预警简报 4 份，销毁超标产品 54 批次 4219 公斤。加强检测人员的检测能力培训和考核。强化认证项目的日常考核，确保检测数据真实准确。增加硝基呋喃类、金刚烷胺、氟苯尼考等兽药的检测项目（6 项）和部分农业农村部监测的农药项目（4 项），满足批发市场日常监管的需求。完成《食品安全优质服务指南》的修订，完善食品安全的检测程序，优质服务指标确实充分落地，建立实验室内部督查机制，每月内部督查一次，努力提高实验室管理水平。做好节日防控，严格入场制度。加强节前节后食品安全防控工作，配合市场监督管理局食安委委托的第三方单位做好食品例行抽检工作；配合区农业局对基地水果、蔬菜的检测；配合市场监督管理局，做好市场食品安全检查工作。

福建食达康集团有限公司：强化常态化疫情防控措施，守好疫情防控安全线

2020 年新冠肺炎疫情发生以来，食达康积极响应相关政府部门的政策方针，强化市场常态化疫情防控措施，坚决守好疫情防控安全线。一是加强责任意识。各个市场树立疫情防控主体责任意识，严格落实"扫码、测体温、戴口罩"等防控措施，强调农贸市场经营冷链食品要求，落实了经营者的主体责任，针对进口冷链食品重点把握好"四个不得"；加大力度排查中高风险地区人员，严控疫情输入。二是加强疫情防控宣传。有些市场农贸市场在市场入口设置疫情防控监测点，通过电子显示屏宣传标语、防控温馨提示宣传横幅、张贴一米线宣传标语，以及市场管理人员在日常巡逻中向经营户宣传防疫知识，引导经营户正确佩戴口罩，进一步加大广大群众对疫情防控重要性的认识，提高广大群众防控意识。

洛阳宏进农副产品批发市场有限公司：加强进口冷链食品全程追溯管理

公司自接到上级防疫指挥部门通知起就严禁商户进货、销售进口冷冻食品，严格封存冷库内现有进口冷冻食品，并配合防疫部门进行消杀。2020年12月25日公司安排员工参加了由老城区监管局组织的有关"豫冷链"培训会议，该系统可实现河南省冷藏冷冻肉类、水产品等进口冷链食品全程追溯管理。

洛阳通河农副产品有限公司：逆行出征诠释责任担当

2020年春节，作为洛阳市新冠肺炎疫情防控指挥部确定的疫情期间必须开业的民生保障企业，先后投入20余万元采购疫情防控物资联防联控，通河市场未出现一例疑似病例，更无确诊病例。从大年初一开始，董事长立即组织召开专题会议，研究防控方案，部署保供工作，成立市场疫情防控工作领导小组并亲任组长，先后制定印发了《关于加强新型冠状病毒感染肺炎疫情防控工作的通知》《通河农贸城联防联控疫情机制》并向经营商户发出了《致全体商户的倡议书》。没有防护用品，董事长一边找朋友帮忙，一边向政府部门反映情况，请领防护物资，想方设法，先防为主。按照会议要求，副总经理带领66名员工在市场进口设立监测站，昼夜对进入市场的人员逐人进行体温检测、车辆进行整车消毒，劝返未戴口罩和从疫情区来场的人员。每天2次对市场内各业态区域进行消毒。免费为商户发放口罩、消毒液，纠正不戴口罩交易行为，登记开业商户、了解疫情接触史。组织兼职打扫市场各区域卫生。在保障蔬菜、粮油、猪肉、鸡蛋等日常主要农产品供应的基础上，延迟其他业态商户的开业时间，防止人多聚集交叉感染。针对全国各地因进口冷冻食品引发的点状疫情，公司立即向相关业态商户进行宣传，提出"不购进，不销售，不使用"要求，同时禁止带有进口冷冻食品的冷冻运输车进场，对其他箱体货车逐车进行检查，防止夹带进口冷冻食品入场，对相关业态商户的库存货物进行逐项检查登记，禁止其继续销售早期未销售完的进口冷冻食品。经过一年严格有序的防控，保持了通河市场的正常运转。

郑州信基调味食品城：圆满完成疫情防控工作如期复工复产

高度重视疫情防控，按照国家疫情防控要求，第一时间成立疫情防控和复工复产工作领导小组，积极开展公司范围内的疫情防控及节后复工复产工作统筹协调和组织安排的工作。建立特殊时期工作制度，加强人员管理和全体人员疫情防控安全宣传教育。做好全体人员轨迹摸底登记，加强人员进出管理，在确保安全的情况下全员签订健康承诺书；多途径全方位利用微信、广播、钉钉等宣传疫情防控安全教育，要求大家高度重视、积极防御，了解预防的相关手段，且不传谣、不信谣，监督指导全员做好疫情防控安全工作。加强部门协调联动，建立健全疫情防控措施和复工复产机制。各部门协调联动，统筹安排建立健全疫情防控措施和复工复产工作机制，精细化部署人员安排、加强部门协调联动；制定严密的消杀制度、疫情防控应急预案等，在确保人民生命安全的情况下，分批错峰全面复工复产。

河南周口黄淮农产品股份有限公司：抓好进口冷链食品疫情防控

全体黄淮人连续60多个日夜坚守在防疫保供一线，舍小家保大家，逆行而上，把责任和使命稳稳扛在肩上，打赢防疫保供战，收到商务部办公厅致信感谢，为企业赢得了认可和荣誉。防疫常态化期间，突出抓好进口冷链食品疫情防控，确保来源去向清楚可查，让政府和群众放心。

随州白沙洲农副产品物流园有限公司：筑起疫情防控严密防线

市场严格落实政府疫情防控要求，测量进场人员体温、扫描健康码后进场，定期向经营户宣传疫情防控知识；建立防疫工作巡查组，每天检查场内防护措施落实，筑起疫情防控严密防线；实现了疫情零输入、零感染，为供应保障打下了坚实基础。

武汉白沙洲农副产品大市场有限公司：严格防控疫情，不断提升应急处置能力

勇于担当，科学有序、落实落细防控保供各项措施，对所有进场车辆及人员，严密排查及全面消杀，组建消杀团队对所有业态进行全方位无死角消杀。详细掌握员工和经营户的健康状况和流动情况，

运用大数据手段加大对外来车辆和人员情况的摸排，落实每日疫情防控报告制度，全方位做好场内卫生防疫，进出人员没有发生一例感染情况。

在常态化疫情防控基础上，全面提升防疫级别，落实战时机制，主动对接武汉市各级政府，严格执行疫情防控预案和工作要求，动员各业态全员加强进场防控措施，对所有进场车辆及人员，严密排查及全面消杀，组建消杀团队对所有业态进行全方位无死角消杀。详细掌握员工和经营户的健康状况和流动情况，运用大数据手段加大对外来车辆和人员情况的摸排，不断提升应急处置能力，落实每日疫情防控报告制度。对市场各业态进行相关销售台账排查，严格落实销售台账管理制度，全面推行农产品质量安全责任制，坚持"一票通"制度，确保"来源可查、去向可追、责任可究"。与蔬菜、水产品基地保持紧密联系，将检测出问题产品的信息发函至当地政府，努力搭建跨省农产品质量安全监督平台，实现跨省农产品质量安全监管信息共享。

武汉市惠商丰华市场管理有限公司：抓好保障食品安全重点工作

四季美农贸城始终把保障食品安全作为市场管理的重点，对所有进入市场的蔬菜、水产品采取"逢进必检"的检测措施，对不合格的产品及时依法查处，把好进货关，确保进、销货安全情况有据可查。已制定产品准入制度、质量安全抽检制度、经销商准入管理制度、不合格商品清退制度、环境卫生与防疫制度、商户"门前三包"制度等并形成文件，并严格执行。

重庆观音桥市场有限公司：实行疫情防控常态化管理

开展从业人员排查，细化环境卫生消毒，把好市场入口关。坚持每天两次的消毒、通风工作实行专人负责，消毒过程中的消毒液配置、个人防护、商户物品保护等措施得到了细化，冻品区、垃圾站、公共卫生间、电梯等重点部位实行了挂牌管理，工作台账更加精准；并根据市场实际情况，严格把控人、车、货进入市场的关口。坚持入口测量体温、检查口罩佩戴，对外省籍货车司机进行登记排查，降低疫情流动性风险。强化食品安全监管，重点对冻品业态进行全面检查，深入推进货物品类、检疫手续、进销存台账等三项检查，切断疫情输入途径。

2020年8月，受上游降雨影响，重庆遭受了百年不遇的洪水灾害，兄弟单位公运公司、股东方盘溪公司渔人湾码头出现了不同程度灾情。面对严峻汛情，险情就是命令，公司青年突击队积极响应号召，火速赶赴公运公司渝中物流中心支援现场清淤工作。食品市场电工班全体成员带上工器具直奔渔人湾抗洪抢险现场，检查和维修被淹区域配电室、配电柜、控制箱及风机铺设供电线路等工作，圆满完成抢险任务，充分展现观音桥人敢担当、善作为的优良作风和昂扬风貌。

重庆香满圆农产品有限公司：积极主动，多措并举保障市场供应

一是多措并举积极应对疫情。防疫保供期间，全司上下以保障供应、稳定市场的高度责任心坚守岗位，保障农产品市场板块及线上香满圆电商平台的正常运营，并积极落实市场主体责任，严格落实入场"一检二测三登记"制度，加强职工健康情况监测，坚持消杀确保市场干净整洁，对市场商户加大宣传力度，增强防范意识，同时对市场从业人员、交易环境及海产品（冻品类）进行了取样核酸检测，将疫情防控工作进一步落到实处。二是积极应对洪峰过境，全力推动商家恢复生产经营。为全力应对此次洪灾，我司全体职工以高度责任心坚守岗位不分昼夜扎根市场，紧急向商家发布水情信息，在集团公司的统一调度下，和兄弟单位一道与洪水赛跑，做好商家物资转移及安置，并于水退后第一时间开展清淤排涝和消毒消杀工作，有序推动了市场经营恢复。

广元市蜀门市场：贯彻落实"一防三保"中心工作

根据广元市政府相关部门的工作指导和要求，进一步做好本市场新冠肺炎疫情的防控，贯彻落实"一防三保"中心工作：防疫情蔓延，保障市场供应，保障物价稳定，保障食品安全。全体员工坚守岗

位，稳定市场，维护了广大商户和消费者的健康安全。疫情期间，公司领导安排财务室每月给全体职工发放疫情现金补贴，安排办公室定期发放个人防护用品，为抗击疫情做好各类保障工作，确保公司稳定运行。

圣果农产品综合贸易有限公司：科学判断，精准把握，组织打胜新冠肺炎疫情攻坚战

2020年1月26日晚，立即召开公司中层以上管理人员会议，成立疫情防控领导小组和抗击疫情先锋突击队，安排所有党员和入党积极分子战斗在一线，实施24小时领导带班现场管理，及时组织采购疫情防控物资，利用广播和制作疫情防控资料进行疫情防控知识宣传，积极与商户沟通，稳定人心，及时组织货源，保证生活物资的采购和供应。及时调整和布置疫情防控措施。

绵阳市高水农副产品批发有限公司：积极承担防疫社会责任

新冠肺炎疫情暴发后，公司积极应对，有效管控，力保两个市场正常经营，切实保障了疫情期间民生物资供应。防疫期间，公司全员停休轮班，对经营场所全覆盖监控、防控，共投入防疫资金193619.49元，用于防疫必需物资采购。同时，公司积极承担防疫社会责任，主动为疫区紧急支援蔬菜，承担了国家商务部、发改委及省市多项防疫保供后勤任务并圆满完成任务。随着疫情的逐步缓解，公司积极投入复工复产，在继续严控疫情的基础上，紧抓经营生产工作，有效促进了全年任务目标的完成。

重庆市新大兴金色农业开发有限公司：减少感染风险，把好市场入场关

金色农业公司干部员工不分昼夜，不论上班下班，有事就办、逆行履职，表现出高度的责任心和使命感。全员按常年惯例按时上岗并逐一动员商户开门营业。强化信息通道，迅速建立起商户信息群和上下联络群，及时发布抗疫保供文件、动态并跟进落实相关措施，减少人员聚集，减少感染风险。强化市场卫生和消毒，入场车辆消毒全覆盖，市场各个角落每天消毒二次以上。着力把好入场关。一是入场必须戴口罩、量体温，遇到异常情况及时汇报；二是外来送货车辆入场登记并向驾乘人员发放《防疫告知书》，督促遵守市场防疫措施；三是严防重点疫区商品进入市场。收集整理并按时上报各类数据信息，为商务委、辖区办事处、社区等政府部门提供抗疫保供基础资料。同时为经营户进货、接货、送货等经营活动协调办理相关证明，保障载货车辆入关过卡。

广东省汕头市农副产品批发中心市场：建立长效机制，规范市场农产品安全管理

市场根据有关规定结合实际，建立制订了《安全管理制度》《日常检查制度》《检验检测制度》等制度和方案，将之公布上墙并予以广播、宣传。同时，与市场所有蔬菜经营户签订《广东省汕头市农副产品批发中心市场食用农产品质量安全协议书》和《经营户食品安全承诺书》，落实农产品安全责任制；实行实名制经营。

经营户建立供货商档案；建立进货和销售台账。升级市场实名制交易系统，推进自产自销菜农进场实名制管理，监督防止农残蔬菜流入市场。积极引进检测人才充实市场检测室人手。为应对市场各项安全应急工作，在总经理指示下，市场成立"安全应急部"，完成了协助各档口建设农残检测室软件、组织各档口检测员进行专业培训、在蔬菜交易区、自产菜农交易区建立检测室等工作。

舟山水产品中心批发市场有限责任公司：坚持防疫复市"两手抓"，落实"六稳""六保"

大力稳生产稳经营，全面落实"六稳""六保"各项任务，自加压力，敢于担当，早部署早行动，切实做好疫情防控工作和复市复产工作，尽一切努力把疫情造成的影响降到最低，有效保障了水产品卸货交易和运输出场。同时，在水产城经济困难的情况下，对经营门店减免三个月房租近850余万元。被中国水产品流通与加工协会评为"全国水产批发市场系统抗疫先进集体"。

台州市农副产品集配中心有限公司：全方位展开食品安全管控

建立食品安全信息化系统，借助区块链技术，打通市场上下游，构建全产业链食品安全可追溯，并与全省食用农产品风险智控系统融合对接。顺利召开"全省农批市场食品安全规范化建设现场推进会",获得一致好评。以"索证索票、你点我检、预警处置、禁售产品、食品安全宣传"为重点全方位展开食品安全管控。制定《食品安全考核办法》,整理《问题整改清单》,建立《商户一户一档》《2020 年预警处置管理提升台账》。创新设计《食品安全概况表》,以绿、黄、红三色识别安全情况。记录商户持证经营、进销台账、主要品类索证索票、信息公示、依法经营等情况。重点关注进口食品安全情况,制定《冷链食品疫情防控工作问题整改方案》,落实"存量备案制、增量申报制、首站责任制、企业经营承诺制、专人联络制、健康管理制"。严格要求市场 23 位进口冷冻食品商户依法做好冷链扫码工作。强化宣传,发放《诚信经营、保障安全》《索证索票——食品安全温馨提醒》《放心消费在农港》等食品安全宣传单 1500 份。增添"微流控农残速测仪",提高食品检测员工作效率,增加检测量。2020 年共检测农产品 55136 批次,同比增长 13.2%,其中,抽样检测 47368 批次,对外开放检测 7768 批次("你点我检"活动收费总计 35298 元)。日均检测 150.6 批次,检测不合格 13 批次,对不合格品均作销毁处理。

广州江南果菜批发市场:确保防疫工作安全、高质量完成

在广州市商务局、广州市市场局、广州市卫健委的指导下,公司制定了《江南市场疫情防控保供和应急预案》,成立了由董事长挂帅的疫情防控保供领导小组。另外,在档口管理方面,成立防疫巡查督导小组,召开防疫工作会议,引导档口重视卫生防疫,广播室每天轮播卫生防疫通知,加强宣传提醒;出入人员管理方面,封闭不必要的出入口,在门岗设立体温监测点,对进场人员"三问一测",并对车辆驾驶员做好行程记录;卫生管理方面,制定了详细的消毒管理守则,在做好场内日常保洁卫生的同时保持对场内进行预防性消毒工作,并设立专门的消毒间,由专人负责,确保防疫工作安全、高质量完成;冷库管理方面,制定《疫情防范管理制度》,确保定期喷洒消毒,并督促做好台账管理工作。

合肥周谷堆农产品批发市场股份有限公司:阻断疫情输入风险,开展食品安全专项整治行动

疫情防控方面,面对新冠肺炎疫情,公司以"一进三出"、优化交易时间、身份证实名查验等强有力的防疫举措,保障市场平稳渡过疫情集中暴发期。根据疫情防控最新要求,全面落实"外防输入、内防反弹"防控策略,不断强化疫情防控领导小组,建立网格化包保责任制,落实处罚机制,切实加强"人防"与"物防"。针对新发地三文鱼、厄瓜多尔冻虾,以及国内各地出现的疫情突发事件,公司积极配合疾控中心及市场监管部门,采取果断有力的举措,成功阻断疫情输入风险,保障市场正常运营。

食品安全方面,联合瑶海区、大兴镇市场监督部门开展"十年禁渔"食品安全周宣传活动。日常巡查检测上,统一印制《统一销售票据》二联单及《食用农产品产地合格证》三联单,严格审验经营者合法证照,要求经营户在销售时规范填写销售台账并开具市场统一销售票据,以备查验。开展各类食品安全专项整治行动,加强农残检测工作力度,平均每日检测样品 381 例,合格率均在 99.7% 以上。

河北新发地农副产品有限公司:抓好疫情防控,保障食品安全

新冠肺炎疫情暴发后,河北新发地作为京津冀地区的"菜篮子",积极组织复产复工,有序运营。实施严格的疫情防控措施为园区稳定运营奠定基础。园区第一时间成立了应急工作小组。在进场环节制定了严格的人员排查流程,执行了"三问三查一登记"流程,"三问"即"问境外旅居史、问湖北旅居史、问身体状况","三查"即"查身份证、查体温、查健康码(健康证明)","一登记"即填写进场登记表,严格禁止"高危"人群进场;在消杀环节,加强了对入场车辆及园区经营区域的消杀力度,严格做到了全面覆盖无死角;在运营环节,强化对入场商户和货运司机的日常摸排,每日上报体温并做好登记。

2020 年,累计检验农产品达 5.2 万批次,产品合格率达 99% 以上。该站已与全国主要产区实现联动

机制，并不断加快各地食品安全互检互认。为进一步推动全国范围内食品安全保障工作，2020 年，公司加大了食品安全巡查力度，增加了巡查范围、监察频次，多次开展食品安全培训等举措，有效保障了园区内农产品质量安全。

苏州市南环桥农副产品批发市场：把好疫情防控关，提升食品安全管理效能

市场按照政府防疫要求，强化门禁管理，入场前身份查询、戴口罩、测体温、车辆进门消毒等措施一丝不苟。对节后复工的返苏商户，必须凭有效的隔离证明、苏城码绿码，签订承诺书后才可以恢复营业，为"菜篮子"供应把好第一道疫情防控关。

2020 年，检测中心上传政府监管平台的检测数据 151319 批次，其中不合格产品 19 批次，检测合格率 99.98%；协助第三方实验室抽样共计 1800 批次，未检出不合格项。疫情期间，配合政府部门进行新冠病毒采集样本 800 份。通过查验进口冷冻品、海鲜产地证明、进货凭证等进行疫区排查，严把市场准入。为适应新的食品安全监管形势，市场检测中心结合新市场的实际运营情况和经营模式，重新拟定了《新市场食品安全管理办法》，新增了《食品安全管理员制度》《产品召回制度》等。通过进一步细化各经营品类准入要求和检测流程、实施监督考核机制等全面提升食品安全工作效能。

南京农副物流中心：严把生鲜冷冻类商品入市环

强化索票索证及食品抽检管理，在疫情期间，严把生鲜冷冻类商品各个环节，生鲜冷冻类商品检测率达 100%，阶段性实现了"零闭市、零断供、零感染"既定目标。

上海农产品中心批发市场经营管理有限公司：精准防疫不松懈，全力保障市场供应安全

成立新冠肺炎疫情防控工作领导小组，下设 12 个工作小组，严格落实 24 小时值班制度。一是采用自动喷杀系统 100% 对入场车辆消毒、100% 对重点区域进行消毒、100% 对入场人员测量体温、100% 查验健康码。二是设立消杀区域，由专业消杀公司对入场的冷链运输车辆及冷链食品外包装进行消杀。三是设立临时隔离点，每日检测工作人员及经营户体温，发现体温高于 37.3 度者，第一时间报告、第一时间引导安排就医。四是研发"上农批出入通"线上实名认证小程序，实行"1 人、1 证、2 码、1 承诺"和出入闭环管理。五是加强市场食品安全管理，着重检查进口产品产地等证明文件，监督经营户严格按要求建立进销存台账、按要求佩戴口罩与防护手套。六是巡查督促场内经营户、相关服务人员做好防护措施，查禁市场内野生动物。

有计划、有重点地对人、环境、货物进行核酸检测实现周周有抽样，对重点人、环境和货物月月全覆盖，检测结果均为阴性。

严格执行商品准入管理制度化、流程化，加强各区域经营者食品安全抽查工作。一是 2020 年共开展食品安全档位抽查 12788 次，审查入场商品索证索票 30026 份，共查处违约 692 件。二是对入场交易的商品，共计抽检 16.7 万个批次样品，样品覆盖市场经营的蔬果、肉类、水产等主要品种。其中蔬菜快速农残检测量达 10.5 万个样品。三是引进了专业设备限制进场猪肉重量。四是开展"安全生产月""安全生产万里行"活动、3·15 消费者权益日活动及 5·20 世界计量日主题宣传活动。

天津海吉星农产品物流有限公司：严防死守，实现疫情"零感染"安全"零事故"

新冠肺炎疫情暴发后，公司第一时间组建防疫作战指挥部，成立党员先锋突击队，组织在津员工和经营户返场，安排园区无死角消杀，并对市场实施网格化管理、层层备案，持证进出，做到场内口罩佩戴、进场车辆消杀、人员测温、货品登记及商户作业台面消毒清洁 5 项工作 100%。同时加大宣传宣导力度，直接对接产地，帮助商户精准调货、加强囤货，日囤货 2000 多吨，持续稳定保障天津市民"菜篮子"供应，范围覆盖了唐山、沧州、廊坊等周边 200 公里内地区，切实维护社会稳定。

天津金元宝滨海农产品交易市场：加强食品安全高效监管，严阵以待防控疫情

市场按时参加上级部门组织的食品安全工作会议，传达精神，落实工作。按照国家相关法律法规及各级监管部门的要求，积极推进企业商品质量和经营秩序的长效管理，组织各部门对食品安全、证照、计量、知识产权、明码标价等方面进行联合督查；严抓公司食堂和宝地美食城的食品安全管理；结合实际修订市场《入场管理协议》，并及时发放至各部，用以指导具体工作；充分利用电子结算追溯系统，对场内农副产品的食品安全进行高效监管。综合商场对辖区食品经营商户检查20余次，查出存在台账、票证票据不全，"三无"产品等情况7户，对1户进行处罚，打击了不法行为，优化了食品安全环境。在市场的监管下，商户自觉提高了食品安全意识，市场农残检测88个品种，检测10560样次，蔬菜的农残检测合格率达99.98%，水果的农残检测、猪肉和牛羊肉的瘦肉精检测、水产品的检测、米面和豆制品的吊白块、水泡发食品的二氧化硫和甲醛检测合格率都达到了100%。

面对新冠肺炎疫情，市场号召广大员工肩负起"农批人"的责任，结合农批市场外地人多，流动量大的情况，整体部署防疫工作，制定防疫文件20份，及时把政府防疫精神和企业防疫措施落实到位。防疫工作从未松懈，始终保持一级防控，用高度警觉的意识、严密防控的措施，全力保障企业安全运营。一是想方设法筹物资。为保障场内人员防护到位、环境安全，市场紧急筹措防疫物资，于复工前购置了84消毒液、喷壶、红外体温枪、酒精等防护用品，及时发放到各部门，购置"消毒毯"，铺设于场内各主要入口，对进入车辆进行消毒。同时，想方设法解决口罩采购难题。累计采购口罩15个批次，共计113330个，为员工发放13个批次，为各部门按需发放26个批次，总计发放口罩92400个，确保了员工防疫期间的个人防护到位。二是严格管控抓防疫。为做好人员管控，市场对场内每位返津复工人员及时采集信息，并将核查情况上报相关部门，做好返津人员管理；利用"市场公寓"先后对从具有疫情风险等级返回的117名人员、其他省市返回的77名人员进行居室医学隔离，按要求进行复工审核；市场建立工作群，启用企业微信号，以视频会议代替传统会议，减少人员聚集；在各主要入口设置隔离护栏，对入场车辆分流管控，给入场人员测温，并要求扫码，对各交易大厅采取限流和引导措施；食堂针对疫情，采取"配餐、取餐"制，减少人员接触机会，降低病毒传播风险。三是按照政府要求做好核算检测和冷链从业人员管理。6月份，北京疫情发生后，市场发布专项通知，对场内所有商户细致排查，要求曾去过北京新发地市场的6名商户，立即到社区报备、隔离观察、核酸检测；11月份，滨海新区出现疫情，市场组织场内299名人员进行核算检测，其余人员全部在社区检测，检测结果均为阴性；我市场还配合疾控中心等部门对场内从业人员、冻货、环境进行核算检测10个批次，累计检测246人次，检测结果均为阴性；按照政府要求，市场组织冷库12名从业人员集中居住，最大限度保障市场安全运营。四是全面消毒保安全。自疫情以来，市场保持一级防控标准，高频消杀，普通区域每日两次，重点区域每日三次，做到全面消杀无死角，每日消杀有记录，保障场内环境安全。五是按要求及时报送数据。疫情期间，市场强化信息数据监管，克服时间紧、报送量大等困难，每天向市商务局、农委、农贸联、区商务委、商促局、应急局、街道、派出所等部门报送防疫数据，已累计报送1500余次。六是大力宣传，强化防疫意识。疫情开始至今，市场在各个出入口、交易大厅等显著位置，悬挂宣传条幅81条，张贴宣传海报810张，设立防控知识广播点26处，发放疫情防控宣传页725张，电子大屏幕全日滚动播放防疫标语及知识，构建了浓厚的防疫氛围。

南通农副产品物流有限公司：积极推动落实食品安全主体责任，确保食品安全有序可控

公司严格落实"四个最严"要求，积极推动落实食品安全主体责任，坚持预防为主，确保食品安全有序可控，到目前为止未发生食品安全事件。严格市场准入准出管理，落实进场查验制度，做好索证索票、进货查验、票证留存等市场准入管理工作。2020年共发放"一票通"8万多本，切实落实食用农产品产地准出、市场准入衔接机制。强化检验检测工作，2020年共检测农产品220180批次，不合格409批次，合格率99.81%；食品质量总体处于安全可控状态。实验室农残检测部分项目创建法检资质工作有力推动，成立组织机构，进行法人授权和人员配备，确定100多个检测项目，实验室硬件环境已到位，已完成网上申报。

青藏高原农副产品集散中心：持续做好市场疫情防控常态化工作

日监测车辆约340辆，人员体温监测约5000人次，建立商户疫情防控"一户一档"信息档案，严格落实体温测量、扫码实名登记、佩戴口罩要求，认真开展"一问、二验、三测"工作，持续提升疫情防控长效机制。

上海蔬菜集团：疫情防控从源头入手，多方位共同施力确保不发生危机问题

一是及时将国家部委、上海市相关委办公布的和光明食品集团转发、下发的文件对下属子公司进行传达并要求组织专项学习，使各基层子公司可以准确把握市场管理施策依据。二是根据《关于开展新冠病毒核酸检测工作的安排》要求，对江桥、江杨、西郊三家子公司在市场内从事涉及进口食品经营和管理的部分相关人员，开展新冠病毒核酸的抽样检测工作。

宁夏四季鲜农产品综合批发市场：成立"疫情防控工作领导小组"，实施切实有效闭环管理

全体员工放弃休息提前返岗工作，紧急成立"疫情防控工作领导小组"，对市场全面进行围挡封闭，对进出车辆和人员进行测温登记；外地货车提前报备，实施人车分离，安排外地司乘人员在市场租用的宾馆进行集中隔离，市场雇用司机负责货车代驾入场，切实有效的闭环管理措施得到了自治区银川市党委、政府等上级部门的充分肯定。疫情期间四季鲜市场未发生疫情输入病例，较好地保证了市场人员的安全和银川市周边的果蔬供应。

河北双嘉实业有限公司：制定防控应急预案，保证防疫工作有序进行

面对疫情，双嘉全体员工火速行动，紧密配合，不畏高危立即返岗进入防疫一线。制定防控应急预案。各工作小组按职责分工，全天候测温、登记、消毒、巡查市场等防疫工作有序进行。针对疫情造成的商户负面情绪，运营部员工及时安抚，鼓励商户组织保供货源，招商部成立巡查小组督促采购商防护工作，办公室协助采办发放抗疫物资，协助运营部员工值勤登记并及时组织数据材料做到上传下达，与政府相关监管部门一直保持着紧密联系。在全体员工的不懈努力下，2020年度定州国际食品城市场被河北省商务厅评定为河北省农产品重点保供市场，在保证自身正常运营能力稳中有升的同时，也为定州市及周边市县百姓的生活物资保质、稳价、保供做出了积极的贡献。

常熟市农副产品交易城有限公司：做好市场食用农产品"第一道防线"工作

交易城根据《食品安全法》有关规定，严格落实食品安全管理责任，抽样检测食用农产品安全性，查验相关票证，着力做好市场食用农产品"第一道防线"的建设工作，承担了应尽的社会责任。一是升级扩能，迁建快检中心。为落实政策要求，经集团同意，公司投资建设标准化快检中心。快检中心的面积从原来的120平方米增加至现在的500平方米，设有专门的样品室、前处理室、检测室、试剂室、设备室、档案室等，检测设备新增两台多参数食品安全检测仪及三台胶体金食品安全检测仪，通过升级扩能，快检中心在承担食品安全检测的技术、能力、成效上有了质的飞越。2020年12月投用的快检中心是经充分调研、数据比对、反复论证的结果，是与设备、试剂生产厂家苏州慧康公司合作成功的典范，得到了政府监管部门的充分肯定。二是提技增量，实现全覆盖抽检。2020年初，公司通过增配检测员、外送技能培训、延长检测中心运行时间等方式，逐步提升快检批次和质量，至3月1日，日检测批次已达到200批，相较2019年的120批次提升达67%。新检测中心的投运，使检测项目从单一农残检测、偶尔进行一些添加剂检测的原状，提升到日检测30多种、月检所有品类全覆盖抽检的能

力。2020 年，快检中心检测总批次 69984 批，超出年初预定目标 65000 达 7.7 个百分点。三是信息共享，落实溯源机制。2020 年，交易城所有检测数据实现了与常熟市市场监督管理局食用农产品质量安全信息平台的对接，POS 机溯源数据从 2019 年的 68750 批增加至 2020 年的 71758 批，增长 4.38%；索证索票数据从 2019 年的 13947 批增加至 2020 年的 15611 批，增长 11.9%，为市监部门的"智慧监管"做好基础保障。

四、市场管理

北京农产品中央批发市场有限责任公司：稳步推进市场疏解整治、转型升级

中央市场公司从首都工作的大局、从疫情防控的大局出发，按照首农食品集团和北菜集团的总体部署，进一步落实主体责任，稳步推进市场疏解整治、临建拆除、转型升级相关工作，确保安全稳定。

建立健全组织领导机构。成立中央市场公司疏解整治和转型发展领导小组，由支部书记任组长，其他班子成员任副组长，统筹推进中央市场疏解整治和转型发展工作的落实。根据北京市商务局《关于印发〈北京市常态化疫情防控下加强农产品批发市场管理转型升级的意见〉的通知》、丰台区新村街道《关于疫情防控冷库整治的函》、首农食品集团《关于清理整顿各类批发交易市场的通知》等相关文件精神，研究制定《北京农产品中央批发市场有限责任公司转型发展实施方案》，并报北菜集团党委会、总经理办公会审议通过。

全面摸排，精准施策，确保重点工作细化落实。一是摸清底数，分类开展疏解整治工作。按照"稳字当头、规划先行、安全第一、协同转型、共谋发展"的工作思路，细致全面做好经销商的调研摸排工作，把经销商疏解与积极安置结合起来，把维护稳定与扶持政策结合起来，确保市场平稳过渡。中央市场公司针对经销商以调研问卷方式展开调研摸排，转型升级后，拟按"三个一批"安置计划安排经销商，即"就地转型一批""转移黑庄户流通中心经营一批""疏解分流一批"。二是有序推进，稳步落实疏解整治工作任务。以"执行政策、公开公正、平稳有序、责任落实"为工作原则，有序推动落实"三个一批"，制定《租赁合同、服务合同解约工作方案》，分批做好经销商《租赁合同》解约。三是依法合规，积极稳妥拆除临建。坚决贯彻落实市委市政府"疏解整治促提升"方针政策，结合疏解非首都功能，更好地发挥国有企业在实施首都城市战略定位中的作用。四是拆改并举，有序推进转型升级。中央市场以前期资金投入少，预期经营收入见效快，整体改造精、简、省为原则，拆改并举，力争短时间内将中央市场打造成"一个平台""三个中心"的首都高品质生活服务重要保障区。

落实主体责任确保安全稳定。中央市场公司在与集团公司签订的《安全目标责任书》的基础上，制定《中央市场疏解整治和安全维稳工作预案》，成立疏解整治、安全维稳工作领导小组，负责认真梳理工作环节，建立主体责任制，落实责任目标，细化责任分工，多措并举，统筹推进中央市场公司安全维稳工作的落实。

同时不断强化人员思想管理。根据职工和经销商的思想实际，有针对性地进行宣传教育、思想疏导工作。主动收集、整理、掌握职工及经销商思想动态。严格舆论把控，做到不信谣、不传谣、不造谣。尽最大努力预防和化解矛盾纠纷，切实维护各方的合法权益，保障闭市、整顿、升级任务的高效有序进行。

北京盛华宏林粮油批发市场有限公司：市场管理注重疫情防控

加强商户疫情防控管理。严格按照疫情防控要求，加强市场商户教育管理。一是对商户进行疫情防控知识的宣传；二是检查督促商户戴口罩、戴手套、勤洗手、少聚集；三是每天检查督促商户必须打开健康宝扫码；四是检查商户摊位消毒情况；五是检查督促保洁员每天对公共区域进行及时消毒。

加强鲜活水产品管理。纳入备案管理。把水车广场鲜活水产品纳入备案管理，签订合同。强化夜间检测。食品安全部强化夜间检测，对进入市场交易的水车做到每车必检。同时，引进第三方检测机构"六角体"公司，进一步增强检测能力和提高检测水平，实现了24小时不间断快速检测。全年共检测样品22380个，其中夜间即抽即检样品10266个。

加强进口水产品监管。一是积极配合朝阳区市场监督管理局对市场进口水产品统计登记、商户和农产品核酸检测统计登记、食用农产品进货渠道统计登记，排查可疑情况；二是新发地农产品批发市场疫情发生后，严格按照上级主管部门要求，对市场内销售厄瓜多尔白虾的商户的所有商品进行现场封存；三是积极协助朝阳区市场监督管理局委派的第三方检测机构，对市场经营进口水产品的商户进行现场采样，经检测全部为阴性。

严格冷链食品闭环式防控。为切实加强常态化疫情防控工作，有效防范新冠肺炎疫情通过冷链食品输入风险，按照《进口冷链食品预防性全面消毒工作方案》要求，根据市场实际，严把"四关"，织密防疫网。把好大门关、商户管理、冷库管理、从业人员管理。对所有冷链从业人员进行核酸检测，全部阴性。为加强疫情防控，与第三方检测机构紧密合作，进一步提高快速检测能力。所有检测项目，一个半小时即可出结果，并出具检测报告。

审核各种资质台账。一是对商户和商品的资质、食品台账、销售凭证及产地证明的销售、回收、登记进行审核，共计5200份；二是与一家牛肉生产厂家、三家淡水鱼养殖基地签订"场厂挂钩"合同；三是与市场销售鲜活白虾、皮皮虾、海蟹等水产品商户，重新签订场地租赁合同，并交纳保证金，进一步明确经营主体责任；四是按照市场监督管理部门要求，及时更新禁止入京销售生鲜猪肉目录，允许进京销售的生鲜猪肉，必须出示"动物检疫合格证""生猪待宰前监测报告""宰后出厂监测报告"，并及时统计信息上报有关主管部门。组织市场全体商户签订疫情防控责任书、食品安全责任书，进一步落实主体责任。

北京首农东方食品供应链有限公司：实施市场转型升级，强化国企责任担当

一是疫情初期，积极打造西南郊园区商品展示平台，实现线上展示采购功能，助力商户"线上复工"，推动园区交易交割分置。二是新发地疫情后，根据市、区两级政府关于加强农产品批发市场管理转型升级的相关要求，第一时间制定《西南郊市场转型升级及西南郊冷库改造提升方案》，经北京市新冠肺炎疫情防控领导小组第八十四次会议暨首都联防联控协调机制第41次会议审议并原则通过。集团公司坚决贯彻落实"八十四次会议"对西南郊市场、西南郊冷库库冻食品供应量占全市比重较高，要保障首都市场稳定供应的功能定位和转型升级要求。投资近900万元，实施市场转型升级，全面取消实物展示交易，采用线上交易、线下配送的交易模式，西南郊市场以"电子商务服务中心"全新面貌于11月1日复市营业。三是强化国企责任担当，加大中小微企业扶持力度。全年减免中小微企业租金5369万元，助力"六稳""六保"，为商户"输血减负"。四是充分运用税费减免、融资支持等惠企政策措施，申请社保等费用减免共计2446万元，京粮物流争取疫情保障低息贷款1.99亿元。

福州民天实业有限公司：打造企业和商户双促双强协同发展新局面

经过近十多年的培育，市场整体管控模式较为成熟，但也面临周边市场、市场经营业态变化冲击。公司遵循"持续优化营商环境，进一步减轻商户负担，扶持商户做强做大"总体原则，广泛听取商户意见，制定了取消综合管理费、减半收取包装物费用，扩大部分场位面积等新举措，每年减轻商户经营负担600万元，稳定了市场核心商户，为打造企业和商户双促双强协同发展新局面打下坚实的基础。

中众合有限公司：调整编制各类专项制度，为商户提供专业精准服务

进一步完善公司内部制度建设，提升科学管理与规范运行水平。利用公司制度、部门制度、市场制

度来进行员工行为、商户行为约束，规范了员工行为、商户规范经营，提高了科学管理与规范运行的水平。积极引导集团旗下各市场结合本市场特点，汇编和整理各类工作的操作标准流程，统一规范管理。如农产品检测标准流程、消防应急处置标准流程等。

2020年，针对公司旗下的三大（黄山、临邑、宝应）成熟的市场，通过管理权限下放，让市场运营管理团队更加灵活高效地开展各项管理工作。积极地为市场内的大小商户提供更加专业、精准的服务，逐步建立起电子结算系统等信息化管理系统，从而使市场内的商户更好地经商，进而实现企业效益的最大化，最终达到市场经营户及市场管理企业的双赢。

河南平顶山郏县贯通农业开发有限公司：完善管理机制，调整管理队伍

完善管理机制，调整管理队伍。2020年集团公司根据新的经营战略和管理规划，在年初对管理队伍进行了调整。完善了各投资项目的公司治理机构，改选了董事会并对部分章程进行了完善。同时公司还选派部分管理人员参与投资项目的管理。

建立健全各项管理制度，加强遵守规章制度的督促和检查。在原制度的基础上，各职能部门建立、健全了各项管理制度，行政部门制订了新的《行政管理制度》《集团保密管理规定》等，财务部门制订了《财务管理制度》并组织全体员工学习贯彻。

加强财务预算，严格审计制度。在行政总监的主持下，各职能部门根据企业经营情况为下属公司制定了切实可行的任务考核指标，充分调动了各子公司的积极性，新成立的审计部克服压力，对公司进行了审计，同时还与资金部、财务部一起对公司考评的项目进行项目审计与债务重组审计，为集团领导决策提供有效的财务数据。

加强企业文化建设，增强企业的凝聚力，为丰富员工生活，增强企业凝聚力，集团组织了乒乓球、羽毛球比赛等活动，使员工能够放松身心，积聚更多的力量，同时丰富了员工的生活，增强了企业的凝聚力。对公司内部的沟通和协调起了良好的推进作用。

郑州信基调味食品城：统一市场三轮车管理

市场借助环保要求契机，通过走访确定市场燃油摩托车数量，联系节能电瓶车厂家，驻市场定点服务，为商户更换环保节能电瓶车，同一车型，并通过上门逐一登记，为统一安装三轮车牌照，打造优良的市场经营环境，为郑州市大气管控作出贡献。

河南周口黄淮股份有限公司：聚力发展培育大宗商品核心业态

改造扩大香蕉、水产等区域，引进核心商家30多家，聚力发展培育大宗商品核心业态，交易量同比增长14%，净利润额同比增长23%。稳妥开展自营贸易业务，完成收入创新高；谷源公司持续发力社区电商和单位食材配送，初见成效。连锁市场业态持续丰满，服务费回款同比增加47%。冷库实现满负荷运转，同比增收81万元。

中国地利集团：明确未来发展战略大方向

2020年发布了新流通战略，明确了集团未来十年的战略大方向，即通过打通生鲜流通全产业链条，建成集约化、共享化、智慧化的生鲜流通产业互联网生态平台，构建现代化生鲜新流通体系。

齐齐哈尔城乡粮油交易市场：确保市场良好秩序，优化市场经营环境

市场在做好日常管理工作的同时，积极与市场监督管理局、发改委、农委等职能部门密切配合。根据不同时期工作，侧重抓好日常管理工作，有效地杜绝假冒伪劣、短斤少两、以次充好、价格欺诈等违法违规的行为发生，积极配合协调市场监督管理局，对市场业户索证、索票、购销台账、明码标价，经营场所环境卫生和着装的督促检查，收到显著成效。同时完成电子版检测存档填报工作，专职检测人员定期对市场业户经营米、面、油成品粮油进行抽样检测，抽查率和合格率均达到100%，有效杜绝不合

格商品流入市场，有效地保障消费者"舌尖安全"。尤其在这次疫情期间，保证粮食供应的稳定性，受到各级领导和相关部门的一致好评和认可。

福建食达康集团有限公司：落实完善各项综治措施，全力构建平安食品市场

认真贯彻打防结合、预防为主的方针，坚持管理规范和法制教育相结合，加大人力、物力、财力的投入，全面推进安全创建工作，努力提高各市场社会治安防控能力，与各业主、商户层层签订责任书，做到综治工作与其他工作同时安排部署、同时督促检查。为维护社会稳定等方面做了一定工作，实现了安全创建的目标。

两湖绿谷物流股份有限公司：深入推进精细化管理

严格审计核算、堵塞结算漏洞、按期盘点台账、督促应收尽收，精细化管理深入推进，加强物业管理，开源节流，严把零星费用核准，控制无计划开支、杜绝超标准开支，预算与计划管理闭环不断完善，加强市场环境整治，纠治乱搭乱建、乱摆乱堆、乱停乱放等"常见病、多发病"，做好配套设施维护保养，网格化管理举措不断落实落细，严把检疫检测关，严格执行国家相关标准，日常农药残留抽检72批次/天，不合格率在4‰以内，不合格农产品在农业执法支队和食药局等执法部门的监督下作销毁处理，确保了市场农产品和质量安全。

随州白沙洲农副产品物流园有限公司：建立长效管理机制，促进市场规范有序经营

根据随州市政府关于农贸市场专项整治工作及全国文明城市创建等活动要求，市场以此为契机建立长效管理机制，促进市场规范、有序经营。一是加强宣传引导。与经营户签订门前三包协议，并上墙公示；制作8条横幅、13块宣传画，营造"环境卫生、人人有责"的氛围，动员商户自觉维护档口内外的清洁卫生。二是强化经营秩序管控。重点对市场门外流动商贩、场内经营户占道经营、出档经营、车辆乱停放、主通道衣物乱晾晒等乱象进行整治，通过市场管理三班不断纠偏，现市场经营环境有了较大提升。三是定期组织园区大清扫。要求保洁公司定期疏通市场内明沟暗渠，保证园区管道畅通；集中清理市场周围区域的杂物、垃圾，清除卫生死角。四是加强公厕卫生管理。市场三个公厕安排专人清扫，将保洁人员姓名、电话、清扫消杀记录上墙，地面铺设防滑垫，增设残疾人无障碍设施，增加洗手液及垃圾筒，修复损坏硬件设施，市场公厕环境迈上新台阶。五是增加相关设施。市场投入1万余元购置100个垃圾分类桶投放至相关经营区，增加市场垃圾收容量；购买11个紫外线消毒灯，安装于市场综合区、公厕。六是提升基础设施。启动市场道路修复工作，蔬菜市场两条主干道600平方米的破损路面进行混凝土重浇修复；市场蔬菜区、商贸区各增加1个垃圾中转站，进一步提升市场垃圾处理能力。

湖北中和农产品大市场有限责任公司：多措并举保持经济效益不滑坡

一是真情服务保租金。受疫情影响，其他行业租金难收，但由于我们在疫情期间采取开门补贴、取消门禁收费、主动协调开办通行证和组建志愿者服务队帮商户搬运物资等，以真情和服务感动了商户，2020年整个市场租金同比增长15.07%。二是新辟经营收入渠道。2020年为了稳定市场主体和支持疫后重振，国家、省市都出台了很多扶持政策，我们加大银行纾困资金和各级政府政策性资金落实力度，全年新增融资3.89亿元。三是减租免租稳定市场主体。落实国家、省市的减租免租政策，共计免租132万元，帮助他们渡难关。这样，2020年中和公司经济逆势增长，三项主要经济指标再创历史新高，市场交易额连续三年稳坐百亿阵营，为"十四五"开局提供了坚实的物质保障。

广元市蜀门市场：改选经管会，提升公司管理水平

公司改选了第三届经管会，并取得圆满成功；在经管会改选的基础上，成立了一支新的义务消防队队伍；12月公司开展了2019—2020年度"文明诚信经营示范商户"评选活动；各项工作的积极开展，拉近了经营户和公司的距离，同时极大地提升了公司的管理水平。

绵阳市高水农副产品批发有限公司：积极加强市场经营治理，提升服务质量

2020年，在防疫工作常态化的基础上，公司积极加强市场经营治理，提升服务质量，严防跑冒滴漏，有效促进了市场管理收入和利润稳步增长。公司完成了水果市场入市调费工作，严格落实收费标准，截至12月底，水果门禁入市新增收费已完成193.66万元；蔬菜、水果市场所有摊位租赁完成率达98.7%；公司还组织商户对接产地及相关部门，在完成保供、帮扶任务的同时，开拓了市场产销覆盖面，有效促进了增收工作。

南充川北农产品交易有限公司：加强对市场运营与交易秩序整治力度

加强市场现有蔬菜、水果、干杂、水产、菌类、物流经营户的管理，对长期未经营的仓位进行调整，及时引进相关产业链，以聚人气、稳市场、促发展为经营方针，对租赁合同已到期的门面及时收取租金。

提高服务质量，整顿组织纪律，规范完善市场管理和服务。重点加强对市场运营秩序、交易秩序的整治力度，服务工作受到市场经营户一致好评。

重庆观音桥市场有限公司：完善法人治理结构，提升一线服务意识和水平

公司进一步完善法人治理结构，依据《公司法》规定，按照市国资委和交运集团、盘溪公司的通知要求，一是完成董事会、监事会换届工作。二是开展"三项制度改革"工作。结合我司实际情况，制定《关于进一步深化三项制度改革专项行动的实施方案》，修订完善公司绩效考核办法和部门岗位、员工职责。进一步完善了考核体系，明确了各部门之间的职责划分，重新梳理管理边界。三是加强成本管理，提高财务管控能力。公司加大对各市场、分公司财务管理，强化市场的成本管控，充分运利用物管智能系统，规范市场水电、管理费等管理，监控各市场的费用管理情况，有效提高公司财务管理能力。四是大力推进"集团机关化"问题专项整改工作，加大授权放权力度，厘清权责边界，优化工作流程，加强会议和发文必要性的审核把关，不断提高文件质量和会议质量，切实提升为一线服务意识和服务水平。

重庆双福国际农贸城：服务水平稳步提升，保障能力有所增强

一是资产维保力度更大。全年针对水电、消防、排污管道、库房、秤支、地磅及各市场提出的维修需求等，完成了大量的修缮工作，基本确保了市场客商的经营需求。二是安全管控更加到位。层层落实安全管理责任，全年无重大安全事故发生，安全形势总体稳定。三是后勤服务更加到位。文会事、日常接待、物资采购、车辆管理、环境营造、对外宣传等公司日常事务有序不紊；内部安保、风险防控、法律咨询、财务管理、职工福利保障等内部管服工作无误差；费用结算、摊位分配、客商子女入学等服务客商基本满意。特别在疫情防控阻击战期间，为一线人员及客商做的后勤服务，获得好评。四是人员队伍总体稳定。合同制用工控制较好。强化了员工培训工作，提高员工工作技能。疫情防疫中，进行了合理的人员安排调度。人力队伍整体稳定，业务水平有所提升。五是指挥调度作用初步发挥。成立了指挥调度中心，34楼、37楼和冻库3处消防控室开始投用，内部协同开展了3次消防设施联动演练，推动广播系统和监控系统的建设及运用，在场内消防、交通、应急调度管理等方面发挥出了积极作用。

重庆市新大兴金色农业开发有限公司：补短强弱谋发展

市场建立十载有余，从布局到管理都局限并依循于传统模式，随着市场交易规模壮大，无论场地大小、设施设备和营运管理都暴露出一些问题，疏通堵点、破解难题、增强市场发展后劲势在必行，对此进行了有益的探索。修订和完善了《租赁合同》及附件，为新形势下进一步规避企业风险提供基础性保障。通过资源整合，提高公司对商户的黏度，嫁接更多的增值服务，打造新的经济增长点。组织对市场搬运情况进行了详细调查，对不同时段载货入场车型及数量进行了分门别类的统计并形成报告。借"创文创卫"东风，完善了市场环境秩序管理办法并认真组织实施，取得良好成效；多次集中力量组织电源线路整改，根治私拉乱接现象，对保障安全起到立竿见影的效果。

渝南冻品市场管理分公司：抓好市场核心经营工作

面对疫情造成的市场经营损失，统一思想，积极思考经营对策，发挥企业综合优势，把握主动局面，努力提升火锅食品市场、冻品市场经营效益，力争确保年度经济目标任务顺利完成。一是火锅市场稳中求进，持续发展。分公司积极应对疫情期间商家抵触情绪大的影响，迎难而上，完成租金收缴工作。二是冻库出租保持稳定。受疫情压力通过加强管控，围绕压缩库存、货物安全、节能降耗、库存数据准确、作业标准规范化、热情服务的目标开展工作。通过努力，在多种不利因素的影响下，保持冻库出租率96%，冻库经营稳定。三是挖潜增效，夺取经营工作新进展。我司利用市场资源，在2019年底改造完成的3号楼机房及负一层加工区库房，通过积极谋划、主动出击，于2020年初顺利完成了全部招商和租金收缴工作，有效补充了疫情期间分公司的经济损失。突出特色，加快香满园融合发展。通过发挥自身行业影响力和抢抓疫情期间不出门、不聚集机遇，突出特色，拓展电商发展新平台。一是不断丰富渝南冻品市场专页商品种类，通过扩充商品品类、秒杀价购入商品等，努力提高电子商务运营能力，增加线上销售率。二是结合线下需求的线上运营模式，打造适宜大众消费各具特色的火锅套餐，通过发展线上线下团购、零售业务、参加重庆市各大展销会等，挖掘更多的商家、顾客。降本增效，全面抗击疫情对经营带来的不利影响。为深入贯彻集团公司决策部署，全面落实集团公司经济工作会议总要求，分公司开展了降本增效专项行动，以全面抗击疫情对企业经营带来的不利影响，努力完成全年生产经营目标。一是充分利用好疫情防控优惠政策。二是优化管理降低生产成本。三是降低人工成本。

舟山水产品中心批发市场有限责任公司：打造"五化"为一体的市场服务新体系

及时调整商圈招商政策，加大招商招租力度，盘活闲置资产，全年新引进25家企业入驻，并且做好知名特色餐饮、大型足浴中心等有投资意向项目的协调和洽谈工作，重新激活了商圈热度。2020年，水产城认真贯彻落实省委省政府关于"最多跑一次"改革向公共场所延伸与深化的战略部署思想，全力打造集"便利化、智慧化、人性化、特色化、规范化"为一体的市场服务新体系，使水产城的服务经营更人性、营商环境更优化、市场管理更智能、市场运行更规范、旅客游购更便捷、商旅融合显特色，市场发展活力进一步涌现，实现了高质量新发展，成为展示舟山海岛风景线的"重要窗口"，得到了省、市、区政府和"深改办"、市场监管等部门的高度肯定，成功通过浙江省第一批"五化"市场提升改造验收。

济南广友物流配送集团有限公司：全力打造市场茶文化传播平台

充分利用"茶文化体验中心"，全力打造市场茶文化传播平台；利用企业官网、公众号、视频号等自有平台，发布企业信息，传播行业动态，弘扬传统茶文化；与济南日报报业集团深度合作，成立广友茶城电商直播基地，丰富企业活跃发展，带动市场商户积极参与融洽氛围；成功组织举办"春茶上市云模式""广友中秋美茶节""第五届中国·济南（槐荫）茶文化博览会暨第九届广友品茶节"等一系列宣传活动。

宁夏四季鲜农产品综合批发市场：开展市场多项专项整治

根据市场管理运营需要，公司科学调整部门分工和人员调配，提高工作效率；对市场进行了车辆交通秩序治理、环境卫生治理、三轮转运车辆挂牌管理等多项专项整治工作，有效解决市场交通秩序、环境卫生等长期存在的顽疾，取得了良好效果。创新地联合望远派出所成立"平安四季义警"，24小时负责市场内警情处置、纠纷调处、夜间治安巡逻；会同永宁县司法局、公安局等部门发起设立四季鲜行业调解委员会，及时协调解决货运纠纷等矛盾，有效净化了市场经营环境，受到商户的欢迎和好评。

合肥周谷堆农产品批发市场股份有限公司：加快公司标准化工作

结合集团公司"制度执行年"活动，公司再次组织各部门认真梳理管理制度及工作流程，加快公司标准化工作，计划 2021 年全面推进落实，确保顺利通过省级服务业标准试点验收。

江苏凌家塘市场：抓项目促发展，设施提升取得新成效

全年投入 2708 万元，完成工程项目 16 项。投入 953 万元，完成对一二期冷库所有管线、蒸发式冷凝器、破损地坪、冷库进出库门等更新改造，液氨储量由 30 吨降到 10 吨以下，10 月份通过验收；投入 879 万元，完成水产区室内明沟、室外主管线新建、养鱼水待排池和雨前收集池及排放口等项目，市场生产经营生活污水收集接入城市污水处理厂处理，10 月份通过专家组验收；投入 876 万元，完成蔬菜区外墙保温材料处置工程、冷冻区经营房屋顶防水卷材改造、10 个公共厕所改造等项目。规范后勤保障维修审批流程，加强设备设施维保定岗定责、消耗品使用考核，控制维修运营成本。

内蒙古食全食美股份有限公司：市场配送中心发展迈上新台阶

市场的南配送中心在经营机制不变的情况下进行了重组，由原 7 个组整合为 3 个组，加强组织架构搭建和建章立制工作，重视招投标公共服务能力再造，注重资源整合效能，目的是增强市场综合拓展能力，新增"美团"线下配送业务，新增优质客户 30 余家，为做大做强和规范运作奠定了基础。

南京农副物流中心：深化经营机制改革创新，加快收费模式改革创新

开展"收入分配机制""发展责任机制""风险管理机制""财务集中管控与预算机制"等 4 项创新工作，全面实现"人、财、物"的规范化管理。积极创新蔬菜市场收费模式，免除进场交易费，有力促进了交易量的提升。积极调优果品市场收费结构，分类精准考核，有力促进了小品种专销区培育壮大、良性竞争、健康发展，"育商、优商、利商"的发展理念实现了成功落位。

上海农产品中心批发市场经营管理有限公司：规范市场管理，提升市场形象

建章立制，重塑流程，夯实发展根基。共计梳理了 185 条工作办法及管理规定。全面贯彻落实《上海市生活垃圾管理条例》，长效推进垃圾分类专项工作。一是经营户 100% 配备分类垃圾桶。二是增设两台湿垃圾移动压缩设备，改建完善垃圾中转站，修建湿垃圾就地处理装置。三是大力推进"净菜进场"，净菜比例达 35% 以上，减少垃圾量。

上海冠恒集团·江苏分公司：先行先试抓好改革创新

一在推动深耕滨海战略落地上先行先试，重点抓好"1+N"农批农贸一体化网络建设和红砖艺游项目启动；二在运营带招商促销售上先行先试，重点抓好商管队伍、招商队伍、销售队伍建设和去化率、招商率、开门率；三在智慧农批上先行先试，重点抓好溯源体系建设和电子商务公司运营；四在中央厨房配送上先行先试，重点抓好一期日均 5 万份次净菜配送和二期日均 15 万份半成品、成品配送项目的启动；五在全口径全过程预算上先行先试，重点抓好年度预算编制和过程预算执行以及开源节流工作；六在绩效考核上先行先试，重点抓好先进激励和末位淘汰。

常熟市农副产品交易城有限公司：对市场管理工作标准化进行有益探索

为明确管理体系，统一各运营管理部的工作流程和市场管理标准要求，多部门联合编制了《市场管理部工作规程（试行）》，于 2020 年 10 月先行发布实施；同月，《安全制度汇编（试行）》发布；12 月，经职代会通过，公司规章制度汇编（包含员工手册）下发，共计九大类四十一章。

五、智慧农批

北京锦绣大地农副产品批发市场：提供完善专业的供应链服务

提供供应链服务方面：仓储管理服务——富勒 WMS 系统和锦绣大地 WMS 系统；物流管理服

务——富勒 TMS 系统和多种服务产品。专业的库内配套服务，专业的仓库咨询服务。

供应链金融方面：完善现有的金融产品服务，创新信用产品，在电商产品及服务体系上建立适合农批市场的风控模式。创建金融系统，成为电商软件系统中的成员，打通资金渠道，对接外部资金，注册典当，探索集采联盟，实现农批金融云。

IT 软件服务方面：锦绣云集对接上下游渠道，与线下批发市场互动。味到及业务系统作为 SAAS，要成为客户离不开的工具。运营管理系统及商品管理系统的完善。运维为所有系统的运行提供保障。在以上系统的技术上，市场管理系统、金融系统、平台供应系统、OA 系统、WMS 系统实现账户一体化，平台云端化，数据平台化。

采购与分销执行：锦绣云集天下货源，无论在种类，规模和价格上，都具备显著优势，线上线下场景组合，锦绣云集海量商品择优展示，味道终端在线店铺和体验店商品现场展示的方式，有效增加了商品的曝光度，依托锦绣大地电商智慧高效的仓储物流服务和贴心的金融服务，为广大企事业单位提供大宗采购一站式解决方案，也为品牌商找到商业契机，为优势商品的快速分销提供了可能。

北京大红门京深海鲜批发市场有限公司：推进信息化建设，打造优质供应链体系

以"京深 e 家"智能系统为基础，进一步完善食品安全追溯管理，推进信息化建设。逐步向商品来源可查、过程可控、去向可追迈进，确保质量安全不出问题，打造优质供应链体系。

厦门闽夏农副产品批发市场有限公司：推广"闽夏市场APP"，一级批发经营户实现全覆盖

2020 年"闽夏市场 APP"共完成有效交易 187 万余笔，上传入市必登系统 152 万余笔，推广已经取得初步成效，一级批发经营户使用"闽夏市场 APP"已经全覆盖。2020 年，通过 APP 进行交易的重量达到进场量的 85.45%；2020 年 1—12 月，"闽夏市场 APP"推广奖励共花费约 95.72 万元。

武汉白沙洲农副产品大市场有限公司：正式上线 ERP 系统，与手机微信紧密对接

2020 年 10 月份白沙洲市场正式上线 ERP 系统，新的 ERP 系统与手机微信紧密对接，市场商户可直接使用手机完成合同签约、查缴费、报修等业务；11 月份武汉白沙洲大市场成为首家负责具体组织实施储备粮企业社会责任储备单位，充分挖掘粮食市场资源。

武汉市惠商丰华市场管理有限公司：积极开展食品安全可溯源体系建设

鲜肉市场开展可追溯体系的试点工作，将市场的上游供应商及下游采购商链接起来，整个销售链记录了食品流向及各种证明信息，达到食品可追溯，日后此交易系统将在全市场推广。该电子交易系统运行稳定后，将为市场运营、管理及决策提供有效依据。

四川鑫锐投资有限公司：完成市场车辆管理智慧化升级

公司 2020 年完成市场车辆进出场智能计重收费管理系统、无人值守智能停车场建设，通过加强市场规范经营管理、市场软硬件基础设施提档升级建设、全面提升市场优质农副产品价值，对树立全省同行业标杆市场有着很好的引领作用。

昆明国际花卉拍卖交易中心有限公司：实现数据一体化贯通，逐步实现"花卉产业大脑"

基于昆明花拍中心花卉交易数据基础以及覆盖花卉产业全链条的整合能力，数字云花向产业上下游延伸数据采集，实现生产中心、客户中心、交易中心、集配中心数据一体化贯通，从而逐步实现"花卉产业大脑"，通过数据—分析—决策—反馈，部分实现了产业数字化、智能化。

完成系统底层架构支撑。昆明花拍中心在原来信息化建设基础上构建含括数据采集、存储、加工、分析为一体的云花大数据平台，为数字云花的全面升级发展做好底层平台支撑。数据规范治理。通过大数据平台制定数据标准规范，提供标准数据接口，建设数据共享平台，为行业内的其他业务及平台提供数据接入标准及数据共享服务。线上线下交易一体化。实现软件化的拍卖交易以及互联网化的远程交易。

2020年7月KIFA具有自主知识产权的新拍卖系统正式上线投入使用，新系统突破了原AUXCIS系统的局限性。从受制于人到自主可控，实现了流畅高效的拍卖服务、管理、运作体系。开展行情分析。通过大数据平台发布云花产品的交易价格指数，对花卉从业者进行市场行情指导；通过大数据平台以云花交易、价格波动、产品流向、消费热度等结合天气、节假日等信息洞悉市场行情，进行市场行情预测，及时进行交易调整。对生产、经营进行指导。通过大数据平台实时采集PC端、手机端、服务端的数据，与业务数据整合，进行用户行为分析、画像，驱动市场营销、产品优化、用户运营，掌握用户特征，把握客户需求，为客户提供定制化服务，实现用户精准营销；及时地监控市场的需求变化，并将变化及需求及时反映到种植端，指导供货商及时进行生产周期、品种结构的调整，保证种植产品满足市场需求。

提供供应链金融服务。昆明花拍中心利用花卉交易数据，建立了统一的信用评估体系和花卉交易数据模型。搭建花卉生态圈统一的金融结算平台，实现数据换信用，数字赋能产业，通过对供货商、购买商在拍卖市场交易形成的大数据分析，联合多家金融机构，多渠道、多方式为供、购双方提供金融服务，解决了供、购双方"融资难"的问题。银行和担保公司以花拍客户交易数据作为主要授信依据，2020年累计获得超过2亿规模的授信。通过交易数据客户可以制定线上贷款产品，完成线上测算额度，申请贷款。信用担保服务扶持更多种植技术好的花农扩大种植面积和提高种植设施规格，提高花卉产量和质量，让更多高品质的鲜花流入市场。提供资金和商品信用保证。资金信用保证，买方预充值到结算中心账户后才可以购买，资金由银行第三方托管账户监管，银行实时清算划款，保证卖方能安全快捷地收到销售款。商品信用保证，设立货品投诉机制，货品质量问题、数量不符等问题可以进行人工退换处理。提供安全的交易结算和资金清算方式。系统接收各个交易系统和商户交易数据进行结算，结算后将应收应付资金数据传输到银行，由银行进行资金清算并划转，同时按预设好的数据模型对交易信息进行加工处理，形成直观明了的交易数据对外展示。

重庆观音桥市场有限公司：启动物业管理系统和城市配送系统的建设和初期使用

2020年公司着重谋划了"十四五"战略规划，以一个目标、两大项目、三个平台和六个实施方向的总体思路，启动了物业管理系统和城市配送系统的建设和初期使用。10月通过物业管理系统的全面启用，在方便客商利用平台交纳管理费的同时，还详尽地清理了市场摊位档案，解决了困扰市场多年客商信息不完全不对称的难题，清理出多个转租户主，为公司下一步落实管理措施规范管理提供了有力依据。同时起步的城市配送系统的建设，不仅弥补了市场在物流线上功能的短板，而且对今后市场物流配送业务的发展起到了一定促进和配套作用。

重庆双福国际农贸城：信息化带动管理升级获实效

一是自主经营取得实际效果。津福公司持续发展采配业务、线上销售业务和对外经营合作。电商平台搭建成功，自营工作开始运行；采配业务持续进行，整体效果呈上升趋势；基地合作陆续开展，有望打开更广局面；棚位经营上路，取得了5800万元的应收效果，增强了发展自营的信心。二是创新发展思路进一步打开。蔬菜市场正规大棚"临时月租"的试行工作取得一定的效果；各市场新增的临时棚位，调增了租金，增加了收入，取得了更多收益；蔬菜市场通过改扩建，开辟新场地，引入新业态，实现增收。三是信息化带动管理升级取得实绩。智慧化仓位管理系统在水果市场、蔬菜市场试点运用，系统运行正常，取得了初步成效；做了大量的电子交易结算系统运用的考察和调研工作，内部也进行了充分探讨，正在着手开发系统。

重庆香满圆农产品有限公司：承接亚欧淘电商平台运营管理

香满圆电商运营能力、信息化服务综合能力逐步凸显，运行活力明显提高，在与渝南冻品市场深度合作的基础上，顺利承接亚欧淘电商平台的运营管理，全面负责亚欧淘平台及其微信公众号运营、营销活动实施、数据统计分析、外包技术服务商对接等，顺利对接东盟集采城为其提供微商城信息化服务，且运营模式不断创新，通过与商家合作、展会活动等方式建立微信群，尝试直播带货，发放群内专属福利加强营销推广，持续为平台引流。

甘肃酒泉春光农产品市场有限责任公司：不断完善市场信息体系建设

春光市场立足区域资源优势，创新经营模式，通过不断完善市场信息体系建设，实现资源共享，提升市场档次。通过市场电子结算中心，实现了市场管理和交易结算信息化。以科技为导向，充分利用现有涉农信息资源，将信息服务链条充分延伸，申请成为甘肃省中小企业创业创新示范基地，通过网络信息服务解决了"卖果蔬难"及行情不通、销路不畅的问题。每天将采集的价格进行筛选和整理，计算出中间价格，根据每个班次收费员填写的"市场进出车辆登记表"、地中衡称量汇总统计出当日各品种交易量；通过对主要周边市场或者其他省份重点市场的主要蔬菜品种的价格对比，将价格信息在大屏幕滚动播放，给市场业户和采购者提供更好更快捷的价格信息，更有利于蔬菜流通。为了能及时将信息上传到全国农产品价格信息网及甘肃重点农产品价格信息网等，信息员需要提前两小时上班。充分利用资源优势，将我市场 WEB 网站系统建成广大农民和种植户的信息服务枢纽。春光集团网站与全国多家涉农权威网站和政府网站联网，每天及时上传市场农产品价格等销售物流信息，基地建设情况，同时也在上述权威网站中筛选和编辑适用于本地农民和种植户的信息。

长沙马王堆农产品股份有限公司：不断升级门禁系统，提升市场车辆收费管理水平

完成海吉星物流园门禁系统升级及配套软件开发，提升了车辆通行速度和车牌识别率；完成统一支付平台账户开通，物流园所有出口通道实现微信或支付宝扫码支付以及微信公众号在线缴费，显著提升市场车辆管理工作效率和物流速度。完成老马王堆市场门禁系统建设，提升市场车辆收费管理水平。

沈阳副食集团："数字运营中心"管理系统落地

涵盖物业、安防、服务、综合、数据分析等五大系统；集团 25 万吨冷库、11 套制冷系统、中央空调系统、锅炉系统、变电系统实现了自动化远程控制、现场巡视、应急处理三位一体的管理模式；门禁收费管理、数字消防、食品安全、突发事件应急处理实现远程操作、远程指挥，节省人力资源费用 500 余万元。电子合同投入使用；财务移动审批、糖酒库存核算新软件上线运行。

舟山水产品中心批发市场有限责任公司：全力打造新电商产业园

2020 年，水产城以打造数字市场为中心目标，全力打造集"网红直播、产品展示、保鲜冷藏、打包发货、商务办公"五大功能为一体的新电商产业园，招引入驻了 25 家新电商和配套服务商，并于 2020 年 8 月初正式开园。并且在市场内还培育有 100 多家线上线下融合电商，全年实现水产品线上交易额 3.52 亿元，比上年增长 67.6%。同时，由水产城承担建设主体的"普陀智慧渔业示范项目"已全面启动，同步还启动了水产城数字化综合管理平台建设，将逐步推行市场数字化管理。

山东匡山农产品综合交易市场管理有限公司：初步实现市场管理数据化升级改造

市场在追溯平台建设的基础上，结合市场管理需求，相继开发实现了市场交易信息实时监控，农产品进场可视化监控，重要产品价格动态监控及质量追溯公众查询平台四大功能。初步实现了市场管理数据化升级改造，实现了市场摊位的经营动态管理、摊位经营数据统计、摊位费收取等信息化功能。通过市场管理的数据化推进，真正实现市场对摊位使用情况，商户经营情况，产品吞吐量及来源，销售价格的真实数据，使市场管理水平得到了进一步提升。

河北新发地农副产品有限公司：完善园区整体"智慧化"水平

河北新发地自成立以来，始终高度重视现代信息技术在园区内的广泛应用，园区搭建了"电子结算""农产品质量风险监测""食品安全可追溯""大数据及物联网"等体系，以此来完善园区整体的

"智慧化"水平，创新带动行业的整体发展。

内蒙古食全食美股份有限公司：加快电商转型升级步伐

针对疫情催生线上消费需求增长的新变化，集团公司从生鲜标准化分拣分包和拓展自有品牌商品入手，全力打造食全食美生鲜电商区域品牌特色优势，稳步推进生鲜标准化进程，引进了进口标准化分拣分包设备，出台了生鲜分级包装、标准定量的企业标准，推出了小规格、标准化包装的果蔬、肉食水产品、干菜系列等产品，以派驰品牌推向市场，以此提升商品附加值，引领了生鲜标准化、品质化消费模式，彻底解决了生鲜进家庭没有标准化的问题，吸引了拼多多、美团全国性电商平台落户美通；全面开启了连锁超市线上销售新模式，通过各店建立微信群方式进行线上预售、定量分包和到店自提，促进了线上线下功能和资源的全面整合和提升，加快了线上线下融合发展进程；整合线上平台人力资源，拓展线下社会集团配送业务，提高平台盈利能力，新增多家集团配送业务，成为线上平台新的利润增长点。

南京农副物流中心：开辟线上交易渠道，加快推进电商供应链示范基地建设

高标准推进提质项目，结合"新消费"理念，以"物联网+""互联网+""移动互联"等新技术为基础，开辟线上交易渠道，加快推进南京众彩网红街区电商供应链示范基地建设，预计2021年完成项目建设并进入试运营，众彩的创业空间将倍增。

上海农产品中心批发市场经营管理有限公司：大力发展信息化建设，创建智慧农批市场

上线大白菜门禁系统，提升车牌识别效率，通过增加新的扫码收费与门禁系统集成提升车辆出入速度。实行进门收费提前来货报备。结合大白菜APP，施行来货车辆提前报备，通过进门收费车牌识别系统进行关联报备数据，减少来货车辆进门收费等待时间。升级车牌识别系统。市场已升级能兼容市场车牌识别道闸控制器、闸机，实现原有月卡车辆、电子支付车辆等通过道口时自动识别、自动收费、自动放行等功能，同时满足我市场信息化管理及停车数据上传市政府平台的要求，实现车辆大数据管理、分析和停车费在线预充、电子支付等功能。在各部门大力推广"智慧海吉星"APP的使用，将消防安全巡查、食品安全检测等工作电子化，提高工作效能。

天津金元宝滨海农产品交易市场：全面进入电子结算追溯体系

使用新电子结算系统实现蔬菜、果品、大肉的进场称重、收费和票据检验，严把市场食品安全"入场关"，确保进场货物质量可追溯；水果交易成功并入新电子结算系统，标志着市场蔬菜、水果、大肉交易全面进入电子结算追溯体系，实现了入场货物上游渠道的全电子化信息采集和录入，通过规范化管理，保障食品安全，不仅达到了国家对食品安全的监管要求，还为企业节约了用工成本，提高了企业对业务和人事的管理效率。

南通农副产品物流有限公司：全面升级市场信息安全系统

2020年对市场信息安全系统进行了全面升级并制定三大网络核心设备维保实施方案，使市场各系统安全保障能力进一步提升。完善了《弱电间巡查细则》《交易系统故障应急预案》，提高故障处置能力。进一步完善停车收费系统，结合市场实际和主流停车收费技术现状，制定出贴近市场实际、可操作性较强的新停车收费系统需求、改造实施方案，并将逐步实施。

河北双嘉实业有限公司：打造"定州国际食品城"线上营销模式

办公室广开新思路，配合集团新媒体运营公司，为打造"定州国际食品城"蓝V认证抖音号提供了创新思路及素材，10月以来，食品城抖音号已发布视频作品37条，粉丝量达1.7万+，单个视频播放量最高可达246.2万次，视频累计播放量达682.3万次，获赞12.2万个，已经成功地跨入了区域热门的流量池。账号粉丝及播放量均已全面超越行业各一级市场抖音号平均水平，打造了如大霞果业、红霞鸡蛋等封面流量商户，为食品城品牌形象，线上营销模式的创新推广开了好头。

六、经销商服务

北京八里桥农产品中心批发市场：减免商户租金，支持中小微企业发展

受新冠肺炎疫情冲击，市场自身遇到巨大困难，经营总量缩减，支出增加，效益下降。但市场作为国有企业坚决听从党和政府指挥，不折不扣地落实北京市政府办公厅《关于应对新型冠状病毒感染肺炎疫情影响促进中小微企业持续健康发展的若干措施》《进一步支持中小微企业应对疫情影响保持平稳发展的若干措施》以及通州区国资委下发的《通州区国资委关于做好减免中小微企业2—4月份房租工作实施细则》，全年减免商户租金1211万元。占2020年减收减利的三成。体现国企的使命担当和为党和政府分忧的政治责任。

北京顺鑫石门国际农产品批发市场集团有限公司：科学应对疫情及外部不可控因素给商户造成的影响

一是留住商户，降低客源流失率。转变思路，聚焦一级批发，聚焦产地，带领商户走出去，寻求更广阔的发展路径。制定行之有效的措施，科学应对疫情及外部不可控因素给商户造成的影响。不断丰富市场货源产地，聚人气，汇商气。二是实施做大做强单品战略。引导鼓励现有商户与合作社、种植基地、产地直接对接，大力发展产地货源，或成为一级代理，形成较强的竞争性优势；不断加大具备发展潜力的经营品种的研究力度，做大产地批发，强化单品规模，形成聚集性优势。三是合理布局功能分区。通过区域分划、品类分隔、干湿分离、生熟分开、时间分段的"五分措施"，实现批发业务与零售业务分离经营。

伊诺中原农产品销售有限公司：巩固采购商骨干队伍

通过对进场采购商的登记，并按采购商销售地划分片区，组织市场商户、管理层对该片区采购商进行分批上门回访沟通，目的是对他们进行感情投资、倾听他们对市场的意见和建议，巩固现有的采购商骨干队伍。计划在2021年度对流失的诸如连锁超市、卖场等采购群体，采取一对一的联系沟通模式，争取他们的采购回流。

郑州信基调味食品城：帮助商户讨货款，稳定市场和商户

面对新冠肺炎疫情的巨大冲击和更加复杂的经济环境，市场一物流经营商户资金链断裂，市场在接到信息后，立即委派专人负责，积极了解在市场欠款情况，摸查物流商户经营情况，适时定出解决方案，为商户讨回货款60万元。此举对稳定市场、稳定商户起到一定的积极作用。

齐齐哈尔城乡粮油交易市场：完善业户信息，保障经营活动

积极全面为业户完善信息，通过为市场业户办理人员、车辆通行证，保障业户经营活动顺利进行。

湖北多辉农产品物流园开发有限公司：为商户开展创业培训，助力扩大经营

公司分别于2020年4月和11月联合区人社局在园区两次开班进行创业培训，为符合条件的园区商户提供创业贷款担保，办理无息贷款，助力商户扩大经营。

渝南冻品市场管理分公司：抓好"安商"服务，维护市场和谐稳定

公司根据企业实际，对承租公司门面的租赁户实行免租一个月的优惠政策；对存在资金支付困难的经营户，延期收取租金。分公司积极应对疫情期间商家抵触情绪大的困难，安排专人负责，听取和搜集商户意见，在做好政策宣传工作的同时，通过改造市场硬件设施、增加市场导视牌、协助办理证照、提升软服务等举措，最大限度满足商户需求、安抚商户情绪。疫情期间为市场300多户商家完成了年度工商营业执照网上年检和计量器具的检定工作等优质服务，为商户排忧解难，争取平稳渡过疫情带来的影响，确保市场繁荣稳定。

福州民天实业有限公司减轻中小微企业和个体户负担，助力纾困发展

公司认真落实疫情期间国务院推出的助力中小微企业纾困发展的各项政策，加强与上级及政府各级部门的沟通，做好对符合政策要求的市场商户降费减租工作，合计减免商户租金等费用 3905.57 万元，惠及市场 2484 商户，切实减轻了疫情给中小微企业和个体户的负担，激发市场活力，为商户复工复产营造良好营商环境。

舟山水产品中心批发市场有限责任公司：为经营户协调解决"急、难、忧"问题

2020 年，围绕打造"中国第一渔市"的战略目标，充分发挥资源和功能优势，深入推进渔业产业化建设，大力培育优质经营大户和渔业经纪人，稳固并做大做强以舟山梭子蟹、舟山带鱼、舟山红虾等为代表的活、鲜、冻水产品交易，进一步扩大市场交易规模，被中国农产品市场协会评为全国农产品产销对接优秀单位。同时，努力改善营商环境，做好交易经营服务，为经营户协调解决经营上的"急、难、忧"问题，并积极向上级部门提出休渔期提前、解决市场发展空间不足等方面的建议，使市场与经营户的关系达到了历史未有的融洽，有力地促进了市场的经营发展和经营户队伍的稳定。

广州江南果菜批发市场：组织召开培训讲座，支持商户继续做大做强

市场董事长主持召开经营座谈会，并发表《当前形势下，农批行业未来的发展方向》主旨演讲，从国家政策、国内外市场的现状、存在的痛点、升级方向、智慧升级内容、产生的价值等六个方面，与市场 60 多名重点商户、采购商、物流商等进行交流，共同探讨未来农批市场的发展路径。还组织召开了一系列的培训讲座，比如：组织商户参加"2020 年农村电商一村一品带头人提升培训班"、开展"个转企"、金融贷款、进口水果商户海关法律法规等专题讲座，提高商户专业知识能力，降低其经营风险。积极组织商户参加政府及行业会议和农产品产销对接活动，比如：2020 年中国（海南）国际热带农产品冬季交易会、烟台苹果广州推介会、2020 年中国农产品批发市场行业年会、第五届中国农产品供应链大会、第十二届中国加工贸易产品博览会、实体企业新电商思维重构高峰论坛等。

合肥周谷堆农产品批发市场股份有限公司：规范管理三轮车，提升蔬菜交易区环境

公司自 5 月份在蔬菜交易区实施"三轮车规范管理"方案以来，客户自持三轮车累计办证 421 辆，新增转运三轮车 68 辆，清理无牌无证、乱停乱放三轮车 210 辆，减少自持三轮车约 1000 辆，蔬菜交易区环境大幅提升，获得大多数商户好评。

宿州百大农产品物流有限责任公司：加强市场管理，提升服务水平

为增加买卖方客户黏性，加强市场现场管理，提升服务水平，全年组织召开 4 次买卖双方购销交流会、买方客户座谈会收集客户意见与建议，利用空闲仓位合理安排外调客户使用，解决高温天气客户上货难题；带领部门人员、客户代表考察蚌埠、徐州、亳州，周谷堆水产市场，了解周边市场经营模式及优势业务，推动跨业务区域发展。

南京农副物流中心：优化营商环境，提升市场竞争力

将优化营商环境作为稳市场主体、提升市场竞争力的重要支撑。全面拓展新型金融服务，商铺贷、信速融、货易融等新型供应链金融业务，年度增幅超 40%，切实提升了优化营商工作质量。

天津金元宝滨海农产品交易市场：为商户提供周到服务

一是帮扶商户，通过深入商户了解需求，及时向政府有关部门反馈，妥善解决防疫期间商户进货难的问题；对于防疫期间经营困难的商户给予适度优惠政策，协助商户渡过难关；充分利用微信和网络平台大力招商，提高摊位出租率，保障经营收入。二是严格管理，通过完善各个收费环节，堵塞交易漏洞，依据管理制度进行处罚和警示教育，用规范化的管理保障交易费的收缴。三是调整产品结构，淘汰疫情期敏感的产品，引进新品种商品，培养新客户，努力提升经济效益。

疫情期间，市场组织场内商户参加了天津税务局开展的"护苗促发展，税务在行动"帮扶座谈会，高新区税务局领导向商户宣讲小微企业的减税降费等优惠政策、了解疫情给商户带来的影响、解答商户的疑问，起到了良好的帮扶作用，使商户受益匪浅。

自2020年3月1日起至12月31日，小规模纳税人增值税率由3%降至1%，为保证商户能够及时了解和享受优惠政策，我市场及时把国家税务相关政策发布至"市场商户群"，耐心解答商户提出的税务问题300余条，确保商户能够运用好各项减税降费政策。

在日常工作中，为方便商户，市场为商户打印夜间通行证45份；认真做好蔬菜、水果商户的充值和办卡工作；为商户做好营业执照注册、变更和年检以及食品经营许可证办理等工作，全年累计为商户新办营业执照13份，变更16份，年检749份，新办食品经营许可证17份，在各部门的协作下，场内商户持照经营率达到100%。

宁夏四季鲜农产品综合批发市场：联合商户成立子公司，巩固市场与商户关系

市场通过联合市场部分商户共同成立子公司并吸纳成为公司股东，把商户紧紧聚拢在四季鲜的平台上，成立的子公司不仅补齐蔬菜业态的短板、保障紧急情况下的蔬菜供应，还能使商户成为市场的一分子，巩固市场与商户之间的关系，让商户参与市场管理，有利于市场的稳定和发展。

七、转型升级及经营模式创新

北京大红门京深海鲜批发市场有限公司：转型升级三步走

转变东区的经营模式。把东区转型升级为"智慧首农京深水产文创便民服务中心"，集商务、办公、便民超市、餐饮及零售为主体的智慧综合园区，推进高品质服务区的发展。推进京深与黑庄户中心融合发展。按照首农集团发展要求，将大批发大物流疏解至黑庄户。西区转型升级。将西区改造为"城市鲜活水产保供中心"，名、优、特产品的展示展销中心和科普基地，确保北京市鲜活水产的需要，起到保供给、稳物价、保安全、防疫情的作用，发挥其特有作用，为北京市民美好生活提供优质的水产品提档升级。通过转型升级，使京深成为北京的城市鲜活水产品的保供中心，成为市民心中产品的安全放心中心，成为水产品优质服务的网红打卡地，成为智慧管理的先进企业，成为首农食品的窗口企业，开启国内国际双循环。

北京顺鑫石门国际农产品批发市场集团有限公司：延伸产业链条，拓展新发展领域

石门市场进一步延伸产业链条，搭建符合市场自有个性化需求，同时具有可拓展新的发展领域。一是加快牛羊肉批发大厅建设。二是建立猪肉、牛羊肉、淡水鱼、鸡蛋、蔬菜交易数据平台。三是增加外埠鸡蛋车板交割业务。四是为商户提供技术服务和数据支持。

福州民天实业有限公司：提升改造市场软硬件设施

公司持续投入资金1200多万元，对市场软硬件设施进行提升和改造。市场经营设施的改造方面，重点做好叶菜交易场由北区搬迁到南区工程改造，同步对北区场位进行了扩大和提升，对果品市场甘蔗棚和生活供管网进行提升改造，同时，对各市场消防设施整体进行了修复和提升；市场形象提升方面，新建了肉类市场大门和副食品北大门。公司还通过与银行合作的方式，对蔬菜交易系统进行升级改造，将原来只能现金充值升级到通过银联、支付宝、微信等多渠道都可充值和提现，减少现金使用量，在降低公司财务人员在收取、保管、存储现金等环节存在的安全隐患的同时，也进一步方便了客户，提高了交易速度。

福建食达康集团有限公司：把服务放在工作首位，全力打造和谐市场

坚持服务宗旨，切实做好各项服务工作，提升服务质量。一是加强了卫生管理，大力改善经营环

境。市场经营业户多，车辆多，人员流动性大、污水、垃圾随时都会产生。卫生管理难度大。为此，投入了大量的人力、物力，加强市场卫生管理。一是加强工作人员管理，进一步调整卫生保洁员工作时间，使其更趋合理。二是增加卫生管理的费用投入。三是保证垃圾及时清运，不积压、不见堆，此举得到了经营户的认可和各级的好评。

中国地利集团：与电商企业联手打造生鲜供应链体系

2020年中国地利集团与京东集团签订股份认购协议，京东集团认购中国地利集团5.37%的已发行股本。双方将联手助力民生产业发展，在打造农业基础设施、农产品供应链平台建设、传统农批市场数字化升级等方面相互赋能，开展全面战略合作，与消费者及产业链上下游合作伙伴更好地分享技术进步带来的红利，降低生鲜流通与供应成本，提升效率与效益，共同打造中国最强的生鲜供应链体系，为行业转型升级贡献长期价值。

湖北中和农产品大市场有限责任公司：擦亮"老供销牌子"底色，探索"国有民营"混合所有制发展模式

2020年通过推行"市场环境整治年"、实施全员包保（与商户一对一结对子，保服务、保卫生、保安全）和领导班子下基层与商户面对面解难忧等措施，进一步优化营商环境，稳商、富商、招大商，从而吸引了各类资本向大市场聚集：一是三期市场引进了工服电商新业态。2020年借疫情后产业转移和电商迅猛发展趋势，三期市场抢抓机遇，将由武汉东西湖转移到仙桃的30家工服电商企业落户到三期市场，新增出租面积9512平方米，超额完成省社年初下达的三期市场出租率由23%提高到70%的目标任务。二是25#楼引进佰链超市。与疯狂小小树（深圳）网络科技有限公司合作成立湖北佰链实业有限公司，共同打造新时代"供销百货商店"，于2020年9月30日顺利开业，投资过1000万元，总营业面积7000平方米（其中新增出租面积3000平方米），截至12月实现营业收入823.8万元。三是立体仓库引进现代物流。与广州增信合作，探索建立"京东云仓"的物流配送模式，在提升仓库使用效率和管理水平的同时，还可减少人员费用开支。抓项目就是谋发展、谋未来。2020年《省属社企成长工程2020—2022三年行动规划》开始实施。湖北中和迅速行动，积极推进"项目兴社"，抓住疫后农产品市场发展机遇，走出去、请进来、开放办企，一年内除了工服电商产业园、佰链超市新零售、广州增信智慧物流三个项目落户大市场以外，还有两个项目落地：一是楚鲜农产品电商项目。2020年6月2日与龙蜂科技有限公司签订农产品电商合作项目协议，并合资成立了湖北楚鲜农业科技有限公司，开发打造江汉平原水产品B2B交易平台，实现线上销售200万元。二是光伏发电新能源项目。与武汉鑫兆鑫电力科技有限公司共同成立仙桃中和联投新能源有限公司，开展屋顶分布式光伏发电项目合作。整个项目完成后，总装机容量为1.68MW，年均发电量占大市场年用电量的27%。该项目工程能有效遮挡紫外线，保护屋面防水层，延长房屋使用寿命，节约维修成本，为企业未来发展积蓄了新的动能和活力。

绵阳市高水农副产品批发有限公司：强化降本增效，试行拓展激励机制

为了降低疫情影响，应对配送业务面临的挑战，公司强化降本增效，试行拓展激励机制。一是从内部成本控制开始，对人员成本、车辆费用、货物损耗等方面强化内控管理，从自身查找、梳理、整改成本费用项目。二是从第三季度起，试行全员营销，从领导到员工均试行业务拓展激励机制，较大提高了全体员工的积极性。配送业务客户先后新增了经开区教育片区、科发集团、四〇四医院、水务集团等企事业单位。

长沙马王堆农产品股份有限公司：探索"产品+渠道"生鲜电商业务模式

一是多次前往知名产区基地实地考察调研产品，联动深农系统内电商平台"深农星选""惠民白家"平台上线"樟树港辣椒""炎陵黄桃""大通湖闸蟹""金井毛尖""奇汤腐乳"5款主推产品；二是2020

年9月28日"长沙海吉星商城"正式上线，随后基于公司两大市场推出"海鲜季""蔬菜季"等主题活动，促进公司批发市场线下与线上渠道互通。打造农贸旗舰标杆市场，构建海吉星微市场标准。农贸市场托管是公司打通农产品流通"最后一公里"重点战略。通过大量市场调研、政策解读、行业分析，全力打造自营"旗舰标杆市场"，构建"海吉星微市场标准"。

舟山水产品中心批发市场有限责任公司：改革完善营收模式，激活商圈热度

2020年，水产城坚持"求变、求新"的思路方针，通过改革经营门店租赁模式、改革门岗收费方式、调整水产品出场装车收费标准、完善场地有偿使用机制等有效措施，努力改革完善营收模式，全年实现企业主营业务收入7200余万元，比上年增收近2000万元。同时，及时调整商圈招商政策，加大招商招租力度，盘活闲置资产，全年新引进25家企业入驻，并且做好知名特色餐饮、大型足浴中心等有投资意向项目的协调和洽谈工作，重新激活了商圈热度。

寿光地利物流园：开展地产菜线上线下集采集配业务

开展寿光地产菜线上订单、线下集采集配业务。依托此项业务，既提升了公司农产品供应链服务能力，又增强了公司与园区买方客户黏性。还与集团数字平台部共同推进线上订单系统的研发应用。

河北新发地农副产品有限公司：推动现代农业技术转化推广

2017年，公司与河北农业大学、高碑店市政府签约共同建设了高碑店市新发地太行山农业创新驿站，通过引入国内外新人才、新技术、新成果、新装备，实现国内外创新要素的集聚，推动现代农业技术在合作基地的转化推广。三年来，驿站专家组谋划了"高端物流人才培训工程""高端设施农业展示工程""物联网＋大数据建设工程"等多项具体工程。通过创新形式，为行业培养了一批高端人才，在河北新发地打造了河北省高档优质特色农产品展示平台，并正在利用大数据分析、物联网等技术，逐步实现对河北省现代农业发展从宏观到微观全方位的指导。

江苏凌家塘市场：健全公司化企业签订合同标准和操作流程

完善入场经营合同内容，健全公司化企业签订合同标准和操作流程。根据经营发展需要，取消了小商品集市，74间小商品经营房到2020年底不再续约全部拆除，腾空了市场南部地块用于规划发展。商贸公司以ERP迭代升级、开发客户订单小程序为核心，加强集团配送客户开发，新增新城物业等优质客户31家，到建科院等集配客户摆摊促销，增加了客户黏度。

宿州百大农产品物流有限责任公司：创新服务模式，保障农产品供应

创新服务模式，与农业银行商合作开展"百大E贷"，缓解受疫情影响商户的资金周转困难问题；开展客户满意度调查4次，发放有效问卷1140份，综合满意度达87.62%，并及时跟进整改情况；结合疫情防控和经营需要，办理经营证明965份及车辆通行证546份，确保客户能够顺利出行开展经营活动，保障农产品供应。

内蒙古食全食美股份有限公司：进一步加强自营供应链体系建设

2020年，面对疫情和经济下行的压力，面对新消费模式的兴起和行业竞争加剧带来的市场严重分流局面，集团公司站在形成大流通、大商业的高度，以拓展新发展空间，形成发展新优势的气概，变危为机，紧紧扭住自主经营不放松，以艰苦创业的精气神和坚韧不拔的领导力，用周例会方式持续推进各领域工作的落实，从团队建设、业务领域、平台建设等多个维度基本搭建起了自营全产业链条，努力提高商品供给的质量和效益，初见成效，基本形成了各领域自主经营、上下游有效衔接、资源共享和协调有序运转、线上、线下融合发展的新格局，为下一步做大做强奠定了坚实的基础。

上海农产品中心批发市场经营管理有限公司：整合场地资源，做强优势品种

全面梳理市场档位资源，整合场地资源，做强优势品种。一是场内成立直发代理区，增加供应量。

同时成立配送专区，联合大型配送公司，降低流通成本，对接上农批品牌专柜。二是新增冷鲜禽席位，打造大型冷鲜禽批发交易。三是改造车位交易区，扩大车位交易销售占比，规范车位管理。四是试点水产季节性车位交易。

常熟市农副产品交易城有限公司：改善市场经营环境

通过与商户不断沟通协调，成功将原果品整车交易场地和甘蔗区搬迁至北停车场，税后实收租金63万元。拆除了原场地边的城管综合执法局用房，搬迁了琴湖派出所驻场警务室，规划设置中型车位70个、小型车位64个，电瓶车集中充电区停车位90个，拓展"自产自销专区"，重新设置"蔬菜配送服务专区"，改造总面积约7200平方米，着力改善市场经营环境。

八、供应链建设

福州优野生态农业有限公司：以规范化、标准化种植管理方式取代传统的农耕模式和销售模式

公司采用"公司＋基地＋农户＋市场"的生产模式，有力地保证了原材料的出品率和合格率。蔬菜货源的采购主要以自建基地、订单基地、合作协议基地为主，市场补充为辅。由基地农户种植，公司向基地、农户、合作社提供技术指导和技术培训，同时还提供种源、种植技术，专用肥等技术及管理方面的服务，实现统一管理、统一规格、统一采收，规范生产种植采收的各个环节，与基地、农户、合作社的合作是蔬菜原料的需求，也是优野品牌蔬菜质量、品质的保障。同样蔬菜原料的品质也直接影响到优野品牌蔬菜的质量。为了确保环环相扣，也要保证公司与农户利益对接，公司建立了自己专门的技术服务团队，除公司由多名农大毕业的植保专业、农科院外聘的技术人员，定期和不定期下到基地、田边地头进行技术指导，从育苗、移栽、施肥管理、采收全过程进行跟踪指导，同时采用远程视频方式及时解决农户再生产过程中发现的问题，公司还响应政府推行的科技特派员（公司选派两名农大毕业的专业人才，作为下派建阳县将口镇科技特派员）向农户传授种植技术，开展免费的田间地头实战培训及发放技术资料，以规范化、标准化种植管理方式取代传统的农耕模式和销售模式。

武汉市惠商丰华市场管理有限公司：帮助商户打通全供应链，促进产销对接

四季美农贸城以服务商户为宗旨，积极帮助入驻市场的商户打通上游生产种植基地、下游二级批发市场及大型商超、生鲜连锁超市、终端消费者等全供应链，并促成商户们长期与"菜篮子"产品产地（销地）批发市场签订合作协议，促进产销对接，实现信息共享。例如：与海南三亚、崖城签订豇豆、辣椒的供销协议；与山东寿光签订蔬菜供销协议；与黄冈签订水产品供销协议，用于养殖鲈鱼、基围虾、四大家鱼等。

湖北中和农产品大市场有限责任公司：致力打造"大菜商""大鱼商"和"大粮商"

充分发挥大市场资源和客户优势，围绕农产品产业链，进一步创新经营模式，致力打造"大菜商""大鱼商"和"大粮商"，企业实力和为农服务实力双提升，2020年市场交易额126亿元。一是突出特色做大水产。年初疫情期间抢抓武汉白沙洲水产品市场关闭的机遇，吸引省内淡水产品到大市场交易，年初日交易量达到400吨，是往年的2倍；下半年日交易量达到1200吨，是年初的3倍，往年难以到达的新疆、西藏今年也辐射到了，成为名副其实的江汉平原淡水产品产地集散中心。二是与全国大农批市场互连互通。已与上海的江阳大市场建立了稳定的黄鳝供销渠道，每天配送10吨左右；与深圳的梅林市场、海吉星市场、广州的谷裕市场建立了稳定的蔬菜供销渠道，日配送当季蔬菜40吨左右。三是涉足农产品自营和加工业务。以菜篮子公司为依托，开展了黄豆、泡藕带、稻谷、黄鳝、甲鱼等农产品购销和收购加工业务，促进了一、二、三产业融合，增强了为农服务实力。

南充川北农产品交易有限公司：建立战略联盟，发挥市场桥梁纽带作用

中心坚持"企业办市场，市场企业化"的运作模式和"市场＋基地＋农户"的运作机制，长期与绵阳高水、广元资博、成都濛阳国际农产品批发市场建立战略联盟，与湖北利川、广元曾家山近20万亩基地实现了友好合作关系。通过基地建设、网络联动带动全市30多个乡镇、50万户农户的蔬菜种植，且年人均增收1000元以上，在全市农业经济中的地位和作用日益突出。同时，中心已吸纳全国20个省市的经营大户和生产基地的货源进驻交易，已成为农产品外销的窗口和商品集散地，并成为省外客商择优选择、就地比价的重点市场。迄今，通过市场桥梁及纽带作用的发挥，市场多类蔬菜的销售对象不但覆盖省内各地，而且辐射省外，中心流通、集散、辐射、带动功能明显增强。

昆明斗南国际花卉产业园区开发有限公司：形成以斗南为核心的完整的花卉产业链

斗南花卉市场以线上线下一体化集成交易和服务平台为核心，以花卉大数据为支撑，以提升服务为抓手，构建斗南花卉市场产、供、销、服务协同发展的格局，提供良好的花卉商业生态，实现供应链协同化。

在上游花卉产地，积极打造优质花卉种植示范基地。发展100家优质花卉种植基地和供应商，提供种植技术、品种优选、质量检验、物流仓储、采后处理、农资金融等标准化服务，提高供应量和优质花卉供应比例，模式成功后复制推广，稳定市场供应，提升花卉种植品质。

细化对种植端的技术服务。协同育种商提供符合市场需求的优质花卉品种，逐步降低花卉品种专利费；协同花卉科技部门通过技术服务提高花农的种植水平，提高花卉单产和优质花卉产出率。2020年，接受种植技术培训指导的花农共8531户，覆盖种植面积72670亩，交易联动16万亩。

扩建花卉集货采后处理服务中心。在全省花卉主产区扩充花卉集货点数量，增加服务功能，将采后处理、质量检测、农资和种球种苗供应、种植技术指导等服务前移到集货点，逐步实现"花卉交易和交割分离"，更有效地服务网络电商交易。

在中游和下游，积极筹建分中心交易市场和城市之间的城际花卉物流分仓及同城配送中心，整合种植—集货—采后处理—产地物流—交易—物流外运—终端市场和花店整条供应链，打通供应链各环节堵点，推动花卉各环节之间的高效联通，实现"有好花可种，能种出好花，好花卖好价"。与全国25万家花店交易联动、服务联动、高效协同。

斗南花卉市场上游连接全省花卉种植区，下游延展到全国销地市场和终端花店，形成了以斗南为核心的完整的花卉产业链。"中国花卉看云南，云南花卉看斗南"成为业界口碑。

甘肃巨龙农业物流港有限责任公司：推行"基地＋农户＋订单"发展模式

巨龙物流港充分发挥农业龙头企业的带动作用，采取"企业＋农户＋基地"的模式，投资2800万元在肃州区上坝镇、下河清镇建设种植面积达6000亩的高原夏菜种植示范基地。按照规模化种植、标准化生产、产业化经营的理念，推行"基地＋农户＋订单"的发展模式，主要种植白菜花、青笋、娃娃菜、西蓝花，同时引进有机花菜、红叶莴笋等高端蔬菜，并利用冷链物流体系销往广州、上海、西安等市，推动了全区蔬菜产业的发展。

山东匡山农产品综合交易市场管理有限公司：完成供应链平台技术开发

城市农产品供应链平台建设内容主要包括：大宗招采平台、分拣配送系统、新零售系统等。2020年已经完成供应链平台的全部技术开发，同时积极推动与农商银行、齐鲁银行的金融支付合作。

内蒙古食全食美股份有限公司：加大自营供应链体系建设

紧紧抓住自主经营不放松，围绕食全食美线上、线下融合发展的主旋律，加大以自有品牌产品、生鲜标准化供给、终端零售市场、采购团队为核心的自营供应链体系建设，赋能实体店线上平台仓配功能，不断提高供给侧建设能力，提高企业发展质量和效益，效果显著。

上海蔬菜集团：做好蔬菜生产基地信息维护与建设发展

一是梳理、汇总和完善集团现有蔬菜生产基地基本供应情况，做好相关信息的维护和管理工作。并继续根据产地信息登记情况，协调相关职能部门对接市场查漏补缺，不断完善信息登记的完整性。二是在基地发展规划和制度完善方面，根据上海市商务委 2020 年度基地发展的要求，积极做好 22 家基地建设工作的布置与落实。并按光明集团标准化工作安排，完成《上海蔬菜集团（外延）基地蔬菜生产经营管理办法》的制订工作。

上海农产品中心批发市场经营管理有限公司：积极推动转型升级，构建新型农产品全产业链

一是优化肉批业务模式，打造生猪产品配送项目。二是加大与 120 余家市外蔬菜主供应基地、外延蔬菜生产基地以及猪肉生产厂家的对接。并针对粮食、肉禽、水产、果品等品类，参照外延基地的流通标准，引导产地从业者强化品牌意识，降低损耗，提高附加值。三是探索全代理结算模式，发挥城市供应优势。以蔬菜为试点，与浦商集团积极合作、分工负责，将蔬菜外延基地蔬菜及产地农产品直供消费终端，对上海 20 种平价菜打造产供一体化的供应产业链。四是通过"海吉星＋上农批"双品牌引导、集配中心建设、电子结算业务推广，建设"一户一码"等方式积极推动新模式的探索，构建新型农产品全产业链。五是积极主动对接服务终端。"上农批"肉类品牌店已有 900 余家，"上农批"蔬菜直销专柜 270 余家。上农批利用云平台、后台数据库和赋码技术，一家品牌店一个二维码标识，达到追溯信息可视化。

常熟市农副产品交易城有限公司：在磨合中谋求零售市场发展新路径

一是顺畅沟通，做足准备，促进平稳过渡。为确保交接过渡顺畅，交易城 6 月份就与每日江南相关负责人建立沟通机制，明确各类项目交接的时间节点，优化移交流程，积极配合每日江南抓好常态化管理，协助其快速熟悉常熟零售市场管理模式。二是协助做好市场改造，确保示范市场创建成功。经集团公司、虞山街道、市场监督局等部门现场调研，决定对五星市场实行休市二个月封闭施工。经过与经营户反复沟通商谈，处置好物品寄存、租金减免协议签订等工作，工程于 7 月 9 日如期开工，以奋战 60天、保质保量为目标，协助集团工程部紧盯工程进度，按时完成改造。9 月 10 日始，经营户平稳回迁复业。通过加强精细化管理，根据创建要求对标找差及时改进，五星市场得到全面提升，最终荣获"三星级"的最高殊荣。三是做好思想工作，提振委派人员"精气神"。湘江西路、五星市场的工作人员以委派的形式继续参与市场管理，交易城着重做好 12 名委派管理人员思想教育工作，实现了对标上级部门要求及各项迎检工作标准不降低，继续认真落实规范化管理，做到了责任过硬、能力过硬、作风过硬。同时，公司转发并协助每日江南处理市民热线、诉求及各类关于农贸市场工作文件 50 余份。湘江市场在 2020 年继续获得了"二星级"示范市场的荣誉称号，12 月份又被市监局推荐，作为全市农贸市场的唯一代表接受省级专家考核组对常熟市文明生态验收考评，并获得高度认可。

中国地利集团：探索农产品流通供应链平台新模式

2020 年中国地利集团积极探索农产品流通供应链平台新模式、新方向，各市场全力拓展供应链增值服务，在多项创新业务上实现突破；各业务单位积极招聘创新业务人才，组建多元化业务模式创新团队，为集团新流通战略有效落地及可持续发展提供了创新动能。

九、冷链建设

万邦国际集团：加强进口冷链食品安全

万邦四期40万吨低温冷库项目，包括3座冷库，其中A区和B区2座冷库已建成，B区冷库作为郑州市进口食品集中监管仓已于2021年1月投入运营，可存储各种冻品肉类10万吨，有效加强了郑州市进口冷链食品安全，阻断疫情传播风险。监管仓功能区包括卸货消杀区、静置抽检区、中转暂存库、赋码出货区、不合格品处置区、装卸消杀人员净化专区等。监管仓的设立将充分发挥"预防消毒全方位、核酸检测全覆盖、个人防护全过程、智慧监管全闭环、追踪排查全链条"等作用，确保紧急情况下的食品安全供应。

宁夏四季鲜农产品综合批发市场：冷链物流产业园一期建设项目顺利完成

项目是在批发市场经营现状基础上的改造提升，是农批市场转型升级的更高版本。将打造融合智慧农批、电子结算、信息追溯、中央厨房、净菜加工、集采集供、共享配送、产地预冷、全程冷链、绿色外销于一体的综合性农产品现代物流园。该项目远期规划占地面积1386亩，近期已审批落实土地面积236.1亩，估算投资2.88亿元。项目一期占地面积82.62亩，投资1.2亿元，于2020年3月底全面开工建设，截至2020年底，已竣工建筑面积21941.62平方米，并已通过消防验收，达到使用条件。

合肥周谷堆农产品批发市场股份有限公司：加强液氨冷库安全生产

围绕安徽省应急管理厅检查提出的15项改进意见，公司联系危化品行业领域专家，落实整改工作。并配合瑶海区多部门在园区内成功开展了2020年涉氨制冷企业生产安全事故应急救援演练。

天津海吉星农产品物流有限公司：提升冷库业务能力，增加冷库收益

冷库主要面向经营进口及国产冻品、水果、园区蔬菜等商户提供仓储、查验、保税、装卸、分拣、抄码等服务，并与多家物流、供应链金融等增值服务方建立合作联系，年预计吞吐量7万吨，年收入增长率约25%。冷库存货品种丰富，据不完全统计，本年累计服务客户数为101家，与佳农、沃野紫琼、阿根园等大客户均保持良好合作关系。同时，对天津冷库进行深入调研，全面招商，拟定招商方案。

青藏高原农副产品集散中心：进一步加强冷链区域疫情防控工作

制定《西宁中心冷链公司疫情防控工作方案》《西宁中心冷链公司疫情防控应急预案》，建立《中心冷链公司从业人员台账》《中心冷链公司从业进口货物台账》《中心冷链公司消杀记录》《中心冷链公司每日信息动态》等防控措施，严把冷链区货物进口关，严格落实冷链区域入境货物四证管理及总仓消杀出库要求，实现冷链从业人员核酸检测全覆盖，保障冷链区域疫情防控工作有效开展。

十、安全生产

福州民天实业有限公司：狠抓企业安全生产"三落实"

公司深入贯彻各级政府部门对安全生产工作提出的总体要求，狠抓企业安全生产"三落实"，公司系统共签订安全责任书2334份，安全责任书签订率达100%。严格落实各阶段重点安全工作，相继开展了"疫情防控、安全生产的双防控工作""危化品专项检查""安全隐患大排查大整治攻坚行动""房屋结构隐患大排查'回头看'"等安全专项行动。2020年，公司共投入资金222.17万元对存在安全隐患的场所进行整改，实现公司2020年系统无发生安全生产事故、道路交通事故、职工伤亡事故、火灾事故等安全事故，达到了零案发的安全目标。

厦门闽夏农副产品批发市场有限公司：专项举措与活动并举促安全

加强监消结合，加大排查力度，严格责任追究。发现存在消防安全隐患的店面、摊位60余处，现场开具安全隐患整改通知书要求责任人立即采取相应的安全措施，并落实整改，整改完后方可继续经营。自查房屋建筑类安全隐患共发现 15 处，均属非重大安全隐患，此 15 处隐患已全部完成整改。以创建文明城市为契机，开展全场消防设施、消防器材的专项整治工作，针对损坏的消防栓设施和过期的消防器材，严格督促并落实对这部分设施和器材进行修复、补充、更新。全场共修复、补充、更新消防栓箱体 34 件，门框 30 件，面板 184 件，水带 40 条，手提式灭火器 155 个，水枪头 10 个。

完善纠纷调解机制，将初起矛盾分解、化小、消除，保证市场公平公正的良好交易秩序。截至 2020 年闽夏公司有效处置多起运费、打架斗殴等纠纷 119 起，其中调解委员会形成书面协议的 28 起，现场调解及口头协议调解约 91 起。

组织开展形式多样的专项活动促安全。开展疫情防控、防诈骗宣传等宣传工作，给经营户发放疫情防控告知书；通过联动属地派出所向经营户、采购商、司机等群众分发防诈骗宣传单数百份。1 月 7 日联动同安消防大队开展应急演练，模拟燃气储存房意外起火进行灭火处置。1 月 17 日组织员工通过观看消防安全宣传视频《我想当英雄，但不要给我机会》进行消防安全意识培训。2020 年 6 月为年度"安全生产月"，公司于 6 月 20 日举办了"消除事故隐患，筑牢安全防线"的主题活动。11 月 9 日举办了"微型消防站技能比赛"的主题活动。

福建食达康集团有限公司：强化消防安全监察力度，全力保障市场安全经营

强化各个市场负责人消防安全管理意识，全面落实各项安全管理措施。市场牢固树立以人为本的安全发展观，立足基层，整体推进，不断完善消防安全监管长效机制，年初对市场消防安全领导小组进行了重新调整，形成了政府推进、部门监管、行业全面负责的安全生产责任体系。

洛阳通河农副产品有限公司：组织消防培训演练，更新消防设施

全年组织消防培训演练 6 次，参加培训 582 人次（员工及商户）；清淤维护消防窨井 17 眼，更新消防井盖标识 30 个，更换消防箱玻璃 43 块，更换到期灭火器 651 个，更换蔬菜区板房顶 54 间，更换消防泵房潜水泵 1 个，增加烟杆报警器 48 个；重新规划消防通道线 4000 余米，停车位 188 个；对 5 个场内家庭宾馆进行消防安全检查 15 次，组织专门夜查 53 次。

河南周口黄淮股份有限公司：坚守安全发展底线，开展消防安全专项行动

开展了"多合一"场所消防安全专项行动，冷库以及香蕉库专项治理，完善安全双预控体系建设，全员推广"微安全 APP"；兜住食品安全红线，重点抓好蔬菜重点品种、水产等索证索票工作。

齐齐哈尔城乡粮油交易市场：提高安全意识，保障市场安全稳步运营

对于业户报修情况积极安排维修，针对业户悬挂牌匾的施工情况较多，管理员积极进行现场监护。定期配合后勤保障部和安全保卫部，抽查业户的电表、违规电器、灭火器等相关使用电器，提高防火、防电的安全意识，做到人人都是安全员，保障市场安全稳步运营。

圣果农产品综合贸易有限公司：加强治安与消防安全，杜绝安全事故

加强与消防大队、派出所、治安大队、市场监督管理局、消协等政府职能部门的联系，及时汇报市场情况和动态，及时制止了市场不安全因素，消除了治安、消防隐患；加强市场治安安全管理，确保了市场和谐稳定健康发展。加强市场消防安全节日前后和每月例行检查，及时发现隐患及时上报并整改。加强用电、用气、避雷等消防安全知识宣传资料印发和广播宣传，杜绝了安全事故发生。

绵阳市高水农副产品批发有限公司：将安全生产作为经营工作的重要抓手

公司持续加强日常安全检查，重点查看重要装置、重点部位及生产作业现场，通过"走动式"安全管理及时消除安全隐患。对于市场治安事件高发问题，邀请青义派出所对市场广大商户现场进行法制安全教育和宣导，市场治安事件率一直保持较低水平。同时，公司重抓食品安全工作，本年度未发生食品

安全事故。2020 年，公司共报送安全相关报表、文件合计 1600 余份，执行现场检查 19 次，排查安全隐患 3 个，全年无安全责任事件发生。

南充川北农产品交易有限公司：加强落实安全责任制

狠抓安全生产工作，通过进行消防安全培训及演练，有效增强管理人员及全体员工的消防安全意识。加强对消防设施设备的整改和检查工作，落实安全责任制，层层签订安全生产责任书，指定专人负责安全工作。

四川鑫锐投资有限公司：提高市场商户安全生产意识，预防和减少事故发生

2020 年，公司严格执行"安全第一、预防为主、综合治理"的方针，全年未发生一起安全责任事故。疫情期间，公司高度重视疫情防控常态化工作，共召开 8 次疫情防控专题会议。强化全员常态化防控意识，细化具体措施，落实人员责任，密切关注国家和属地政府疫情防控相关要求，及时做出相应防控措施调整，全面掌握工作人员及商家流动情况，保障了疫情期间农产品的价格秩序、质量安全、物流运输和市场供给。同时高度重视市场安全的教育培训工作，多次组织市场商家开展安全专题培训，不断提高市场商户的安全生产意识，预防和减少事故发生，确保市场公共安全、消防安全、交通安全、食品安全工作常抓不懈，为市场有序经营、安全生产打下坚实基础。

广州江南果菜批发市场：牢固树立安全发展理念，安全生产工作不放松

市场在做好新冠肺炎疫情防控的同时，安全生产各项工作也丝毫不放松。一是安全生产小组始终贯彻"安全第一，预防为主，综合治理"的安全生产方针。为了提升消防安全保障能力，参与市消防安全示范管理网络直播培训会，并举办消防安全生产比赛，提高员工们的实操能力，促进消防安全生产规范化、标准化发展。在我们消防队伍的努力下，拿下了白云区 2020 年度重点单位消防竞技比赛第一名的好成绩。二是定期组织举办万吨冷库消防应急救援演练和市场消防安全应急演练，提高各部门各级人员安全协作能力和应急事件处理能力。三是加大对场内隐患的排查，对查处的各类安全隐患和不符合安全规范的事项进行整改及落实，全年检查覆盖率及整改率均达到 100%。四是组织召开三轮车安全生产会议，提高车主安全意识。五是严厉打击各类逃避交易费行为，堵塞收费漏洞，营造良好、有序、公平交易的市场环境。六是开展反诈骗专题讲座，提高商户识别和防骗能力。七是积极管理化解纠纷，为群众排忧解难，一年来，为往来经商的客户成功调解纠纷共计 115 宗，纠纷案件均能妥善解决，实现了无一投诉、无一上访的良好效果，营造了维稳、安全的市场氛围。还在打击盗窃行为中表现出色，收到了商户的致谢锦旗。

陕西欣桥实业发展有限公司：建立健全市场消防安全管理制度，签订消防安全责任书

在市场消防安全监管上，落实了市场开办方第一责任人职责和经营主体直接责任人职责，建立健全了市场消防安全管理制度及应急预案，与经营商户签订了消防安全责任书，实行 24 小时轮流值班，坚持每个月举行 1 次消防演练，每半个月对全场各个区域进行一次消防安全大检查，配齐了必需的消防设施及器材，配备设立市场微型消防点位 5 个，对全场商户全面进行了一次消防安全轮训，全年共举办消防安全培训 23 期，受训商户达 4000 人次，商户安全意识普遍增强，全年市场运行安全无事故。

合肥周谷堆农产品批发市场股份有限公司：制定"安全生产网格化管理"实施细则

公司制定"安全生产网格化管理"实施细则，梳理每个责任网格中的安全风险点、风险级别和管控要求，2020 年以来共开展消防安全检查 346 次、排查整改隐患 636 处。

江苏凌家塘市场：夯实消防基础，"一房三防"落到实处

认真吸取荤食区 63 号火灾事故教训，全面开展消防安全隐患大排查，检查考核 9500 余次，整改安全隐患 450 处，按照"一房三防（灭火器、烟感报警器、简易消防喷淋）"标准，新装烟感报警器 5280

只、留宿值班处全覆盖，新增简易消防喷淋 1979 只，灭火器更新、换药 1545 只。配合消防维保公司月检测 22 次，维修 90 余次，对全场 2158 个消防箱进行了清理整改，将 768 条消防水带进行了重新合理配置，确保消防设施处于完好状态。

宿州百大农产品物流有限责任公司：提高消防安全责任意识，加强现场管理力度

公司高度重视消防"四个能力"建设，注重对员工、商户的消防安全知识培训，不断增强员工和商户的防灾救灾意识和实操能力。2020 年累计开展各类安全培训 5 次、演练 4 次，培训人数累计 300 人次，开展各类安全检查 67 次，下达整改通知书 140 份，收缴明火设施 2 个，清理大功率取暖器 8 个、胶质线 30 余条、废旧车辆 10 余辆；结合市场限时交易管理，对场内住宿商户进行清理，消除三合一场所带来的安全隐患；完成公司三级安全生产标准化创建验收，以安全生产标准化创建为契机，完善安全管理流程，持续提升企业安全管理水平。

苏州南环桥市场：落实安全生产举措，加强安全管理

以"安全生产月"为契机，加强了安全管理，落实了安全责任。通过抓宣传教育、抓预防落实、抓现场整改等举措切实将安全生产各项工作落到实处。举办了消防安全为主要内容的讲座，拆除了违章搭建、疏通了消防通道、清除了私拉乱接以及违规使用大功率电器等，为保障市场正常运营和顺利搬迁夯实了基础。

南京农副物流中心：安全生产取得新成效

一是严抓安全生产监督管理。组织开展"1+12"专项整治行动，共计排查出安全隐患 115 处，整改率达 100%。共处理"12345"工单 1044 件，满意率达 87.3%。二是严抓消防安全管理。共排查出消防安全隐患 1451 处，已整改 1405 处，限期整改 46 处。全面推广运用"消管通"一体化信息平台，实现安全隐患的检查、整改、销号、控制等闭环管理。

上海农产品中心批发市场经营管理有限公司：加强隐患排查整治，打造安全市场

全场巡查次数累计 43450 余次，更换基础消防设施 755 处，全年大型专项检查 11 次，检查综合安全隐患 203 起，整改率 50%，专项安全宣传 3 次，部门级消防演练 12 次、公司级 3 次、消防系统联动 1 次、迎检市级安全检查 5 次、邀请上海市安全管理协会对公司安全电气评定、落实评定安全三级达标的考核任务。

天津金元宝滨海农产品交易市场：严抓消防安全，强化治安管理

市场组织员工逐级签订《安全生产目标责任书》78 份 170 余人次，确保消防安全工作责任落实到人；制定《市场安全动火管理制度》等多项消防安全制度，完善了制度体系；为场内增设手推灭火器 11 个、普通灭火器 64 个，更换灭火器 129 个，更换场内消防栓头 40 余个、消防大蝶阀 5 个，组织消防维保单位对市场监控室双电源进行改造，保障了消防设备设施的良好运行。5 月份至 9 月份，市场组织开展了"消防安全用电隐患大排查"活动，查出安全隐患 1217 项，其中用电安全隐患 935 项、消防安全隐患 282 项，下发隐患整改通知书 15 份，逐户落实，已全部整改完毕；在"安全用电检查"过程中，市场按照"一户一档"的标准，为 522 户商户建立用电档案，并做好各户家用电器的数据统计，做到精细化管理；市场强化日常自检自查，全年开展消防设施设备专项检查 43 次，联合安全检查 16 次，先后对集装箱仓库、叉车设备、美食城及食堂燃料罐进行专项检查，大幅提高了市场的安全系数。市场组织开展了"消防安全知识进商户"活动，为 1000 余名商户培训消防设备使用技巧，并组织 20 名保安人员成立"市场义务消防队"，积极开展演练，收到良好成效。10 月份，市场一辆电动自行车在室外发生初期火险，场内员工及商户规范操作灭火器材及时消除险情，受到表彰。市场的消防培训和演练切实提高了场内人员的消防安全意识和应对火险的能力，增强了企业的安全防御系数。

为加强企业安全管理，做好源头管控，6月份，市场配合公安干警为场内300余名商户进行"实名盾"网络信息采集，完善了场内从业人员的基本信息。针对场内电动车被盗现象，市场协同新北街派出所，成立专项小组在场内布控，利用监控全方位配合抓捕，起到了良好的震慑作用。在辖区民警、交通队、派出所的密切配合下，2020年市场共解决各类纠纷和违法事件15起，动用监控查询案件11次，清理场内私自摆摊行为15起，维护了企业安全交易环境。

南通农副产品物流有限公司：消除二期消防隐性问题，保障消防系统正常运转

2020年初开始持续半年的二期地下管网排查维修，直至7月底检修完毕并通过测试验收；并对二期损坏的消火栓、五金、水龙头、灯具、天棚玻璃、伸缩缝等进行了延保维修更换。2020年综治安全管理主要以抓防火、防"三合一"反弹、防超负荷用电、防车辆自燃、防灾害性天气、防突发性治安事件的"六防"为工作重点，先后组织开展了"安全教育培训月""安全生产月、反三违月""夏季安全生产百日赛""冬季四防专项治理竞赛"等系列活动。全年安保部组织各类安全检查共计76次，检查人次369人，发现安全隐患192起。通过搞活动、定措施、查隐患、抓整治，确保了通农物流安全生产工作的持续稳定和健康发展。另外为强化全面性安全教育培训，对安管人员进行消防安全、用电安全、特种设备使用管理安全、食品安全和内保安全等方面的培训，共计培训人次66人。进一步完善安全应急预案体系，组织消防演练7次，食品安全演练1次，特种设备应急演练1次，疫情防控应急演练7次。根据《南通市打通"生命通道"集中攻坚行动实施方案》的要求，对公司范围所有占用、堵塞、封闭消防车通道、楼梯间和消防卷帘下方堆放货物等违法行为开展了集中整治，并在地面画黄色禁停车标线85处，设置消防车通道标牌160块。为了在发生事故不影响人员逃生和救援人员施救，公司对所有外墙门窗上的防盗窗、防盗网进行拆除，合计拆除186个。

青藏高原农副产品集散中心：建立健全安全预防控制体系

一是按照农商公司2020年安全生产目标任务要求，认真落实安全生产责任制，明确工作目标，强化工作职能，严守安全红线意识，仔细排查安全隐患，并及时落实整改，全年未发生生产经营安全事故。二是组织安全演练，提升安全管理能力。全年召开公司安全会议12次，开展教育培训10次，组织应急演练6次。三是加大隐患排查治理力度。2020年共查出问题245项，其中下发限期隐患整改单159项，现场整改86项，并对所有隐患治理进行闭环跟踪管理，保证问题隐患全部完成整改。对冷链公司重大危险源进行隐患排查、督查共8次，共发现隐患问题46项，责令现场整改26项，下发隐患整改通知20项，全年公司重大危险源隐患整改完成率100%。四是深入开展2020年安全生产专项整治三年行动。编制实施《安全生产专项整治三年行动工作方案》，开展安全生产专项整治三年行动专项安全检查并建立问题隐患清单和整改措施清单，认真分析安全隐患原因，查漏补缺，积极完善各项安全管理制度、岗位操作流程和现场管控措施，建立健全安全预防控制体系。

十一、硬件改造升级

厦门闽夏农副产品批发市场有限公司：推进新项目建设，完成经营区域调整

稳步推进二期A地块项目建设及招商运营工作。一是二期主体工程已经完成全部验收及竣工备案工作；配套冷库项目由股东关联单位夏商地产负责代建，已经进场施工。二是完成二期A地块项目招商工作，扣除二层北侧的预留自用场所，一层的水果档位25个、二层南侧及三层档位40个均已完成招商，此次招商共引进水果区客户23家，加工配送区客户21家。

原水果区店面根据市场经营管理需要调整为干货粮油区，在国庆期间完成公开招商工作，21间店面已全部出租完成。调整后，干货粮油区现有46间店面，商户27户，经营面积8800平方米，扩大了足有三倍。

洛阳通河农副产品有限公司：与商户联合出资、公司施工，完成蔬菜大棚顶部覆盖连接

按照提升改造实施方案，公司先后为 15 栋商铺、19 座大棚、400 米围墙和办公楼加装了仿古瓦；采取与商户联合出资、公司施工的方式，完成了 6 座蔬菜大棚之间顶部的覆盖连接。同时，对主要干道的商铺山墙和正面进行了粉刷，对 10 个大棚山墙进行了封闭，市场内公用照明全部更换为 LED 新型光源，在主干道安装了大型电子屏幕，安装了 4 个正规的道路、区域指示牌，为蔬菜区道路增设了排水沟，督导商户自行更换破旧摊位招牌 222 家（块），垃圾中转站外观形象得到改善；为新建海鲜区 7 栋大棚、4 座库房以及水果区、红薯区、小菜区 90 余家商户的摊位内增设了二层平台和隔离墙，拓展了经营空间。以商户"洛阳市洛阳东升食品有限公司"为试点，按照"6S"标准，督导其对店铺内的地面进行了更换，顶棚吊顶、操作大厅进行功能分割调整、墙壁粉刷装饰，安装电子屏幕等。

伊诺中原农产品销售有限公司：完成消防整改项目、一期污水处理整改项目和活禽屠宰项目

在各项目实施过程中，带领管理团队，多次主动上门与两个村委组织沟通交流，有礼有节地做好了协调工作，在付出较小代价的前提下，确保了市场项目的顺利实施。

郑州信基调味食品城：建立充电桩，满足商户夜间充电需求和安全用电

政府部门要求市场全面淘汰燃油摩托车，更换为环保节能电瓶车。市场面临电动车数量激增，充电及充电安全问题凸显出来。处于商户夜间充电需求和安全用电考虑，物业科全体员工，加班加点，不分昼夜，在市场停车场位置合理设立充电桩，白天停车位、夜间充电桩，夜间统一时间充电，专人值守，既保证了安全，又合理利用资源。

武汉白沙洲农副产品大市场有限公司：投入资金完善硬件设施，改善经营环境

在疫情大背景下，集团公司积极配合白沙洲大市场进行市场内部维修整改，投入 1000 多万元完善硬件设施，改善经营环境；对各个区域智能电表、水表进行升级改造，对雨水、污水管网进行改造；对水产通道地面等硬件设施进行升级改造，大力提升服务水平，努力为广大经营户提供更优质的经营环境。

广元市蜀门市场：硬件升级改造，提升市场形象

为提升市场形象，配合广元市各类创建工作，公司投入大量人力和资金，开展了大量的硬件升级改造工作。从 4 月份开始，公司对市场主通道地面、特型干杂摊位、北片楼梯进行了改造；对办公楼，商厦等楼顶重新做了防水处理；对党建室、值班室、收费室、农残检测室进行了装修改造；安装了 LED 高清电视屏等。极大地提升了蜀门市场的整体硬件形象，同时给我们工作人员和全体经营户提供了一个舒适的工作环境。

圣果农产品综合贸易有限公司：解决经营大棚渗漏和不隔热问题

市场建设经营至今已长达 12 年，经营大棚不能隔热和出现棚区渗漏，经过专家设计和预算报董事会审批，对蔬菜一、二区经营大棚于 2020 年 11 月份施工，12 月份竣工验收，有效地解决了渗漏和不隔热所造成的经营商户不稳定情绪，提供了更良好的经营环境。

绵阳市高水农副产品批发有限公司：对市场基础设施提档升级

为提升公司现有交易市场营商环境，防范消防安全事故，公司 2020 年投入 575 万元对蔬菜、水果交易市场主要交易区域的临时遮阳设施启动了提档升级工作。已完成蔬菜区规划设计全部区域及水果区 C 区、D 区遮阳棚的搭建工作，水果市场 B 区项目已完成竣工验收并交付使用。市场基础设施的提档升级，对市场物业租赁和经营管理有着关键作用，根据目前市场商铺租赁和入场费收取情况来看，效果十分明显。

重庆观音桥市场有限公司：调整市场业态结构，优化资产使用价值

2020年以来，公司始终围绕存量市场，不断创新管理手段，调整市场业态结构，优化资产使用价值，补齐配套功能短板，稳定客商队伍、稳定市场规模、稳定平台影响力。充分利用现有空间，推进食品市场一楼环道改造，重新布局海椒加工门市和咸菜区域，完成冻品二期项目建设招租工作。

南通农副产品物流有限公司：实施蔬菜区雨水改造工程

通过分析蔬菜区原管道缺陷，将原管道直排方式改进接入雨水收集系统。改造后，蔬菜东区管网在雨季排涝情况得到了明显改善，并达到环保排放要求。

乌海市金裕批发市场：改造冷库，拓宽和新建店面提升形象

冷库机房压力管道的改造顺利完成。南门拓宽和新建部分库房店面有效提升了市场形象，也为公司增加了收入。防水维修和排水管网维护基本解决了积压的维修和维护问题。

十二、公益性市场建设

辽宁万隆农产品大市场：完成商务部公益性市场项目建设

2020年，万隆大市场完成了商务部公益性市场的四个中心项目建设，万隆封闭交易中心、万隆冷链物流中心、万隆蔬菜检测中心、万隆电子商务中心四个中心项目总投资6000万元。其中，专项资金转为股本金3550万元。专项资金的支持对企业发展发挥了积极作用。万隆公益性市场四个中心建成后万隆大市场焕颜一新。万隆大市场封闭交易中心建成后设施齐全，冬温夏凉、条件改善、业户满意、形象提升。冷链物流中心建成后蔬菜吞吐能力增强，仓储和交易设施配套，菜损率大幅度下降，市场占有率提高，市场竞争力明显增强。蔬菜检测中心建成后市场检测设施齐备，人员增加，检测覆盖面提高，为食品安全增加了保障措施，为市民吃上放心菜增加了安全防范。电子商务中心建成后市场科学管理水平提高，为万隆迈入一流蔬菜批发市场创造了条件。

十三、绿色环保

合肥周谷堆农产品批发市场股份有限公司："管""建"同步整改

公司于2019年6月30日吹响"打赢攻坚战、转型再出发"号角，成立环保问题整改专项工作领导小组，按照"管""建"同步整改思路，从宣传教育、全面排查、项目改造三大方面，加班加点、全速推进整改工作。经全体人员齐心攻坚，各交易区修建管网1500米，肉食区腾挤出800平方米建设污水处理设施，全面完成物流园小型污水处理站建设和341处混接点整改工作，全园区21个接入市政雨水排口无旱季流水现象，总投入资金约2070万元，园区内基本做到雨污分流，达到合肥市排放标准总要求，当地政府对市场的环保整改工作取得成效给予充分肯定。

北京京华茶叶市场管理部门：树立垃圾循环利用和绿色环保理念

自《北京市生活垃圾管理条例》正式实施以来，市场管理部在公司所属市场利用垃圾分类宣传栏、公司市场宣传栏及市场商户微信群等渠道持续开展垃圾分类的宣传教育，督促市场商户落实垃圾分类责任。京华茶业公司积极响应政府号召，为马连道茶叶一条街的垃圾分类工作做好表率作用，为公司所属市场创造更卫生、更整洁的经营环境。为了更加方便市场商户及顾客进行分类投放垃圾，市场管理部又采购了64个分类垃圾桶，分别设置在市场各层各处，通过前期大力度的宣传教育，所属各市场商户都能主动自觉地参与到垃圾分类行动中，大家一致认为共同关心和支持环保工作是自己义不容辞的责任与义务，从点滴做起，将垃圾分类，节约资源，进一步树立了垃圾循环利用和绿色环保的理念。为了贯彻落实《北京市生活垃圾管理条例》垃圾分类相关规定，积极响应政府号召，大力宣传垃圾分类，宣传关于反对浪费粮食的要求，提升市场经营环境与市场卫生状况，公司主要领导高度重视，深入市场张贴宣传海报、向商户发放了相关宣传资料，指导商户进行垃圾分类，促进市场垃圾分类工作顺利展开，带动市场商户共同为建设文明、和谐、环保的社会环境做出自己的贡献。为方便商户进行垃圾分类投放，市场管理部制定了生活垃圾定时回收制度，市场于每日下午2时与下午4时进行厨余垃圾与茶渣垃圾定时回收，特前往各商户摊位进行上门回收，为市场商户与顾客提供了极大的便利，此举得到了市场商户的一致好评。

北京农产品中央批发市场有限责任公司：扎实推进有效落实垃圾分类工作

《北京市生活垃圾管理条例》正式实施后，中央市场公司迅速组织开展相关工作，扎实推进垃圾分类工作有序落实。一是按照首农食品集团、北菜集团《生活垃圾分类工作实施方案》要求，成立垃圾分类工作领导小组，组织全体干部职工进行垃圾分类知识培训，并组织进行桶前值守活动，让垃圾分类深入人心，为推动生活垃圾分类工作奠定良好的基础。二是贯彻落实首农食品集团《关于转发市国资委〈关于在市管企业开展"垃圾分类国企在行动"实践活动的通知〉的通知》，组织全体职工签订《生活垃圾分类承诺书》，个人、单位、社区居委会三方签字、盖章，形成个人自我约束，单位与社区双向监督机制。三是积极推进支部与社区双联共建，组织支部党员、入党积极分子参加丰台区银地第二社区党员志愿服务。四是组织全体员工参与首农食品集团工会举办的《垃圾分类主题竞赛活动》，进行线上直播学习并完成知识竞答，学习率、答题率100%。

天津海吉星农产品物流有限公司：太阳能电站正式并网发电节省电费开支

经过多次沟通协调，园区交易厅屋顶的太阳能电站于2020年4月份正式并网发电，每年为公司节省电费支出近40万元。

南通农副产品物流有限公司：提升垃圾处理能力

2020年在对市场各项完工项目做好收尾的基础上，按照相关行管部门要求，增加基建必要投入，补齐市场基础设施短板。扩容垃圾处理设施，提升垃圾处理能力，管理统计精细化。2020年5月，在原2台垃圾压缩箱的基础上，新建成2个垃圾压缩箱，并购入1辆垃圾驳运车。扩容后，日处理垃圾500桶、26吨，基本满足市场每日垃圾处理的需求。

上海蔬菜集团：进一步推进垃圾减量化的有关工作

2020年9月根据7月召开的垃圾减量化工作专题会议精神，结合8月垃圾减量化设备考察情况，制定并下发《关于蔬菜集团垃圾减量化设施设备选用的指导意见》文件。

常熟市农副产品交易城有限公司：推进垃圾分类，提高有机垃圾处理站工作效率

2020年6月1日，《苏州市生活垃圾分类管理条例》正式实施，年初公司就着手部署分类工作，目标是在《条例》实施前做到分类设施设备按标到位、人员意识到位、垃圾分类基础知识培训到位。一是合理投入，完善分类设施。交易城在上半年建设完成了4个标准的四分类垃圾集中投放收集点，设置于主要通道显著位置。同时针对各个交易区垃圾产生类别及数量的不同，有区别地投放垃圾二分类收集桶，总计投放311只，基本做到全覆盖。二是完善电力配套，有机垃圾处理站运行平稳。有机垃圾处理站于2019年12月20日双方组织验收合格正式运行。随着北部停车场建设工程的完工，有机垃圾处理站的电力配套完善，达到满负荷运行条件。2020年全年处理有机垃圾近2000吨，获得城管局补贴近20万元。有机垃圾经处理站处理后得到的基肥，是上游肥料生产厂家的主要原料，真正实现了变废为宝。三是加强宣传，提升全市场分类意识。除了针对员工展开的各项培训，更注重经营户垃圾分类意识的培养。通过发放宣传材料、广播、市场大屏、公众号等宣传手段，不断营造垃圾分类的良好宣传氛围，督促商户做好分类投放，并结合物业保洁员垃圾分类收集、二次分拣工作，逐步提高垃圾分类准确率。四

是市场化运作，妥善处理好垃圾收运问题。原先垃圾的收运和处置与城南环卫所进行了长期合作，随着《条例》实施，对方提出大幅上调其他垃圾收运处置费用，经反复磋商，双方难以达成一致。之后，通过市场化招标确定其他垃圾收运处置服务单位，年费用控制在 30 万元。本年度实际产生垃圾清运处置费 28.57 万元，与 2019 年度相比降低了 3.43 万元。

十四、参与共建"一带一路"

万邦国际集团：开工建设乌兹别克斯坦农业自由经济区项目

由万邦集团在乌兹别克斯坦布哈拉州开发建设的"洛阳—布哈拉农业产业合作区"项目，已成为河南企业响应"一带一路"建设，深耕中亚沃土的典范之作。合作区将充分利用乌国的政策、资源、市场、贸易便利化等优势，把合作区打造成为"一带一路"沿线国家中亚地区产业链条完整、基础设施完善的现代化农业产业合作示范区。

集团已与乌兹别克斯坦方达成协议，正在乌国开工建设 100 平方公里农业自由经济区项目。项目一期规划总投资 5000 万美元，主要建设豆类种植示范田、果蔬种植温室大棚、粮食仓库、粮食加工厂、水果分拣工厂、水果储藏冷库、牛羊养殖加工示范区等。2018 年，由万邦主导的乌国绿豆第一次以专列形式出口到中国。共进口绿豆约 30000 吨，贸易额突破 2000 万美元，借助万邦物流城全国批发销售网络优势分销全国，绿豆等专列数量完成 20 多列次。

随着项目建设，园区将进一步加快中国农业科技、农资、大型农业机械、现代化大田农艺等技术以及项目"走出去"步伐，有效扩大国际产能合作。在将乌国优质农产品引入中国市场的同时，有助于大幅提升乌国现代农业技术水平，改善两国农业种植结构、增加农民就业、提高农业效益，促进全球资源优势互补，真正体现"一带一路""互利共赢"的精神。

天津海吉星农产品物流有限公司：联合推动京津冀（天津）检验检疫试验区全品类资质申请及全面运营

大力发展进出口业务，顺应国家战略发展趋势，依托园区资源，发挥区位优势，借力政府、海关联合推动京津冀（天津）检验检疫试验区全品类资质申请及全面运营，提升天津项目竞争优势，拉动主营业务的发展。

十五、参与精准扶贫，助力脱贫攻坚

北京锦绣大地农副产品批发市场：继续深化消费扶贫

2020 年，锦绣大地面对新冠肺炎疫情的巨大冲击和更加复杂的经济环境，继续在农产品流通行业发挥积极作用。锦绣大地电商公司运营的北京市消费扶贫双创中心大地电商分中心继续深化消费扶贫和农产品流通供应链提升效率。

中众合有限公司：推进区域扶贫，帮助农民增收致富

2020 年，集团旗下各市场认真贯彻当地政府的扶贫工作部署，依托批发市场，坚持为农民和市民服务宗旨，强化市场公益作用和社会责任，深入推进脱贫攻坚工作，努力打造当地优秀的扶贫农批市场，取得了切实成效。

针对项目所在地周边贫困地区农产品外销，与当地政府部门等加强联合合作，建立区域专营、费用减免、营销推广等绿色通道，积极促进农产品销售，推进区域扶贫，帮助农民增收致富。

通过当地媒体联合宣传，加强产销对接，推进精准扶贫。主流媒体，加大宣传，吸引采购，帮助打开农产品销路，推进精准扶贫，带动农户走出困境。当各市场内的商户出现农产品季节性滞销现象，市场及时行动，多措并举，实行保护价收购等，有效缓解了农产品"卖难"问题。

加强捐资捐助，推进定向扶贫。集团旗下各市场每年列支扶贫慰问专款，鼓励干部职工、经营业户参与社会公益活动，推进定向扶贫，支持弱势群体更好地工作、生活和学习。各市场多次组织到当地主管部门的帮扶村、社区、养老院等慰问活动，为当地小学近百名贫困家庭儿童、留守儿童捐赠了书包、文具盒、水彩笔、笔记本等总价值 50000 余元的学习用品，为诸多社区贫困户送去了农副产品，为当地社区等养老院老人送去了粽子、月饼等节日礼物。

福州民天实业有限公司：积极组织开展各项扶贫工作

根据上级部门脱贫攻坚工作的决策部署，一年来，公司充分发挥国有企业的社会责任，积极组织开展各项扶贫工作，为促进扶贫产品销售和贫困地区群众增收作出国有企业应有的贡献。一是开展劳务协作帮扶工作，公司劳务协作帮扶就业人员 15 名，其中定西定向招收 2 名，应届大学生 13 名；二是开展产业扶贫，公司进一步推动陕西、甘肃、宁夏、新疆等省、区的流星包、苹果、哈密瓜、硒砂瓜、猕猴桃等农产品在市场的销售工作，全年累计销售扶贫对接产品 26900 吨，销售额约 10187.25 万元；三是设立线下消费扶贫专柜，免费提供 12 个网点设立 21 个扶贫售货机，销售扶贫产品 130 个。

两湖绿谷物流股份有限公司：积极参加全国农产品产销对接扶贫系列活动

积极参加全国农产品产销对接扶贫系列活动，在荆州市商务局、农业农村局、供销合作社等部门的组织下，先后与洪湖市老湾乡石桥村、松滋市卸甲坪乡、黄冈市罗田县、海南省乐东县等地开展扶贫产销对接活动 32 次，累计帮助湖北嘉鱼县、洪湖市大沙湖管理区、荆州区菱角湖管理区、沙市岑河镇、松滋涴市、松滋纸厂河镇等地贫困户销售白萝卜、南瓜、花菜、葡萄等滞销农产品近 1500 吨，货值近 800 万元，特别是新冠肺炎疫情发生以来，两湖市场主动对接四川、重庆、贵州、云南等省市贫困地区，积极为滞销农产品寻找销路，累计对接销售贫困地区农产品达 82000 余吨，金额 2.5 亿元，收到国家商务部办公厅致《感谢信》表彰。

凯盛集团：扶贫助农，专项结对帮扶

集团作为省级扶贫龙头企业，积极响应国家"扶贫助农"号召，建设对口支援免费交易区 1.3 万余平方米，免除档口费、物业管理费，成功举办产销对接 3 场，建立长期稳定产销对接关系 16 对，采购商 100 余家。先后到重庆、新疆产区对接，安排招商运营人员到产区采购香梨和苹果 3000 余吨，年销售额 2400 多万元。2020 年 2 月，在"众志成城，鲁鄂情深"抗击疫情，支援湖北武汉活动中捐赠价值 671994.68 元金乡大蒜，工作站又捐赠现金 41960 元用于抗击疫情。2020 年 5 月，在专项结对帮扶挂牌督战村——"新疆维吾尔自治区喀什地区英吉沙县乌恰镇阔纳萨拉甫村改变村容村貌和购置现代文明生活家具"项目中捐赠 5 万元。2020 年 10 月，为金乡县爱心助学协会定向捐赠 10 万元用于购买学校食堂桌椅。

长沙马王堆农产品股份有限公司：结对帮扶，推动产销两地农产品流通

公司携手贵州毕节威宁自治县，在长沙黄兴海吉星举行了 2020 湖南长沙·贵州威宁自治县农产品推介会，长沙海吉星 12 家经营户与威宁 12 家产地合作社现场签订了购销合同，通过结对帮扶的方式，推动产销两地农产品流通。响应政府"消费扶贫"号召，解决炎陵黄桃果农"难运难销"困境，公司深入湖南省炎陵县实地探访，与供销商签订产销对接协议，借助长沙海吉星平台开展"爱心助农"炎陵黄桃线下消费扶贫活动。公司积极参与深农集团消费扶贫矩阵式直播代言活动，建立公司官方抖音账号"农批市场弄潮儿"，成功吸粉 1.2 万人。并充分利用抖音账号的影响力，对各类节会活动、产销对接扶贫活动进行抖音直播，帮助扶贫产品提升知名度和拓宽销售渠道。

内蒙古食全食美股份有限公司：提高政治站位，以产业扶贫为重点强力推进脱贫攻坚工作

多次深入扶贫村、包联村调研，全面落实帮扶责任。为清水河县五良太乡喇嘛庙村捐赠农机具，为托县五申镇黑兰土力亥村捐赠帮扶建设水利基础设施，支持当地香瓜等特色农业发展，助力农民增收致富；为玉泉区后桃花村捐款帮扶村委会文化活动室建设，精准帮扶玉泉区达赖庄村村民范三喜（残疾人）解决3万多斤大白菜卖难问题，连续5年为玉泉区清泉街社区爱心超市捐赠面粉和大米，助力打赢脱贫攻坚这场硬仗，充分体现了食全食美集团公司的责任与担当。2020年积极开展困难职工、商户和老干部、老党员帮扶慰问等活动。

南京农副物流中心：持续扩大产销对接渠道

全面落实国家精准扶贫举措和要求，主动承办"伊犁特克斯农牧产品""拉萨净土健康产品"等产销对接、签约揭牌活动7场，在疫情防控新常态下，为特色优质农产品进苏入宁搭建了多元化渠道，实现产销对接渠道架构的再创新。

上海农产品中心批发市场经营管理有限公司：产业扶贫，助力打赢脱贫攻坚战

建立消费扶贫（上海）中心。10月19日上午，"2020云南大理州农特产品浦东对接会——决战脱贫攻坚 决胜全面小康"在上农批成功启动，大理州农特产品亮相上农批。上农批与云南大理州商务局签订农产品产销对接战略合作协议，助力大理州产品走出产地、进入市场。积极参与深农集团消费扶贫矩阵式直播代言活动，将优秀的扶贫农产品带给上海市民。

加大产销对接，向上持续对接国务院扶贫办、上海援疆指挥部、沪遵消费扶贫联盟及上海对口帮扶农产品对接基地，通过组织展销会、五五购物节等专项扶贫活动，拓展销售渠道，为上海市民引入新疆哈密瓜、西藏青稞米、贵州辣椒等农产品，丰富上海市民的果盘子、米袋子、菜篮子，2020年各项扶贫产品销售额已突破50000吨，销售额近3亿元。

天津金元宝滨海农产品交易市场：积极参与扶贫工作，为脱贫攻坚贡献企业力量

2020年，市场积极响应政府号召，组织人员多次参加市商务委、区妇联的扶贫活动，先后赴西藏昌都、新疆喀什、青海黄南州进行扶贫，并捐款帮扶。此外，市场为促进贫困地区的农产品销售，在场内设置"困难农产品销售专区"，减免费用，为脱贫攻坚贡献企业力量。

南通农副产品物流有限公司：提高政治站位，加强产销对接

公司站在讲政治的高度，把产销对接、消费扶贫作为一项政治任务来完成。业务经营部和各交易区联合广大经营户，积极应对，将加强产销对接、助力消费扶贫的理念贯彻到全年的工作当中，已在各交易区设立了8个"扶贫销售点"，助力贫困地区农产品产销对接；经统计，2020年共计为贫困地区（陕西、新疆、山东兰陵、湖北潜江、江苏睢宁等）销售各类农产品约8590余万元。

上海蔬菜集团：加快推动对口地区产销对接，打造精准扶贫品牌项目

继续加强加大产业扶贫力度与精度，致力加快推动对口地区产销对接进程，打造精准扶贫品牌项目。

建立"上海市消费扶贫推进服务平台"集团。完成上海消费扶贫推进服务平台1+2总体方案稿，即上海市消费扶贫推进服务平台建设方案＋附件1：上海市消费扶贫推进服务平台实施方案＋附件2：上海市消费扶贫名优产品直营店及消费扶贫智能柜规划建议。同月，成立蔬菜集团消费帮扶事业部，具体负责平台建设及后续工作。

按照"百企帮百村"扶贫项目的工作要求，根据光明集团2020年继续深入开展"村企"对口帮扶总体部署。帮扶建设的排水沟渠、机耕路和蔬菜大棚等基础工程设施均已正式启用且日渐成熟；新援建的储藏交易中心初具规模；为大理州脱贫攻坚奖授牌，并开展专项座谈会商讨后续对接。

集团吴梦秋董事长参加2020年全国脱贫攻坚奖表彰大会，受到中央领导接见。

十六、品牌建设

北京锦绣大地农副产品批发市场：以品牌展示展销为抓手，增强规模化经营

以农业品牌建设为抓手，大力开展进口食品、名特优农产品、品牌食品的推介、展示，整合经营资源，组织参加第三届进口博览会、年货大街、供销大集、年货嘉年华等展销活动，培育经营户品牌营销意识。加大螃蟹区中心、外来肉中心、加工配送中心、物流配载信息交易大厅、商业街水产区转角楼的招商，吸引经营大户入场经营，优化市场经营户结构。加强就地端货、垄断经营等不法行为的查处和打击，巩固整治成果。商贸公司要从生鲜农产品的初步分等分级，向净菜加工，直至热链中央厨房运作的模式升级，创造条件对预包装食品进行分类、分温层集中贮存、销售、配送，试点全程冷链配送，树立发展标杆。做好新阳光食品城代管工作，摸清经营资源，了解客户需求，为下一步规划建设和经营优化奠定基础。

北京顺鑫石门国际农产品批发市场集团有限公司：积极开发自有产品，加大品牌推广力度

一是积极开发自有产品。深入产地，采取自建或合作等方式建立农产品标准化合作基地，加大自有品牌产品的设计开发力度，拓展丰富顺鑫品牌产品种类。二是推进国际、国内特色农产品展厅建设。结合公司整体战略发展规划，积极与省市政府相关部门或大的代理商、经销商洽谈合作，推进顺鑫国内特色农产品展厅建设。依据疫情发展态势，适时推进顺鑫国际农产品展厅建设。三是加大品牌推广力度。供应链公司扩大市场渠道和销售通路，实现线上线下销售并举的经营模式，将采取按区域范围进行自主配送、同城闪送、外埠速递，以配送服务的多样性，实现配送业务的高效运行，稳步提升电商平台影响力。顺鑫公司抓住 2021 年樱桃大会在北京举行这个难得的机遇，依托院士专家工作站的科研优势努力争取相关项目和政策，推动产学研工作稳步推进，促进相关科技成果在公司进行转化。

齐齐哈尔城乡粮油交易市场：加大市场宣传力度和影响力

通过报纸、电台、广播等各种媒体的大力宣传和报道，加大对城乡粮油市场的宣传力度和影响力。在市场成立 23 周年之际，粮油市场领导和员工为每家业户发放精心准备的礼品和宣传报纸，展现了市场良好的企业形象和对业户的关爱之情。

武汉白沙洲农副产品大市场有限公司：为保供防疫所做工作成绩强有力打造市场品牌

疫情期间，白沙洲大市场为武汉保供防疫所做工作获国家商务部、国家发改委点名感谢，中央及地方媒体相继报道白沙洲大市场货量足 / 价格低等相关正面新闻。

重庆观音桥市场有限公司：着力让宣传工作在服务全局中强主流

在疫情防控中，积极在重庆市、区两级主流媒体和行业专业媒体上宣传防控一线的先进典型事例，共报道工作简报 12 篇，向集团推送简报 9 篇，推进先进个人事例 3 人次。严格落实党委每半年专题研究一次意识形态工作、党群工作部每季度研判一次意识形态工作制度。抓实抓好公司微信公众号、QQ群、微信工作群、LED 电子屏等多媒体宣传平台，做好舆情监测分析处置，牢牢地掌握意识形态工作的领导权、管理权、话语权，确保意识形态工作的安全。

合肥周谷堆农产品批发市场股份有限公司：加大宣传力度，扩大宣传范围

公司围绕防疫保供、扶贫助销、文明创建、825 全民购物节等工作，主动联系各类媒体，加大宣传力度，扩大宣传范围，增加宣传频率。2020 年，公司共接待媒体采访 80 余次，纸媒、网络报道 130 多篇，微信推送稿件 230 余篇等。

内蒙古食全食美股份有限公司：自有品牌建设取得突破性进展

针对市场商品极度丰富，同质化现象严重，终端市场竞争已进入白热化状态的新形势，集团公司依托资源优势、专业优势和品牌优势，紧紧围绕百姓餐桌必需品，下大力气打造企业自有品牌，聘请各领域专业技术人员，推出了馒头、烘焙、卤制品等"派驰"系列自有品牌产品，新增了糖品分装生产业务和粉条贴牌产品，使自有品牌商品由单一的馒头、面条扩展到了面点、烘焙、卤制品、糖品4个系列、95个品种，从源头上保障百姓餐桌食品的质量安全和品质，在首府市场叫响了"派驰"品牌，并具有了零售市场定价的话语权，形成了差异化竞争优势，提高了企业在产业链条上的盈利能力。"派驰"品牌系列产品已经通过集团公司三级市场网络全面推向市场。2020年10月，"派驰"商标入选内蒙古农牧业品牌目录（产品品牌），标志着自有品牌建设迈上新台阶，产业发展步入新阶段。

南京农副物流中心：始终坚持品牌引领

积极拓展"品牌引领"的深度和宽度，中国驰名商标、国家级物流示范园区项目等国家级项目申报工作取得重大突破。为众彩资源投入、管理革新、口碑沉淀等无形资产积累提供载体和保障。

上海蔬菜集团：发挥平台品牌作用，深化产销对接，推动互助发展

2020年来访考察与赴外对接内外活动丰富。一是集团与各地政府及相关部门进行互访考察和对接工作：集团与平湖市政府在滨江欣景大酒店成功举办"蔬菜集团—浙江平湖产销对接20周年庆祝活动"，而后受邀参加平湖第四届农业经济洽谈会；接待河南商丘松江经委和叶榭镇一行来访商谈市场建设发展的相关事宜，并组织到松江叶榭镇开展市场发展考察工作；应邀考察"北京鲜活农产品流通中心项目"；接待临沂市党政代表团、安徽阜阳市农业农村局等考察团考察蔬菜集团，并进行座谈交流。二是集团与各地行业企业开展考察和工作对接：全年接待了广西农垦集团、北京农产品物流园有限公司果蔬运营团队、中国中化集团等多批考察团队到访下属市场开展沟通座谈和产销对接具体工作。三是集团受邀参加的各类会展活动：参加在贵州遵义举办的第五届贵州遵义辣椒博览会，考察虾子镇南坪坝区、关田坝区蔬菜产基地，开展黔菜产销对接沟通交流；受邀分别参加由遵义市商务局举办的"黔货出山风行天下"绥阳县农产品（上海）推介会和遵义市桐梓县举办的秋食遵义方竹笋品牌发布会；参加第八届兰陵蔬菜产业博览会网上直播形式的开幕式；参加"2020年农贸联无锡会长扩大会议及配合数字化议转型峰会"等。

十七、参与公益事业

福建省农产品市场协会：积极组织会员单位为抗击新冠肺炎疫情捐赠

仙芝楼集团：累计捐赠医用口罩27000只、手套2000双、洁净服20套用于疫情防护。向中国癌症基金会捐赠总价值200万元仙芝楼牌灵芝孢子油。定向捐赠浦城县红十字会总价值100万元的仙芝楼灵芝产品。在福建医科大学附属协和医院办理交接捐赠价值84万元的灵芝产品。福建品品香茶业有限公司：携手福建民建为抗疫一线的医务人员捐赠10000份福鼎白茶（其中武汉7000份、福建3000份），总价值180万元。春伦集团：捐赠13万元。集团党员和职工累计捐款50300元。南平市享通生态农业开发有限公司：为福州、厦门两地支援湖北的医护人员家庭和一线医护人员家庭免费供应蔬菜，价值共计约50万元。福建省红太阳精品有限公司：向涵江区红十字会捐资20万元；向部分乡村捐赠现金1万元、防护物资2000多元；通过涵江区红十字会，捐赠"国圣食品"系列产品大礼盒2080件（合计12.48万元）。福州福民茶叶有限公司：通过福州市仓山区红十字会和仓山区慈善总会，累计捐赠了5万元爱心资金。福建亿达食品有限公司：连江海带行业协会及16家海带企业精挑细选了43吨、价值100多万元的优质海带产品，先后三次捐赠价值32万元的海带产品。福建圣农集团：向省光彩事业促进会捐赠1000万元，其中500万元用于南平市。向光泽县政府捐赠15箱共计30000个口罩，光泽县疾病防控中心捐赠200套一次性防护服，政和县政府捐赠3000个口罩、4桶5L消毒药水。福建省众兴福生鲜有限公司：携手善行团（福建省）网络分会、众兴福黑猪、多福蛋业、木木等机构，联合出资 10 多万物资，慰问全福州 8 个高速路口、6 个大队一线交警、辅警，捐赠黑猪肉 1000 斤，黑猪肉香肠 100 斤。福建闽榕茶业有限公司：向福建旅游商品同业会秘书长发起仓山区企业家为仓山区防控疫情捐赠款物，奉献爱心自愿捐助活动，捐款 5 万元。紫山集团：向漳州高新区疫情防控工作指挥部捐赠口罩 1000 个，向奋战在一线的龙海市公安局、漳州市公安局芗城分局捐赠自热米饭、拉面合计 130 件，紫山下属子公司江苏紫山生物股份有限公司向洪泽区人民医院捐赠 60 筐约 500 斤双孢蘑菇。久泰现代农业有限公司：向福州光彩事业促进会捐款 10 万元，通过新疆巴州库尔勒香梨协会捐款 1 万元，通过仓山区工商联捐款 1 万元，向闽侯南通镇、青口镇等抗疫一线政府工作者及医务工作者捐赠水果 845 箱，计 63400 元。

齐齐哈尔城乡粮油交易市场：市场员工积极参加社区志愿者活动

在粮油市场日常值班频繁的情况下，贾福起、王浩、王晶三名员工，主动申请参加社区志愿者活动，为抗击疫情工作贡献一份力量。

武汉白沙洲农副产品大市场有限公司：履行国家级龙头企业社会责任

市场以"完善自我，回报社会"为企业宗旨，积极履行国家级龙头企业的社会责任，2020 年 3 月 9 日至 10 日，新冠肺炎疫情期间，响应省商务厅号召，购买云梦县城关镇 6 车 30 吨蔬菜；购买云梦县隔蒲潭镇 6 车 30 吨蔬菜，总计付款 7.2 万元，捐赠至医院、学院、街道社区等。2020 年 10 月份为新洲区刘湖村捐款 5 万元。

广州江南果菜批发市场：捐赠物资解决卖难，积极驰援武汉

面对疫情，江南公司第一时间联合旗下江秾汇公司、江楠鲜品捐赠超 400 吨（价值约 500 万元人民币）民生物资驰援武汉，以实际行动支持新冠肺炎疫情的防控工作。同时，为了解决湖北省农产品外销受阻问题，在场内举办"同舟共济，助推湖北农副产品走进广州"活动，联动场内商户积极主动联系湖北蔬菜基地，助推湖北农副产品进入市场。江南市场在防疫应急上的积极工作和主动担当，受到省、市领导的肯定，得到央视、人民网等 30 多家媒体报道。

2020 年行业产业扶贫、振兴乡村工作突出成果

全国城市农贸中心联合会：脱贫攻坚结硕果 行业协会勇担当

全国城市农贸中心联合会作为农产品流通领域的全国性行业协会，近年来，秉承促进农产品流通、增加农民收入指导思想，积极推动脱贫攻坚工作，通过产业扶贫、消费扶贫、精准扶贫，助力乡村振兴。

为贯彻落实党中央、国务院脱贫攻坚战略部署，切实加强对行业扶贫工作的领导和落实，特成立了全国城市农贸中心联合会精准扶贫领导小组，由协会党支部书记、会长马增俊担任组长，党支部支委会成员和协会主要领导全部参与，下设综合部、宣传部、联络对接部等具体工作部门，通过加强组织领导、精密部署、健全机制，推动扶贫工作的有效落实。

全国城市农贸中心联合会组织全国的农产品批发市场积极参与商务部的对口帮扶工作，协助商务部建立了 52 个未摘帽贫困县与 52 家农产品流通企业"结对子"定向帮扶机制，推动广西、四川、贵州、云南、甘肃、宁夏、新疆、青海深度贫困地区的农产品产销对接，同时协助市场监管总局、最高人民检察院等部门开展定点扶贫，促进甘肃礼县、黑龙江抚远市、同江县、云南文山州西畴县、富宁县等地区农产品的采购对接、消费扶贫。据统计，2019 年，农批行业共销售各类农产品 1 万多万吨，销售额超过 8 千多亿元。

产业扶贫促发展 结对帮扶出成效

组织调动会员单位积极开展产业扶贫。建立 52 个未摘帽贫困县与 52 家农产品流通企业"结对子"定向帮扶机制，畅通贫困地区产品销售渠道；在农产品批发市场内开辟"扶贫农副产品展销专区""扶贫农副产品定点市场"，开设扶贫农副产品进入批发环节的绿色通道，在产品上市季节发挥产业助力，为扶贫农副产品进入市场建立长效产销机制创造机会。发动多家一级批发市场和对口帮扶地区签订合作框架，为地方的名优农副产品进入批发市场提供支持和指导，并通过农批市场的大宗采购和常态购销，带动扶贫农副产品形成订单式农业。

因地制宜地参与编制贫困地区农产品流通产业发展规划，协助贫困地区进行产业结构调整，规范和提高地方特色农产品的生产与对接市场的能力。为贫困地区和脱贫农民精选产业项目，论证持续发展能力，联系各方资源，推动多元合力，将生产与流通紧密结合，以流通带动生产，促进产业扶贫。利用专家资源，承担山东临沂农产品流通产业规划、贵州遵义农产品流通规划等编制工作。

通过全国农贸联的行业资源，2017 年帮助新疆喀什对接销售滞销林果 1.1 万吨；2020 年农贸联组织农批市场和经销商到云南西畴、黑龙江抚远、同江等贫困地区进行调研和对接，加强地区和市场信息的交流，帮助贫困地区的生产者了解市场需求情况，和当地政府有关部门、抚远农业企业负责人召开农产品流通座谈会议，为当地农业产业发展和农产品开拓市场进行诊断和献策，拓宽扶贫农产品对接批发市场渠道。2020 年 5—8 月共组织农批市场和经销商大户、农产品流通加工企业分别赴礼县、同江和抚远实地调研三批次，40 人次，调研期间和三地的合作社、种养植户、企业等进行座谈对接；促成会员单位陕甘宁三省最大的批发市场兰州高原夏菜批发市场、银川四季鲜批发市场、西安欣桥批发市场与甘肃礼

县签订合作协议，促成大庆农批城和抚远市农业农村局签订合作框架，并销售农产品1400多万元。

2020年8—9月，发动和组织兰州、银川和西安一级农批市场的果商参加礼县苹果产销对接会，根据不完全统计，经农贸联西北会员单位农批渠道采购的花牛超过70万斤，红富士超过50万斤。

农贸联仲裁委在向国内重点农批市场进行普法培训的同时，面向市场管理、经销商大户和农产品流通加工企业负责人推介扶贫农产品资源，共计超过15场，城市包括银川、西宁、哈尔滨、兰州、宁波、烟台、湛江、大庆、海口、深圳、佛山、东莞、上海、北京等，人数超过500人。

消费扶贫助增收　爱心助农暖人心

发挥行业协会的优势资源参与消费扶贫，通过在协会会刊、网站、微信公众号等多渠道编发推广信息，发动会员单位优先采购扶贫产品，签订长期合同，建立稳定购销机制。

疫情期间，协会带领行业企业全力抗击疫情，积极解决湖北、新疆等地出现的滞销卖难问题；引导甘肃礼县、黑龙江抚远、同江县、云南文山州西畴县、富宁县等县市的产品进驻深圳市消费扶贫中心（平台），开拓大湾区市场；推动兰州高原夏菜农副产品物流中心商户和礼县推荐的种植合作社对接签署2020年度礼县苹果采购意向700万元。组织广东何氏水产有限公司为甘肃礼县扶贫帮扶工作捐赠资金2万元。

与四川省人民政府驻京办、四川省经济和信息化厅、四川省农业农村厅、四川省商务厅、四川省市场监督管理局、四川省扶贫开发局等部门联合举办"买川货　助脱贫"——首届四川扶贫产品暨特色优势农产品北京产销推介会，组织北京农产品批发市场经销商与四川企业进行对接，促成北京京源农影文化传播中心与广安鑫农发展有限公司签订了龙安柚购销协议等。

全国城市农贸中心联合会仲裁委员会及乡村振兴雷琼促进中心和全国农产品购销标准化技术委员会湛江基地设立扶贫农产品展示中心。全国农贸联驻湛江办事处为扶贫地区的特色农副产品设计产品推荐海报，在地区农批市场进行展示推介，拉动扶贫农产品对接消费市场。

专业培训提技能　增强脱贫内生动力

利用全国农产品购销标准化技术委员会秘书处设在农贸联的专业优势，为扶贫地区的农副产品建立标准体系和产业升级改造提供指导和支持，促进产品的商品化。与广东省湛江市农业技术推广中心等地区相关部门签署战略合作框架协议，共建全国农产品购销标准化技术委员会试验基地，在农业产学研、精准扶贫政策等方面给以指导，加强农产品标准体系建设，构建集农产品科研、农产品储运标准研究为一体的合作试验基地，助推区域农产品流通标准体系发展，助力产业扶贫。协助黑龙江省同江市对接水产加工龙头企业，同江渔业资源对接活鱼运输的技术。邀请全国金草帽农技专家赴湖南怀化开展柑橘种植调研和农技指导，为当地的柑橘种植产业发展升级提供指导。

全国农贸联仲裁专业委员会是国内率先成立的专门从事农产品贸易纠纷调处和农产品流通行业法治建设的专业部门，在赴对口帮扶地区实地调研地方农业产业的过程中，向地方农户、合作社等推广普及农产品的规范交易流程，讲授防范交易风险，保护交易主体合法权益等内容。

2020年，全国城市农贸中心联合会发起成立乡村振兴促进中心，发出农产品流通行业"产业扶贫　乡村振兴"行动倡议。实现全面脱贫与乡村振兴的无缝衔接。同时创新探索通过农产品流通行业支部开展结对共建活动等形式，充分发挥党支部在产业扶贫等方面对贫困地区农产品流通业的支持与引导，发挥各方优势，搭建基层互帮互助平台，把产业扶贫、精准扶贫作为党建工作的重要内容和目标任务，以党建工作助推精准扶贫，为协会和行业党建工作注入新活力，相关工作成效得到中国商业联合会党委的认可与肯定。多次被评为中国商业联合会党委社会组织精准扶贫先进单位，民政部全国性粮农类社会组织产业扶贫对接活动表现出色单位。

荣获全国脱贫攻坚总结表彰大会表彰荣誉的农产品流通行业代表先进事迹

深圳市农产品集团股份有限公司：

深农集团作为深圳市属国有上市公司，探索结合网络化市场渠道，建成首个面向全国的消费扶贫中心，首创市场和基地联动发展"红河模式"，帮助深圳对口地区扶贫产品走出产地，走向全国，推动深圳消费扶贫工作走在全国最前列。2020年8月，深农集团被授予首批"全国消费扶贫示范单位"。

1. 创新构建"一核三驱"消费扶贫新模式

深农集团在深圳海吉星市场划出1.5万平方米，投资5000万元建成首个面向全国的消费扶贫中心。

以"展示展销""交易撮合""产品自营"为驱动，线下线上融合发展，构建政府引导、市场主导、社会参与的可持续消费扶贫模式，举办各类展销活动70余场次，投放自助售卖机38台，开设旗舰店4家，实现扶贫产品销售近2亿元，并通过集团网络化市场渠道，带动深圳对口地区和国定贫困县农产品交易160多万吨，交易额约100亿元，助力10多万名贫困人口增收，推进形成联农带农好机制、产销对接好渠道、扶贫产品好品牌，以先行示范标准打造"三个好"，助力贫困地区稳定脱贫和产业持续发展。

2. 创新构建市场和基地联动发展"红河模式"

在云南泸西县投资1亿元，因地制宜发展"小香葱"特色产业，分批建成1万多亩标准化香葱种植基地，辐射带动周边发展香葱种植10多万亩，形成全国规模最大的小香葱生产基地，率先构建产地市场和蔬菜基地联动发展"红河模式"，实现市场和基地的无缝对接，延长产业链条，帮助贫困农户通过联农带农机制，实现人均增收超3万元，培训产业工人超过1.8万人，切实推进当地产业振兴和持续发展，获"中国扶贫·企业贡献奖"。

3.创新举措缓解疫情期间农产品滞销难题

新冠肺炎疫情发生后，深农集团旗下32家农批市场精准防控，未发生一例疫情事件。其中，年车流量超500万台、人流量超1000万人次的深圳海吉星市场在疫情防控形势一度紧张的情况下，确保了深圳菜篮子的安全与稳定，为消费扶贫中心营运提供了坚强保障。

深圳对口地区农产品因疫情一度严重滞销，深农集团积极结合保供稳价需求，分类施策，通过建立产销对接群、线上商城销售、直播带货、扫码一件代发等创新举措，大力缓解深圳对口地区产品滞销难题，促进销售水果等农产品2000吨以上，直播带货销售1.8万多笔，7294名贫困人口受益。

广州江楠集团子公司贵州江楠农业科技开发有限公司威宁分公司：

广州江楠集团子公司贵州江楠农业科技开发有限公司威宁分公司由广州江楠集团成立，以产业帮扶、项目开发为主业，在威宁县建设和运营了多个产业扶贫项目，探索出"农产品种植示范带动＋农产品产地市场及配套＋省外大市场"的农业产业链发展模式。

在威宁，江楠集团投资建设并运营了"多品类蔬菜核心种植示范基地"，面积约1万亩，通过基地种植示范带动县市周边区域20万亩以上蔬菜订单种植；基地通过保底分红＋务工分红的保障机制，2020年安排建档立卡贫困户就业41户，带动脱贫人数230人；涉及种植基地运营的利益联结共263户，带动1298人增收，有效提升当地农户的种植积极性与种植规模。

公司还通过运营30000平方米的"智能温室育苗基地"，进行市场化、科学化、智能化选种育苗，打造威宁县现代高效蔬菜育苗基地，全年供应各类种苗种植面积达10万亩，有效保障当地蔬菜种苗的优质、稳定供应。对威宁县农业产业结构调整、提高农产品市场附加值以及农民脱贫致富均有积极的引导和促进作用。

　　投资 3000 万元的江楠包装箱厂项目生产含泡沫箱、胶筐、封箱胶带等产品，主要供应"威宁县江楠现代农业物流园区"及周边地区，通过农产品的标准化冷链包装配套，提升威宁县农产品标准化水平以及附加值，为威宁县蔬菜产地标准化发展提供有力的冷链配套支持。

　　"威宁·江楠现代农副产品物流园"一期已经建设完成，项目总投资 50201.52 万元，规划用地 432900 平方米（约 650 亩）。该项目通过持续引进全国各地交易商户进驻，逐步形成贵州西部的农产品交易集散中心、物流信息中心，示范带动周边 20 万亩蔬菜产地的发展，带动 5000 多户农民种植蔬菜，辐射人口 25000 人。推动形成"立足贵州、面向全国"的"高原夏秋蔬菜主产区"。

　　项目建设期间，公司会同多个部门建立利益联结机制，项目投产前后共计带动建档立卡贫困户 805 户 2254 人脱贫增收，人均工资达 2500—4500 元 / 月。项目全面运营后，将间接带动运输、物流、服务等行业就业约 2000 人，让威宁县贫困户的参与度和受益水平进一步提升，从根本上推动威宁县农村经济可持续发展，实现传统农业向现代农业的转变；实现真扶贫、扶真贫、真脱贫的目标。

为助推"黔货出山"，江楠集团还在广州江南果菜批发市场内设立"对口帮扶贵州农产品销售专区"，对产自毕节市的农产品全额免除租赁费、交易费等费用，节省销售成本 3000 元 / 车次。2020 年累计销售各类农产品约 6500 吨，通过该销售专区，逐步建立农产品外销渠道，提升市场占有率，确保当地贫困户持续稳定的增收。

广州江楠农业集团是中国农产品流通领域最具品牌的企业，已在全国成功运营广州江南市场等 10 家销售市场，成为当地农产品流通的主渠道，近几年深耕农产品产地端，目的是打造安全放心、有标准的品牌农产品。

贵州江楠威宁分公司成立以来，始终以高度的政治担当和责任担当，通过产业帮扶带动当地农业产业发展，建立持续稳定的农产品销售渠道，有效构建农产品产、供、销体系，为如期、稳定、高质量打赢脱贫攻坚战贡献自己的力量。

北京京丰岳各庄农副产品批发市场中心：

岳各庄市场在市、区、乡扶贫工作的指导下，积极承担社会责任，发挥自身优势，把贫困地区群众发展生产增收脱贫与解决老百姓"菜篮子""米袋子""果盘子"问题结合，助力精准扶贫。

深拓消费扶贫，助力致富增收。2020 年 10 月在市场成立了北京市消费扶贫双创中心丰台分中心，以党建为引领，通过"主题党日＋消费扶贫""党建＋线上线下销售"运行模式，帮助 12 个省、自治区，30 个地区的扶贫产品进行展示销售，展示近 515 种农副产品。截至 2020 年 12 月 17 日，共开展 35 场主题党日活动，接手大宗订单 27 单，订货金额 50 万余元，带动 4 万余人脱贫。

坚持产业扶贫，变输血为造血。依托岳各庄市场销售优势和管理经验，2019 年岳各庄村投资 2 亿元在内蒙古林西县建设北京岳各庄农副产品交易中心扶贫产业项目。市场充分发挥龙头企业带动作用，助力京蒙两地市场优势互补，资源共享，直通两地农副产品销售，保障国家农副产品生产供应。从 2019 年起，市场流转承租林西县官地镇新民村 414 亩土地，打造绿色蔬菜种植基地。已让当地 300 多名村民受益，带动了 21 户贫困户脱贫，收获绿色蔬菜 800 多万斤，村民实现了年收入翻番。

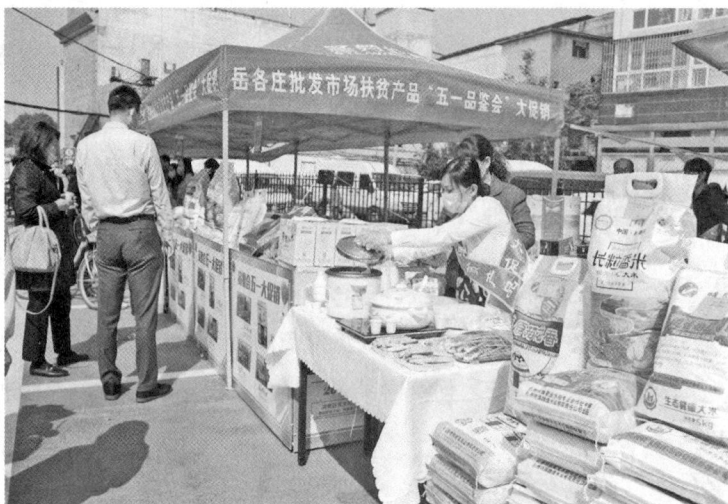

上海蔬菜（集团）有限公司党委副书记、副总裁顾正斌：

顾正斌充分发挥"大市场、大流通、大平台"优势，注重把江桥市场、西郊国际两个大市场打造成精准扶贫的大通路、大平台，年累计销售扶贫农产品12.5万吨，近8亿元，每年带动数万建档立卡贫困户平稳增收。

2020年新冠肺炎疫情发生后，面对疫情暴发致使帮扶地区农产品滞销，顾正斌想方设法克服防疫困难，组织西郊国际、江桥批发市场商户开展对口帮扶产销对接，累计销售云贵地区菜、果、肉8.5万吨，交易额4.2亿元。顾正斌还通过市场平台先后对新疆、云南、贵州的农业管理人员、种植技术人员、大学生村官进行实地带教培训，为贫困地区蔬菜产业发展培养后备人才。

2018年至2020年，江桥市场先后帮助全国122个贫困县销售200余品种的蔬菜约71.4万吨，销售金额达19.2亿元。

2020年6月7日，上海市消费扶贫工作平台正式成立，顾正斌带领员工积极投入其中。围绕上海市2020年"一达到、两超过"扶贫目标，创新建立产品认定平台、推广销售平台、数据整合平台"三台共建"思路，建立健全消费扶贫市场前端、营销后端、消费终端"三端联动"机制，消费扶贫平台已实现832个贫困县产品集成销售额超126亿元，其中云贵地区56亿元，用沉甸甸的扶贫成绩单，为助力对口地区如期脱贫贡献"光明力量"。

湖南佳惠集团董事长李小红：

湖南佳慧集团董事长李小红继荣获"2020年全国脱贫攻坚奖奉献奖"之后，再次获得"全国脱贫攻坚先进个人"荣誉表彰。

党的十八大以来，全党全国各族人民积极响应习近平总书记号召，认真贯彻落实党中央、国务院关于脱贫攻坚决策部署，踊跃投身脱贫攻坚战。李小红董事长带领湖南佳惠集团积极投身武陵山集中连片特困区脱贫攻坚事业。扎根五省交界、市场薄弱的地方，开办零售连锁门店将城市美好生活带到广阔的农村；把市场建在老百姓的家门口，把技术送到农民的田间地头，用心用情解决农民"买难""卖难"问题。

2013年，李小红董事长被家乡人民推选为第十二届全国人大代表以来，积极担当使命建言献策，紧盯武陵山片区脱贫攻坚的难点。参加8次全国人代会，提交涉及武陵山片区农产品销售等相关产业扶贫建议31个。2015年，冷链"最先一公里"建议在多地得到落实，农产品损耗大幅降低，"卖难""贱卖"的现象得到有效缓解。2019年，关于加强农产品产销对接工作的建议，引起国务院及国家相关部委的高度关注。

李小红董事长长期关注中西部欠发达地区特别是贫困地区农产品产销对接"堵点""痛点"，深深地知道，农产品卖得好不好，直接关系到农民的钱袋子鼓不鼓。佳惠集团建成1000余亩佳惠农产品（冷链）物流产业园，实现产地与园区有效链接。2020年7月入选全国首批17个国家骨干冷链物流基地，为武陵山片区农产品优质优价"出山"搭建好平台。建成1000余亩佳惠农产品（冷链）物流产业园，农产品销售额以每年10%的增速逐年提升。以"公司＋基地＋农户"模式建立20多个品种的订单农业基地，引导建设标准化果蔬基地30余万亩，签订订单农业92个，带动20多万群众脱贫致富。

脱贫攻坚——佳惠"答卷"：捐建9处产地预冷保鲜库，成为片区产地冷链仓储建设的示范标杆

围绕农产品"最先一公里"问题解决，不断探索打造农产品产地预冷库＋佳惠农产品（冷链）物流产业园的冷链全产业链条。先后在交通闭塞、经济落后的芷江五郎溪村、花垣县十八洞村、鹤城区仇家村等9个贫困村建立了45个合计4500吨产地预冷库，示范带动周边实施建设产地预冷库和保鲜库项目超过320个，逐步解决农产品采摘、储存等产后商品化处理难题，打通片区农产品以"高身价"出村进城的上行通道。

2020年疫情期间，佳惠集团作为商务部确定的全省两个民生商品保供单位之一，全力以赴保供稳价，确保民生商品不断供，不涨价。国家商务部发来感谢信，肯定和表彰佳惠所做的贡献。

疫情期间，农贸市场关闭导致周边农产品滞销严重。得到政府相关情况通报后，李小红董事长连夜组织、发动集团各分公司，尽己所能帮助销售农产品，为农户挽回损失5000多万元。

2020年12月以来，对症下药解决怀化各县市柑橘滞销问题，联系全国39家连锁超市联盟企业销售3000余万斤，初步建成了长期稳定的柑橘供应链。

"脱贫摘帽不是终点，而是新生活、新奋斗的起点。"在全面推进乡村振兴、巩固拓展脱贫攻坚的新征程中，李小红董事长表示，将带领佳惠集团接续奋斗，争取有更大更好的作为。

南京农副物流中心果品市场 A209 档口商户齐峰：

南京农副物流中心果品市场 A209 档口商户齐峰荣获"全国脱贫攻坚先进个人"称号。

陕西齐峰果业有限公司自 2009 年入驻南京农副物流中心果品市场主营品种为猕猴桃、西瓜。在南京农副物流中心脱贫攻坚宣传号召下，作为当地龙头企业，依托产业优势，推动产业扶贫，齐峰带领公司对口支援和定点帮扶的 7 个镇子 22 个村实现脱贫，惠及 710 多户贫困人口。2020 年，以猕猴桃产业扶贫为主抓手，创新模式，开展直播电商扶贫活动，开展电商培训 6 次，培训人次超过 1000 人次，其中驻村扶贫干部超过 100 人次，贫困户超过 50 人次。通过直播带货，带动销售超过 20 万单，销售额超过 400 万元。

多年来，南京农副物流中心深入贯彻中央脱贫攻坚战略，全面落实省市区党委、政府关于消费扶贫的一系列文件要求，认真履职、务实运作，在产销合作、促进消费、帮扶对接、助农致富等方面取得较好成效。主要呈现以下四个特点：一是消费扶贫规模体现一个"大"字。充分发挥南京农副物流中心在西果东输、南菜北运，以及带动"三农"发展的重要节点作用，衔接全国农副产品产销，11 年来累计实现市场交易额超过 4000 亿元，交易量突破 9000 万吨，促进消费、兴农富农成效明显。二是产销对接路径体现一个"广"字。先后与西藏拉萨、青海海南州、甘肃金昌、新疆伊犁特克斯、陕西洛南等 20 余个地区开展精准对接，签订产业合作协议 60 余份，涉及单品超过 200 种，通过"一品一策""双挂牌、双贴标"等有效措施，进一步提高优质农产品附加值、知名度、影响力，合作金额累计超 10 亿元。三是消费促进模式体现一个"新"字。建设 1000 平方米特色农产品展示销售专区，为中西部特色农产品"进苏入宁"搭建有效渠道。四是疏困惠农措施体现一个"实"字。为中西部地区经销商提供"三优先、一优惠"服务，即：优先安排货位，优先安排销售，优先安排仓储以及优惠市场服务收费，有效解决农产品卖难问题。先后解决青海牦牛奶滞销、虹鳟鱼产销脱节等 20 余件产销衔接专项工作，将数千种中西部优质农副产品成功推介到了华东消费者的餐桌上。

北京首农东方食品供应链管理集团有限公司：践行国企社会责任 着力推动对口帮扶地区乡村振兴

多年来，北京首农东方食品供应链管理集团有限公司践行国有企业社会责任担当，深入贯彻落实中央、市委市政府、市国资委、市扶贫支援办以及首农食品集团的扶贫决策部署，坚持"五带动""四不摘"，积极全力推进对脱贫地区的帮扶工作，深刻领会开展集体经济薄弱村帮扶工作的重要意义，不断探索利用公司资源优势实施产业扶贫新途径，协助当地农民解决农产品销售问题，在促进农业增效、农民增收等方面做出了突出贡献，取得了很好的效果，为北京市对口支援地区脱贫攻坚战、对口帮扶地区乡村振兴打得赢、打得好贡献了国企力量。

北京首农东方食品供应链有限公司隶属于北京首农食品集团有限公司，2020年11月由北京二商东方食品集团有限公司、北京京粮物流有限公司、北京五环顺通供应链管理有限公司、北京二商肉类食品集团有限公司团购事业部整合重组成立。重组后的首农东方供应链，打造一站式全品类食材供应平台，构建保障首都人民美好生活的大厨房供应链体系，为首都及全国消费者提供新鲜营养、安全健康食品。公司拥有西南郊肉类水产品、四道口水产品等交易市场，是我国北方肉类、水产品、农副产品等商品的重要集散地，拥有自建型、订单型、合作型蔬菜基地近10万亩，打造从农田到餐桌的完整食品供应链，提供三品一标蔬菜，拥有仓储资源雄厚，一站式物流平台资源。公司还承担着重要活动的食品供应服务保障工作及北京市政府储备任务。

天河水村位于门头沟区清水镇最西部，109国道沿线107公里处，属于109国道沿线的深山区，距离清水镇政府13公里，距北京市界不足5公里，位于百花山自然保护区核心区内。天河水村交通不便，土地资源少，没有灌溉种植水源，主要作物为杏树、核桃树，农作物受自然条件的影响大，产量低、收益小。再加上受自然保护区环保政策限制，无法开展传统养殖业，种植业开展受到极大限制。天河水村的自然资源现状，导致其没有主导产业，所有收入都来自政府补贴和专项补助款，没有自主经济来源。

一、持续深入推进"一企一村"帮扶脱低工作，积极落实精准扶贫

1.产业帮扶工作

首农东方供应链积极主动把对口帮扶工作与产业结构调整、产业转型升级结合起来，持续推进"产

业推动、科技驱动、渠道联动、品牌互动、就业带动"的精准帮扶模式，确保对口帮扶工作顺利开展。公司领导高度重视，把"一企一村"帮扶脱低工作作为一项重大的政治任务和一项重要的民生工程抓在手上，对帮扶工作机构、方案进行详细部署，主要进行以下几项工作。

一是确保对口帮扶工作组织到位、领导到位、措施到位。成立帮扶工作领导小组，设立帮扶工作办公室，建立帮扶工作协调机制，由公司主管领导具体负责帮扶工作，明确工作职责和工作任务，与村两委、第一书记紧密协作。二是因地制宜，遴选项目。公司详细调研了低收入户家庭情况，并赴天河水老村林地实地察看。根据天河水村实际情况，公司与村两委进行充分沟通，多次召开专题会，在党委会上研究帮扶工作思路和帮扶措施，先后探讨了就业帮扶、民宿、药材种植、林下经济、引水灌溉等多个帮扶备选方案。考虑到环保政策等多方面原因，种植类项目均遇到不同程度的困难，而蜜蜂养殖产业具有投入小、见效快、可持续、无污染等特点，能够充分利用天河水村周边丰富的自然资源，最终确定以养蜂帮扶作为帮扶主导产业。定期研究、听取汇报、推进落实。三是与天河水村村委会签订"一村一企"结对帮扶协议书。

首农东方供应链自2018年起承担低收入村门头沟区清水镇天河水村的对口帮扶任务，持续开展养蜂帮扶项目。为解决低收入户没有养蜂技能问题，蜜蜂统一由村合作社代养，在确保每箱蜂每年向低收入户返还不低于200元收益的基础上，合作社自负盈亏，有效激励合作社的经营积极性。经过持续运作，目前已经形成了统一采购蜂群蜂具、统一饲养、统一销售蜂蜜的"三统一"模式，建立起了"龙头公司＋合作社＋低收入户"稳定的产业链接机制。通过创新合作模式，助力了天河水村低收入户发展养蜂产业。

截至2020年，连续3年购置蜂群蜂具260箱，累计投入20余万元，累计营业收入48万元。260套蜂群生产情况良好，每箱蜜蜂每年产值约1200元，低收入户纯收益200元，天河水村所有低收入户已全部脱低。

2.就业帮扶工作

在产业帮扶合作项目，优先招收门头沟区清水镇天河水村低收入人群，首农东方供应链通过加大岗前、岗中培训力度，开展实用技术、生产技能、经管管理等技能培训，提供劳动和社会保障，开展订单定向培训，为村民提供部分适合的工作岗位，如：冷库门卫、保洁等岗位、叉车工、电梯工、蔬菜配送分拣员等，确保低收入农户每户至少有一人就业，确保低收入户稳定。

在清水镇政府的大力支持下，首农东方供应链与天河水村两委一道，克服劳动力、环境、区位等限制，紧紧围绕"聚焦精准、关注民生"的原则，发挥公司资源优势、产业优势、渠道优势，通过产业帮扶、就业帮扶等形式，连续几年持续投入，共同关注项目运营情况，随时解决项目中遇到的各种困难和问题，助力天河水村在2019年提前一年实现全面脱低，所有低收入农户家庭人均可支配收入超过低收入标准线。有劳动能力、有就业意愿的低收入劳动力实现了就业，助力门头沟区清水镇天河水村低收入农户按计划脱贫致富，圆满完成了"一企一村"结对帮扶任务，有力践行了国有企业的政治使命和社会责任，为扶贫攻坚工作做出应有的贡献。

二、落实疫情防控措施，发挥销售渠道优势，优先采购对口帮扶地区产品

2020年是国家脱贫攻坚战决战决胜、收官之年，也是新冠肺炎疫情暴发的时期，首农东方供应链严格落实助力决战决胜脱贫攻坚座谈会的指示，克服新冠肺炎疫情影响，推进首农东方供应链扶贫协作和疫情防控两大战疫，根据北京市政府提出"保价格、保质量、保供应"行动，充分发挥食品新供应链体系在国家特殊时期的服务保障作用。链接起食品生产、采购、储藏、物流、数字分析等端点，整合调动起前端供应链的大型冻品采购供应商，赋能小型零售商超，一起服务好首都百姓，得到了各级政府的充分肯定和大力支持。

在疫情期间，公司仍不忘落实优先采购对口帮扶地区产品，在河北省累计采购速冻食品、禽类制品3000余吨，采购金额达到4000余万元。

三、理清发展路径，构建帮扶机制，扎实推进帮扶农村集体经济薄弱村增收工作

2021年，首农东方供应链为贯彻全市集体经济薄弱村增收工作会议精神，按照市委农工委和市农业农村局、市国资委及首农食品集团部署安排，切实做好对薄弱村增收帮扶工作。

首农东方供应链积极与门头沟区清水镇天河水村对接，在镇党委"生态建镇、旅游强镇、林木富镇"发展思路下，提出开展林下经济文冠果树种植和特色民宿经营等想法，结合首农东方供应链打造全品类食材、一站式服务平台和构建保障首都人民美好生活的大厨房供应链体系目标，配合区镇扶持政策，积极发挥自己产品经营的优势，更深入地就如何提高村集体经济收入进行探讨，从发展服务经济、延伸产业链条、拓展产业空间、提升经营能力等方面，论证了各项发展方式的可行性，最终达成蜂蜜产销的初步消薄方案，争取在有限的条件下，尽快、尽好地把消薄工作做好，以达到提高天河水村集体经济收入的目标。

首农东方供应链与天河水村已经完成《市管国企助力集体经济薄弱村增收协议书》的签订，并于2021年年初对蜂群蜂具统一采购，由首农东方供应链与天河水村共同采购蜂群蜂具，确保种群品种品质，由天河水村委托专业蜜蜂饲养合作社进行统一饲养。为确保优质蜂蜜产出数量，继续实行激励机制。蜂蜜由合作社与村按比例分配，实现成果共享、风险共担。通过此种方式，破解天河水村农户缺乏养殖技能，以及合作社养殖积极性不高的两个难题，同时保证有足量优质原蜜产出。

四、强化统筹协调，营造长效机制

脱贫摘帽不是终点，按照"脱贫不脱责任、脱贫不脱政策、脱贫不脱帮扶、脱贫不脱监管"的要求，首农东方供应链将以更高的站位和更长远的眼光，瞄准"十四五"甚至更远的方向，首农东方供应链与天河水村将长期建立良性互动，将帮扶农村集体经济薄弱村增收工作与公司发展有机结合，培育属于自己的"模式"构筑公司发展新的优势，找准研究双方的结合点和着力点，将企业发展融入受援地区的发展中，形成新的增长空间，实现近期增长目标和长远发展战略的有效衔接，实现援受双方优势互补、互惠互利、合作共赢。从"精准扶贫"转向"乡村振兴"，从聚焦"帮扶""脱贫"等主题，转向更丰富更深远的美丽乡村与新农村建设，以更多元的形式展示乡村振兴成果。

地利集团：产业资源精准对接，创新驱动助力乡村振兴

继脱贫攻坚战取得全面胜利后，我国将全面推进乡村振兴战略。2021年中央一号文件《中共中央、国务院关于全面推进乡村振兴加快农业农村现代化的意见》明确了"坚持农业农村优先发展，坚持农业现代化与农村现代化一体设计、一并推进，坚持创新驱动发展"的指导思想。

作为推进乡村经济建设的一支有生力量，民营企业，尤其是与农产品相关行业的民营企业，在带动了农业产业结构调整、城乡融合发展，推动乡村加入现代产业链协同，让农民更多分享产业增值收益方面，过去多年来发挥了积极有益的巨大作用。随着"三农"工作重心将发生历史性转移，如何充分调动民营企业等市场化力量的积极性，做好巩固脱贫攻坚成果同乡村振兴之间的衔接纽带，发挥企业市场主体作用，深入参与农业农村现代化建设是乡村振兴战略推进过程中具有现实意义的重要课题。地利集团作为国内农产品流通行业最具代表性的民营企业，多年来在产业融合、供应链创新以及科技与服务转型过程中，通过产业对接精准扶贫，助力乡村振兴，对拉动业务覆盖区域的农村发展产生了实质性成效。

一、产业＋基建助力乡村振兴战略——春渚村案例

地利集团在东北、华东、西南等区域运营 10 家大型农批物流园，并在全国拥有近 400 家生鲜连锁超市，是农产品流通业内少有的全产业链布局的企业。多年来，地利各农批物流园及生鲜超市在业务覆盖的浙江、辽宁、黑龙江、贵州、山东等多地，通过农资捐赠、专业合作社组建、先进技术引进和培训、终端渠道销售推广等持续进行产业扶助，助力脱贫攻坚和乡村振兴。

浙江省杭州市富阳区新桐乡春渚村位于富阳西南部，杨梅种植是该村村民的主要经济来源。虽然种植历史悠久，但此前一直存在规模小、产量低，集体经济薄弱等问题。

2005 年，杭州市文明办牵线地利集团旗下杭州果品集团有限公司（简称"杭州果品"）开始对该村结对帮扶。经过调研，杭州果品提出以水果经营和技术优势为依托，鼓励村民引进优良品种，走规模化发展道路，并围绕建设"千亩杨梅基地"的村发展蓝图，进行品种引进、科学种植、生产管理、渠道销售等产业链帮扶。

除产业源头扶持外，交通是村经济发展的大动脉，加强农村交通基础设施建设也是实现乡村产业兴旺的关键。春渚村通往杨梅基地的道路崎岖难行，路宽仅 4 米且穿村而过，每当杨梅成熟时，部分上门收购的客商和自驾游客因道路严重拥堵而折返，交通不畅成为春渚村经济发展的瓶颈。公司决定提供资金修建通往杨梅基地宽 10 米、长 500 米的村道，道路规划绕村而过后与原道路连接，建成后既保障了村道安全，村容整洁以及村民的日常生活，又打开了村经济发展的快车道。

短短几年间，春渚村杨梅种植已连片发展千余亩，占富阳杨梅栽培面积的 30% 以上，年产量超 30 万斤，被列为富阳农业综合开发示范基地和杨梅生态村。 如今每到入夏时节，杨梅山上漫山绿树万点嫣红，村民们忙着招呼客商、包装、收款。村里的老年活动中心、江边步行道亮灯工程等也在地利的帮扶资金支持下陆续建成，人居环境明显改善，村民们的生活越来越有奔头。

产业兴旺是乡村振兴的"牛鼻子"，要做好巩固拓展脱贫攻坚成果同乡村振兴有效衔接，也就意味着民营企业要在产业帮扶的可持续性上发力。多年来，地利集团在业务所在地区域政府指导下，着眼于"做示范、塑品牌、带农户、可持续"进行产业帮扶，并把扶贫和企业核心产业的发展充分融合，形成可持续的产业"黏性"，长效助推农村脱贫与振兴。

二、科技与创新引领农产品流通产业升级——杭州水产市场"五化"案例

当前，我国农业农村经济发展的基础条件、目标任务都发生了深刻变化，农业发展已由增产导向转向提质导向，亟须科技支撑与创新驱动。此外，在"新基建"国家战略的大背景下，5G、云计算、大数据、人工智能、工业互联网等信息技术飞速发展，并迅速席卷各行各业，快速应用落地。作为关乎国计民生的根基产业和现代化、数字化、智能化水平相对较低的行业，农业包括种植、流通、销售等环节的"产业基础高级化、产业链现代化"也必将成为"新基建"改造的关键领域。

地利集团于 2019 年提出全新的转型升级发展战略，即通过科技与服务赋能，搭建一体化生鲜流通综合服务体系，向"现代化生鲜流通服务商"转型。在新战略指引下，地利集团自主研发了农批市场业务管理系统、集约共享中心管理系统、物流配送服务系统、供应链金融系统、农溯安食品安全追溯系统等，并打通了交易、仓储、物流、配送、检测数据，形成了智慧流通服务平台。

地利集团以农批物流园为基础，打造标准化、可复制的产地或销地"集约共享中心"，形成"基石业务"，并以此为基础，通过提供集采集配、净菜工厂、中央厨房、冷链仓储、电商宅配、供应链金融等综合服务，搭建共享、开放、集约、智慧化的生鲜流通产业互联网综合服务平台。

在技术硬实力的加持下，地利集团不断升级原有农产品批发市场软硬件设施，地利集团旗下农批物流园先后实现智慧化管理，在引领农产品流通产业升级方面率先打造出了全国领先的标杆案例。

　　以地利集团旗下杭州水产品批发市场为例。作为浙江省政府唯一指定的"五化"，即"便利化""智慧化""人性化""特色化""规范化"提升创建的试点农产品批发市场，杭州水产品批发市场在全国农批市场中率先实现了应用信息集成系统化管理，包括：智能安防系统、"农溯安"产品溯源系统、经营管理数据系统、智能水电系统、智能停车系统、线上咨询投诉系统、摊位管理系统以及阳光厨房系统等。

　　其中，食品安全溯源管理取得了行业性突破，杭州水产品批发市场已上线的"农溯安"溯源系统借鉴"健康三色码"概念，从人防到物防，实现了食用农产品全程可追溯。而基于蚂蚁区块链技术开发的浙江省冷链食品追溯系统（简称"浙冷链"）也在杭州水产品批发市场赋码粘贴冷链码并推广应用，在疫情防控关键时期，真正实现了食品流通来可查，去可追。食品安全追溯问题一直是行业高度关注的焦点，杭州水产品批发市场的溯源体系在浙江省乃至全国处于领先水平，并为产业服务升级提供了可复制的样板。

　　地利集团积极构建"生产端—流通端—零售端"三点一线的生鲜流通新格局，发挥行业龙头企业优势，通过不断壮大产业集群，提升农业和农产品价值链，带动乡村加入产业链高效协同，以实实在在的产业发展助力乡村振兴，其实践案例对广大民营企业深度参与乡村振兴战略具有借鉴意义。

　　实施乡村振兴战略，是党的十九大作出的重大决策部署，也是决胜全面建成小康社会、全面建设社会主义现代化国家的重大历史任务。民营企业应顺应新时代发展大势，不但要把深度参与乡村振兴战略作为履行社会责任的重要渠道，而且要充分把握历史性机遇，扩展自身发展空间和核心竞争力，推动企业发展与社会责任共赢。

2020 年农产品批发市场行业企业发展
经典案例与创新探索亮点

供应链建设

北京首农东方食品供应链管理集团有限集团公司：开拓线上市场　助力转型升级　推进新型供应链业务渠道建设

北京首农东方食品供应链管理集团有限集团公司（以下简称"首农东方供应链"）根据《北京市常态化疫情防控下加强农产品批发市场管理转型升级的意见》，按照丰台区政府、首农食品集团关于清理整顿各类批发交易市场的相关要求，落实北京市、丰台区以及首农食品集团对于首农东方供应链的功能定位，进一步拓宽新型供应链业务渠道，充分挖掘西南郊市场现有商户资源潜力，通过线上线下融合，与商户形成"互为市场""互为客户""协同发展"的态势，逐步完成了西南郊市场由传统交易模式向新型供应链业务转型。

一、西南郊园区基本情况

西南郊食品服务园区位于南三环玉泉营立交桥西侧，为京津冀主要交通枢纽门户。占地总面积约 11 万平方米，建筑总面积约 11.2 万平方米。园区内有首农东方供应链总部以及"北京西南郊肉类水产品市场有限集团公司""北京市西南郊食品冷冻有限集团公司""北京市食品供应处 34 号供应部有限集团公司""北京三新冷藏储运有限集团公司" 4 家所属经营单位。2019 年，4 家经营单位实现营业收入近 60 亿元。

北京西南郊肉类水产品市场有限集团公司成立于 1994 年，主要负责对交易批发市场和精品厅的经营和管理，是北京市最大的冻品配送中心，其中：交易批发市场建筑面积 1 万余平方米，经营面积近 9000 平方米，地下一层及地上三层为交易大厅，四层为办公用房，拥有市场摊位近 700 户，从业人员近 1400 人。

西南郊市场是专业冷冻食品批发市场，无零售业务。主要经营冷冻水产、猪肉类、牛羊类、禽类、调理品、速冻食品、面点等七大类。其中：禽类占 33%，水产占 30%，调理品占 18%，猪肉占 15%。平均日交易规模约 3000 吨，约占北京市冷冻食品供应量的 80%。2019 年年交易量约 100 万吨，交易额约 280 亿元。

北京西南郊食品冷冻有限集团公司（以下简称西南郊冷库）成立于 1978 年，总储藏力达 5 万余吨，备有常温、0—5 度和 -18 度库房，以容量 30 吨至 2000 吨低温储藏库为主，是集食品贸易、食品仓储于一体的现代化综合仓储服务企业。承担着北京市政府冻猪肉储备任务，北京冻品市场占有率达 70% 以上，销售渠道主要有：一是北京地区的各二、三级批发市场（大洋路、石门、八里桥、岳各庄等几十家）；二是市内各大超市（永辉超市、物美超市、京客隆超市、乐购超市、首航超市、欧尚、家乐福、盒马鲜生等近百家超市系统）；三是各电商平台（京东、淘宝、叮当网等）；四是各大专院校、机关食堂；五是市内各餐饮企业，享有"京城第一大冰箱"的美誉。在2020年疫情期间，承担了冻鸡肉临时储备任务，在保障市场供应和应急储备方面发挥重要作用。

二、西南郊市场经营模式转型背景

1. 落实新冠肺炎疫情防控领导小组会议重要指示精神的需要

加快落实北京新冠肺炎疫情防控领导小组第八十四次会议精神，按照丰台区政府批发市场冷链食品疫情防控常态化和首农食品集团战略规划定位要求，立即启动、扎实做好西南郊市场转型升级工作，把西南郊市场转型升级为商务办公及业务洽谈功能为一体的商务服务中心。

2. 落实丰台区物流设施节点规划功能定位的需要

丰台区已将西南郊园区列入丰台区保供物流设施节点规划中的六个主要节点之一，西南郊园区未来将逐步向"西南郊冷链食品配送中心"转型。为配合这一定位原有西南郊市场经营模式需要结合新型供应链业务，形成集仓储物流、配送、展示等功能于一体的全新经营模式。

3. 加快首农东方供应链战略实施落地的需要

"十四五"落地实施方案中指出，"要以首农产品为核心，以冷库和市场客户产品为依托，遴选优质产品，通过提供展示、品鉴、推介等方式优化渠道，丰富品种实现全品类供应"。西南郊市场必须要结合首农食品集团内部的产品资源，以西南郊市场丰富的商户和渠道资源为抓手，逐步实现商流、物流、资金流、信息流互通互联，通过线上线下融合，进一步引导商户转变经营理念，融入首农东方供应链"互为资源、互为客户、互为市场、互为生态"的发展理念。

三、做好疫情防控工作，助牢食品安全防线

1. 加强领导，落实主体责任

首农东方供应链深入贯彻落实北京市政府、首农食品集团疫情防控工作有关精神和要求，持续强化"外防输入、内防反弹"和"人物并防"的指导思想，切实做好冷链食品新冠肺炎常态化疫情防控工作，筑牢集团公司疫情防控安全屏障。

集团公司成立冷链食品疫情防控工作领导小组，所属各单位围绕关键环节和重点岗位，制订完善了专门的疫情防控工作方案和应急处置预案，包括责任分工、隐患排查、日常管控、后勤保障、应急处置等，按要求严格落实，并将持续根据疫情防控形势和处置经验及时动态修订。

2. 人员、车辆管控及防护工作

建立了持证上岗制度，完善了冷链食品从业人员信息档案，加强了防疫知识的教育和培训，并定期对人员进行核酸检测。

严格车辆进场管理。进场车辆需提前一天通过园区车辆预约平台预约进场，车辆预约须上传车辆、司机有效信息及司机"健康宝"截图。预约司机及车辆凭预约信息、"健康宝"信息并完成"扫码登记"，测温后进入园区。预约进场司机进入园区后应按要求将车辆停至指定区域。进场司机须标准佩戴口罩，不得随意离车，避免与园区人员接触。园区将限制预约司机的活动区域，设置专用卫生间及休息区。

3. 积极推进冷链食品溯源系统建设

根据北京市政府、首农食品集团相关要求，首农东方供应链已于2020年8月26日正式上线冷链食品溯源信息化系统。通过系统能够全面掌握冷链食品供应链流向，可实现出租冷库内商品的生产地、来源地、生产日期、去向地、各类单证（核酸检测报告、进口产品报关单、入境货物检疫检验证明等）的

电子化记录、追溯，有效提升疫情防控常态化冷链食品管理水平和风险防控能力，满足冷链食品疫情防控和食品安全要求。

四、加快转型升级工作，提升服务保障水平

1. 全面取消现场交易，转型电子商务

西南郊市场取消原市场区域实物交易，布设无线网络、电子展示屏，满足商户线上交易、视频、信息系统应用等场景需求。通过"西南郊园区综合服务平台"，将商户原有线下交易转为线上交易、线下配送，打通了商品展示、下单、支付、物流全链条，逐步实现了线上交易、智能贮存、物流集约、流程规范，并于2020年11月1日以全新面貌营业。改造升级投资近700万元，完成了上午服务中心一至三层室内环境提升、无线网络布设和办公洽谈配套家具，改造面积近7300平方米，购置办公家具近600套，布设无线网络发射器30台。

2. 线上线下相融合，拓宽渠道新思路

为拓宽新型供应链业务渠道，做优存量、做大增量，进一步挖掘西南郊市场现有客户资源、渠道资源与首农食品集团产品、渠道相融合，采用"集采分销""分采集销""集采集配"模式提升业务规模和效益，通过线上线下相结合方式对西南郊市场商品进行全品类、全方面展示，快速实现首农大厨房"对内、对外两个全品类"的覆盖，完成由传统贸易向新型供应链业务转型。

在疫情防控常态化的背景下，通过线上线下展示相结合的方式，对商品进行全品类、全方位的展示，增强客户对商品的直观感受体验，加大展示厅引流力度，活跃市场交易气氛，并为做好首都市场供应，确保食品安全作出新的更大贡献。

首农东方供应链是满足人民美好生活的首农大厨房，是首农食品集团公司对外供应服务的大窗口，是首农食品集团公司全球食品采买的大平台，对外链接采买端和消费端，实现安全品质的食品供应；对内服务所属企业，实现产品高效流通和深度经销。通过致力于构建"控两端、带一链、三共享"新型供应链体系，横向打通供应链各个环节，推动集团公司各板块协同发展，加快推进集团公司由产品供应商向服务商转变，打造引领健康美好生活的产业发展新模式和首都生活性服务业标志性品牌。

食品安全

天津金元宝滨海农产品交易市场：电子结算规范管理 食品安全责任担当

天津金元宝滨海农产品交易市场有限公司（以下简称"金元宝市场"）坐落于滨海新区的核心位置，占地面积10.7万平方米，建筑面积9.2万平方米，总投资2.8亿元，拥有常驻商户、流动商户近2000户，主要经营蔬菜、水果、水产、大肉、副食调料、粮油、日用百货、冷冻品等20个大类，4000多个品种的商品。

自2008年3月10日开业以来，在各级政府部门的大力扶植下，在全国城市农贸中心联合会的关怀和指导下，金元宝市场秉承金元宝集团"纯朴、热情、勤奋、忠诚"的企业精神，坚持"合作、共赢、创新、发展"的经营理念，以品牌战略和诚信经营为思路，依托国家扶植政策借势发展，引入现代化技术"电子结算"，转化为内生动力，成为天津市首家实施电子结算的农产品批发市场、天津市首家拥有"电子结算"软件著作权的农产品批发市场。经过十余年的不懈努力，金元宝市场电子结算快速发展，领先天津市行业整体水平，促进了企业综合管理水平的全面优化，不仅实现了科学规范管理，在食品安全监管方面更是取得显著成效。

一、金元宝农产品市场电子结算发展概况

"电子结算"作为新兴结算管理手段，与传统结算方式相比有着明显的优势：

从买卖交易的角度看，电子结算交易业务流程加快了交易速度，规范了交易行为，扼制了一些不良交易行为，节约人员成本，保障公平交易。

从经营管理的角度看，电子结算流程的运行带来大量的准确数据信息，促进了市场的精细化管理和农产品流通的发展，加快了企业决策速度。同时，便于政府对农产品供销的监控，对城市"菜篮子工程"及食品安全管理起着重要的辅助作用。

虽然电子结算有着诸多优势，但是金元宝市场全面实施电子结算的过程却并不顺利，新兴事物取代旧事物是一个艰难曲折的过程。

按照国家政策扶植方向，金元宝市场于2009年开始探索电子结算，一方面组织人员到商务部学习、到外地考察，对电子结算的设计方案、规划流程、实施过程以及软硬件配套，进行全面学习，另一方面广泛宣传电子结算优势，营造实施的良好氛围。

1. 开拓创新，率先在蔬菜交易中实施电子结算

"电子结算"的实施不仅需要先进的硬件设施作为基础，还需要配套的交易模式作为支撑。

为推进工作进程，金元宝市场先在品类比较单一的蔬菜交易中进行尝试，调整进场收费方式、增补硬件设施、购买配套软件，并于2011年8月率先实施蔬菜电子结算，成为天津市首家实施"电子结算"的农产品批发市场。它的实施，标志着金元宝市场的管理从粗犷到精细的转变，从感性到理性的提升，从人工到数据的切换。

2. 趁热打铁，在果品交易中实施电子结算

不同于蔬菜的单一交易模式，果品交易存在着品类多、价格变动幅度大、单次交易量小、季节性强等特点，为此，金元宝市场改用"出场收费"模式，对商场人员进行实操培训，并于2012年12月实施果品电子结算，全面提高了果品交易的规范化管理，促进了企业管理再升级，质量可追溯系统雏形已现。

3. 完善食品安全监管体系，蓄势待发

作为滨海新区唯一施行"电子结算"的农批市场，由于企业管理规范、硬件基础好、配套完善，2015年，天津市商务委"肉菜追溯系统"项目落户金元宝市场，"索证索票"制度全面普及应用，场内质量可追溯系统功能日渐完善，网络技术日趋成熟，现代化企业管理水平再上新台阶。

2015年10月，新《食品安全法》颁布，金元宝市场组织员工和商户开展了新《食品安全法》专题培训，及时掌握新法规定，强化场内人员守法意识。

2017年，金元宝市场引入政府"智慧监管"项目，对场内的食品安全及监控系统进行升级改造，进一步完善电子监控、巡更系统和食品安全监管体系，提高了企业食品安全的监管能力，实现了"全方位、全环节、全流程"的立体监管。

4. 迎难而上，在肉品交易中实施电子结算

2018年，在"非洲猪瘟"的冲击下，金元宝市场主动作为，积极推行"大肉电子结算"。不同于蔬菜和水果的植物产品交易，大肉交易涉及屠宰、检疫、检验等多个环节，手续烦琐，流程复杂。为此，

金元宝市场多方考察，深入研究方案，甄选优质屠宰企业、实行"先行赔付保证金制度"、做好经营户思想动员、补充硬件配套和软件衔接，做好各项实施准备。

"大肉电子结算"的规范化管理，使私拉病死猪肉的行为再无生存空间。食品安全监管责任重于泰山，为保障新区百姓的大肉食品安全，金元宝市场以农批人的责任担当坚持履行市场主体责任，与不良行为斗争到底，得到了滨海新区政府有关部门的大力支持。

历经重重困难，金元宝市场"大肉电子结算"于2018年12月成功实施，完整的监管闭环大幅提高了食品安全监管能力：私屠乱宰的猪肉无法进入金元宝市场，场内交易的每一块猪肉都能精准追溯至货源屠宰厂，保障了场内猪肉交易的食品安全。强效监管使金元宝市场成为新区名副其实的"放心肉"市场，得到广大消费者的认可，在"非洲猪瘟"肆虐时，场内猪肉交易量不降反增，一举提升40%，一跃成为天津市猪肉日供应量最大的市场，成功抵御了"非洲猪瘟"对猪肉交易市场的恶性影响。

"大肉电子结算"平稳运行后，金元宝市场相继于2019年实行"牛羊肉电子结算"和"禽肉电子结算"，成功攻克了农产品批发市场动物制品食品安全管理的难点，构建了场内完善的质量可追溯体系，在天津地区达到了较高的管理水平。

二、全面升级电子结算，食品安全监管成效显著

借着国家"十三五"规划发展的"东风"，金元宝市场积极推进"电子结算"，大幅提高了企业的规范管理水平和食品安全监管能力，但是由于选用的是成品软件，针对性差，对于农批市场的多品类、多形式、多要求的灵活交易在功能上不够完善，在推进各品类"电子结算"实施的过程中，功能缺陷越来越明显，软件升级换代已成必然。

由于市面上成品软件的功能大同小异，没有产品可用来升级，经过深思熟虑，金元宝市场决定自行定制开发适用于农产品批发市场"电子结算"的专业软件，以滨海新区行业龙头企业的责任担当，带头履行市场主体责任。

"隔行如隔山"，农批市场搞软件开发并不容易，但是为了给今后的发展铺平道路，金元宝市场迎难而上，一方面推进成品"电子结算"系统有序实施，另一方面积极培养技术骨干，组织团队攻坚，做好新系统的开发。凭借多年实施电子结算积累的实战经验，通过学习借鉴业内先进理念，加上对信息技术、物联网技术应用的钻研，结合天津市商务委"肉菜追溯系统"硬件设备的应用，金元宝市场历时半年、耗资百万，定制开发出了"金元宝市场电子结算交易追溯系统"v1.0版本。

新系统的优势技术核心为："自定义交易模式"。通过选择不同的交易品类、对应不同的取费标准，可选择计重、计数、计费等多种交易模式，相当于把多个交易软件系统功能集成，避免了单一软件无法配合多业务流程的尴尬局面，新系统可以覆盖蔬菜、水果、肉类等多种农产品，并且具备电子交易结算、食品安全追溯、价格体系分析三大主要功能，在高效便捷工作的同时，满足了国家政府部门对农产品价格采集管控、消费者对食品安全可追溯等多重诉求。作为首款自主研发的软件，金元宝市场已申请获批软件著作权。

为确保新系统运行的稳定性，金元宝市场先将新、老两套"电子结算系统"同时运行，经测试无误后，于2019年12月率先在大肉交易中启用"金元宝市场电子结算交易追溯系统"，随后牛羊肉、禽肉交易切换并入新系统，场内质量可追溯体系进一步完善。

遵照国家对食用农产品市场的"入市查验"要求，2020年，在新冠肺炎疫情防控的巨大压力之下，金元宝市场积极调整经营布局，将20吨和60吨两座汽车衡迁移至市场西门入口处，改变果品收费模式，将果品、蔬菜电子结算并入新系统。同时，融合车辆识别、商品称重、按品类收费、票据检验等多项技术，全面升级电子结算系统，完善质量可追溯体系，确保所有进场的蔬菜、果品、大肉在西门入口处即可完成称重、收费、票据检验及复核，严把食品安全"入场关"。

在全面做好疫情防控的同时，金元宝市场电子结算系统于9月份完成升级，正式投用，场内蔬菜、水果、大肉交易全面进入电子结算追溯体系，实现了入场货物上游渠道的全电子化信息采集和录入，提高市场主要出入口的通行效率，减少人员接触，有效降低疫情传播风险，不仅达到了国家对食品安全的监管要求、为企业节约了人员成本、提高了企业的管理效率，更为市场做好疫情防控、保障新区农副产品供应发挥了重要作用。

"十三五"期间，金元宝市场按照国家规划发展方向抓住先机，大力推进电子结算在农批市场落地生根，利用先进的电子结算系统完善质量可追溯体系强化食品安全监管，树立了企业诚信经营、食品安全的良好形象，得到了消费者的广泛认可。金元宝市场蔬菜和猪肉的交易量占滨海新区总供应量的80%以上，已成为环渤海地区重要的农副产品集散地，为保障滨海新区的农副产品食品安全贡献突出。

同时，金元宝市场开辟农批市场之先河，主动出击，掌握了核心技术，使自身"电子结算"技术一跃成为行业领先水平，不仅吸引了兄弟单位参观交流，更是得到了天津市商务局的高度评价，被称赞为"传统农产品批发市场转型升级的成功典范"。

2021年，是中国共产党成立100周年，是国家"十四五"规划的开局之年，面对新的发展良机，金元宝市场将按照国家规划发展方向，继续以民生需求为导向，以"构筑稳固的食品安全供应体系"为己任，在新征程中不断构建、完善农产品产销网络，拓展交易平台，开阔视野，向着更高、更远的目标而不懈努力。

洛阳通河农副产品有限公司：智慧溯源赋能"舌尖上的安全" 勇于担当助力洛阳副中心城市建设

民以食为天，食以安为先。走进坐落在洛阳市瀍河区邙岭大道（老310国道）东侧的洛阳通河农副产品物流产业园（简称通河市场）市场，看到的是品类丰富的农副产品，市场内人头攒动、车来车往一片繁忙景象，还有提升改造后敞亮大气的进出口大门，用仿古瓦装饰一新的商铺、大棚，干净整齐的街道……通河市场自营业以来，始终将食品安全保障工作放在首位。

一、搭建检验检测平台，守护百姓"舌尖上的安全"

为落实市场开办方和经营商户食品安全主体责任，建立数字化信息管理系统，推动智慧化农批市场建设，通河公司自2013年初开业时就在原市农业局的指导下，投资200余万元设立了农产品快速检验检测中心，购置了专业仪器设备、编配了专业人员，以每天240余批次的频率，对蔬菜、水果、水产等进行检验检测并公布检测结果。2020年瀍河区市场监管局将45万元的专用农产品检验检测车配置在了通河市场。随着消费者对检测需求的日益增加，快检中心增加了商户送检随到随检业务，并将检测范围扩大到肉类、粮油、调味品等品类。在大力开展农产品经验检测的同时，为增强广大商户的食品安全意识，通河公司坚持从宣传教育入手，通过广播、展板、图片、标语等形式，加强对《食品安全法》的宣传，每年分批次组织商户进行食品安全知识培训，与全体商户签订食用农产品质量安全协议，把落实食品安全主体责任变成广大商户的自觉行动，进一步巩固了食品安全监管成果。

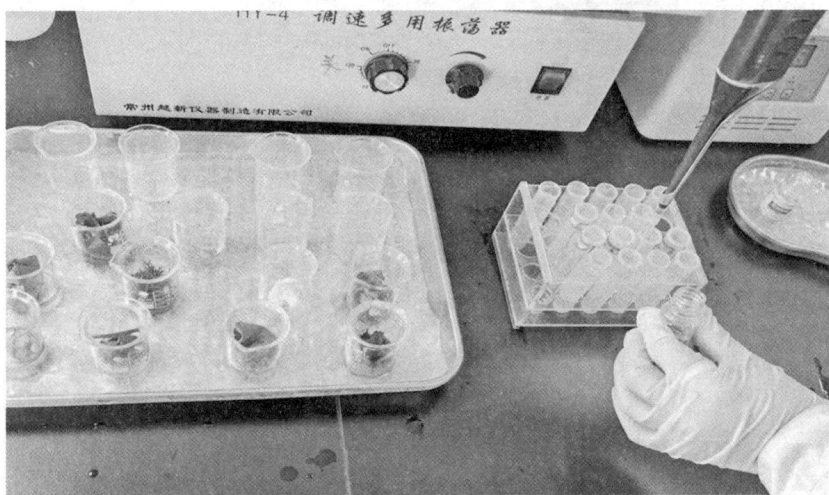

通河市场农产品快检中心

二、建立货源追溯机制，完善智慧农批市场功能

2017年，通河公司投资300余万元定向研发了通河市场"一卡通"电子结算货源追溯系统，该系统设置了货源追溯八道程序、追溯关联主体、追溯信息关口、登记开户办卡、抓拍身份证、货物进场登记、快速抽样检测、现场交易、离场查验、诚信度管理、产销链溯源查询等功能，实现了电子交易卡对卡无币化结算、手机APP交易记录查询、农产品货源追溯、农残检验检测结果公示和商户诚信交易记录一体查询等主要目标，具备了智慧农批市场电子结算、商户经营风险可控、消费者权益可保的经营管理硬件和软件条件，开河南省同行业电子结算和货源追溯机制建立的先河。2020年下半年，公司对市场"一卡通"电子结算货源追溯系统进行了升级改造，搭建了可追溯生鲜配送系统平台、开发了农贸市场追溯J接口、追溯系统总控台及大数据分析系统，交易溯源信息采集扩大到1039万笔，货物原产地信息登记扩大到7万余车次，追溯流程、货源追溯数据、证据链得到进一步优化。同时，对提高蔬菜、水果、肉类、海鲜等农产品流通的组织化、信息化水平，解决农产品流通来源追溯难、去向查证难等问题，增强农产品的质量安全保障能力，产生了积极促进作用。

通河市场"一卡通"电子结算货源追溯系统经过5年的实践应用和不断完善，其功能得到了市场监督管理部门和广大商客户的积极肯定，收到了良好的效果。通河公司正与商务部门协调，计划用一年的时间，在洛阳市区各农贸市场建立分系统，让进入千家万户的菜品，通过扫描二维码即可溯源查询，守护自己"舌尖上的安全"和切身利益。

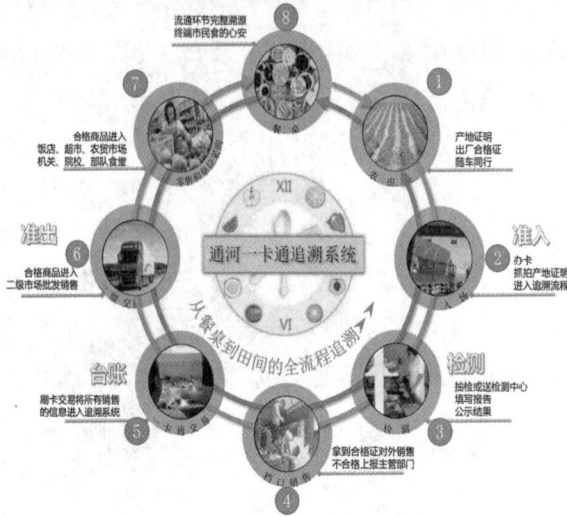

通河农贸城《追溯系统》介绍

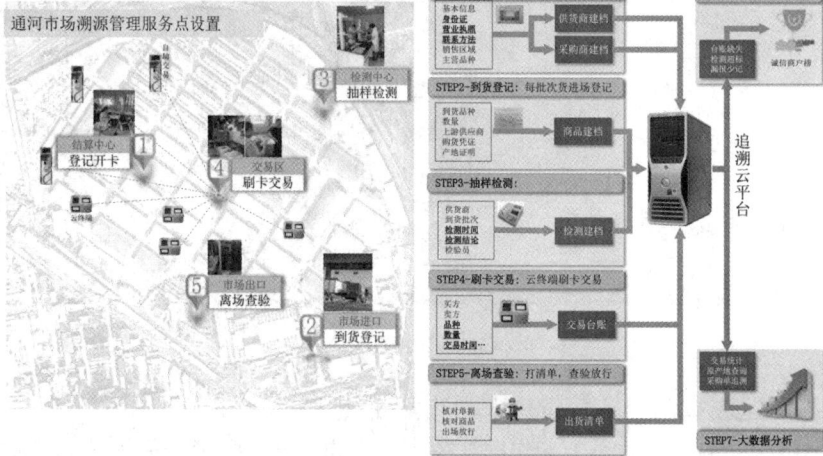

通河农贸城《追溯系统》介绍

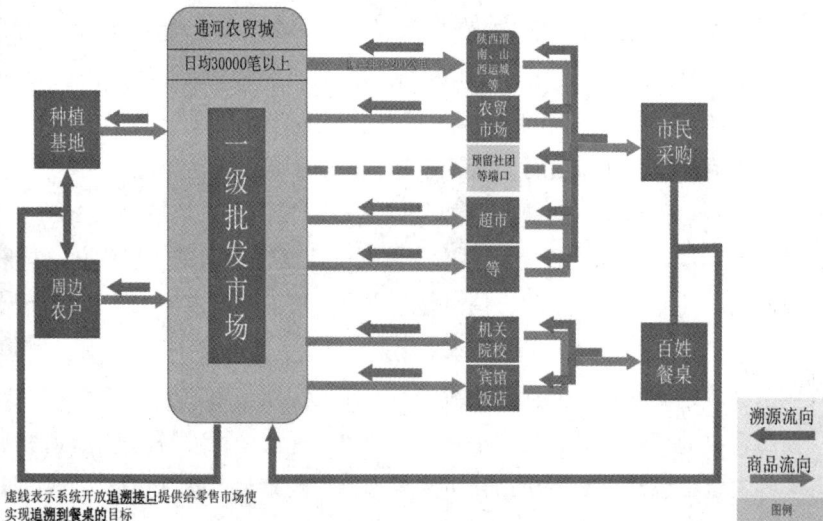

通河农贸城《追溯系统》介绍

注：虚线表示系统开放追溯接口提供给零售市场使用，实现追溯到餐桌的目标

通河市场始终以"服务百姓、服务洛阳、服务三农"为己任，坚持以良心和责任做好农副产品安全保障供应工作，以汇集的来自全国23个省、区、市的农副产品，为洛阳市及周边地区约2000万居民提供80%的农产品供应，交易范围覆盖整个豫西地区并进入山西、陕西境内，形成了约200公里半径的交易圈，间接带动周边地区约10万农民发展种植业、养殖业和食品加工业，连续8年交易额和交易量居豫西地区榜首，已成为豫西地区农批市场一颗璀璨的明珠。

市场管理建设

山东银田农集团有限公司：提升市场管理服务水平 保障市场繁荣稳定

银田农贸城作为菏泽及周边地市千家万户的菜篮子、果盘子、米袋子，关系着百姓舌尖上的食品安全。市场通过完善疫情防控、食品安全、管理服务、环境卫生等主要内容的农贸市场运营标准，提升市场建设、管理和服务水平，保障市场繁荣稳定。

一、疫情防控

市场严格落实进场管控，对进场人员体温测量、健康码核查，要求进场人员必须佩戴口罩。对进场车辆消杀，登记载货车辆产地信息、货物信息。进口冷链食品进场严格核查进口货物报关单、入境检验检疫入境货物证明、肉制品外包装消毒证明、进口冷冻食品核酸证明等7项单据缺一不可。每周与市场监管局联合组织市场商户进行预防性核酸检测。并协助商户协调国内冷鲜冷冻食品货源，保障冷鲜冷冻食品充足供应。

二、食品安全

银田农产品检测中心是国家发改委支持建设的"全国农产品公共检测服务平台"。24小时专职检测员开展农产品检测工作，并将检测数据实时公示上传，不合格的产品不允许进场。市场内大力推行一卡通电子结算追溯系统，采购消费全程体验可追溯，如农产品上游供应源头加工信息、商户信息、交易台账信息等都可查、可追，保证了市场供应的食品安全。

三、服务管理

公司以服务为核心理念，以打造中国一流的综合农产品物流中心为战略定位。制定实施一系列招商、稳商、扶商措施：商户入驻后，安排相关部门办理各项业务（交房、开户、装修、冷库搭建等）。服务管理人员定期对商户回访，了解经营状况，针对商户日常经营中存在的问题给予协助解决。每年组织商户外出考察学习，开阔眼界，提升经营思路，拓宽服务理念。联合银行、金融机构，为市场商户提供供应链金融服务，专门为银田市场商户推出"银田贷"，该业务模式走在了全国农批市场前列。银田集团将持续优化市场经营环境、秩序，为经营户和采购户提供良好交易平台。

四、环境卫生

市场道路畅通，地面整洁卫生、货品摆放整齐有序。商户店内和门口包干区卫生由商户及时打扫，不随意乱丢垃圾，市场保洁人员定时打扫，及时清运，确保垃圾不积堆。

五、诚信经营

市场内固定档口和摊位必须按规定办理食品经营许可证、营业执照，并将其悬挂在显要位置；档口和大棚区每户都有门牌和编号。建立"一户一档"体系并备案，构建诚信经营的放心市场机制。

六、价格计量

市场地磅定期校准，市场货品价格公示，透明，能快速实现农贸市场的微信、支付宝等功能的快捷支付，告别现金烦琐交易，同时还能通过一卡通电子结算，打印溯源小票，扫描小票上的二维码，可以清晰看到交易信息。

七、智慧农批

山东银田农贸集团全面实行"一卡通"场内结算系统、智能监控系统、智能仓管系统、车辆自动识别系统、冷库温度控制省级联网系统、物业管理智能系统等，推进信息化建设，提升精细化管理。成立数据信息中心，对农产品物流中心实行全面数字化运营管理，对产品、数量、价格、商户、采购户、物业管理、检验检测及进出场车辆等进行数据化采集，对采集数据进行综合分析处理并对接线上产生大数据，为下游市场提供更专业完善的服务。大数据对形成价格、传递信息、提供服务、精准营销、食品追溯、供应链金融等方面都有重要作用。大数据平台，还能重构供应链，帮助商户整合全国甚至国际资源，使整个产业链形成良性循环。

洛阳通河农副产品有限公司：提升改造 优化环境 通河市场面貌焕然一新

洛阳通河农副产品物流产业园市场于2013年初开业，是集蔬菜、水果、粮油、副食、水产、冻品、调味、干果、肉类、禽蛋等"十大业态"和市场交易、冷链物流、仓储配送、食品加工、电子结算、检验检测、货源追溯、诚信记录、远程商务、物业服务等"十大功能"于一体的豫西地区最大规模的现代化、信息化、规范化农副产品批发集散地。通河市场以汇集的来自全国23个省市自治区的农产品，为洛阳市及周边地区约2000万居民提供70%的农产品供应。

伴随着洛阳中原城市群副中心城市建设步伐的加快，人口的快速膨胀，洛阳市的功能也在重新定位。为跟上时代的步伐，完善城市保障功能，2020年，通河市场在抗疫保供的同时，从优化市场经营环境入手，对市场老旧基础设施和落后功能进行提升改造。

一、优化经营环境，提升市场形象

2020年3月10日，河南省委一位领导莅临洛阳通河农副产品物流产业园市场调研时指出，"通河市场要对标国内一流市场，进一步加大基础设施建设力度，完善市场功能，改善市场环境，保障食品安全。要抢抓中心城区市场疏解等机遇，确保货源充足、价格稳定"。为将通河市场建成国内一流、河南领先的农副产品批发配送集散地，更好地服务于洛阳人民，从3月底开始，通河公司先后投资2200余万元，对市场的老旧基础设施进行了为期180天的提升改造。为15栋商铺、19座大棚、400米围墙和办公楼加装了仿古瓦，完成了10座蔬菜大棚之间顶部的覆盖连接，对10个大棚山墙进行了封闭，对主要干道的商铺山墙和正面进行了粉刷，市场内公用照明全部更换为LED新型光源，在主干道安装了70平方米大型电子屏幕和正规的道路、区域指示牌，为蔬菜区道路增设了排水沟，更换了破旧摊位招牌，改善了垃圾中转站外观形象；为新建海鲜区7栋大棚、4座库房以及水果区、红薯区、小菜区90余家商户的摊位内增设了二层平台和隔离墙，拓展了经营空间；按照"6S"标准，督导肉类店铺更换了地面瓷砖，粉刷装饰了墙壁，顶棚吊顶，操作间功能分割调整等。提升改造后的通河市场，基础设施外观形象得到了较大提升，各主次干道保通、夜间照明得到了明显改善，摊位内部空间得到了充分利用，摊位招牌、道路指示牌、73家商户冷库外机的安装位置以及新入驻的149家"七一路海鲜市场"商户的门店装饰装修风格得到了规范统一，市场整体环境得到了美化、亮化。

在市场进行提升改造的同时，通河公司以"文明城市创建"为契机，以市场各干道、公厕、死角、摊内卫生清理，店外经营托板和遮阳棚、破旧遮阳网、破旧招牌拆除，小广告铲除、消防通道线规划、消除各种安全隐患等为重点，以"三包十不准"为验收标准，全面展开了市场环境卫生和经营秩序整治工作。面对规模大、持续时间长、保持难度大的市场环境整治活动，所有员工几乎每天都早出晚归、加班加点，多数整改工作不得不一遍又一遍地反复整改，特别是在卫生保洁方面，片区分管员工全天手不离扫把游动保洁，随时清除即时产生的垃圾，全天定时洒水防尘降尘。与此同时，督导商户自扫门前雪，规范摆放货物、车辆和用具，自觉落实线内、店内经营和严禁使用明火等规定。通过近30天的整治，场区面貌焕然一新，为今后的市场管理工作奠定了基础。

二、扩充经营业态，满足"一站式"采购需求

针对洛阳市区同类市场最后一次大规模外迁，为扩充通河市场业态，通河公司成立专班，商户招商和安置大棚建设同步进行。按照工作实施方案，投资2300余万元，历时3个月时间，完成了安置"七一路"海鲜市场外迁商户所需的7栋144个摊位海鲜交易大棚和3座库房、2座大棚的建设和改造任务。与此同时，招商部门积极与外迁商户接触，了解其经营需求，阐明公司相关优惠政策，149家"七一路海鲜市场"商户顺利入驻通河市场。海鲜商户的入驻既丰富了市场业态，又为消费者"一站式"采购创造了条件。

2020年虽有新冠肺炎疫情的影响，但通河公司的经营状况却创历史新高。公司主营业收入同比增长19.72%，上缴税收同比增长22.8%，连续3年实现同比增长超过15%，安置就业1.5万余人。面对未来，通河市场迎来了最好的发展机遇期，通河公司将继续深度融合洛阳城市发展定位，不忘初心，牢记使命，充分发挥自身优势，密切产销对接，助力脱贫攻坚和乡村振兴，为洛阳的经济发展助力，为百姓的餐桌上的安全保驾护航。

信息化建设

中国地利集团：信息科技研发水平达到一流品质标准

2020年11月，中国地利集团旗下深圳市地利时代科技有限公司继2020年9月份取得软件研发CMMI3级认证后，又成功获得ISO/IEC27001信息安全管理体系和ISO9001质量管理体系两项国际权威认证，标志着中国地利集团在软件研发、信息安全、质量管理三个方面已全面与国际标准接轨，说明了中国地利集团的信息科技研发水平已经达到一流品质标准，提升了中国地利集团通过科技赋能农产品新流通的能力。

持续铸就行业标杆

ISO9001是国际标准化组织制定的质量管理体系国际标准，是迄今为止世界上最成熟的质量管理框架。通过ISO9001质量管理体系国际权威认证，说明中国地利集团具备了以最高标准的质量管理研发信息科技产品的实力。ISO27001是世界上应用最广泛的信息安全管理标准，主要用于保障组织的信息安全。这两项国际认证的取得，标志着中国地利集团的研发质量管理及信息安全管理水平已经达到国际领先水平，可以向第三方提供一流的信息科技产品及技术服务解决方案，同时可以凭借自身在行业中领先的技术实力和安全管控体系，为客户的信息安全保驾护航。

2020年中国地利集团连续通过CMMI3级认证，即国际权威的软件体系评估认证规范CMMI（Capability Maturity Model Integration，即"软件能力成熟度模型集成"）3级认证、"ISO9001质量管理体系"及"ISO27001信息安全管理体系"三项国际认证，充分证明了中国地利集团的科技研发能力正朝着系统化、规范化和国际化的方向前进，为中国地利集团以信息科技为核心竞争力，以科技赋能中国农产品新流通体系的发展战略奠定了坚实基础。

全面驱动技术服务升级

2020年新冠肺炎疫情暴发以来，传统农产品流通行业的运营短板和管理缺陷凸显，行业急需科研实力雄厚且能深刻理解行业的公司，输出有针对性的整体技术解决方案，通过科技赋能推动产业升级。

中国地利集团已经完成了交易结算、云摊位、食品溯源、场内综合管理、客户管理等农产品批发市场业务系统的研发工作，并实现了集团所管理的十家农产品批发市场业务系统的统一和数据互联。同时，集团已启动农产品供应链平台SaaS化发展的研发工作，以及覆盖供应链金融、物流等流通产业核心模块的农产品供应链配套服务系统的建设工作。展望未来，以高质量、高标准的信息科技研发能力赋能中国农产品新流通体系已成为中国农产品流通行业发展的大方向。

抗疫保供

洛阳通河农副产品有限公司：抗疫情 保供应 洛阳通河农副产品物流产业园抗疫保供纪实

作为洛阳市新冠肺炎疫情防控指挥部确定的疫情防控期间开业的民生保障企业，通河公司在第一时间（大年初一）积极行动起来，责无旁贷地汇入了抗击疫情、保障民生的洪流中。公司董事长刘长河亲自挂帅，一手抓防控，一手保供应，展现了通河人面对突如其来疫情的快速反应和奉献社会、保障民生的责任担当。

一、疫情防控刻不容缓

新冠肺炎疫情暴发以来，面对1月26日（大年初二）洛阳市市场监督管理局疫情防控工作紧急会议提出的"通河市场要在做好疫情防控的同时还要保障全市人民的农产品日常供应"的紧急要求，面对春节放假、市场商户及城区商（药）店关门歇业，人力物力高度缺乏的实际，董事长刘长河立即组织召开紧急会议，研究防控方案，部署防控工作。1月26日当天制定印发了《关于加强新型冠状病毒感染肺炎疫情防控工作的通知》，成立了以刘长河为组长的疫情防控工作领导小组，制定了《通河农贸城联防联控疫情机制》并向经营商户发出了《致全体商户的倡议书》。防控物资紧缺，刘长河不得不天天围着区政府、市商务局等部门转，找朋友帮忙，先后投入20余万元买来了"84"消毒液、酒精、红外线测温仪、防护服、各种口罩、移动式雾炮机等疫情防控物资用于市场疫情防控和员工、商户自我防护。为防止病毒外来输入形成内防扩散，通河公司采取了五项措施积极应对。一是在市场进口设立监测站，昼夜对进入市场的人员逐人进行体温检测、车辆进行整车消毒，为进入市场人员免费提供抗病毒中药水，劝返未戴口罩、体温在 37.2 度以上或从疫情区来的人员。二是每天 2 次对市场内各业态区域进行消毒。三是每日登记开业商户、了解疫情接触史、纠正交易不戴口罩行为，免费为商户发放口罩、消毒液，劝返湖北、商丘（疫情重灾区）籍商户自行隔离。四是只保留重点岗位上的 66 名员工维持市场运转。五是在保障蔬菜、粮油、猪肉、鸡蛋等日常主要农产品供应的基础上，延迟调味品、冻品、水产、干果、水果等业态商户的开业时间，防止人多聚集交叉感染。由于防控措施得力，且逐日不间断落实到位，保持了通河市场的正常运转，且未出现一例疑似病例，更无确诊病例。

二、保障供应重任在肩

受疫情防控的影响，正月十五之前通河市场各种农产品（主要是蔬菜）的进货量和销售量同比下降 30% 以上，一度出现供不应求的局面。为保障供应，通河公司及时采取"动员更多无疫情接触史的蔬菜商户开业并与商户签订保证书，号召商户不在国家危难时刻发国难财，不在疫情防控期间哄抬物价、囤积居奇，不过多计较交易成本得失，不高于元月 19 日的市场价，协调市、区商务局增发各种车辆通行证"等措施，迅速扭转了局面，市场商户开业数增加到 1500 余家，复工率达 90%，每天来自全国各地的进货车达 300 余车次，进货量 3000 吨以上，各种农产品库存累计达 1 万余吨。每天的销售量约 2500 吨，蔬菜、鸡蛋、粮油、猪肉等主要农产品价格比节前明显下降，满足了市场供应。

三、无私捐赠彰显大爱

在做好本市场疫情防控和保障供应的同时，通河公司于 2 月 8 日向承担洛阳市发热患者集中医学观察的定点医院洛阳市第一人民医院捐赠了价值 2 万余元的蔬菜、水果、鸡蛋等农产品；2 月 11 日向河南省新型冠状病毒感染的肺炎医疗救治定点的医院河南科技大学第一附属医院捐赠了价值 3.2 万余元的蔬菜、水果等农产品；2 月 22 日，通河公司联合郑金丙、张党政等多家商户向河南科技大学第一附属医院捐赠了 50 万元现金，慰问奋战在疫情防控一线的医护人员、救助被感染的人。无私的捐赠彰显了通河市场与社会各界同舟共济、众志成城，坚决打赢疫情防控阻击战的社会责任感。

四、舍己为公不计得失

在疫情防控期间，通河公司较好地履行了"防疫情、保供应、稳物价"的社会承诺，洛阳广播电视台、《洛阳日报》、《洛阳晚报》、《现代物流报》以及多家网络媒体相继多次大篇幅报道了通河公司的疫情防控和保障供应情况，工作实绩得到了省、市、区领导和全社会的赞许和认可。但承诺和责任的背后却是许多不为人知的"舍小家为大家"的默默付出。疫情如火，号令如山。1 月 26 日（大年初二）接到公司指令的员工没有一个找理由退缩的。董事长刘长河连续 70 余天坚守市场没有休息一天。副总经理张爱芬连续 40 天吃住在公司，似乎没有了"家"的概念。保安队长万兵兵的孩子生病住院 10 多天，他没陪护一天。保安队员张建立带病坚守岗位。电工刘青路从大年初一开始背着喷雾器对市场进行喷药消毒，每天消毒两次，每次两小时，每天喷 8 桶，每桶 40 斤重，一背就是 30 余天。由于洛阳市各县市区相继采取了"封村、封社区，限制人员出入"等疫情防控措施，结算中心的潘双双、苗双双等 21 名员工干脆将被褥带上吃住在公司。他们在干好本职工作的同时，还兼职打扫市场各区域的卫生保洁工作，每个在岗员工的工作时间和工作量都是平时的 2 倍还多，一天下来累得顾不上脱衣脱鞋、吃饭洗澡、灰头土脸倒头就睡。大家都知道，新冠肺炎疫情传播速度快、潜伏时间长，任何一个岗位一旦失控哪怕输入一例疑似病例，公司前期的所有工作都将功亏一篑，通河市场将被封闭，洛阳市民的日常生活将会受到极大的影响。所以，上到公司董事长下至各岗位员工不敢有丝毫的松懈大意和掉以轻心。他们的义无反顾为的是通河市场在全市人民最需要的时候能防得严、供得上、稳得住，让全市人民的春节过得安稳、日常生活不受影响！面对疫情，通河人展现出了强大的应变能力、组织能力和攻坚克难能力，每一个在岗职工都有着强烈的责任担当和心甘情愿地为通河、为洛阳抗击疫情保障供应做贡献必胜信念。他们很平凡，但无疑都是逆行者、无畏者、奉献者。董事长刘长河表示，通河公司将按照上级的指示，继续加大防疫防控力度，用最严格的防控措施，严阵以待，严防死守，为巩固来之不易的疫情防控成果，为坚决打赢新冠肺炎疫情防控阻击战，确保全市人民的日常生活供应做出新的更大贡献。

作为疫情防控期间的民生保障企业，省、市、区党委政府高度重视和关心通河市场的疫情防控和保障供应情况，省商务厅、省市场监督管理局以及市直职能部门分别以明察暗访的形式检查指导通河市场工作，对通河的疫情防控和保障供应工作给予了高度评价。为此，董事长刘长河被河南省统战部等4部门授予"抗疫民营经济先进个人"称号，被洛阳市委、市政府授予了"洛阳市抗击新冠肺炎疫情先进个人"称号，被洛阳市人大常委会授予"优秀人大代表"称号。

通河人虽然不像一线抗击疫情的医护人员那样抢眼，但他们凭着对洛阳市人民"菜篮子"坚定守护的责任感在发光、发热，正是这些点滴的光和热照亮了通河市场，筑牢了通河市场的疫情防线，满足了百姓餐桌上的需求。我们有理由相信：再凛冽的寒冬也阻挡不住春天的到来，通河逆流而上，最终会越发强大！

北京首农东方食品供应链管理集团有限公司：奋力战疫保市场 大战大考显担当

北京首农东方食品供应链管理集团有限公司（以下简称东方供应链）作为首农食品集团所属的供应保障单位，在北京市委市政府、市国资委、首农食品集团党委的统一指挥下，坚持疫情防控与保供稳价"双线作战"，关键时刻发挥国有企业的顶梁柱作用，在大战中践行初心使命，在大考中交出合格答卷。

一、以高度的责任感，坚决守护好首都"菜篮子"

保证北京市场生鲜蔬菜不断供，事关首都疫情防控、安定稳定的大局。东方供应链聚焦"保市场、保供应、保稳定"，全力以赴投入保证首都"菜篮子"稳定供应的战"疫"中。

春节无休保供稳价。疫情就是命令，责任重于泰山。2020年1月28日大年初四，东方供应链接到2万吨蔬菜储备任务后，第一时间组织人员赶赴河北滦南县、乐亭县等蔬菜基地，紧急落实大白菜、圆白菜、土豆、洋葱、胡萝卜等蔬菜增储任务。1月28日当天晚上即调运30吨大白菜进京，于1月29日一早在和平门菜市场以每斤1.99元价格销售，在受疫情影响蔬菜价格普遍上涨的情况下，以"看家菜、平价卖"的国企担当，受到首都市民的一致好评。

创新模式再战疫情。2020年6月11日北京新发地疫情发生后，北京市政府部署5000吨应急蔬菜调拨任务。东方供应链作为具体承办主体，在首农食品集团的统一调度下，结合疫情防控非常时期产销对接、物流配送、食品安全三个环节的特殊需求，按照"储销结合、取送结合、入库与入市结合、采购与组织协调结合"的原则，探索创新"前置采购点蔬菜购销新模式"，在河北省高碑店设立"蔬菜进京协调办公室"，依托高碑店批发市场，辐射河北省大型蔬菜种植基地。公司抽调业务骨干奔赴一线，做好收储调运、技术指导、检验检测，"一边牵着菜农的手，一边服务市民的口"，实现市场前移，产销一体，快速响应，紧急关头确保了首都市场安全放心优质的蔬菜供应。

线上线下共同战疫。作为"京城第一大冰箱"，东方供应链旗下有三个大型食品冷链物流园区，拥有近11万吨冷库资源。在疫情防控期间，东方供应链迅速将市场转为线上平台，链接起食品生产、采购、储藏、物流、数字分析等端点，整合调动起前端供应链的大型冻品采购供应商，赋能小型零售商超，共同服务好首都百姓。

保供稳价"主力军"。公司充分发挥北京周边河北乐亭蔬菜基地优势，快速响应、创新模式，将市内储存与外埠基地储存相结合，积极做好速冻食品、冻鸡肉和异地蔬菜储备增储工作，确保政府储备"储得住，管得好，调得出，用得上"。在 2020 年"全国两会"供应标准更高、要求更严的考验下，公司严格落实专门组织、专库存储、专人保管、专车运输、专线行驶、专业防护的"六专制度"，严密实行全过程闭环、无接触送餐，圆满完成"全国两会"食品供应保障任务，在关键时刻出色发挥了"站得出、顶得上、打得赢"的主力军作用。

二、以严密的防护线，坚决打赢疫情防控"阻击战"

在疫情防控的严峻挑战下，东方供应链严阵以待、毫不懈怠，以战时状态坚决守好企业的门。

坚决做到战时状态、快速响应、严密防控。2020 年春节期间面对突如其来的新冠肺炎疫情，公司党委班子 1 月 26 日（大年初二）即全部到岗，成立工作专班，制定应急预案，第一时间研究、第一时间部署、第一时间动员、第一时间行动，严密防控，层层把关，落实落细查证、测温、验码、登记、通风、消毒、分餐等疫情防控的每一道关口，做到"宁可十防九空、不可失防万一"，看好自己的人、守好自己的门，筑牢企业复工复产过程中疫情防控的坚固防线。公司 5000 余名职工与商户无一人感染。

坚决做到应查尽查、应隔尽隔、应测尽测。新发地聚集性疫情发生后，公司迅速启动与新发地密接人员的排查工作，对排查出的 290 名职工和商户，全部实施隔离措施。6 月 14 日至 16 日仅用三天时间，迅速完成对 1195 名职工和 3900 名商户的核酸检测。坚持每日自行消杀 6 次，同时聘请专业消杀公司对公司所属三个食品园区进行全范围、无死角消杀，消杀面积约 12.39 万平方米，以有力的措施坚决打赢北京疫情防控的保卫战。

聚焦常态化疫情防控。2021 年，为做好冷链食品各环节的食品安全和疫情防控工作，公司购买消杀机由专业消杀公司进行出入库消杀，进口冷链食品设置独立库房并与国产冷链食品实现分区码放，防止交叉污染。出入库所用地牛、叉车等冷链食品运输工具实行专车专用。以冷链食品的经营区域，以及作业过程中的设备设施、工具用具为重点，定期开展环境核酸检测，落实落细环境消杀、卫生清洁、场所通风、疫苗应接必接、人员防护等防疫措施，让广大消费者"买得放心""吃得安心"。

三、以强大的组织力，凝聚起战"疫"硬核力量

东方供应链充分发挥党委的领导核心、支部的战斗堡垒、党员的先锋模范作用，以强大的组织力不断释放出强大的抗击疫情"免疫力"。

新春我在岗，工作不打烊。2020 年 1 月 27 日（大年初三），公司领导班子和重点岗位党员、职工全部到岗。西南郊冷库仓储部主管田庆祥同志不顾自己术后身体虚弱，一直坚守岗位，组织保洁人员对站台、电梯、公厕等重点区域喷洒消毒。和平门菜市场经理焦桐芬同志，为应对蔬菜一上架即被抢购一空的现象，组建一支"青年突击队"。作为这支由 5 人组成，平均年龄 29 岁的"突击队"队长，焦桐芬既是指挥员，又是战斗员。他们不仅负责蔬果区的补货、上货，还肩负着运输、收银、打扫卖场的任务，哪里缺人手就补到哪里，减轻卖场人员紧缺的压力，缩短顾客等候的时间。平时见到菜叶她会随时捡起来，怕顾客会因为菜叶打滑而摔倒。菜市场的日常环境卫生，就是靠着焦桐芬和同事们的勤"猫腰"。在高强度的工作压力下，睡到半夜时经常被疼醒，但想到顾客的需求得到满足，她感到身体再累也是值得的。

筑战"疫"堡垒，显先锋本色。公司成立以党员干部为首的战疫防控小组、党员先锋队、志愿服务队，238 名党员干部冲在前、干在前、顶在前，以奋斗的姿态投入疫情防控、保供稳价"双线作战"第一线，让党旗在战斗一线高高飘扬。在连续抗疫保供的工作中，有些党员连续 4 个月没有回过家；有的

同志新婚刚过妻子怀孕，有的同志亲属生病需要照顾，他们却舍小家、顾大家，义无反顾地投入战疫第一线。公司党员刘向东同志在父亲病危后仍然坚持完成工作，没能在父亲在世时见上最后一面，在特殊时期践行了"为人民服务"的铮铮誓言和初心使命。

投之以桃，报之以李。在湖北疫情防控的紧急时刻，公司协助北京国际城市文化交流基金会采购防疫保供物资，优选首农食品集团大米、豆油、豆浆、红肠等30吨优质产品，圆满完成向湖北孝感市慈善总会的紧急采购、捐赠任务。6月份新发地聚集性疫情发生后，公司迅速完成湖北省捐助北京的200头白条猪、30吨湖北特产小龙虾等"湖北武汉爱心物品存储交接"任务，架起了北京与湖北互帮互助、守望相助的爱心之桥。

东方供应链因在抗击新冠肺炎疫情斗争中的突出表现，被授予"全国抗击新冠肺炎疫情先进集体"荣誉称号。

在疫情防控常态化形势下，东方供应链将继续秉承抗疫精神，主动作为、精准施策，坚持常态化精准防控与有力有序复工复产相结合，坚决打赢疫情防控持久战，全力做好首都市场保供稳价的坚强后盾。

荣光时刻

2020 年度全国农产品批发市场行业排序

按交易额

2020 年度全国农产品批发市场百强

北京新发地农产品批发市场

河南万邦国际农产品物流城

南京农副产品物流配送中心

青岛市城阳蔬菜水产品批发市场

济南维尔康肉类水产品批发市场

长沙黄兴海吉星国际农产品物流园

商丘农产品中心批发市场

江苏凌家塘农副产品批发市场

西安西部欣桥农产品物流中心市场

四川雨润国际农产品交易中心

广州江南果菜批发市场

深圳海吉星国际农产品物流园

嘉兴水果市场

红星农副产品大市场

重庆双福国际农贸城

两湖绿谷农产品物流交易中心

合肥周谷堆大兴农产品国际物流园

河北新发地农副产品物流园

苏州市南环桥农副产品批发市场

上海江阳水产品批发交易市场

郑州信基调味食品城

天津市红旗农贸综合市场

宜昌三峡物流园

成都银犁农产品物流园

武汉白沙洲农副产品大市场

福州民天实业有限公司海峡农副产品物流中心

西安雨润农产品物流中心

成都农产品中心批发市场

青岛东方鼎信国际农副产品交易中心

新疆九鼎农产品批发交易市场

东莞信立国际农产品贸易城

南昌深圳农产品中心批发市场

开封宏进农副产品国际物流中心

沈阳地利农副产品物流园

黄淮农产品股份有限公司

长沙马王堆海鲜水产批发市场

南京金宝天印山农副产品批发大市场

北京顺鑫石门农产品批发市场

佳惠农产品批发大市场

霞山水产品批发市场（宝满冻品中心）

浙江新农都物流中心

北京锦绣大地农副产品批发市场

舟山国际水产城

广东省汕头市农副产品批发中心市场

洛阳宏进农副产品国际物流中心

武汉市惠商丰华·四季美农贸城

无锡天鹏食品城

洛阳通河农副产品物流产业园

佛山中南农产品交易中心

宿州百大农产品物流中心

山东凯盛国际农产品物流城

广东省广弘食品集团冻品交易中心

四川好一新复兴农副产品批发市场

邯郸市（馆陶）金凤禽蛋农贸批发市场

上海江杨农产品市场

蚌埠海吉星农产品物流中心

广西新柳邕农产品批发市场

金华水果批发市场

重庆观农贸食品（粮油）批发市场

无锡朝阳农产品大市场

上海农产品中心批发市场

南通农副产品物流中心

福建海峡两岸（国际）农产品物流城

山东匡山农产品综合交易市场

广西金桥国际农产品批发市场

北京大洋路农副产品批发市场

宁波水产品批发市场

徐州农副产品中心批发市场

宁夏四季鲜果品蔬菜批发市场

上海西郊国际农产品交易有限公司

天津市金钟农产品批发市场

哈尔滨哈达市场

山东黑马农副产品批发市场

北京八里桥农产品中心批发市场

玉林宏进农副产品批发市场

惠州江北农产品中心批发市场

中国农谷·荆门农产品交易中心

菏泽银田农产品物流中心

中国供销江汉平原农产品大市场

安徽西商农产品批发市场

广州黄沙水产交易市场

北京西南郊肉类水产品市场

太原市河西农副产品市场

寿光地利农产品物流园

甘肃食品商业广场

内蒙古食全食美美通农产品批发市场

绵阳高水农产品批发市场

宿迁市华东农业大市场

眉山市圣丰农产品批发市场

宜春市赣西农副产品批发市场

芜湖大地农副产品批发市场

重庆菜园坝农副产品市场

广安市临港国际农产品（食品）城

上海市江桥批发市场

广西海吉星农产品国际物流中心

青藏高原农副产品集散中心

重庆吉之汇国际农贸物流城

贵阳地利农产品物流园

天津韩家墅海吉星农产品批发市场

茂名（粤西）农副产品综合交易中心

2020年度全国农产品综合批发市场50强

北京新发地农产品批发市场

河南万邦国际农产品物流城

南京农副产品物流配送中心

青岛市城阳蔬菜水产品批发市场

商丘农产品中心批发市场

深圳海吉星国际农产品物流园

四川雨润国际农产品交易中心

江苏凌家塘农副产品批发市场

红星农副产品大市场

重庆双福国际农贸城

两湖绿谷农产品物流交易中心

合肥周谷堆大兴农产品国际物流园

河北新发地农副产品物流园

苏州市南环桥农副产品批发市场

天津市红旗农贸综合市场

宜昌三峡物流园

武汉白沙洲农副产品大市场

福州民天实业有限公司海峡农副产品物流中心

成都农产品中心批发市场

新疆九鼎农产品批发交易市场

东莞信立国际农产品贸易城

南昌深圳农产品中心批发市场

开封宏进农副产品国际物流中心

黄淮农产品股份有限公司

山东凯盛国际农产品物流城

南京金宝天印山农副产品批发大市场

北京顺鑫石门农产品批发市场

浙江新农都物流中心

北京锦绣大地农副产品批发市场

洛阳宏进农副产品国际物流中心

武汉市惠商丰华·四季美农贸城

洛阳通河农副产品物流产业园

佛山中南农产品交易中心

佳惠农产品批发大市场

宿州百大农产品物流中心

四川好一新复兴农副产品批发市场

上海江杨农产品市场

蚌埠海吉星农产品物流中心

广西新柳邕农产品批发市场

无锡朝阳农产品大市场

上海农产品中心批发市场

南通农副产品物流有限公司

福建海峡两岸（国际）农产品物流城

山东匡山农产品综合交易市场

广西金桥国际农产品批发市场

北京大洋路农副产品批发市场

徐州农副产品中心批发市场

宁夏四季鲜果品蔬菜批发市场

上海西郊国际农产品交易有限公司

天津市金钟农产品批发市场

2020年度全国蔬菜批发市场50强

西安西部欣桥农产品物流中心市场

河南万邦国际农产品物流城

四川国际农产品交易中心

长沙黄兴海吉星国际农产品物流园

北京新发地农产品批发市场

重庆双福国际农贸城

寿光地利农产品物流园

广州江南果菜批发市场

上海市江桥批发市场

闽南农副产品物流中心

绵阳高水农产品批发市场

安丘市盛大农产品交易市场

广东省汕头市农副产品批发中心市场

济宁蔬菜批发市场

福建海峡两岸（国际）农产品物流城

嘉兴蔬菜批发交易市场

洛阳通河农副产品物流产业园

东莞市虎门富民农副产品批发市场

宜宾江北农产品批发市场

山东匡山蔬菜交易市场

九江市琵琶湖农产品批发市场

江苏联谊农副产品批发市场

甘肃酒泉春光农产品市场

安丘市盛大农产品交易市场

乐平蔬菜农产品批发市场

杭州农副产品物流中心良渚蔬菜批发市场

福州民天实业有限公司海峡蔬菜批发市场

昆明王旗营蔬菜批发市场

徐州东高农产品市场

余姚市农副产品批发市场

衡水东明蔬菜果品批发市场

青岛南村蔬菜批发市场

昆明龙城农产品市场

宁波蔬菜批发市场

湖北裕丰农副产品有限公司百亿蔬菜批发市场

饶阳县春阳瓜菜果品交易市场

张北蔬菜城农产品批发市场

黄山农产品物流园

辽宁万隆农产品大市场

青岛东庄头蔬菜批发市场

山西长治紫坊农产品综合交易市场

鞍山宁远农产品批发市场

衡阳市西园农副产品批发市场

济南七里堡蔬菜综合批发市场

淄博鲁中蔬菜批发市场

包头市友谊蔬菜批发市场

河南省新野县蔬菜批发市场

惠安蔬菜批发市场

川北农产品交易中心

四川省阆中市圣果农产品批发市场

2020年度全国果品批发市场20强

嘉兴水果市场

西安雨润农产品物流中心

青岛东方鼎信国际农副产品交易中心

红星农副产品大市场

沈阳地利农副产品物流园

广州江南果菜批发市场

金华水果批发市场

昆明市金马正昌果品市场

济南堤口集团果品批发市场

东莞市果菜副食交易市场

福州民天实业有限公司海峡果品批发市场

广西海吉星农产品国际物流中心

长春地利农副产品有限公司

宁波果品批发市场

保定天惠果品批发市场

廊坊北方农贸批发市场

定州国际食品城

抚顺市欣顺盛菜果批发交易市场

山东烟台蛇窝泊果品批发市场

汉中市水果批发市场

2020年度全国水产品批发市场30强

上海江阳水产品批发交易

市场长沙马王堆海鲜水产批发市场

霞山水产品批发市场（宝满冻品中心）

武汉白沙洲农副产品大市场

舟山国际水产城

福建海峡水产品交易中心

宁波水产品批发市场

广州黄沙水产交易市场

北京盛华宏林粮油批发市场

沈阳共达海鲜市场

北京大红门京深海鲜批发市场

济南海鲜大市场

大连盛兴水产品交易市场

上海东方国际水产中心

浙江农都近江水产品批发市场

深圳市罗湖水产（综合）批发市场

河北唐山君瑞联合农贸水产批发市场

深圳市布吉海鲜市场

湖北聚四海水产品批发市场

北京市北水嘉伦水产品市场

沈阳水产批发市场

重庆市西三街农副水产品批发市场

无锡盛阳食品城

东港市黄海大市场

北京四道口水产交易市场

高淳水产批发市场

眉山市圣丰农产品批发市场

常德水产大市场

新民市前当堡鲜鱼批发市场

浙江瑞安水产城

2020年度全国肉禽蛋批发市场20强

济南维尔康肉类水产品批发市场

重庆明品福冻品交易市场

成都银犁农产品物流园

无锡天鹏食品城

邯郸市（馆陶）金凤禽蛋农贸批发市场

北京西南郊肉类水产品市场

国家级重庆（荣昌）生猪交易市场

甘肃食品商业广场

重庆公路运输（集团）有限公司

南坪火锅食品交易市场宁波农副肉禽蛋批发市场

新疆海鸿国际食品物流港

大连熟食品交易中心

沈阳北方肉食城市场

西安方欣国际食品城

广东省广弘食品集团冻品交易中心

杭州市食品交易市场

海霸王西部食品物流园

绵阳卓信迎宾路综合市场

芜湖大地农副产品批发市场

亚北冻品批发市场

2020年度全国粮油批发市场20强

北京盛华宏林粮油批发市场

沈阳粮食批发市场

西安粮油批发交易市场

杭州粮油批发交易市场

福建省福州市粮食批发交易市场

齐齐哈尔市城乡粮油交易市场

吉林市粮油批发市场

东莞市常平粮油批发市场

福建南安市官桥镇粮食批发市场

哈尔滨香坊粮食物流中心

安徽粮食批发交易市场

湖南粮食水产市场

大庆市粮食综合批发市场

西宁仁杰粮油批发市场

贵州贵阳谷丰粮油食品批发市场

金华市粮食批发交易市场

青岛市粮油综合批发交易市场

江苏兴化市粮食交易市场

兰州市焦家湾粮油批发市场

雷州市粮食批发市场

2020年度全国干货调味品批发市场10强

郑州信基调味食品城

重庆观农贸食品（粮油）批发市场

北京锦绣大地农副产品批发市场

国家级牡丹江（东宁）木耳批发市场

贵州遵义虾子辣椒市场

供销华西十堰农商城

山东金乡国际交易市场

浙江庆元县香菇市场

抚松长白山人参市场

长春东北亚物流有限公司食品调料市场

2020年度全国茶叶批发市场10强

广东芳村南方茶叶市场

北京市京华沅茶叶市场

济南广友茶城

安溪茶叶批发市场

西南茶城

峨桥瑞丰国际茶博城

安徽黄山茶城

中国茶市

浙南茶叶批发市场

云南康乐茶文化城

2020年度全国花卉批发市场10强

昆明斗南花卉市场

昆明国际花卉拍卖交易中心

广州岭南花卉市场

夏溪花木市场

青州花卉苗木交易中心

如皋市花木大世界

沐阳国际花木城

浙江花木城

上海双季花卉园艺市场

重庆花木世界

按交易量

2020年度全国农产品批发市场百强

河南万邦国际农产品物流城

北京新发地农产品批发市场

南京农副产品物流配送中心

商丘农产品中心批发市场

西安西部欣桥农产品物流中心市场

长沙黄兴海吉星国际农产品物流园

两湖绿谷农产品物流交易中心

四川雨润国际农产品交易中心

深圳海吉星国际农产品物流园

南昌深圳农产品中心批发市场

郑州信基调味食品城

广州江南果菜批发市场

青岛市城阳蔬菜水产品批发市场

嘉兴水果市场

太原市河西农副产品市场

红星农副产品大市场

江苏凌家塘农副产品批发市场

合肥周谷堆大兴农产品国际物流园

河北新发地农副产品物流园

重庆双福国际农贸城

宜昌三峡物流园

寿光地利农产品物流园

武汉白沙洲农副产品大市场

绵阳高水农产品批发市场

黄淮农产品股份有限公司

四川好一新复兴农副产品批发市场

青岛东方鼎信国际农副产品交易中心

开封宏进农副产品国际物流中心

北京顺鑫石门农产品批发市场

福州民天实业有限公司海峡农副产品物流中心

苏州市南环桥农副产品批发市场

东莞市虎门富民农副产品批发市场

广东省汕头市农副产品批发中心市场

徐州农副产品中心批发市场

东莞市江南农副产品综合批发市场

天津市红旗农贸综合市场

洛阳通河农副产品物流产业园

山东匡山农产品综合交易市场

新疆九鼎农产品批发交易市场

武汉市惠商丰华·四季美农贸城

山东凯盛国际农产品物流城

成都农产品中心批发市场

天津市金钟农产品批发市场

菏泽银田农产品物流中心

宜春市赣西农副产品批发市场

济南维尔康肉类水产品批发市场

广西海吉星农产品国际物流中心

玉林宏进农副产品批发市场

西安雨润农产品物流中心

沈阳地利农副产品物流园

山东黑马农副产品批发市场

青岛南村蔬菜批发市场

上海市江桥批发市场

北京锦绣大地农副产品批发市场

宜宾江北农产品批发市场

广西新柳邕农产品批发市场

中国农谷·荆门农产品交易中心

济宁蔬菜批发市场

蚌埠海吉星农产品物流中心

南充川北农产品交易中心

惠州江北农产品中心批发市场

成都银犁农产品物流园

无锡朝阳农产品大市场

南通农副产品物流有限公司

南京金宝天印山农副产品批发大市场

宁夏四季鲜果品蔬菜批发市场

佳惠农产品批发大市场

福建海峡两岸（国际）农产品物流城

洛阳宏进农副产品国际物流中心

昆明市金马正昌果品市场

金华水果批发市场

宿迁市华东农业大市场

佛山中南农产品交易中心

重庆观音桥批发市场

绥化市庆达种子农产品大市场

闽南农副产品物流中心

北京八里桥农产品中心批发市场

宿州百大农产品物流中心

东莞信立国际农产品贸易城

安徽西商农产品批发市场

保定新发地联农批发市场

贵阳农产品物流园

上海农产品中心批发市场

广东省广弘食品集团冻品交易中心

贵阳地利农产品物流园

宁波蔬菜批发市场

甘肃酒泉春光农产品市场

天津韩家墅海吉星农产品批发市场

天津海吉星农产品物流园

上海江杨农产品市场

东莞市果菜副食交易市场

广安市临港国际农产品（食品）城

嘉兴蔬菜批发交易市场

北京大洋路农副产品批发市场

广西金桥国际农产品批发市场

哈尔滨哈达市场

大连金发地批发市场

重庆菜园坝农副产品市场

金华农产品批发市场

茂名（粤西）农副产品综合交易中心

2020年度全国农产品综合批发市场50强

河南万邦国际农产品物流城

北京新发地农产品批发市场

南京农副产品物流配送中心

商丘农产品中心批发市场

两湖绿谷农产品物流交易中心

四川雨润国际农产品交易中心

深圳海吉星国际农产品物流园

南昌深圳农产品中心批发市场

青岛市城阳蔬菜水产品批发市场

太原市河西农副产品市场

红星农副产品大市场

江苏凌家塘农副产品批发市场

合肥周谷堆大兴农产品国际物流园

河北新发地农副产品物流园

重庆双福国际农贸城

宜昌三峡物流园

武汉白沙洲农副产品大市场

黄淮农产品股份有限公司

四川好—新复兴农副产品批发市场

开封宏进农副产品国际物流中心

北京顺鑫石门农产品批发市场

福州民天实业有限公司海峡农副产品物流中心

苏州市南环桥农副产品批发市场

徐州农副产品中心批发市场

东莞市江南农副产品综合批发市场

天津市红旗农贸综合市场

洛阳通河农副产品物流产业园

山东匡山农产品综合交易市场

新疆九鼎农产品批发交易市场

武汉市惠商丰华·四季美农贸城

山东凯盛国际农产品物流城

成都农产品中心批发市场

天津市金钟农产品批发市场

菏泽银田农产品物流中心

宜春市赣西农副产品批发市场

玉林宏进农副产品批发市场

山东黑马农副产品批发市场

北京锦绣大地农副产品批发市场

宜宾江北农产品批发市场

广西新柳邕农产品批发市场

中国农谷·荆门农产品交易中心

蚌埠海吉星农产品物流中心

惠州江北农产品中心批发市场

无锡朝阳农产品大市场

南通农副产品物流有限公司

南京金宝天印山农副产品批发大市场

宁夏四季鲜果品蔬菜批发市场

佳惠农产品批发大市场

福建海峡两岸（国际）农产品物流城

洛阳宏进农副产品国际物流中心

2020 年度全国蔬菜批发市场 50 强

西安西部欣桥农产品物流中心市场

河南万邦国际农产品物流城

四川国际农产品交易中心

长沙黄兴海吉星国际农产品物流园

北京新发地农产品批发市场

重庆双福国际农贸城

寿光地利农产品物流园

广州江南果菜批发市场

上海市江桥批发市场

闽南农副产品物流中心

绵阳高水农产品批发市场

安丘市盛大农产品交易市场

广东省汕头市农副产品批发中心市场

济宁蔬菜批发市场

福建海峡两岸（国际）农产品物流城

嘉兴蔬菜批发交易市场

洛阳通河农副产品物流产业园

东莞市虎门富民农副产品批发市场

宜宾江北农产品批发市场

山东匡山蔬菜交易市场

九江市琵琶湖农产品批发市场

江苏联谊农副产品批发市场

甘肃酒泉春光农产品市场

安丘市盛大农产品交易市场

乐平蔬菜农产品批发市场

杭州农副产品物流中心

良渚蔬菜批发市场

福州民天实业有限公司海峡蔬菜批发市场

昆明王旗营蔬菜批发市场

徐州东高农产品市场

余姚市农副产品批发市场

衡水东明蔬菜果品批发市场

青岛南村蔬菜批发市场

昆明龙城农产品市场

宁波蔬菜批发市场

湖北裕丰农副产品有限公司

百亿蔬菜批发市场

饶阳县春阳瓜菜果品交易市场

张北蔬菜城农产品批发市场

黄山农产品物流园

辽宁万隆农产品大市场

青岛东庄头蔬菜批发市场

山西长治紫坊农产品综合交易市场

鞍山宁远农产品批发市场

衡阳市西园农副产品批发市场

济南七里堡蔬菜综合批发市场

淄博鲁中蔬菜批发市场

包头市友谊蔬菜批发市场

河南省新野县蔬菜批发市场

惠安蔬菜批发市场

川北农产品交易中心

四川省阆中市圣果农产品批发市场

2020年度全国果品批发市场20强

嘉兴水果市场

青岛东方鼎信国际农副产品交易中心

西安雨润农产品物流中心

红星农副产品大市场

沈阳地利农副产品物流园

昆明市金马正昌果品市场

金华水果批发市场

广州江南果菜批发市场

东莞市果菜副食交易市场

广西海吉星农产品国际物流中心

济南堤口集团果品批发市场

福州民天实业有限公司海峡果品批发市场

长春地利农副产品有限公司

宁波果品批发市场

定州国际食品城

抚顺市欣顺盛菜果批发交易市场

保定天惠果品批发市场

廊坊北方农贸批发市场

山东烟台蛇窝泊果品批发市场

汉中市水果批发市场

2020年度全国水产品批发市场30强

上海江阳水产品批发交易市场

长沙马王堆海鲜水产批发市场

霞山水产品批发市场（宝满冻品中心）

武汉白沙洲农副产品大市场

舟山国际水产城

福建海峡水产品交易中心

宁波水产品批发市场

广州黄沙水产交易市场

北京盛华宏林粮油批发市场

沈阳共达海鲜市场

北京大红门京深海鲜批发市场

济南海鲜大市场

大连盛兴水产品交易市场

上海东方国际水产中心

浙江农都近江水产品批发市场

深圳市罗湖水产（综合）批发市场

河北唐山君瑞联合农贸水产批发市场

深圳市布吉海鲜市场

湖北聚四海水产品批发市场

北京市北水嘉伦水产品市场

沈阳水产批发市场

重庆市西三街农副水产品批发市场

无锡盛阳食品城

东港市黄海大市场

北京四道口水产交易市场

高淳水产批发市场

眉山市圣丰农产品批发市场

常德水产大市场

新民市前当堡鲜鱼批发市场

浙江瑞安水产城

2020年度全国肉禽蛋批发市场20强

济南维尔康肉类水产品批发市场

重庆明品福冻品交易市场

成都银犁农产品物流园

无锡天鹏食品城

邯郸市（馆陶）金凤禽蛋农贸批发市场

北京西南郊肉类水产品市场

国家级重庆（荣昌）生猪交易市场

甘肃食品商业广场

重庆公路运输（集团）有限公司南坪火锅食品交易市场

宁波农副肉禽蛋批发市场

新疆海鸿国际食品物流港

大连熟食品交易中心

沈阳北方肉食城市场

西安方欣国际食品城

广东省广弘食品集团冻品交易中心

杭州市食品交易市场

海霸王西部食品物流园

绵阳卓信迎宾路综合市场

芜湖大地农副产品批发市场

亚北冻品批发市场

2020年度全国粮油批发市场20强

北京盛华宏林粮油批发市场

沈阳粮食批发市场

西安粮油批发交易市场

杭州粮油批发交易市场

福建省福州市粮食批发交易市场

齐齐哈尔市城乡粮油交易市场

吉林市粮油批发市场

东莞市常平粮油批发市场

福建南安市官桥镇粮食批发市场

哈尔滨香坊粮食物流中心

安徽粮食批发交易市场

湖南粮食水产市场

大庆市粮食综合批发市场

西宁仁杰粮油批发市场

贵州贵阳谷丰粮油食品批发市场

金华市粮食批发交易市场

青岛市粮油综合批发交易市场

江苏兴化市粮食交易市场

兰州市焦家湾粮油批发市场

雷州市粮食批发市场

2020年度全国干货调味品批发市场10强

郑州信基调味食品城

重庆观农贸食品（粮油）批发市场

北京锦绣大地农副产品批发市场

国家级牡丹江（东宁）木耳批发市场

贵州遵义虾子辣椒市场

供销华西十堰农商城

山东金乡国际交易市场

浙江庆元县香菇市场

抚松长白山人参市场

长春东北亚物流有限公司食品调料市场

2020年度全国茶叶批发市场10强

广东芳村南方茶叶市场

北京市京华沅茶叶市场

济南广友茶城

安溪茶叶批发市场

西南茶城

峨桥瑞丰国际茶博城

安徽黄山茶城

中国茶市

浙南茶叶批发市场

云南康乐茶文化城

2020年度全国花卉批发市场10强

昆明斗南花卉市场

昆明国际花卉拍卖交易中心

广州岭南花卉市场

夏溪花木市场

青州花卉苗木交易中心

如皋市花木大世界

沭阳国际花木城

浙江花木城

上海双季花卉园艺市场

重庆花木世界

2020年中国农产品供应链建设优秀单位和优秀个人名单

（单位按行政区划排序，个人按姓氏笔画排序）

一、单位奖项

（一）中国农产品供应链之星

1. 农产品批发市场

综合类：

南京农副产品物流配送中心

江苏凌家塘市场发展有限公司

蔬菜类：

长沙黄兴海吉星农产品物流园

果品类：

广州江南果菜批发市场经营管理有限公司

水产品类：

舟山国际水产城

肉禽蛋类：

无锡天鹏集团有限公司

干货调味品类：

郑州信基调味品城

花卉类：

昆明斗南国际花卉产业园区开发有限公司

2. 农产品批发商

蔬菜类：

南京凯凯农副产品有限公司

福建省龙升农业科技有限公司

果品类：

北京悠乐果科技发展有限公司

江苏来富农业科技有限公司

久泰现代农业有限公司

郑州陈氏阳光果蔬贸易有限公司

湖南果之友农业发展有限公司

肉禽蛋类：

福州博鸿达食品有限公司

干货调味品类：

重庆永烁农产品有限公司

3.农产品零售市场

北京市鑫绿都农副产品市场中心

武汉红绿蓝商贸有限责任公司（广埠屯菜场）

宁夏回族自治区－宁夏小任果业发展有限公司

4.基地

福州优野生态农业有限公司

龙城农产品经营股份有限公司

5.农产品加工配送企业

北京顺鑫国际农产品供应链管理有限公司

厦门福慧达果蔬股份有限公司

何氏水产有限公司

（二）中国农产品供应链建设十佳单位

北京八里桥农产品中心批发市场有限公司

北京顺鑫石门国际农产品批发市场集团有限公司

上海江杨水产品批发市场经营管理有限公司

无锡朝阳股份有限公司

青岛市城阳蔬菜水产品批发市场有限公司

万邦国际农产品物流城

红星实业集团有限公司红星农副产品大市场

广西新柳邕农产品批发市场有限公司

拉萨市城关区净土农业发展有限公司

重庆观音桥市场有限公司

（三）中国农产品供应链建设优秀单位

1.行业协会：

大连食品安全协会

福建省农产品市场协会

2.批发市场：

综合类：

天津韩家墅海吉星农产品物流有限公司

河北新发地农副产品有限公司

太原市河西农产品有限公司

长治市紫坊农产品综合交易市场有限公司

内蒙古食全食美股份有限公司

包头市友谊蔬菜批发市场有限责任公司

乌海市金裕置业发展有限责任公司

通辽运达绿色农副产品批发市场有限责任公司

鄂尔多斯市欣祥万家惠农贸市场有限公司

沈阳十二线农副产品有限公司

朝阳新农商物流有限公司

葫芦岛兴宫农副产品交易市场有限公司

哈尔滨哈达农副产品股份有限公司

哈尔滨雨润南极食品交易中心有限公司

东宁雨润绥阳木耳大市场有限公司

上海江杨农产品市场经营管理有限公司

上海农产品批发市场经营管理有限公司

上海西郊国际农产品交易有限公司

南京金宝农贸集团有限公司

徐州雨润农产品全球采购有限公司

徐州源洋商贸发展有限公司

苏州市南环桥市场发展股份有限公司

沭阳润信农产品批发市场有限公司

南通农副产品物流有限公司

常熟市农副产品交易城有限公司

安徽瑞丰商品交易博览城投资开发有限公司

合肥周谷堆大兴农产品国际物流园有限责任公司

安徽西商农副产品批发市场

宿州百大农产品物流有限责任公司

中众合有限公司

福州民天实业有限公司

南昌深圳农产品中心批发市场有限公司

九江市琵琶湖农产品物流有限公司

宜春市赣西农副产品批发市场集团有限公司

山东匡山农产品综合交易市场管理有限公司

山东凯盛农产品物流园有限公司

洛阳通河农副产品有限公司

洛阳宏进农副产品批发市场有限公司

黄淮农产品股份有限公司

武汉白沙洲农副产品大市场有限公司

房县西商农产品冷链物流园有限公司

两湖绿谷物流股份有限公司

随州白沙洲农副产品物流园有限公司

湖北供销中和农产品市场集团有限公司

湖南惠农物流有限责任公司

重庆新大兴金色农业开发有限公司新大兴农副产品物流交易中心

重庆双福农产品批发市场有限公司

成都农产品中心批发市场有限责任公司

四川鑫锐投资有限公司

达州市复兴市场开发有限公司

贵阳农产品物流发展有限公司

贵州西商农产品冷链物流有限公司

丽江西商农产品物流有限公司

中商·滇西（保山）国际农产品交易中心

青藏高原农副产品集散中心

宁夏四季鲜果品蔬菜批发市场有限公司

宁夏中卫四季鲜农产品综合批发市场有限公司

蔬菜类：

东明蔬菜果品批发市场

辽宁万隆农产品大市场有限责任公司

上海市江桥批发市场经营管理有限公司

浙江嘉昕农产品股份有限公司

厦门闽南农副产品批发市场有限公司

福州民天实业有限公司海峡蔬菜批发市场

乐平蔬菜农产品批发市场有限公司

青岛南村蔬菜有限公司

寿光地利农产品物流园有限公司

德州黑马农副产品批发市场

山东银田农贸集团有限公司

武汉市惠商丰华市场管理有限公司

湖北裕丰农副产品有限责任公司

成都濛阳农副产品综合批发交易市场有限责任公司

绵阳市高水农副产品批发有限公司

陕西欣桥实业发展有限公司

果品类：

保定联农果品批发市场有限公司

沈阳地利农副产品有限公司

抚顺市欣顺盛菜果批发交易市场有限公司

南京苏侨好邻里商业管理有限公司

华东金华农产品物流中心有限公司

福州民天实业有限公司海峡果品批发市场

东莞市果菜副食交易市场有限公司

中国 – 东盟（凭祥）水果城

广西海吉星农产品国际物流有限公司

西安雨润农产品全球采购有限公司

肉类：

北京西南郊肉类水产品市场有限公司

宁波农副肉禽蛋批发市场有限公司

芜湖清水白肉批发市场有限公司

福州民天实业有限公司海峡肉品批发市场

水产类：

北京大红门京深海鲜批发市场有限公司

北京四道口水产交易市场有限公司

沈阳富方物流有限公司

无锡盛阳食品城有限公司

宁波水产品批发市场有限公司

长沙马王堆海鲜水产批发市场

湛江市霞山水产品批发市场有限公司

粮油类：

齐齐哈尔市城乡粮油交易市场

3. 批发商：

蔬菜类：

北京八里桥农产品中心批发市场有限公司 – 北京焦庆欣蔬菜配送中心

北京顺鑫石门国际农产品批发市场集团有限公司 – 北京乐康博蔬菜有限公司

哈尔滨哈达农副产品股份有限公司 – 哈尔滨博农商贸有限公司

南京农副产品物流配送中心 – 南京市江宁区本军蔬菜经营局

江苏凌家塘市场发展有限公司 – 钟楼区凌家塘市场春芽蔬菜批发局

合肥周谷堆大兴农产品国际物流园有限责任公司 – 安徽省田园康农业科技有限公司

合肥周谷堆大兴农产品国际物流园有限责任公司 – 安徽菌宝商贸有限公司

合肥周谷堆大兴农产品国际物流园有限责任公司 – 安徽省满地红农产品商贸有限公司

合肥周谷堆大兴农产品国际物流园有限责任公司 – 合肥佰客多农产品有限公司

合肥周谷堆大兴农产品国际物流园有限责任公司 – 安徽省源海农产品商贸有限公司

宿州百大农产品物流有限责任公司 – 宿州奇顺蔬菜批发商行

宿州百大农产品物流有限责任公司 – 安徽省如水商贸有限公司

厦门闽南农副产品批发市场有限公司 – 厦门市百莲乡果蔬有限公司

厦门闽南农副产品批发市场有限公司 – 福建省上青农业发展有限公司

厦门闽南农副产品批发市场有限公司 – 厦门绿达康农产品有限公司

厦门闽南农副产品批发市场有限公司 – 厦门市同安区超衡农副产品经营局

厦门闽南农副产品批发市场有限公司 – 厦门益佳源农产品有限公司

厦门闽南农副产品批发市场有限公司 – 厦门增润蔬菜有限公司

厦门闽南农副产品批发市场有限公司 – 厦门鑫鲜源农业有限公司

厦门闽南农副产品批发市场有限公司 – 厦门国雅贸易有限公司

厦门闽南农副产品批发市场有限公司 – 厦门市巨鑫融果蔬有限公司

厦门闽南农副产品批发市场有限公司 – 厦门鑫舒佳果蔬有限公司

厦门闽南农副产品批发市场有限公司 – 厦门市同安区福厦同兴蔬菜专业合作社

厦门闽南农副产品批发市场有限公司 – 厦门市同安紫霞农副产品购销站

厦门闽南农副产品批发市场有限公司 – 厦门市银鑫鑫果蔬有限公司

厦门闽南农副产品批发市场有限公司 – 厦门怡扬农业开发有限公司

厦门闽南农副产品批发市场有限公司 – 厦门市美溢达果蔬批发店

厦门闽南农副产品批发市场有限公司 – 厦门百蔬汇农产品有限公司

厦门闽南农副产品批发市场有限公司 – 厦门市千镜中集农副产品有限公司

厦门闽南农副产品批发市场有限公司 – 厦门百季鲜果蔬有限公司

厦门闽南农副产品批发市场有限公司 – 厦门米老薯农业开发有限公司

厦门闽南农副产品批发市场有限公司 – 厦门南北风云农业有限公司

厦门闽南农副产品批发市场有限公司 – 厦门市同安区鸿溢信果蔬专业合作社

厦门闽南农副产品批发市场有限公司 – 厦门金鑫明灯蔬菜有限公司

厦门闽南农副产品批发市场有限公司 – 厦门鑫耕丰果蔬有限公司

福州民天实业有限公司 – 福建安田农业科技有限公司

宜春市赣西农副产品批发市场集团有限公司 – 袁州区施则明蔬菜配送中心

青岛市城阳蔬菜水产品批发市场有限公司 – 青岛志淼蔬菜有限公司

青岛市城阳蔬菜水产品批发市场有限公司 – 田盛缘食用菌批发局

青岛市城阳蔬菜水产品批发市场有限公司 – 惠源农副产品有限公司

青岛市城阳蔬菜水产品批发市场有限公司 – 城阳王保送蔬菜批发局

青岛市城阳蔬菜水产品批发市场有限公司 – 青岛凯盛源蔬菜配送有限公司

青岛市城阳蔬菜水产品批发市场有限公司 – 城阳区晨光达蔬菜购销处

青岛市城阳蔬菜水产品批发市场有限公司 – 艾正轩农贸有限公司

青岛市城阳蔬菜水产品批发市场有限公司 – 高密市保良果蔬种植专业合作社

青岛市城阳蔬菜水产品批发市场有限公司 – 青岛蒋朕商贸有限公司

青岛市城阳蔬菜水产品批发市场有限公司 – 城阳区老魏家蔬菜批发局

武汉白沙洲农副产品大市场 – 农友商行

武汉白沙洲农副产品大市场 – 山河商行

两湖绿谷物流股份有限公司 – 荆州市博嘉商贸有限公司

两湖绿谷物流股份有限公司 – 荆州市国应蔬菜公司

重庆双福农产品批发市场有限公司 – 重庆市巨磊农业发展有限公司

重庆双福农产品批发市场有限公司 – 重庆鲜达农产品有限公司

陕西欣桥实业发展有限公司 – 陕西恒润现代农业有限责任公司

青藏高原农副产品集散中心 – 青海汇满商贸有限公司

青藏高原农副产品集散中心 – 高峰果蔬批发局

青藏高原农副产品集散中心 – 青海万耀商贸有限公司

青藏高原农副产品集散中心 – 青海如杰商贸有限公司

青藏高原农副产品集散中心 – 西宁城北宏源食品经营局

青藏高原农副产品集散中心 – 青海蔬果篮食品有限公司

青藏高原农副产品集散中心 – 西宁市城北区凯栋水果批发局

青藏高原农副产品集散中心 – 西宁城北区慧峰食品商行

果品类：

北京八里桥农产品中心批发市场有限公司 – 北京超强运通商贸有限公司

北京顺鑫石门国际农产品批发市场集团有限公司 – 京顺精诚商贸（北京）有限公司

上海农产品批发市场经营管理有限公司 – 上海暹罗实业有限公司

南京农副产品物流配送中心 – 南京老猫果业有限公司

南京农副产品物流配送中心 – 万亩田（江苏）农业发展有限公司

南京农副产品物流配送中心 – 南京农诚果业科技有限公司

江苏凌家塘市场发展有限公司 – 钟楼区凌家塘市场永旺果品经营局

合肥周谷堆大兴农产品国际物流园有限责任公司 – 安徽五星果品有限公司

合肥周谷堆大兴农产品国际物流园有限责任公司 – 安徽大世界果品有限责任公司

合肥周谷堆大兴农产品国际物流园有限责任公司 – 安徽裕巨祥农副产品有限公司

合肥周谷堆大兴农产品国际物流园有限责任公司 – 合肥维华农副产品销售有限公司

合肥周谷堆大兴农产品国际物流园有限责任公司 – 合肥东方果品有限责任公司

宿州百大农产品物流有限责任公司 – 安徽永瑞果品有限公司

宿州百大农产品物流有限责任公司 – 宿州市万客隆果业有限责任公司

福建省厦门闽南农副产品批发市场有限公司 – 厦门市香果源茶之己水果专业合作社

南昌深圳农产品中心批发市场有限公司 – 江西省华东方保香蕉农产品有限公司

宜春市赣西农副产品批发市场集团有限公司 – 袁州区城东徐易精品水果批发部

青岛市城阳蔬菜水产品批发市场有限公司 – 青岛海望达果蔬配送有限公司

青岛市城阳蔬菜水产品批发市场有限公司 – 青岛方记果业商贸有限公司

青岛市城阳蔬菜水产品批发市场有限公司 – 青岛好润发水果批发局

青岛市城阳蔬菜水产品批发市场有限公司 – 青岛甜中甜优果商贸有限公司

两湖绿谷物流股份有限公司 – 荆州市昌盛果业有限公司

红星实业集团有限公司 – 湖南星勤农产品贸易有限公司

红星实业集团有限公司 – 湖南果惠农业科技有限公司

红星实业集团有限公司 – 湖南铭泽红船国际贸易有限公司

青藏高原农副产品集散中心 – 大明果业批发局

青藏高原农副产品集散中心 – 西宁市城北区氏刘果业经营局

青藏高原农副产品集散中心 – 鲜明果业

肉禽蛋：

北京西南郊肉类水产品市场有限公司 – 北京易实惠科技有限公司

北京西南郊肉类水产品市场有限公司 – 北京善诚众联盛商贸有限责任公司

北京西南郊肉类水产品市场有限公司 – 北京集鲜丰商贸有限公司

北京顺鑫石门国际农产品批发市场集团有限公司 – 北京石门龙泽商贸有限公司

合肥周谷堆大兴农产品国际物流园有限责任公司 – 合肥万千客食品有限公司

合肥周谷堆大兴农产品国际物流园有限责任公司 – 合肥瑶海区天宝冷冻食品商行

合肥周谷堆大兴农产品国际物流园有限责任公司 – 合肥正盈商贸有限公司

合肥周谷堆大兴农产品国际物流园有限责任公司 – 合肥贵格食品有限公司

合肥周谷堆大兴农产品国际物流园有限责任公司 – 合肥市瑶海区长传白肉经营局

宿州百大农产品物流有限责任公司－宿州市领航商贸有限责任公司

青岛市城阳蔬菜水产品批发市场有限公司－鑫盛达国际牛肉冻品行

青岛市城阳蔬菜水产品批发市场有限公司－黄克山鲜蛋经营批发局

青岛市城阳蔬菜水产品批发市场有限公司－福增蛋业

水产类：

北京西南郊肉类水产品市场有限公司－北京八仙缘水产品有限公司

北京大红门京深海鲜批发市场有限公司－北京市海和兴水产品有限公司

北京四道口水产交易市场有限公司－北京市海淀区四道口刘莉食品经营局

北京四道口水产交易市场有限公司－北京同心昊天商贸有限公司

江苏凌家塘市场发展有限公司－常州市凌家塘刘秀文水产商行

南京农副产品物流配送中心－江苏壕杰国际贸易有限公司

合肥周谷堆大兴农产品国际物流园有限责任公司－合肥瑶海区陈友付水产品商行

合肥周谷堆大兴农产品国际物流园有限责任公司－合肥市瑶海区善玉水产经营局

合肥周谷堆大兴农产品国际物流园有限责任公司－合肥福子食品有限公司

合肥周谷堆大兴农产品国际物流园有限责任公司－合肥市瑶海区晓东水产商行

青岛市城阳蔬菜水产品批发市场有限公司－青岛富又源水产品有限公司

青岛市城阳蔬菜水产品批发市场有限公司－青岛兆鑫源水产

青岛市城阳蔬菜水产品批发市场有限公司－青岛鑫瑞鑫水产

青岛市城阳蔬菜水产品批发市场有限公司－青岛老王水产有限公司

青岛市城阳蔬菜水产品批发市场有限公司－青岛盈利水产有限公司

青岛市城阳蔬菜水产品批发市场有限公司－青岛大强水产

青岛市城阳蔬菜水产品批发市场有限公司－城阳区鑫每丰水产经销处

青岛市城阳蔬菜水产品批发市场有限公司－城阳区云鹤兴水产商行

青岛市城阳蔬菜水产品批发市场有限公司－青岛城阳万达水产经营局

青岛市城阳蔬菜水产品批发市场有限公司－城阳区泰和祥水产批发局

青岛市城阳蔬菜水产品批发市场有限公司－青岛市城阳区五福水产经营局

青岛市城阳蔬菜水产品批发市场有限公司－城阳区闽南源水产商行

青岛市城阳蔬菜水产品批发市场有限公司－青岛市城阳区顺兴水产经销处

青岛市城阳蔬菜水产品批发市场有限公司－青岛怡安美食品有限公司

青岛市城阳蔬菜水产品批发市场有限公司－青岛锦港源贸易有限公司

青岛市城阳蔬菜水产品批发市场有限公司－城阳区祥多利水产品商行

青岛市城阳蔬菜水产品批发市场有限公司－青岛市城阳区城阳鑫鑫水产经营部

青岛市城阳蔬菜水产品批发市场有限公司－城阳区盛润祥水产批发局

青岛市城阳蔬菜水产品批发市场有限公司－青岛英伟水产有限公司

青岛市城阳蔬菜水产品批发市场有限公司－城阳区杨明成水产商行

青岛市城阳蔬菜水产品批发市场有限公司－城阳区苏源湖水产

青岛市城阳蔬菜水产品批发市场有限公司－城阳区杨连彪水产品店

青岛市城阳蔬菜水产品批发市场有限公司－青岛信德水产有限公司

青岛市城阳蔬菜水产品批发市场有限公司－苗福海干海鲜商行

洛阳通河农副产品有限公司 – 洛阳浩航商贸有限公司

冻品类：

江苏腾久工贸实业有限公司

干货调味品类：

天津金元宝滨海农产品交易市场 – 天津市滨海新区塘沽文武欣干货经营局

洛阳宏进农副产品批发市场有限公司 – 洛阳市老城区利鑫粉业批发商行

洛阳宏进农副产品批发市场有限公司 – 洛阳市老城区帅旗海带商行

洛阳宏进农副产品批发市场有限公司 – 洛阳六于香食品有限公司

洛阳宏进农副产品批发市场有限公司 – 洛阳市老城区利磊食品批发商行

洛阳宏进农副产品批发市场有限公司 – 洛阳市老城区王磊调料副食商行

重庆观音桥市场有限公司 – 重庆锦仁食品有限公司

粮油类：

合肥周谷堆大兴农产品国际物流园有限责任公司 – 安徽名城食品有限公司

宿州百大农产品物流有限责任公司 – 宿州市开发区王德良粮油销售局

洛阳宏进农副产品批发市场有限公司 – 洛阳朱八弟食品有限公司

青藏高原农副产品集散中心 – 荣湾食品商行

青藏高原农副产品集散中心 – 西宁市城北区臻品副食经营局

青藏高原农副产品集散中心 – 西宁市城北区雨晴副食经营局

青藏高原农副产品集散中心 – 城阳区天地丰粮行

青藏高原农副产品集散中心 – 城阳区王仕宗食品经营局

两湖绿谷物流股份有限公司 – 湖北国品商贸有限公司

4. 农产品零售市场：

北京新发地百舸湾农副产品物流有限责任公司

天津市雅乐氏市场有限公司

南京绿恒市场服务有限公司

无锡天惠超市股份有限公司

苏州市农产品发展有限公司（农发菜场）

南京德鹏副食品有限公司

河南省舞钢市市场发展服务中心

洪湖市农友农贸市场有限公司

深圳市汇民街市

广元市蜀门市场开发有限责任公司

内江市绿禾农贸市场管理有限公司

5. 零售市场经销商：

南京苏侨好邻里商业管理有限公司 – 南京乐百顺生鲜商城

6. 农产品物流企业：

北京锦绣大地农副产品批发市场

宜春恒毓冷链物流有限公司

陕西米禾供应链管理股份有限公司

7. 生产基地：

大连洪家畜牧有限公司

安庆市皖宜季牛水产养殖有限责任公司

湖北天汇源农业科技发展有限公司

四川省安岳县自强富农水果专业合作社

四川井研繁盛超果农业科技有限公司

青海星露谷农牧科技有限公司

8. 农产品加工配送企业：

北京育芳新城利民社区菜市场

大连天力调味食品有限公司

常州凌家塘商贸有限公司

杭州为家家农副产品配送有限公司

安徽西商食品有限公司

菏泽银田食品有限公司

广东亚北农副产品有限公司

宁夏中卫四季鲜农产品配送有限公司

9. 农产品电子商务企业：

无锡朝阳供应链科技股份有限公司

重庆香满圆农产品有限公司

10. 服务商：

北京木屋时代科技有限公司

中菜联盟网络科技有限公司

北京思鹏瑞通科技有限公司

秦皇岛亿德力科技股份有限公司

上海农信供应链管理有限公司

苏州城发建筑设计院有限公司

苏州龙时汇达商业设备股份有限公司

杭州一鸿市场研究咨询有限公司

山东百仕达地标产业有限公司

机械工业第六设计研究院有限公司

郑州凯雪冷链股份有限公司

北京快鸽联盟信息技术有限公司

成都九洲电子信息系统股份有限公司

11. 涉及国际贸易的相关单位：

北京顺京海商贸有限公司

北京首农供应链管理有限公司

二、个人奖项

（一）2021年度中国农产品供应链建设十佳人物

王镇威　东莞市果菜副食交易市场有限公司董事长

元柏鸿　广西新柳邕农产品批发市场有限公司董事长

尹世军　成都农产品中心批发市场有限责任公司党支部书记、董事长

叶灿江　广州江南果菜批发市场经营管理有限公司董事长、总经理

负振德　北京顺鑫石门国际农产品批发市场集团有限公司董事长

李希容　陕西欣桥实业发展有限公司董事长

李保全　河南万邦国际农产品物流股份有限公司总裁

张建方　江苏凌家塘市场发展有限公司董事长、总经理

罗　跃　红星实业集团有限公司党委书记、董事长

袁波友　青岛市城阳蔬菜水产品批发市场有限公司董事长

（二）2021年度中国农产品供应链建设优秀人物

王　浩　山东匡山农产品综合交易市场管理有限公司董事长、总经理

王孝德　山东凯盛农产品物流园董事长

王建兴　乐平蔬菜农产品批发市场有限公司副总经理

包惠东　常熟市农副产品交易城有限公司总经理

多继光　齐齐哈尔市城乡粮油交易市场有限公司党委书记、董事长、总经理

刘长河　洛阳通河农副产品有限公司董事长

刘文强　上海农信供应链管理有限公司总经理

刘旭波　大连食品安全协会执行会长

闫　峰　南京凯凯农副产品有限公司总经理

杨　荐　两湖绿谷物流股份有限公司总经理

宋新军　北京顺京海商贸有限公司总经理

张　茜　安徽西商农副产品批发市场西商产业集团总裁

张大金　安徽瑞丰商品交易博览城投资开发有限公司集团总裁

陈　涛　洛阳宏进农副产品批发市场有限公司总经理

陈木灿　厦门闽夏农副产品批发市场有限公司总经理

陈雪梅　郑州陈氏阳光果蔬贸易有限公司董事长

林　曦　厦门福慧达果蔬有限公司总经理

林惠雄　南昌深圳农产品中心批发市场有限公司董事长

林善春　福建省农产品市场协会会长

郁新星　沭阳润信农产品批发市场有限公司总经理

周朝忠　四川鑫锐投资有限公司董事长

郑尚彬　北京育芳新城利民社区菜市场总经理

宗　祎　北京首农供应链管理有限公司总经理

洪甘福　福建海峡两岸农产品物流城发展有限公司常务副总经理

耿孝国　沈阳地利农副产品有限公司总经理

夏平自　苏州城发建筑设计院有限公司总经理

钱国良　上海江杨水产品批发市场经营管理有限公司总经理

钱桂文　通辽运达绿色农副产品批发市场有限责任公司董事长

徐　焱　南京金宝农贸市场发展有限公司董事长

高王球　安庆市皖宜季牛水产养殖有限责任公司总经理

黄　勇　安徽西商集团投资有限公司总裁

黄林友　武汉红绿蓝商贸有限责任公司董事长

曹心怡　中国地利集团哈尔滨哈达农副产品股份有限公司总经理

龚志勇　无锡盛阳食品城有限公司董事长、总经理

章蔚郓　杭州为家家农副产品配送有限公司总裁

覃月琴　广东亚北农副产品有限公司进出口部总经理

焦　鹏　南京农副产品物流配送中心副总经理

舒方保　华东方保香蕉农产品有限公司董事长

魏树俭　河北新发地农副产品有限公司总裁

2020 年农批行业人大代表、政协委员简介

乔彬，男，汉族，中共党员，大专文化，高级经济师，全国劳动模范，第十一届、十二届、十三届全国人大代表。现任豫东物流集聚区党工委副书记、解放村党委书记、河南解放村实业集团董事长、总经理、商丘农产品中心批发市场董事长、总经理。并兼任中国农产品市场协会常务副会长、全国城市农贸中心联合会副会长。

李小红，女，汉族，湖南怀化人，民进会员，第十三届全国人大代表。1995 年 8 月参加工作，长江商学院工商管理专业毕业，在职研究生学历，管理学硕士学位。现任湖南佳惠百货有限责任公司董事长。

郑荣秀，女，汉族，2017 年当选湖北省武汉市第十四届人大代表。1979 年 12 月参加工作，历任武汉市蔬菜集团武泰闸批发市场总经办主任文员；武汉白沙洲农副产品大市场有限公司办公室主任；武汉白沙洲农副产品大市场有限公司总经办总监等职。工作务实，熟悉农批产业相关政策，依法履职。严格把控农产品质量安全检验检测，依托于市场平台建立安全生产风险的监控和防控机制，确保白沙洲大市场可持续发展。

张茜，2014 年被选为六安市人大代表，2016 年被选为金安区人大代表。安徽省西商集团投资有限公司副总裁，安徽中商汉康新兴产业开发有限公司董事长，安徽省大别山农产品物流有限公司总经理，安徽西商农产品批发市场有限公司总经理。作为两届人大代表，张茜积极参政议政、建言献策，针对中小企业经营和民生问题，提出了《关于推进加快服务业发展相关政策落实的建议》《关于加强城区农贸市场建设管理工作的建议》《关于加强全区校园安全工作的建议》等提案，其中《关于加强全区校园安全工作的建议》被评为优秀议案建议。

胡超，男，汉族，中共党员，大专学历。2018 年当选长沙市雨花区人大代表。1996 年 6 月加入中国共产党，同年 8 月于红星农副产品大市场工作；2011 年 11 月至今，当选为红星农副产品大市场党支部书记；2001 年 1 月至 2010 年 12 月担任红星农副产品大市场副总经理；2011 年 1 月至今担任红星实业集团副总经理，红星农副产品大市场总经理，兼任中国农产品市场协会副会长、中国花卉协会市场流通分会副会长、湖南省农产品市场协会副会长、湖南省物流协会副会长、湖南省果业协会副会长等职。

陈涛，洛阳宏进农副产品批发市场有限公司总经理，洛阳市老城区人大代表。曾任国家商务部专家组成员，2012 年参与制定《农产品产地市场建设规范》《农产品销地市场建设规范》以及《7 种蔬菜流通规范》。2013 年参与制定《新鲜蔬菜初加工及配送操作规范（征求意见稿）》并提出修改意见。在洛阳宏进农副产品批发市场有限公司任职期间，带领项目扭亏为盈，解决大量遗留问题，完善项目手续，办理证照。2018 年 11 月及 2019 年 5 月带领各部门全力配合政府高效完成 801 水果、干果市场，定鼎副食品市场的疏解外迁工作。为公司培养人才、健全制度，带训出了一支能打硬仗的队伍。带领市场得到政府、商户、员工及市场周边村镇的高度认可。

唐俊杰，女，无党派人士，第十届、十一届、十二届北京市政协委员，第十三届全国政协委员，北京二商集团有限责任公司总工程师，兼任全国制冷标准化技术委员会委员、全国农产品购销标准化技术委员会委员、全国城市农贸中心联合会农产品流通专家、北京制冷学会理事长，北京高级知识分子联谊

会副会长。长期致力于农产品流通及相关专业领域的技术研究与推广应用，将制冷技术覆盖于食品冷链物流的全过程。研究方向：食用农产品冷冻冷藏、冷链物流运营管理。主持完成多项国家级、市级重点工程；发表论文20余篇；作为主要起草人参与编制《冷库管理规范》（GB/T30134–2013）、《易腐食品冷藏链技术要求禽畜肉》（SB/T10730–2012）、《初级生鲜食品配送良好操作规范》（SB/T10428–2007）等国家标准、行业标准、北京市地方标准20多项。先后获得中国商业科技创新人物、全国食品行业先进科技带头人、中国农产品批发市场行业发展30年理论贡献奖、北京市优秀科技人员、北京市三八红旗奖章等荣誉称号。

邓清河，第十二及十三届全国政协委员。1962年生于香港，籍贯广东深圳宝安县。现为宏安集团有限公司（香港股份代号：1222）、位元堂药业控股有限公司（香港股份代号：897）及中国农产品交易有限公司（香港股份代号：149）主席，被誉为"香港街市大王"。

第四篇　国际交流

2020 年农产品进出口贸易相关信息、重点政策

巴西鲜食甜瓜

2020 年 1 月 22 日，中国海关总署发布《关于进口巴西鲜食甜瓜植物检疫要求的公告》，巴西鲜食甜瓜正式获得准入。

美国油桃

2020 年 3 月 4 日，中国海关总署发布《关于进口美国油桃植物检疫要求的公告》，美国油桃正式获得准入。

智利鲜食柑橘

2020 年 5 月 14 日，中国海关总署发布《关于进口智利鲜食柑橘植物检疫要求的公告》，智利鲜食柑橘正式获得准入。

印度尼西亚火龙果

2020 年 5 月 23 日，中国海关总署发布《关于进口印度尼西亚火龙果植物检疫要求的公告》，印度尼西亚火龙果正式获得准入。

柬埔寨鲜食芒果

2020 年 7 月 16 日，中国海关总署发布《关于进口柬埔寨鲜食芒果植物检疫要求的公告》，柬埔寨鲜食芒果正式获得准入。

厄瓜多尔冷冻南美白虾

2020 年 8 月 14 日，中国海关总署发布《关于进口厄瓜多尔冷冻南美白虾检验检疫要求的公告》，厄瓜多尔冷冻南美白虾正式获得准入。

多米尼加鲜食鳄梨

2020 年 8 月 26 日，中国海关总署发布《关于进口多米尼加鲜食鳄梨植物检疫要求的公告》，多米尼加鲜食鳄梨正式获得准入。

赞比亚鲜食蓝莓

2020 年 9 月 7 日，中国海关总署发布《关于进口赞比亚鲜食蓝莓植物检疫要求的公告》，赞比亚鲜食蓝莓正式获得准入。

乌兹别克斯坦干辣椒

2020 年 11 月 3 日，中国海关总署发布《关于进口乌兹别克斯坦干辣椒检验检疫要求的公告》，乌兹别克斯坦干辣椒正式获得准入。

坦桑尼亚大豆

2020 年 11 月 11 日，中国海关总署发布《关于进口坦桑尼亚大豆植物检疫要求的公告》，坦桑尼亚大豆正式获得准入。

墨西哥高粱

2020 年 11 月 30 日，中国海关总署发布《关于进口墨西哥高粱检验检疫要求的公告》，墨西哥高粱正式获得准入。

2020 年全国城市农贸中心联合会
重大国际交流与外事活动

　　2020 年 6 月 9 日，澳大利亚驻华使馆公使衔农业参赞穆云朗先生拜会全国城市农贸中心联合会（简称"农贸联"），与农贸联会长、世界批发市场联合会主席马增俊先生进行了亲切会谈，双方就两国农产品贸易及农产品市场行业在后疫情时代的发展方向进行了深入交流。澳大利亚使馆农业处翟立芳女士、农贸联国际部人员参加会议。

农贸联会长马增俊与澳大利亚驻华使馆公使衔农业参赞穆云朗先生合影

　　2020 年 6 月 17 日，农贸联会长马增俊与多米尼加共和国（简称"多米尼加"）驻华大使布里乌尼·加拉维托·塞古拉先生在多米尼加驻华大使馆举行会面，双方就多米尼加牛油果输华及后续的合作事项进行了深入交流。多米尼加驻华使馆参赞卡利诺·冈萨雷斯·加西亚先生、农贸联国际部席梓峻参加了会谈。

农贸联会长马增俊与多米尼加共和国驻华大使布里乌尼·加拉维托·塞古拉先生合影

2020 年 7 月 22 日，世界批发市场联合会（简称"世批联"）线上理事会第一次会议举行，农贸联会长、世批联主席马增俊出席会议。此次会议决定延长主席、副主席和理事任期至 2021 年佛罗伦萨会议举办。

2020 年 8 月 6 日，2020 印度尼西亚—中国火龙果线上对接会（第一次会议）成功举办，应印度尼西亚共和国驻华兼驻蒙古国公使迪诺阁下邀请，农贸联会长、世批联主席马增俊先生出席活动并致辞。本次线上对接会旨在加强印尼出口商与中国火龙果进口商的联系，帮助印尼火龙果进入中国市场，推动中国与印尼双边农产品贸易发展，为推动亚太经济一体化贡献力量。

农贸联会长马增俊与印度尼西亚共和国驻华兼驻蒙古国公使迪诺阁下合影

2020 年 9 月 6 日，由农贸联、韩国农水产食品流通社韩国可乐洞市场联合主办的"韩国优质农产品线上推介会"成功举行。

韩国优质农产品线上推介会北京会场合影

2020年9月2日至11日，在新冠肺炎疫情的背景下，为推动各国经济回暖，由墨西哥、智利、哥伦比亚和秘鲁组成的拉丁美洲贸易联盟——太平洋联盟线上会议成功举办。受墨西哥驻华使馆的邀请，农贸联参加"第三届太平洋联盟线上商务会议"，与5家太平洋联盟企业举行了一对一的线上农产品对接，增进了对拉丁美洲国家农产品的了解。

2020年10月26—28日，由全国城市农贸中心联合会燕窝市场专业委员会（以下简称"国燕委"）和注册认证燕窝诚信联盟主办，中国食品工业协会燕窝及胶原蛋白产业工作委员会、中国医药物资协会燕窝分会、广东省燕窝产业协会等协办，印度尼西亚驻华大使馆、马来西亚驻华大使馆、中国检验检疫科学院等作为支持单位的2020年燕窝行业年会在厦门盛大开幕。本届年会以"规范创新，聚力共赢"为主题，探寻燕窝行业发展方向，规范燕窝行业秩序，共同推动行业创新与未来发展。印度尼西亚共和国驻华大使周浩黎以"印尼燕窝现状及未来发展"为主题进行了致辞。

印尼驻华大使周浩黎发表致辞

2020年11月4日至5日，2020年全国农贸市场行业年会在广西壮族自治区柳州市举行。活动由全国城市农贸中心联合会主办，全国城市农贸中心联合会零售市场专业委员会、广西米立方市场开发有限公司承办。本届年会以"聚焦农贸 智慧创新——农贸市场，一座城市的灵魂"为主题，世界批发市场联合会零售工作组主席让·保罗·奥古斯特以视频方式致辞。

世界批发市场联合会零售工作组主席让·保罗·奥古斯特以视频方式致辞

2020年11月30日，埃及驻华使馆商务参赞马西塔布·易卜拉欣女士拜会全国城市农贸中心联合会，与农贸联会长、世批联主席马增俊先生进行了亲切会谈，探讨中埃农产品双边贸易的发展之路，以及扩大埃及农产品出口额的途径等。埃及驻华使馆商务处卢理萍先生、农贸联国际部王立娟参加会议。

埃及驻华使馆商务参赞马西塔布·易卜拉欣女士与农贸联会长马增俊合影

2020年12月4日，世批联线上理事会第二次会议举行，农贸联会长、世批联主席马增俊出席会议。

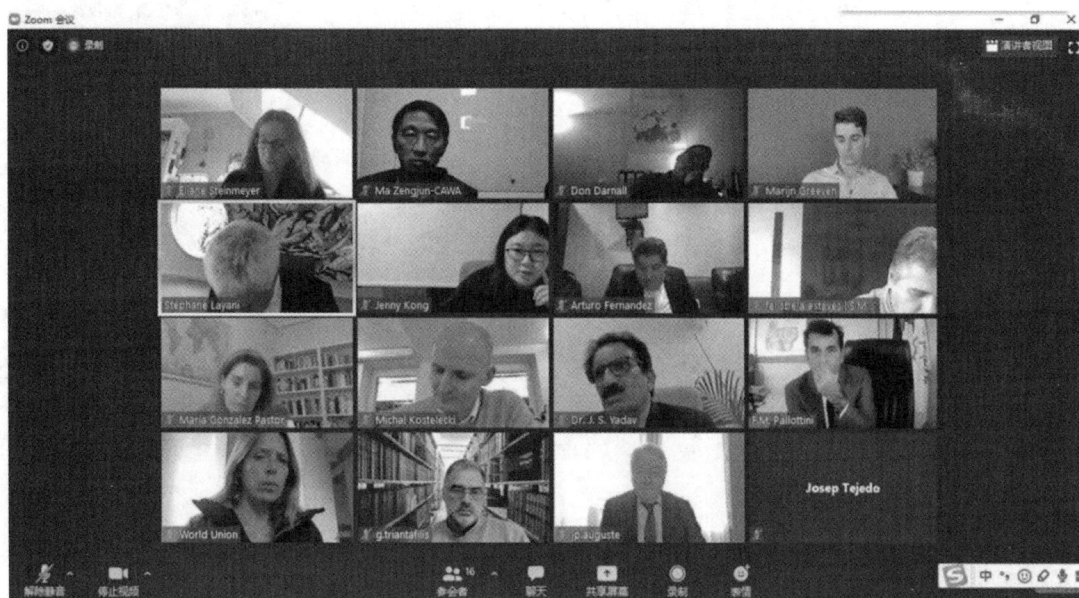

第五篇　品牌星光

行业春秋

国家主流媒体对农产品流通行业的关注与报道

冷链物流建设迎发展春天

文／国际商报　晏澜菲

一边是宅家后生鲜农产品需求激增，一边是实体店销量锐减导致的农产品滞销。疫情防控期间，因运输"断链"导致的部分农产品供需失衡问题开始显现。保障餐桌、菜篮的供应不仅促使电商企业和物流企业开足马力，也使得冷链物流建设进入加速发展阶段。

2020年中央一号文件《中共中央　国务院关于抓好"三农"领域重点工作确保如期实现全面小康的意见》中强调，安排中央预算内投资，支持建设一批骨干冷链物流基地，加快物联网、大数据、区块链、人工智能、第五代移动通信网络、智慧气象等现代信息技术在农业领域的应用。

这无疑使得冷链物流建设获得强有力的支持。世界批发市场联合会主席、全国城市农贸中心联合会会长马增俊表示，中央一号文件决定启动农产品仓储保鲜冷链物流设施建设工程，加强农产品冷链物流统筹规划、分级布局和标准制定。安排中央预算内投资，支持建设一批骨干冷链物流基地，这对未来我国农产品冷链物流建设、现代农业建设有非常重要的意义。

马增俊表示，加大冷链物流建设有利于乡村振兴。除农业生产之外，产业延续是乡村振兴的根本出路，将冷链物流作为公益性产业、民生产业优先发展就是产业发展的一种延续。通过加大对冷链等基础设施投入，加强农产品产后分级、包装、营销，建设现代化农产品冷链仓储物流体系，可以重点解决农产品销售中的突出问题，打造农产品销售公共服务平台。长期以来，尽管各地政府做过一些冷链物流发展规划，但由于产业投资大，回收期长，发展模式不清晰，很多规划的落实并不理想。这次中央一号文件能够加强中央预算的投入，也就意味着可以把对社会有益的公共资金用于冷链物流的建设。

马增俊建议，未来在加强这些领域投资时需要注意两个问题：一是中央资金投入后，要以将农产品仓储保鲜冷链物流设施作为公共基础设施维护为目的，让中央投资的冷链基础设施真正发挥效用。二是中央资金的使用办法要提高每个冷链项目和投资的使用效率，要把真正从事农产品大流通，从事冷链物流整体环节的参与者作为补贴对象，同时延期考核。"在投资过程中，尤其是中央资金需要关注效率、效果，让资金真正在未来冷链物流发展过程中发挥实际的作用。"马增俊直言，要注重项目最后结果。

马增俊表示，今年中央一号文件关于冷链物流建设还有一大亮点，就是不只针对物流企业，还支持家庭农场、农民合作社、供销合作社、邮政快递企业、产业化龙头企业建设产地分拣包装、冷藏保鲜、仓储运输、初加工等设施，基本包括了与农业物流相关的各类主体，这是非常好的。"只要是真正从事农产品流通的机构，就是需要支持的机构。如果不能长期从事，就不能支持。在评定方面可以设定标准，比如要运营农产品流通五年以上，而且未来五年还继续运营。如果在未来五年之内或一年、两年后不运营了，扶持资金就要撤回。只有加强这些标准和监督执行措施，才能让中央预算投资真正发挥效用。"

农产品批发市场数字化转型势在必行

文／新华财经　张健

我国每年大部分农产品经由全国4000多个农批市场网络进行流通，农产品批发市场是农产品流通产业链上当仁不让的主力。近年来，随着移动互联网的深度应用和生鲜消费渠道多元化，农产品批发市场的数字化升级成为趋势。在3月31日召开的全国城市农贸中心联合会线上新春工作座谈会上，与会专家普遍认为，批发市场数字化是大势所趋。

"农批市场面临自身升级及外部竞争的双重挑战。"红星实业集团有限公司红星农副产品大市场总经理胡超说，"从内部看，农批市场无论是从规划布局、管理理念，到配套设施和增值服务均无法满足自身发展要求，转型升级势在必行。从外部看，挑战一方面源自线下，区域内重复建设，恶性竞争不时存在；另一方面来自线上，随着O2O的出现，互联网向线下渗透，生鲜电商、社区团购和基地直采等新型模式不断稀释市场份额。农批市场的转型之路不会一帆风顺，多重竞争格局将成为常态。"

北京物资学院城市农产品流通研究所洪岚教授提出，目前农产品流通领域存在产业链组织化程度低、农产品物流标准化运作率较低、农产品安全仍需要市场重点监管等问题，运用数字化、大数据等新技术和新模式有助于问题的解决。

浙江大学城市学院鲍立威教授认为，货物、场地、渠道、人员、客户数据化产生的大数据能带来商业价值，而且数据化也是线上线下整合的核心。数据化是农产品批发市场智慧化的基础。农产品批发市场智慧化就是供应链的智慧化，能够更好地衔接农产品的生产与消费、产业链上的要素资源更有效重组。

蔬东坡联合创始人付功卫表示，数字化是食品安全和农产品溯源解决的前提，只有实现数字化才能实现资金流、信息流、物流的高效统一。

部分批发市场数字化转型已见成效。天津金元宝滨海农产品交易市场有限公司总经理石磊说："去年年初，天津金元宝滨海农产品交易市场经过3个月的试运行，正式启用自主研发的电子结算交易追溯系统，并采取向猪肉商户和批发供货商双向收取质量保证金的方式，在制度上强化安全保证，实现了商户销售的猪肉追溯到供货商的全过程。非洲猪瘟疫情背景下，我们这个追溯系统发挥了重要作用，猪肉销售量提升了40%，不降反增。"

正在数字化转型的苏州现代物流园南环桥新市场正着力建设"三个平台一个中心"，即智能化指挥调度平台、线上线下一体化交易平台、供应链服务平台和南环桥大数据中心。苏州市南环桥市场发展股份有限公司董事长孟新鹤介绍，转型后的南环桥市场将实现农产品交易全程电子化，农产品全程可追溯。

新冠肺炎疫情成为农产品批发市场数字化转型的催化剂。宜昌三峡物流园是全国疫情期间重点保供企业、湖北省生活物资重点保供单位，承担了宜昌市、鄂西渝东区域的生活物资保障工作。"依托园区万臻批发网和城乡共配平台，迅速推出'万臻鲜生'社区团购平台，开启'手机下单、无接触配送'服务，基于园区农贸市场集采优势，打破套餐式订单供应，货品自由组合，价格全城最低，满足市民需求。平台上线服务范围遍及城区150余个小区。"宜昌三峡物流园有限公司总经理田祖礼介绍。

对于疫情期间涌现的线上农产品流通的经验，中国品牌建设促进会专家委员会副主任葛志荣认为应该推广并进一步探索创新。

商务部原副部长房爱卿认为，在充分掌握互联网、物联网、区块链、大数据、云计算、人工智能等工具的基础上，通过数字化将农产品流通中的人员、货物、场地、车辆等要素同生产、批发、零售的环节联系起来，达到促进企业创新、提高效率的最终目的。

全国城市农贸中心联合会挖掘批发市场核心功能加强数字化等能力升级

文/人民网——消费频道 欧阳易佳 李彤

3月31日全国城市农贸中心联合会（以下简称"农贸联"）召开工作座谈会。来自政府主管部门、行业协会、研究机构、企业等嘉宾代表围绕疫情期间农产品流通行业应急措施、提升市场现代化运营能力、市场创新发展、乡村振兴等议题，从不同角度交流探讨。

会上，商务部原党组成员、副部长房爱卿对农贸联2020年工作提出建议，组织专家、企业认真总结疫情期间应急保供的经验，进一步完善应急保供预案；研判市场形势，为稳定农产品国内外市场献计献策；做好数字化转型，抓好农产品流通供应。

政策通报 指引方向

商务部市场体系建设司副司长胡剑萍介绍，商务部将按照"统筹做好疫情防控和经济社会发展"部署，一手抓农产品流通体系建设，一手抓卖难应对和商务扶贫工作，不断满足人民群众消费升级需求，促进农民增收，助力脱贫攻坚和乡村振兴。

胡剑萍说，未来将持续完善农产品流通骨干网；按照新建与改造并举，硬件与机制共建原则，加快推进农产品流通领域改革和创新，完善顶层设计，加强基础设施建设，培育骨干流通企业；发展新业态新模式，密切产销衔接，建立完善覆盖全国农产品流通骨干网络；切实做好贫困地区农产品卖难应对工作，扎实推进产销对接扶贫和电商扶贫；发挥农产品批发市场、连锁超市、电商平台等各类渠道优势，建立健全农产品卖难应对机制；继续支持各类市场做好疫情防控期间农产品供应工作；组织修订农产品流通相关国家和行业标准。

国家市场监督管理总局食品经营司处长孙建平介绍，2020年工作重点落脚在完善监管制度，规范市场管理方面。要积极推动出台食用农产品市场销售质量安全监督管理办法，把农批市场食品安全规范作为推进食品安全管理体系、能力现代化基础工作。此外，还将与农贸联开展合作，共同研究推进食用农产品集中交易市场质量安全管理体系建设。

专家建言 智识分享

会上，国务院发展研究中心市场经济研究所所长王微就行业未来的发展方向提出建议。要继续强化以批发市场为核心的供应链体系的发展；继续强化批发市场作为核心供应链上下游的整合能力、带动能力和整体竞争能力；批发市场不能固守原有经营模式，需要向数字化转型，利用"互联网＋"等手段推动经营模式与功能创新，提升运行效率；进一步加强农产品流通基础设施和能力建设；加强如冷链物流等农产品流通相关的硬件设施建设；关注本此疫情所引发的消费行为、消费理念的变化。完善农产品流通体系运作标准、操作标准、管控标准等，改变行业经营面貌、品质、效率。

中国人民大学农业与农村发展学院教授曾寅初表示，我国农产品贸易发展十分迅速，已成为世界上第一大农产品进口国和第三大农产品出口国。我国农产品在融入国际化过程中需在国际价值链中找到自己的合理定位，加强市场自身能力和供销商业务能力建设，提高经销商国际业务能力、培养外贸代理人才等。

行业交流 发展共赢

全国城市农贸中心联合会会长、世界批发市场联合会主席马增俊表示，积极借鉴国际经验，加强批发市场数字化等方面的升级改造。加强冷链物流相关政策，做到从政策和发展方向上推动冷链发展。推动农贸市场改造，让农贸市场真正发挥城市核心功能。

马增俊说，在疫情期间，农产品流通行业在保障生活必需品供应、解决卖难等问题上做出积极工作。协会发挥了行业平台的优势和作用，向有关部委汇报情况，提出政策建议，助力市场防疫保供工作和行业企业复工复产。

据悉，全国城市农贸中心联合会工作座谈会是农贸联每年举办的行业会议，有把握政策动向、凝聚各方智识、反映会员呼声、打造交流平台、共谋行业发展等五大特点。

农贸市场防疫保供功不可没 未来加快转型升级时不我待

文／中国信息报 鄢来雄

农产品物流时刻关系老百姓的"菜篮子"。抗击新冠肺炎疫情期间，承担城市农产品物流重任的全国农贸批发市场在防疫保供方面发挥了重要作用。

在全国城市农贸中心联合会（以下简称"农贸联"）主办的以"居安思危 高质量发展"为主题的线上新春工作座谈会上，参会专家纷纷表示，全国农贸批发市场在此次防疫保供方面功不可没，但是未来面临加快升级转型的挑战，应加快农批市场的数字化建设、智慧化运营，将我国农产品物流行业的"短板"拉长。

防疫保供功不可没

国务院参事、农业农村部农村经济研究中心研究员刘志仁表示，农产品不仅关系到人民群众的食品安全，更有利于提高老百姓的营养水平。疫情期间，农产品流通行业在防疫保供方面表现非常突出。

"抗疫以来，农贸批发市场经受住了考验和检验。"农贸联会长、世界批发市场联合会主席马增俊指出："农贸联也充分发挥了行业平台的优势和作用，协调农产品流通行业在保障生活必需品供应、解决卖难等方面做了大量工作。还积极向有关部委汇报情况，提出政策建议，助力行业企业复工复产。"

农贸联副会长纳绍平介绍说，多家会员加入了农贸联重点农产品批发市场联系机制，采取减免进场费、租金、小额贷利息等措施，通过线上下单、小区配送的新形式，保障农产品供应。

据农贸联统计数据显示，农产品批发市场的开市率已经超过 99%，批发市场商户开工率超过 97%，农贸市场商户开工率 94%。在解决农产品卖难方面，农贸联通过商务部平台和各类媒体平台等及时发布信息，组织产销对接。

农批市场面临多重挑战

农贸批发市场在抗疫期间发挥着重要作用，不过，在众多专家眼里，农批市场的发展还面临诸多挑战。

"农批市场面临自身升级及外部竞争的双重挑战。"红星实业集团有限公司红星农副产品大市场总经理胡超说，"从内部看，农批市场无论是从规划布局、管理理念，到配套设施和增值服务均无法满足自身发展要求，转型升级势在必行。从外部看，挑战一方面源自线下，区域内重复建设，恶性竞争不时存在；另一方面来自线上，随着 O2O 的出现，互联网向线下渗透，生鲜电商、社区团购和基地直采等新型模式不断稀释市场份额。"

"应高度关注本此疫情所引发的消费行为、消费理念的变化。加强批发市场与商户之间的合作互动，搞好'最先一公里'和'最后一公里'。"国务院发展研究中心市场经济研究所所长王微指出，批发市场不能固守原有的经营模式，需要向数字化转型，利用"互联网＋"等手段推动经营模式与功能的创新，提升运行效率。

刘志仁则指出，农产品行业目前还存在很多"短板"，应该利用这个时期将"短板"拉长，全力推进物流大中小微企业并行，打通农产品物流"两个一公里"，他建议，把物流新政置于国家公共政策之首，落实"更高、更稳、更好"的目标是新政的当务之急。

"疫情是暂时的，市场发展是长期的。"经过疫情的考验，马增俊提出，应做到刨除疫情看发展，将应急措施汇总、形成一种制度，融入日常工作中。同时，借鉴国际经验，加强批发市场数字化等方面的升级改造，让农贸市场真正发挥城市的核心功能。

数字化转型大势所趋

农产品批发市场摆脱脏、乱、差的固有印象，树立安全、便捷、智慧化的新形象，不仅十分必要，更是大势所趋。数据化正是农批市场智慧化的基础。

专家表示，数字化是食品安全和农产品溯源解决的前提，只有实现数字化才能实现资金流、信息流、物流的高效统一。

事实上，部分批发市场数字化转型已初见成效。"去年年初，天津金元宝滨海农产品交易市场经过 3 个月的试运行，正式启用自主研发的电子结算交易追溯系统，并采取向猪肉商户和批发供货商双向收取质量保证金的方式，在制度上强化安全保证，实现了商户销售的猪肉追溯到供货商的全过程。非洲猪瘟疫情来袭，我们这个追溯系统发挥了重要作用，猪肉销售量不降反增，提升了 40%。"天津金元宝滨海农产品交易市场有限公司总经理石磊说。

新冠肺炎疫情则成为农批市场数字化转型的催化剂。

作为全国疫情期间重点保供企业、湖北省生活物资重点保供单位的宜昌三峡物流园有限公司，体会到数字化的便利。该企业承担了宜昌市、鄂西渝东区域的生活物资保障工作。"依托园区万臻批发网和城乡共配平台，我们迅速推出'万臻鲜生'社区团购平台，开启'手机下单、无接触配送'服务，基于园区农贸市场集采优势，打破套餐式订单供应，货品自由组合，价格全城最低，满足了市民需求。平台上线服务范围遍及城区150余个小区。"宜昌三峡物流园有限公司总经理田祖礼介绍说。

"下一步，农贸联将加强对形势的判断，同行业专家、企业一起在'智慧市场，线下线上融合'方面进行探索研究，共同促进行业智慧市场的发展和线上线下融合发展。"马增俊表示。

数字转型 融合发展 农批市场后疫情时代的谋划

文/中国食品报　王小萱

近日，以"居安思危高质量发展"为主题的全国城市农贸中心联合会（以下简称"农贸联"）新春工作座谈会在线上举办，政府主管部门、行业协会、研究机构、企业的嘉宾代表，围绕疫情期间农产品流通行业应急措施、提升市场现代化运营能力、市场创新发展、乡村振兴等议题从不同角度交流探讨。

农贸联会长、世界批发市场联合会主席马增俊表示，"疫情是暂时的，但市场发展是长期的，要积极借鉴国际经验，加强批发市场数字化等方面的升级改造，加强冷链物流相关政策，做到从政策和发展方向上推动冷链的发展"。下一步，农贸联将加强对形势的研判，在"智慧市场，线下线上融合"方面进行探索研究，共同促进行业智慧市场的发展和线上线下融合发展。

数字化转型促农产品流通供应

疫情期间，农产品流通行业在防疫保供方面的重要作用凸显。商务部原党组成员、副部长房爱卿表示："2020年要组织专家、企业认真总结疫情期间应急保供经验，进一步完善应急保供预案；研判市场形势，为稳定农产品国内外市场献计献策；做好数字化转型，抓好农产品流通供应。"

对于农产品流通数字化转型，房爱卿提出："要充分掌握并利用互联网、物联网、区块链、大数据、云计算、人工智能等技术，通过数字化将农产品流通中的人员等要素同生产、批发、零售的环节链接起来，达到促进企业创新、提高效率的目的。"

"需进一步改进应对机制，探索创新线上农产品流通等新做法，进而从实践上升到理论层面，指导完善应对突发事件预案。"原国家质检总局副局长葛志荣表示。

农业农村部农村经济研究中心研究员刘志仁认为，实施物流新政迫在眉睫，建议把物流新政置于国家公共政策之首，落实"更高、更稳、更好"的目标是新政的当务之急。农产品不仅关系到人民群众的食品安全，更有利于提高老百姓的营养水平。他认为，农产品行业目前还存在很多短板，应该利用这个时期将短板拉长，全力推进物流大中小微企业发展，全力打通农产品物流"两个一公里"，全面落实冷链物流新政策。

商务部市场体系建设司副司长胡剑萍表示，下一步商务部将完善农产品流通骨干网；按照新建与改造并举、硬件与机制共建的原则，加快推进农产品流通领域改革和创新，完善顶层设计，加强基础设施建设，培育骨干流通企业；发展新业态新模式，密切产销衔接，建立覆盖全国的农产品流通骨干网络；组织修订农产品流通相关国家和行业标准。

国务院发展研究中心市场经济研究所所长王微认为，需要继续推进以批发市场为核心的供应链体系的发展，强化批发市场作为核心供应链上下游的整合能力、带动能力和整体竞争能力。批发市场不能固守原有的经营模式，需要向数字化转型，利用"互联网＋"等手段推动经营模式与功能的创新，提升运行效率。

北京物资学院教授洪岚认为，应从运用信息化、大数据等新技术，运用电商平台、中央厨房等新模式方面，加强供应链配套基础设施建设。中物联物流规划研究院副院长方庆喆认为，农贸市场要与冷链物流和新基建相结合，向上要建立一个产地预处理高效运输的体系，向下要与消费端的市场形成仓储和生鲜的深加工模式，与高效的冷链配送体系相结合，促进生鲜配送企业的成长。同时，要与电商体系相结合，对接线上销售，缩小线上和线下购买体验的差异。

应对卖难问题助力脱贫攻坚

葛志荣表示，农贸联要发挥好政府与市场间的桥梁纽带作用，推进老少边区农贸市场建设，助力脱贫与乡村振兴，进一步加强国际合作，尤其是与"一带一路"沿线国家共享农贸市场建设和应对疫情工作经验。

胡剑萍介绍，下一步商务部将按照党中央关于"统筹做好疫情防控和经济社会发展"的重要部署，一手抓农产品流通体系建设，一手抓卖难应对和商务扶贫工作，不断满足人民群众消费升级需求，促进农民增收，助力脱贫攻坚和乡村振兴。切实做好贫困地区农产品卖难应对工作，扎实推进产销对接扶贫和电商扶贫。发挥农产品批发市场、连锁超市、电商平台等各类渠道优势，建立健全农产品卖难应对机制。

国家市场监督管理总局食品经营司处长孙建平介绍，2020年将积极推动出台食用农产品市场销售质量安全监督管理办法，并以此为契机，把农批市场的食品安全规范作为推进食品安全管理体系和能力现代化的重要基础工作来抓。督促食用农产品集中交易市场的开办和销售者依法依规严格落实法定责任义务。此外，2020年还将与农贸联开展合作，共同推进食用农产品集中交易市场质量安全管理体系建设。

中国人民大学农业与农村发展学院教授曾寅初从国际化角度谈了农产品批发市场的发展现状和方向。他认为，我国农产品贸易发展十分迅速，已成为世界第一大农产品进口国和第三大农产品出口国，从相关数据看，我国进口增长远快于出口的增长，所以目前来看，从进口角度融入国际贸易相对容易，出口相对困难。我国农产品在融入国际化过程中需要在国际价值链中找到自己的合理定位。

农批市场应进一步加强国际合作

文／国际商报　晏澜菲

"疫情是暂时的，市场发展是长期的。"全国城市农贸中心联合会会长、世界批发市场联合会主席马增俊在全国城市农贸中心联合会线上工作座谈会上表示，农产品批发市场应积极总结疫情防控期间市场所做工作，将应急措施汇总成一种制度，融入日常工作中。同时，市场要积极借鉴国际经验，加强批发市场数字化等方面的升级改造。

新冠肺炎疫情给国家和人们生活带来了不同程度的影响。在疫情期间，农产品流通行业在保障生活必需品供应、解决卖难等问题上作出了应有贡献。协会充分发挥了行业平台的优势和作用，积极向有关部委汇报问题，提出政策建议，助力市场防疫保供工作，助力行业企业复工复产。马增俊表示，下一步，协会将加强对形势的判断，同行业专家、企业一起在"智慧市场，线下线上融合"方面进行探索研究，共同促进行业智慧市场的发展和线上线下融合发展。协会也将加强国内外批发市场的交流与合作，促进国际贸易发展，继续推动中国农产品流通业的国际化发展。

中国人民大学农业与农村发展学院教授曾寅初认为，中国农产品贸易发展十分迅速，中国已是世界上第一大农产品进口国和第三大农产品出口国。中国农产品在融入国际化的过程中需要在国际价值链中找到自己的合理定位，未来一方面要加强市场自身能力建设，另一方面要加强供销商业务能力建设，提高经销商国际业务能力，积极培养外贸代理人才。

宜昌三峡物流园是疫情防控期间的重点保供企业，也是商务部疫情防控期间保供重点联系的农产品批发市场，承担了宜昌市、鄂西渝东区域人民群众的生活物资保障工作。公司总经理田祖礼表示，在较好地完成疫情期间保供任务的同时，企业也在规划下一步发展目标，将借助湖北自贸试验区宜昌片区发展优势，抢抓"一带一路"发展机遇，大力发展以市场采购贸易方式为主的外贸业务。

疫情推动社区"菜篮子"数字化提速
保质增效应同步加快

文／新华财经　李安然　张健

随着线上生鲜业务在疫情期间的高速增长，生鲜电商平台迎来了难得的发展窗口期。社区"菜篮子"数字化转型，正在重塑从田间地头至百姓餐桌的新生态。

守住"米袋子"，守好"菜篮子"，是答好民生考卷的题中应有之义。突如其来的新冠肺炎疫情使越来越多的居民改变传统买菜方式，选择线上下单，京东到家、苏宁易购等电商平台大力布局生鲜市场，这些都为社区"菜篮子"数字化转型按下了快进键。但暴露的问题也反映数字化"菜篮子"工程急需提质增效，更好满足老百姓美好生活需求。新华社中国经济信息社5月19日举行"新社区、新生活"：社区"菜篮子"数字化发展闭门云研讨，与会专家认为，需促进线上、线下融合，加强市场监管，推动"菜篮子"数字化健康高效发展。

疫情期间"菜篮子"数字化发挥了重要作用

疫情期间，各行业对企业信息化、云服务的需求暴涨，生鲜电商也异军突起，社区"菜篮子"数字化转型在保供稳价、稳定老百姓情绪方面发挥了重要作用。

"从疫情期间的消费数据来看，线上渠道已经成为保障'菜篮子'的一个重要方式。"京东大数据研究院首席数据官刘晖说。据统计，许多此前没养成网购习惯的中老年用户开始频繁用手机买菜，猪肉、绿叶菜、葱姜蒜等日常消费在手机端增长非常明显。

据中国供销电子商务有限公司规划发展部副总经理武妍介绍，中国供销电商在全国布局的供销e家，通过居民在家下单、"无接触配送"形式，分区服务，发挥积极作用。仅湖北宜昌860000户居民，从1月24日（除夕）至5月初，订单数量达90000单，累计配送农产品3900余吨。

"社区数字化'菜篮子'给老百姓生活带来的便利越来越多。"新华社中国经济信息社副总裁匡乐成强调，社区是社会治理最基础的单元。社区"菜篮子"数字化，通过平台赋能，推广"菜篮子"新供给、社区新服务，全面拓展社区功能和黏性，让居民足不出户即可享受便利，有助于提升居民安全感，疫情期间数字化"菜篮子"发挥的作用给人印象深刻,极大丰富了社区数字化生活体验,为今后社区治理提供了很多经验。

社区"菜篮子"数字化发展仍面临困境

当前,农产品供需端存在调节失衡现象,尤其在疫情期间,一方面"全面线上抢菜"让生鲜电商订单量暴增,供不应求;而另一方面全国范围内的农产品滞销,农户损失惨重。

中国物业管理协会副会长兼秘书长王鹏认为,社区"菜篮子"数字化发展面临困境,一方面竞争同质化、物流仓储配送的成本居高不下导致电商生鲜店盈利能力弱,依然处于靠促销吸引用户的阶段,自建冷链仓储物流投入成本高;另一方面,生鲜产品难以标准化,产品质量安全溯源体系和信用评价机制需要完善。

苏宁小店集团总裁助理鲍俊伟认为,生鲜电商的发展要解决三个问题,一是需解决供应的问题,本地化、标准化发展;二是需解决物流的问题,通过物流中心降低成本,集约化加工、取货;三是应解决社会化聚集点的利益分配问题。

农业农村部市场预警专家委员会委员、国家发改委农经司原副司长方言表示,生鲜电商配送存在短板。近期关于丰巢快递柜的争论也反映出这方面的问题,延迟取货对生鲜产品质量影响较大。

北京工商大学商业经济研究所所长洪涛认为,线上"菜篮子"存在供应和质量问题,一方面供应链会出现紧急断链情况,另一方面部分社区生鲜产品质量差,需要完善全品类、全渠道、全场景、全要素的融合,建立行业标准。

线上线下融合推动"菜篮子"数字化高效发展

随着线上生鲜业务在疫情期间的高速增长,生鲜电商平台迎来了难得的发展窗口期。社区"菜篮子"数字化提速,正重塑从田间地头至百姓餐桌的新生态。

"数字化生鲜供应链的开放输出,将赋能更多社区便利店,让消费者得到更便利、更丰富、更高效的'菜篮子'。"刘晖说。

商务部中国国际电子商务中心首席专家李鸣涛认为,社区"菜篮子"的数字化发展是一个必然趋势,一是居民适应数字化的水平越来越高,二是面向社区提供社区菜篮子服务的主体越来越丰富。基于更准确的消费数据,未来数字化"菜篮子"是培育增量市场的一个非常重要的手段。

对于社区"菜篮子"的未来发展,全国城市农贸中心联合会会长、世界批发市场联合会主席马增俊建议,一是合理规划,政府应推动农产品零售市场发挥现代城市的核心功能;二是规范化发展,社区菜店应向品牌化、连锁化、集团化方向发展;三是融合发展,既要线上线下融合,也可以和社会化服务融合,包括集合电信、水电费缴纳、快递接收点等功能。

浙江赶街电子商务有限公司董事长潘东明认为,提高供应链效率、做好用户运营维护、合理运用数字技术、提高整合与合作能力是推动社区"菜篮子"数字化发展的着力点。

据悉,此次社区"菜篮子"数字化发展研讨会是中国经济信息社"新社区、新生活"系列研讨活动之一,旨在通过国家高端经济智库研究平台,推动城乡数字化社区建设,助力人民群众美好生活的实现。

匡乐成指出,探讨新形势下的社区治理、社区服务,提高社区数字化、智能化水平,不仅可以更好满足老百姓的生活需求,也利于通过数字化平台,实施农产品价格监测、确保农产品保供稳价,同时可以使农业生产更加精准满足需求。中经社将发挥智库优势,为社区数字化转型提供更多解决方案。

智慧、特色和功能综合是农贸市场发展趋势

文 / 新华财经　张健

　　农贸市场和我们的生活息息相关。在全国城市农贸中心联合会零售市场专业委员会 12 日举办的线上座谈会上，与会专家就新冠肺炎疫情对农贸市场产生什么影响，以及农贸市场未来如何发展交流了看法。

　　全国城市农贸中心联合会零售市场专业委员会主任贺有余认为，疫情最紧张的时段，部分市场闭市，家庭隔离封闭，市场和电商企业线上配送比重各占 50% 左右。疫情后期，市场逐渐恢复之前的商品交易量。

　　全国城市农贸中心联合会零售市场专业委员会理事长吴刚表示，农贸市场未来的发展趋势将是标准化、本土化和主题化。他说，标准化就是以相关农贸市场建设与管理规范为导向，设计各项规范要求以及相关参数达标的农贸市场，甚至使其达到商超的标准化水平。本土化是着重农贸市场软装设计，加入所在地文化元素，打造具有本土文化特色的农贸市场。主题化是指制定主题，把握方向，通过设计规划在农贸市场中进行主题场景营造，为顾客带来场景体验，加深其对市场的印象。

　　对于农贸市场的运营趋势，吴刚认为是线上线下融合和创新市场营销。他说，线下连接农产品基地进行产品直销，增强价格优势，线上进行农贸市场配送的尝试，吸取整合新零售的优质经验，打造空中菜市，增加市场竞争力。提高商户的营销意识，支持商户以各类活动形式进行顾客聚集，同时把准消费者心理，市场方也定期开展各类活动提高顾客的购买率。

　　吴刚还提出，未来的农贸市场是智慧市场，围绕保障食品安全和打造智慧菜场的目标，实现智慧展示、查询、计量、支付、检测、溯源、监管等多方面功能，优化市场服务体验；未来的农贸市场是倡导生态文明、建设绿色农贸市场，进行生鲜垃圾的循环利用和无害化处理；未来的农贸市场是综合一体的、立足于所在地居民便捷生活的需求，近年来衍生出了邻里中心等概念，疫情后菜场的定位更应结合附近居民的实际生活需要，搭载社区商业、社区服务等综合属性，做到综合性的一站式日常生活服务。

居民生活需求和社区服务融合

——农产品零售市场帮助百姓拎稳"菜篮子"

文 / 中国食品报　王小萱

　　疫情期间，农产品零售行业充分发挥便民菜市场、社区便利店等终端商业网点优势，有效保障居民生活必需品供应，成为保供稳价的主渠道。面对消费习惯、购买渠道等诸多变化，农产品零售市场应如何顺应形势变化，在后疫情时代寻求更好的发展机遇？日前，全国城市农贸中心联合会零售行业委员会线上召开的"抗疫保供 砥砺前行——农产品零售市场发展座谈会"，对目前行业存在的问题和未来发展趋势进行了分析和研判。

中央财政支持农产品零售网点建设

商务部市场体系建设司农产品流通处副处长张琳在视频会上介绍了商务部农产品零售市场相关重点工作的情况。近年来，商务部一直高度关注各类农产品市场建设。下一步商务部将继续关注、支持农产品民生行业发展，特别是将聚焦市场投入不足的乡镇农贸市场等各类乡镇农产品零售网点的发展。具体有以下几项工作安排：一是继续安排中央财政资金支持农产品零售网点建设。会同财政部将农产品零售网点建设列入2020年农商互联工作的支持重点。二是推动行业规范发展。结合人民群众日益升级的消费需求和信息化等技术发展，适时组织力量完善农产品零售网点建设有关标准。三是进一步优化政策环境。商务部将争取从规划布局、税收、用水用电等方面为农贸市场、各类农产品零售网点及与之配套的仓储、物流设施等方面提供更有利的政策环境。

国家市场监管总局食品安全经营监管司四处处长孙建平在介绍食用农产品市场销售质量安全监管工作情况时说，2020年工作重点主要是完善监管制度和规范市场的食品安全管理。将积极推动修订出台《食用农产品市场销售质量安全监督管理办法》，并以此为契机，从国家层面把农批市场的食品安全规范管理作为推进食品安全治理体系和能力现代化的重要基础工作来抓。同时，指导各地引导强化农贸市场等食用农产品零售市场食品安全规范管理工作，督促集中交易市场开办者和销售者依法依规严格落实法定责任义务。她透露，"今年将同农贸联开展持续性的合作研究，将重点研究如何构建符合国家国情且运行有效的食用农产品集中交易市场质量安全管理体系，为广大农批市场和零售市场完善市场内部管理，强化食品安全质量管控提供科学的指引"。

农贸联零售委常务副理事长兼秘书长贺有余表示，自2019年7月农贸联零售委正式成立以来，作为全新的组织面临诸多新的课题和挑战，在搭建政企桥梁、加强行业内部研究及交流、推进行业智慧化升级、加大行业骨干企业的宣传、为行业提供全方位的服务等方面做了很多工作。2020年进一步提高农贸联零售委的影响力和知名度，提升农贸市场的行业地位，实现改革创新与发展。

加固保障农产品供应链

新冠肺炎疫情的暴发对农产品零售行业造成冲击，同时也凸显了新的发展机遇。当前，夯实线下消费、加速线上建设已成必然趋势。

"新冠肺炎疫情让我们意识到发展的重要性，批发市场、零售市场、农产品流通以及配送中心在保障居民生活供应，以及在市场创新方面起到了较好的促进作用。"全国城市农贸中心联合会会长、世界批发市场联合会主席马增俊强调，要正确认识农贸市场的地位，农贸市场是现代都市的核心功能之一，作为农产品供应链最后一个环节十分重要，是保障城市供应的一个重要抓手。

作为重要民生工程的农贸市场，如何提升改造、创新发展？马增俊从三个维度进行了解读：一是硬件提升，市场建设要与城市建设和谐发展。二是软件提升，要做到包含人员、工作流程、商品、定位等方面的管理体系的提升。三是客体，随着城市建设的发展和人民生活水平的提高，需要形成一套完整的监管体系，提升食品安全保障能力以满足消费者需求。

革新优化成后疫情时代趋势

疫情改变了人们的消费心理和需求，新的消费习惯和购买渠道正在悄然改变，农产品零售市场应如何应对和发展成为业内的热点。全国各地的企业和有关商协会代表围绕"后疫情时代农贸市场发展趋势""农贸市场对突发事件的应对措施""疫情期间农贸市场防疫保供情况"等话题进行了交流。

农贸联零售委理事长、杭州一鸿市场研究咨询有限公司董事长、杭州市农贸市场行业协会副会长吴刚，从"定位、设计、管理、运营"四个方向对后疫情时代农贸市场痛点和发展的趋势进行了交流分享。他认为，当前农贸市场与社会需求相比，有些方面的不足日益突显：定位过于传统；部分农贸市场业态规划不合理；设计缺乏特色；食品卫生安全保障能力不足；商户营销意识薄弱；特殊时期农贸市场应急能力不足，以及农贸市场竞争力减弱。

作为民生之所的农贸市场在后疫情时代如何革新优化，加强市场管理，为客户带去更为稳妥完善的服务是每个农贸人应该思考的问题。针对以上痛点，吴刚表示，农贸市场在新时代的定位不应仅局限于买菜、卖菜，而是在加强基础功能的前提之下，结合当前社会发展趋势进行改革深化。要立足在地居民生活需要和社区服务等综合属性，做到综合性、一站式的服务。在设计业态管理上，应该彰显个性，突出品牌化。

农贸联零售委副理事长、盛庄农业科技集团董事长刘巧琴介绍，疫情期间，他们的"刘姐菜篮子"保障了周边居民的农产品供给，及时调整经营方式，推出了"刘姐菜篮子小程序"解决了周边居民买菜难、买菜贵的问题。

武汉和诚友商贸有限公司总经理柯江谊对此次疫情对菜市场的影响和发展最有感触。其认为菜市场的硬件升级改造和管理水平提升是每个城市政府必须要做的事，建议菜市场经营管理向品牌化、连锁化发展，把供应链配送、线上业务、信息化工程等新零售模式在菜市场里进行试点推广，找到接地气的农贸市场整体运营方案，为市场的发展谋求多元化生存服务空间。另外，政府和市场之间要建立协会或其他形式的桥梁，行业之间要多交流、多学习，共同进步，同时建议政府建立一套针对菜市场的社会应急保供体系，为突发公共事件下的保供体系做有效补充。

"以一流的业绩扛起一线的责任，以一流的愿景打造一流的能力"，农贸联零售委副理事长、江苏无锡朝阳集团股份有限公司董事长张君君以朝阳集团为例，从疫情防控、保供稳价保安全和提档升级三个方面作了详细交流。对于升级改造，她表示，"农贸市场升级改造这个事情，必须要结合当地的情况，也就是说合适的才是最好的"。

北京玉泉东商品交易市场有限责任公司总经理焦长义介绍了在疫情期间，玉泉东市场提前预判形势、提早布局，并在防疫防控、保障供应、复工复产方面做了充足的准备。

业内人士表示，在此次疫情期间，农产品批发市场及生鲜便利店售卖农产品的优势凸显出来，在保民生、促就业、稳物价等方面的刚需作用愈发明显。研判后疫情时期农产品零售行业充分发挥便民菜市场、社区便利店等销售终端的发展战略及未来走向，是目前行业需要思考并付之行动的重要工作。

疫情之后，随着消费者生活方式的变化，生存与发展仍然是未来行业的两大主题，农产品批发及零售市场前景依然看好，但如何转型升级、提升行业核心竞争力，在目前防控常态化的大势之下，保持灵活的经营模式，把握消费者的需求动态，增加消费者的购买欲望等方面，也要尽早进行适应和调整，保障行业可持续发展。

推动社区"菜篮子"业态发展

文 / 新华财经

社区菜市场是农产品零售终端业态中的一部分，也是社区居民生活保障的重要组成部分。5月19日，全国城市农贸中心联合会会长、世界批发市场联合会主席马增俊参加新华社中国经济信息社举办的

"新社区、新生活"：社区"菜篮子"数字化发展研讨会并发表观点。

社区"菜篮子"业态发展具有重要意义

社区菜市场是农产品零售终端业态中的一部分，也是社区居民生活保障的重要组成部分。一般而言，农产品零售市场包括农贸市场、超市、社区菜店、便利店、仓储式售卖场所、马路市场进厅转型发展而来的社区市场等。要正确认识社区"菜篮子"的宗旨是以卖生鲜产品为主，保障社区服务。2020年受新冠肺炎疫情影响，农产品零售环节发生了较大变化，电子商务、社区配送等发展很快，很有发展前景，但在生鲜质量和加工配送物流方面也还存在缺陷。面对这些新的形势，政府、企业、行业协会，都应该对包括社区菜市场、社区菜店在内的社区"菜篮子"给予高度重视，要考虑整个农产品零售环节的零售业态的搭配问题，研究如何推动社区"菜篮子"的发展。

社区"菜篮子"业态未来发展方向

未来社区菜市场应朝着品牌化、功能综合的方向发展，体现在四个方面：

第一，相关政府部门应把社区菜市场作为重点给予重视，合理规划。农产品市场是城市的核心功能之一。在新建社区留出一定的空间，对老旧社区进行统一规划，形成农贸市场、超市以及社区菜市场的合理分配和布局，保障消费者能够在最合理的时间内买到需要的农产品。

第二，社区菜市场可以像超市和农贸市场一样，向品牌化、集团化或者连锁化方向发展。社区菜店既可走连锁模式，也可走集团模式，这是不同的方向，但都要走向品牌化，这样才能够在为消费者服务和食品安全方面作出自己的贡献，创造某一个社区菜市场或者品牌的独有特色。

第三，线上线下融合，推动数字化发展。线上线下融合是社区菜市场的发展趋势。线上线下融合的目的是降低中间成本，让消费者获得实惠，也要让经销商、中间商以及生产者能挣到钱。这才是健康的业态和最主要的目的。

第四，推动社区"菜篮子"综合社会化服务发展。为更有效利用社区菜市场的空间资源、方便社区居民生活，社区菜市场除销售农产品外，还需要增加社区服务功能，如缴纳水费、电费等。新冠肺炎疫情期间，很多小区的快递都在外面放着，有的是散落。这个完全可让社区菜市场承担该职能。未来有很多社会功能都可以在社区菜篮子业态中实现转换。

社区"菜篮子"业态发展需要关注的几个问题

当前商务部等部门都在大力推动农贸市场向创新方向发展，在社区"菜篮子"发展方面，需要政府支持什么，要在哪些方面创新，有几个方面可以关注：

一是场所问题。布点要合理，打造"15分钟便民生活圈"。让居住在一个城市各个小区的消费者都应该有合理方便的购物场所。

二是产品问题。加强食品安全监管，给消费者提供品种丰富、质量安全的农产品。

三是业态问题。根据小区消费者的不同需求，由农产品零售企业自由选择社区便利店、农贸市场、超市等业态发展模式，满足消费者生活需求。

总之，推动社区"菜篮子"业态发展，不仅仅是只推动数字化，而应该是业态的多样化、产品的品质保障化来共同作用。在推动过程中，通过加强数字化提升管理水平，满足消费者多样化的农产品消费需求，这一点应该合理认知和处理。世界批发市场联合会为了推动批发市场和零售市场的对接，专设有零售市场专业委员会，以法国、美国等国家的农产品零售市场等为会员主体，还有一个非常知名的活动，叫"热爱本地市场"。2019年全国城市农贸中心联合会联合全国各地农产品零售市场业态，组织成立了农产品零售市场专业委员会，旨在借鉴国际经验，推动中国农产品零售市场发展，未来将在推动社区"菜篮子"业态发展方面，探索做更多的工作。

如何发展智慧农产品批发市场

文／新华财经　张健

全国城市农贸中心联合会会长、世界批发市场联合会主席马增俊描绘了智慧农批的大致轮廓，"智慧农批的内涵是农产品全产业链的信息化整合，外延是集合智慧采购、智慧物流与智慧交易三位一体的农批发展模式"。

如何发展智慧农产品批发市场？"无需现金刷卡结账，购物清单可作为维权凭据，产品有问题可凭号溯源……"全国城市农贸中心联合会会长、世界批发市场联合会主席马增俊在接受采访时描绘了智慧农批的大致轮廓，"智慧农批的内涵是农产品全产业链的信息化整合，外延是集合智慧采购、智慧物流与智慧交易三位一体的农批发展模式。"

精准管理落到实处，提高市场运行效率

智慧农批基于商品、人员、流通等精准管理。目前，我国批发市场管理方式仍偏粗放。

"国家出了很多标准，但是经营者、批发市场、经销商不用，农贸市场里卖菜商贩也不用。为什么我们的标准化就用不上？就是因为管理方式粗放。"马增俊说。

高效的市场如何运作？马增俊描绘了这样一个场景："举个例子，批发市场有门禁系统，市场内还有结算系统、信息发布系统、食品安全控制、废弃物处理等，如果能够通过门禁系统知道进场的一车菜装的是什么，同时预测出将来产生多少废弃物，那么车辆从进门开始，就能够测算出后面每一环节的工作量和工作内容，并把它提前落实到位，这就是智慧化。"

线上、线下融合发展，注重向消费端延伸

马增俊认为，批发市场不能只研究电子商务，应研究线上、线下如何有机融合，相互促进，实现一体化。

"市场不能仅仅站在自身的角度，而应该实现前后端的延伸。"马增俊说，当前批发市场、经销商与前端生产基地的联系已经较多，而与后端零售端及消费者尚未建立稳定的关系。因此，需把后端市场和后端消费者作为研究的主要内容和工作的主要目标，有利于批发市场在竞争激励的环境中取得相对稳固的地位。

共享提高要素利用率，协作形成规模效应

马增俊认为，让集团化市场真正发挥集团整体效应，值得行业深入研究。"集团化如何能够真正促进市场之间相互依存和有机结合？如何让大集团和现有的独立市场之间协调发展，进而使农批行业共同发展？这需要对地区联盟、物流共享、货源共享、信息互通、贸易合作等策略加强研究和探索。"

菜市场改造：适合的才是最好的

文／央视新闻—朝闻天下

菜市场改造，资金来源主要是各地方政府财政支出。各地财力不一，菜市场的改造程度也必然有差别。央视新闻对菜市场改造情况进行了采访。全国城市农贸中心联合会会长马增俊等专家表示，菜市场改造，并不是越先进越好，最关键的，还是功能的完善。

在新一轮菜市场改造升级的风潮中，越来越多环境时尚的"网红"菜市场出现，喝咖啡、办展览，都成为菜市场里的新景观。不过专家也表示，改造升级的最终目的，还是要以消费者需求为中心。毕竟物美价廉，才是菜市场最迷人的地方之一。

全国城市农贸中心联合会会长马增俊表示，不一定非要建成5星级的，可以建设3星级的，至少跟城市和谐发展就行了，不扰民、废弃物处理好。所以升级改造关键在功能的提升和完善，每个方面的安全符合要求。每个市场的升级改造应该是根据当地的消费者来改造，所以不能千篇一律地去提升。

此外，菜市场作为城市基础设施的一部分，应当发挥公益性功能。菜市场的网点布设要合理；菜市场环境的改善，更不能转嫁到后续经营者、消费者身上。

全国城市农贸中心联合会会长马增俊表示，合理规划网点，就是设立的网点和房租、收费，不能影响价格上升。对造成农贸市场价格上升的要素进行控制，这叫公益性。其次就是要把关食品安全，为农贸市场周边老百姓的安全和幸福生活指数服务，这叫公益性。

商业联合会商品交易市场委主任骆汉平表示，农产品市场的体系建设这个是在加快的，从中央到地方都有一些布局，有大市场，有中型市场，也有社区的市场，他的公益性是越来越明显。他们引进了大量其他功能，服务的功能，比如准入机制、追溯体系，这样能保证从田间上来的第一道防线。

改造脏乱差 留住生活真滋味

近年来，国家一直关注着批发市场的公益性与民生保障，出台了不少政策支持农产品批发市场规划建设和农贸市场改造升级。

但从目前的情况来看，想让农产品批发市场回归公益性属性还有很多工作要做。比如加快相关立法进程，使农产品批发市场公益性转型有法可依，依法办事；依法加强监管，对扰乱市场秩序，通过农产品批发市场非法牟取暴利的行为坚决严厉打击等。

民以食为天，菜市场承载的是满满的生活记忆。通过不断地升级改造，让我们身边的菜市场更干净、更便利，更重要的是留住烟火气，留住踏踏实实的生活味道。

疫情倒逼农批经营跨上新台阶 从大流通走向数字化

文／中国食品报 王小萱 周岩

6月11日，在北京连续56天无本地新增确诊病例的时候，北京新发地农产品市场发现确诊病例，一时间被推上风口浪尖。北京市各部门迅速响应、凝聚力量、强力应对。经过各界多方努力，两个月后的8月15日，新发地市场南区恢复正常营业；随后，北区市场于9月6日正式开放营业，这个北京的

"大菜篮子"终于迎来全面复市。

经历了疫情大考的北京新发地，正以全新的面貌，进一步提升着首都人民的幸福指数。然而，一个亟须回答的现实课题也摆在了城市管理者面前：当出现重大突发事件，我国农批市场如何采取有效方式保障稳定供应和流通？疫情防控常态化之下，农批市场又该如何顺应新形势发展，走好转型升级之路？

农批市场作用地位难以取代

中国农批市场在改革开放之初孕育产生，经历了从蹒跚走路到茁壮成长，如今已成为我国农产品流通的主要载体，是城市的核心功能设施，在强化市场流通、促进现代农业发展中发挥着不可替代的重要作用。消费者从"有什么吃什么"，到现在"吃什么有什么"，都依靠以批发市场为代表的农产品流通体系的形成。

全国农批市场特别是大型市场，充分发挥了蓄水池和调节器的作用，不仅积极承担起抗疫防控和保供稳价的重要职责，还参与国家有关部门和各级政府及行业协会组织开展的全国贫困地区农产品产销对接和爱心捐助活动，为助力脱贫攻坚和缓解农产品卖难及保供稳价、促进社会稳定做出了突出贡献。

全国城市农贸中心联合会会长、世界批发市场联合会主席马增俊表示，新冠病毒与农批市场并没有直接和必然的关系，但是，粮食、水果、蔬菜、肉类是人们生活的必需品，农批市场作为农产品的集散地，人流量大，交易频繁，市场上的货物和人员来自四面八方，禽类、肉类又容易携带或滋生病毒病菌，存在引发疫情并导致疫情扩散的风险，而市场本身的卫生防疫安全条件不够完善，在一定程度上也造成了病毒传播的可能性。

马增俊认为，农批市场作为流通主渠道、城市的核心功能设施，仍具有不可替代性，但在发展中也存在一些亟待解决的问题。新冠肺炎疫情让批发市场这种传统的农产品流通方式，与疫情防控和消费者对食品质量、购物环境等的高要求之间的问题、矛盾充分暴露出来，同时也是转型发展再次上新台阶的一个非常重要的契机。

市场管理迈向精细化精准化

马增俊说："疫情之后，我国农批市场开展了数字化管理升级，信息化程度不断提高，就数字升级转化这个角度进行了不同的实践。不管是追溯体系、结算体系，还是人员追踪等，所有这些信息化都需要升级改造，现在大部分市场都在做这方面的规划和改造升级。"

北京新发地常务副总经理顾兆学介绍，全面复市后，北京新发地按照经营品类重新划分了区域，形成以蔬菜水果为主，其他农产品为辅的供应格局；准入制度更严，实行批零分开。"在市场管理方面更加精细化。水果区的摊位统一使用红色遮阳伞，蔬菜区则用蓝色，整齐划一，便于区分。让不同职能分工的人员穿上不同颜色的马甲，批发商穿红色，采购商穿黄色，工作人员穿蓝色，摆渡车司机穿绿色，通过颜色可快速确认身份，提高效率且便于管理。"顾兆学说。

对于进入市场的货车需提前报备，入场时，工作人员根据报备信息进行核实，重点检查产地证明和检测报告，并对即将入场的农产品进行抽样检测，如果发现食品安全问题，直接取消其进场交易资格。

"随着复市，北京新发地关闭了所有的地下及半地下交易市场，共1万多平方米。地下交易关闭后，同步拆除了近5万平方米的临时建筑，这些露天面积都变成果蔬产品的批发场所。"顾兆学介绍，为了方便市场周边社区居民的采买，在场外设置了新发地便民菜市场进行零售，一期主要销售果蔬、粮油副食、调味品等产品，设置22个摊位，共1035平方米；二期主要销售猪肉、牛肉、羊肉、白条鸡等产品，设置16个摊位，共560平方米。

数据统计，全面复市仅一天，北京新发地入场大货车 2200 辆，上市交易量突破 3 万吨，上市量、车辆入场量都有很大幅度的增长。与疫情发生之前相比，复商的商户数量达到了正常时期的 80% 以上。

数字化是农批市场智慧化的基础

随着移动互联网的深度应用和生鲜消费渠道多元化，农批市场的数字化升级已成为趋势。2020 年的新冠肺炎疫情也是农批市场数字化转型的催化剂，直播带货等一系列线上新模式不断涌现，让人们看到了除了农批市场以外更新的采购方式。在这一大形势下，传统农批市场该如何弥补短板，在大流通环境下有效融合数字化经营？

专家认为，目前农产品流通领域存在产业链组织化程度低、农产品物流标准化运作率较低、农产品安全仍需要市场重点监管等问题，运用数字化、大数据等新技术和新模式有助于问题的解决。

数字化是农批市场智慧化的基础。货物、场地、渠道、人员、客户数据化产生的大数据能带来商业价值，而且数字化也是线上线下整合的核心。农批市场智慧化就是供应链的智慧化，能够更好地衔接农产品的生产与消费、产业链上的要素资源更有效重组。数字化是食品安全和农产品溯源解决的前提，只有实现数字化才能实现资金流、信息流、物流的高效统一。

数字化是实现升级改造的必要途径。数字化的经营管理更能提高商户对接效率，通过交易数据、销售数据、成本数据、库存数据、产地数据，提高信息化程度与运营效率，去除低效或无效环节，优化产业结构与流通环节，并实现对传统仓储和物流设施进行升级改造，真正实现农批市场标准化、规范化、溯源化和智能化方向的发展转型。

如何实现数字化精准落地？比如，构建基于农批市场经营管理＋供应链采购＋电子支付＋物流配送＋仓储冷链＋食品安全溯源等体系的智慧化农批市场数据应用平台，可以轻松实现农批市场数据的全融合、管理的全可视、业务的全可管、交易的全可控，做到服务智慧化、管理数字化、交易电子化、监管精准化。对全面解决传统农批市场信息流通数据不对称、交易数据采集和食品安全追溯难等问题以及对提高整体农批市场的运管服务能力和建设现代化生态高效、信息发达、智慧型的农批市场具有重要现实意义。

商务部原副部长房爱卿指出，在充分掌握互联网、物联网、区块链、大数据、云计算、人工智能等工具的基础上，通过数字化将农产品流通中的人员、货物、场地、车辆等要素同生产、批发、零售的环节联系起来，可达到促进企业创新、提高效率的最终目的。

数字化 社区化 品牌化 特色化 智慧农贸菜市
升级迭代赢未来

文／中国食品报 王小萱

人间烟火味，最抚凡人心。而一座城中最具烟火味的地方，当属遍布大江南北的 10 万家农产品零售市场及生鲜社区菜店。传统农贸市场不断提档升级，数字化改造步伐加快，盈利模式不再单一。其中，农贸市场改造升级，让社区菜市、各类特色菜市，为百姓生活提供了极大便利。数字化转型为打造新型智慧农贸市场、助力提高市场信息化管理水平、提升经济效益及创新市场经营业态等方面发挥着重要作用。

解决传统农贸痛点难点

种类繁多、价格适中的各类生鲜蔬菜是农贸菜市场消费者日常需求量最大菜篮子产品，解决农产品流通"最后一公里"，农贸菜市场成为其重要一环。但是，传统农贸市场业态单一，商品、人员、环境复杂，食品安全风险较大，经营发展困难，加之互联网不断向线下渗透，蚕食其市场份额，信息化水平低、管理方式落后、经营者组织化低、市场功能不健全等问题，都制约着传统农贸菜市场的发展。

互联万通时代，许多销售蔬菜瓜果的农贸市场早已不是传统印象中的环境嘈杂、人声鼎沸的模样。目前功能完善、科学管理的智慧农贸市场管理平台，集物联网、云计算、大数据、人脸识别、人工智能等先进技术为一体，可实现对消费者身份信息识别、需求推荐、食品安全追溯、线上线下融合销售配送、电子支付、快速购物等多样化需求。

"农贸市场在百姓生活中有着举足轻重的地位，它是一种生活，也是一种文化。农贸市场在现代化生鲜流通、新零售生态中不会消失，只会不断升华。智慧农贸市场具有线上线下融合销售配送、电子支付、市场经营管理、食品安全风险防疫等功能，可满足市场经营者、政府部门经营管理需要，可满足消费者快速购物、食品安全多样化需求。"福建思特（集团）总裁曹渝常在广西柳州召开全国农贸联零售委年会上表示，应抓住各地政府正在积极推进重大民生工程和旧城改造建设的政策机遇，积极与政府开展合作，推动农贸市场数字化建设，以此提升百姓购物体验，增加客户黏度。

曹渝常表示，农贸市场数字化转型具有重要意义，在执行食品安全法规、强化食品安全监管、提升防疫水平，增强应急保障能力，调控民生物品价格，保障菜篮子工程稳定等方面具有重要作用。智能化管理在电子化结算销售，提高经营管理便利，销售账目自动统计，智能化终端便捷使用，多渠道农产品销售，拓展商品销售范围等方面，都具有传统农贸市场不具备的突出特点。

食品零售新契机

2020 年席卷全球的新冠肺炎疫情，考验着世界各地的食品零售市场。"新冠肺炎疫情的到来无疑巩固了零售市场在环保发展过程中的地位。在这个过程中，零售市场和农产品市场都做得很好。特别是在法国和意大利，这一趋势非常明显，零售市场的发展得到了很大的支持。在零售市场中，政府通过采取一系列措施支持好的食品供应商，引入更多的当地生产者和种植者，并通过这些最佳实践，呼吁大家关注食品健康，这是一种与大型连锁超市竞争的独特方式，因为连锁超市的规模决定着它无法销售非量产产品。"世界批发市场联合会零售工作组主席让·保罗·奥古斯特以视频方式介绍欧洲零售市场现状时表示，如何支持优质农业，如何在确保产量的同时增加农产品的种类。在地球上，我们可以找到成千上万种苹果种子、番茄种子等，但只有专门的食品市场才能让这些产品从农场摆上餐盘。

近年，国内许多省市对关乎民生的农贸市场进行科学规划和管理。2019 年，广西柳州发布《柳州市农贸市场布点规划 2018—2025》，对柳州市原有的农贸市场布点规划进行了补充和完善。规划提出，到2035 年柳州将基本实现农贸市场"15 分钟生活圈"，街道级和社区级农贸市场覆盖率达到 95% 以上，以满足城市居民生活需求。

2020 年，柳州市以创建全国文明城市为契机，推进农贸市场整改提升，让群众共享创建红利。如今柳州市区众多农贸市场都变得干净、整洁、有序，设施设备普遍升级，市场成了附近居民喜爱逛游的文明商场。

特色菜市成"网红"

作为柳州乃至广西菜市场标杆企业的"菜立方"打造的新型智慧菜市场连锁品牌，包括菜立方菜市、菜立方生鲜两大业态，公司运用连锁化经营优势，联合农产品供应商、线上平台、配送服务机构，全力推动传统农贸市场向社区化、标准化、品牌化、数据化方向发展。

在短短一年间，"菜立方"已累计承包经营、品牌加盟运营的菜市场10个，2020年底可开业菜市场5个。广西米立方市场开发有限公司董事长覃志鸿介绍菜立方未来发展时表示："2021年，将布局南宁、桂林、梧州等城市，2023年实现广西全区布局。"

据了解，菜立方菜市1号店，被当地称为社区型精品"网红"菜市，主要服务于周边1公里左右的小区居民，经过升级改造后成为柳州旧市场升级改造的样板工程。

刘巧琴是南京"刘姐菜篮子"创始人，从卖菜做起，现已成为南京盛庄农业科技集团董事长。她说："一生只干一件事，做智慧菜市场，拎放心的菜篮子。"因此，她经营的菜市场，蔬菜瓜果等种类多，价格适中，接地气。打造适合百姓喜欢的特色放心菜市场，是她此生最喜欢做的事情。

小小菜篮子，装着百姓一日三餐的生活；拎稳菜篮子，保供稳价，关乎民生满满的幸福感和获得感。

"智慧"农产品供应链联通未来

文 / 中国食品报 王小萱

"农产品流通环节层级多、流通效率低、损耗大、层层加价、终端毛利低；农产品物流专业化程度低，以常温物流和自然物流为主，缺乏连贯成型的冷链物流，交易环境差，搬卸环节多，容易形成二次污染，食品安全难保障；信息化流通体系建设不完善，供应链成员之间信息不对称，采购成本、运输成本、生产加工成本等被无形加大"，这些是当前我国农产品供应链建设中存在的问题。在日前由全国城市农贸中心联合会主办，山东省金乡县人民政府、山东凯盛农产品物流园有限公司承办的第五届中国农产品供应链大会上，业内人士就上述行业痛点进行探讨，寻找解决方案。

标准化、数字化是供应链创新关键点

聚焦农产品供应链发展新格局，深入探讨供应链智慧化建设，"应势·协同·智慧链通——疫情防控常态化，农产品供应链智慧化建设"成为本届农产品供应链大会的主要议题。

农产品供应链是由基地、农产品供应商、农产品批发市场、农产品交易商、农产品采购加工企业、农产品分销、零售商和物流配送者以及最终消费者等"从田间到餐桌"、上下游企业构成的线上线下供应链网络体系。

"农产品批发市场数字化的改造、升级、转型，会促进农产品供应链的发展。农产品供应链虽然是一个大的发展趋势，但是也需经过一个漫长的发展过程，要经历不同的发展阶段，主要包括类似供应链、初步供应链、真正意义上的供应链和数字供应链4个阶段。供应链的形成，不仅不会影响农产品批发市场的发展，反而会使批发市场发展得更好，并且会增加数据服务、信用服务、金融服务、调控服务等功能。"第十三届全国政协经济委员会副主任房爱卿通过视频，围绕农产品批发市场数字化改造、升

级、转型的问题进行了分析。

全国城市农贸中心联合会会长、世界批发市场联合会主席马增俊认为，在加快构建国内大循环为主、国内国际双循环相互促进的新发展格局中，农产品行业迎来了新的历史发展机遇。其中，促进高质量发展、加快标准化体系建设、加速数字化转型、推动现代流通体系建设是未来发展趋势。"竭尽全力打造'最初一公里'应成为'十四五'期间的硬指标，加大农产品行业领军企业培育力度是未来推进供应链现代化的重要标志。"全国城市农贸中心联合会高级顾问刘志仁补充说。

国务院发展研究中心市场经济研究所副所长王青表示，农产品供应链智能化发展势在必行，目前供应链还处于搭建过程中，要通过现代数字技术激活供应链。创新依赖批发市场体系和新模式新业态协同融合创新，而非简单的替代。标准化和数字化是创新的基础，这是农产品供应链创新的关键点。据悉，农贸联下一步将成立数字化专业委员会，旨在真正让数字化为市场所用。

构建生态圈或是供应链发展方向

大会看点当属农产品流通全链条针对农产品供应链建设开展的实务及经验交流环节。厦门福慧达果蔬股份有限公司总经理林曦认为，智能化、平台化和精细化是冷链运输标准化方向，需要提升的技术能力包括冷链物流信息采集传输能力、基于5G通信和物联网技术、冷链物流产品溯源能力等。来自美菜网的夏虹从电商视角探讨了供应链在扶贫方面的重要作用，美菜网在精准脱贫、乡村振兴方面做了有益探索，以封闭保证品质，以算法推动供给侧改革，以"吃好"倒逼"种好"，探索扶贫帮困新模式。湖南果之友农业科技有限公司B2B事业部总经理彭杰认为，当前消费者、从业人、产品、通路、场景以及消费模式、竞争格局都发生了变化，需要上下其手、聚合分支，实现引流增量。

"'生产者—零售直销'模式，就是农产品挂在枝头时已经卖给了消费者，生产企业按客户需要在产地加工后直接送达消费者手中，跨越一切中间环节，这种模式要求生产企业规模必须达到一定标准，很多农场主通过联合成立专门组织来扩大规模。'生产者—产地批发商、零售终端—消费者'模式可以做大产地批发商环节，产地批发商具有较强的集采能力，向下游商超、便利店等零售终端提供充足的货物品类是产地批发商的竞争优势。而'生产者—零售终端—消费者'模式，是零售终端贴近客户，具有较强的供应链整合能力，农产品生产企业直接对接零售终端，这些拥有自己物流仓储资源的零售企业，通常直接到产地采购，但农产品供应链优化需要具备一定的条件。"福建思特（集团）总裁曹渝常就数字化加速农产品供应链智慧化建设内容，深入分析了农产品供应链的优化模式。

业内人士普遍认为，当前农产品供应链的建设与完善尚处于探索阶段，但实现资源共享、避免无序竞争、创新经营模式、打造优质农特产品体系、提升产业链效益、降本增效，形成一种让链条中所有环节都能获益，让消费者、经营者都能相对满意的稳定价格机制，这样一种供应链生态圈或是未来供应链发展的方向。

作为此次会议承办方的金乡县，近年聚焦农产品供应链建设提档升级，大力提高农产品批发市场建设和管理水平，金乡大蒜国际交易市场、金乡凯盛国际农产品物流园、金乡大蒜专业批发市场等3家农产品批发市场被农业农村部认定为定点市场。建成全球首家以大蒜等农产品为主的拍卖中心和全国首个服务县域国检贸易便利化服务中心，对促进金乡农业产业结构调整，带动农产品内贸、外贸发展、增加农民增收、推动区域经济提质增效和确保农产品稳定供应，提升金乡农产品供应链建设水平具有重要作用。

农批影像

2020 年农产品流通行业重大活动荟萃

"居安思危　高质量发展"线上新春工作座谈会

韩国优质农产品线上推介会

"聚势·破局·智赢未来" 2020 年中国农产品批发市场行业年会

凯盛集团
董事长

商丘农产品中心
批发市场有限公司
副总经理

福建思特（集团）
总裁

中国地利集团
数字平台部总经理

"应势·协同·智慧链通"第五届农产品供应链大会

2020 年全国农贸市场行业年会　2020 年 11 月 4 日　广西·柳州

"聚焦农贸　智慧创新" 2020 年全国农贸市场行业年会

"规范创新 聚力共赢"2020 年燕窝行业年会

2020 年国家部委、相关协会组织的行业会议、展会或专项活动成果图片展示

第十八届中国国际农产品交易会

2020 年晋陕豫黄河金三角（曲沃）国际果蔬博览会暨智慧果蔬创新发展大会

第十二届全国优质农产品展销周在京开幕

第二十一届中国（寿光）国际蔬菜科技博览会暨 2020 中国（寿光）国际蔬菜种业博览会

第十九届广西名特优农产品（桂林）交易会

2020 年中国（海南）国际热带农产品冬季交易会

2020 临沂优质农产品（上海）推介活动暨山东（临沂）食品产业博览会

2020 长三角供销合作社名优农产品展销会

2020 浙江农业博览会

后 记

　　中国农产品批发市场行业经过 30 多年的发展，已成为农产品流通的主渠道、供应链的核心，对保障民生、促进国民经济发展发挥着不可或缺的作用。近年来，业内众多关心农产品批发行业发展的领导、专家和市场管理者都在不同时间或场合，建议我会从行业协会的角度编撰出版行业年鉴，填补空白、弥补缺憾，对农产品批发行业发展进行理论总结和实践指导。

　　自 2017 年起，我会启动编制《中国农产品批发市场年鉴》。在主管部门的指导下，在业界知名行业专家、会员单位各地大型批发市场和地方商务部门及商协会的大力支持下，由协会业务骨干执笔精心撰写。对行业专家、地方商务部门和协会、农批市场的积极参与踊跃供稿，以及中国言实出版社各相关单位的大力支持，在此一并表示感谢。

　　由于受篇幅所限，我们在编辑过程中只能选取行业发展的一些新亮点，难以全面反映总体情况，恳请谅解。因我们水平和经验有限，如有不足，敬请读者批评指正。

《中国农产品批发市场年鉴（2021）》编委会